Urban Planning and Law

도시계획과 법

권 일

박영사

머리말

도시는 한 사회의 정치·경제·문화·환경적 역동성이 집중된 공간이자, 그 시대의 문제와 가능성이 가장 선명하게 드러나는 무대이기도 하다. 도시계획은 시설물의 도시공간상 기능적 배치에 머무는 것이 아니라, 시민들의 삶의 질을 조율하고 공공성과 형평성의 원리를 구현하는 중요한 사회적 실천과정이다. 오늘날 도시계획이 도시에 대한 단순한 구상이나 이상에 머무는 것이 아니라, 현실에서 실현되기 위해서는 반드시 법이라는 장치가 뒷받침되어야 한다. 법은 도시계획을 가능하게 하는 동시에 그 한계도 규정하는 이중적 기능을 가지고 있으며, 계획 행위 전반의 정당성과 실행력을 보장하는 제도적 기반이 된다.

특히 도시계획은 토지이용, 주택, 교통, 환경, 경관 등과 같은 공적 이슈뿐 아니라, 사유재산권과 같은 민감한 개인 권리와도 직접적으로 맞닿아 있기 때문에, 계획을 설계하고 실행하는 과정에서 항상 '법적 정합성'과 '공익적 정당성'을 함께 고려해야 한다. 도시계획을 공부하거나 실무를 수행하는 이들에게 법에 대한 기본적인 이해가 필수적인 이유가 바로 여기에 있다.

지금까지 우리나라 도시계획 교육과 실무의 현장에서는 '법'이라는 주제가 충분히 다뤄지지 못한 것이 사실이다. 도시계획과 관련한 법령은 다수 존재하지만, 이를 학문적으로 체계 있게 정리한 전공자용 교재는 부족한 실정이다. 도시계획 전공 학생들이 법적 지식을 스스로 정리하기에는 어려움이 많고, 개별 강의에서는 법령의 단편적인 조항 소개나 실무사례 중심으로만 접근되기 일쑤였다. 이에 따라 교육 현장에서는 도시계획 관련 법을 보다 깊이 있게 이해하고 실천적으로 응용할 수 있는 체계적인 교재의 필요성이 지속적으로 제기되어 왔다.

이 책은 바로 그러한 필요에서 출발하였다. 저자는 법학을 전공한 법학자가 아니다. 다만 대학과 대학원에서 도시계획을 전공하고, 도시공학과 교수로 재직하면서 지난 30여 년간 도시계획과 개발 관련 법과 제도를 강의하고 연구해 왔다. 또한 실무에서 적용되는 도시계획 관련 법령을 꾸준히 정리하여 강의 자료로 활용해 왔으며, 이를 토대로 학생들이 보다 구체적이고 실제적인 이해를 할 수 있도록 이 책을 집필하였다. 비록 법학 이론의 깊이에 있어 부족한 점이 있을 수 있으나, 도시계획 실무와 법의 접점에서 나타나는 핵심 쟁점과 교육 현장의 이해도를 중심에 두고 내용을 구성한 만큼 실용적 가치가 있을 것이다. 이 책은 학생은 물론, 도시계획 실무를 담당하는 전문가와 도시계획 행정을 수행하는 공무원들에게도 유용한 길잡이가 될 것이다.

본 교재는 총 2편으로 구성되어 있다.

제1편은 도시계획과 법의 이론적 기초를 다룬다. 법의 개념과 체계, 헌법과 기본권, 재산권과 도시계획의 충돌 등 도시계획을 이해하기 위해 꼭 필요한 법적 기반을 설명하였다. 특히 토지소유권과 그에 대한 규제, 헌법상 재산권 보호와 공공복리의 조화 문제 등은 도시계획 전공자가 반드시 숙지해야 할 주제이며, 실제 사례와 법적 쟁점을 병행하여 설명하였다.

제2편은 도시계획 및 개발 관련 법제도 전반을 다룬다. 「국토기본법」, 「국토계획법」, 「도시개발법」, 「도시정비법」, 「개발이익환수법」, 공공기여제도 등 우리나라 도시계획에 핵심적인 역할을 하는 법령과 제도들을 중심으로 구성하였으며, 최근 강조되고 있는 국토균형발전법제, 지방시대종합계획, 기회발전특구 등 새로운 제도도 포함하였다. 이러한 구성은 도시계획을 현실에서 실현하는 구체적인 법적 장치를 이해하는 데 큰 도움이 될 것이다.

이 교재는 법학을 전공하지 않은 도시계획 전공자도 법의 구조와 작동 방식을 이해할 수 있도록 구성되었다. 각 장은 기본 개념과 제도의 발전 과정을 먼저 설명하고, 이어서 적용 사례와 쟁점, 관련 조문과 판례 등을 소개하여 이론과 실무를 연결할 수 있도록 구성하였다. 또한 법령의 단순 암기가 아니라, 도시공간에서 법이 어떻게 적용되고, 그것이 어떤 사회적 함의를 가지는지까지 생각해 볼 수 있는 구조로 서술하였다.

한편, 본 교재는 도시계획 관련 법의 기본 구조와 논리를 학습하는 데 중점을 둔 만큼, 개별 법률의 조문 전체나 상세한 절차 규정까지 모두 담지는 않았다. 따라서 이 책을 학습하는 독자들은 반드시 국가법령정보센터(www.law.go.kr)를 함께 활용할 것을 권한다. 국가법령정보센터에서는 「국토계획법」, 「도시개발법」, 「도시정비법」 등 관련 법률과 그 하위 시행령·시행규칙, 각종 고시와 지침까지 실시간으로 확인할 수 있으며, 법령의 개정 사항과 최신 행정지침도 파악할 수 있다. 이 교재는 그러한 자료를 효과적으로 이해하고 해석하는 기초 틀을 제공하는 도구로 활용되기를 바란다.

이 책은 학부 및 대학원 과정의 도시계획 관련 법 과목에서 기초 교재로 사용되기를 기대하며, 도시계획 관련 실무 종사자, 공공부문 정책 담당자에게도 기본서를 넘어 현장 실무에 필요한 참고자료로 활용되기를 바란다. 도시정책, 부동산개발, 공간정보, 행정계획, 환경계획 등 도시계획과 관련된 다양한 학문 및 실천 분야에서도 유의미한 기초자료가 될 수 있기를 기대한다.

많은 분들의 도움이 있었기에 이 책이 세상에 나올 수 있었다.

강원대학교에서 은퇴하신 이학동 교수님께 깊은 존경과 감사를 드린다. 이 교수님께서는 2007년 전국시도지사협의회의 의뢰로 수행하신 「국토계획의 법적 체계 개선 방안 연구」에 필자가 연구진으로 참여할 수 있게 해 주셨다. 이 연구 과정에서 얻은 귀중한 경험과 성과는 본서 제4장의 구성에 중요한 토대가 되었을 뿐만 아니라, 전체 집필 방향의 기본이 되었다. 도시계획 관련 다양한 분야에서 깊이 있는 논의를 나누어 주신 한양대학교 김홍배 교수님, 도시계획 교육의 방향과 실제적 내용을 함께 고민하며 아낌없는 조언을 보내주신 한국교통대학교 도시·교통공학 전공의 류상규, 오주택, 이경주, 김용진 교수님께도 진심으로 감사드린다. 아울러 오랜 시간 필자의 강의를 수강하며 진지한 질문과 성실한 토론으로 내용의 완성도를 높이는 데 큰 도움을 준 학생들에게도 고마움을 전한다. 또한 현장의 다양한 경험과 사례를 기꺼이 공유해 주신 실무 전문가들께도 깊이 감사드린다. 그리고 상업성이 크지 않은 이 책의 가치를 인정하고 출판을 결정해 주신 박영사 경영진과 김한유 과장님, 그리고 쉽지 않은 원고를 꼼꼼하게 편집해 주신 이지원 편집자님께도 특별히 감사의 마음을 전한다.

비록 법학자로서의 저술은 아니지만, 교육자이자 도시계획 실무자로서의 오랜 경험을 담아 정리한 이 책이 도시계획을 연구하는 학생들, 현장에서 활동하는 전문가들, 그리고 도시계획 행정을 담당하는 공무원들에게 유익한 길잡이가 되기를 소망한다. 더 나아가 도시를 배우고 가꾸어 나가는 모든 이들에게 작은 의미라도 가진 이정표가 되기를 진심으로 바란다.

2025. 12.

한국교통대 연구실에서 저자

목차

제1편 도시계획을 위한 법적 기초

제1장 법의 개념과 체계

제2편 국토 · 도시계획 관련 제도

제4장 국토 · 도시계획 관련 법체계

제5장 국토균형발전 관련 법제도

제 1 편

도시계획을 위한 법적 기초

도시계획(urban planning)은 도시라는 복합적 정주 공간을 대상으로, 장래 예상되는 인구·경제·환경·문화적 변화를 반영하여 시민의 삶에 적합하도록 도시공간을 계획·관리하는 공적 활동이다. 이는 토지이용, 교통체계, 주택정책, 환경보전, 경관관리, 경제활동 지원 등 다양한 분야를 유기적으로 결합하는 종합 계획으로서, 단순한 공간 배치 이상의 사회적·경제적 함의를 내포한다.

도시계획의 기능은 크게 소극적 기능과 적극적 기능으로 구분할 수 있다. 소극적 기능은 도시 내 예상되는 인구와 활동 변화를 예측하여 그에 따른 공간 수요를 파악하고 적절히 대응하는 것이다. 반면 적극적 기능은 사회가 지향하는 가치와 목표를 반영하여, 바람직한 사회로 변화를 유도할 수 있는 공간구조로 재편하는 것을 의미한다. 이 과정에서 도시계획은 단순히 '최대 다수의 최대 행복'을 추구하는 효율성 논리를 넘어, 사회적 약자에 대한 배려와 형평성 확보를 포함하는 초공리적(超功利的) 지향점을 가진다.

도시계획은 본질적으로 공공의 필요를 충족시키는 것을 목적으로 한다. 도로·상하수도 등 기초 공공시설의 공급과 토지이용 질서의 유지 즉, 인접된 필지에서 주민들이 상호 간섭을 방지하기 위한 건축 활동 등의 제어가 그 대표적인 예이다. 이러한 계획의 집행 과정에서는 불가피하게 개인의 재산권에 대한 공적 개입이 발생하며, 이는 헌법 제23조에서 규정한 바와 같이 공공의 필요에 의한 제한일 경우 법률에 근거해야 하고, 정당한 보상이 수반되어야 한다.

법은 도시계획의 정당성과 실현 가능성을 확보하는 핵심 기반이다. 법률적 틀은 도시계획이 일관되게 수립·집행되도록 하고, 중앙정부·지방정부·민간 부문 간의 조정 메커니즘을 제공하며, 이해관계자 간의 권리·의무를 명확히 규정한다. 특히 「국토의 계획 및 이용에 관한 법률」(이하 국토계획법), 「도시개발법」, 「환경영향평가법」, 「도시공원 및 녹지 등에 관한 법률」(이하 공원녹지법) 등은 도시계획의 각 부문을 규율하는 핵심 법체계로, 계획의 수립·집행·평가 전 과정에 법적 근거를 제공한다.

결국 법은 도시계획의 방향성과 실행 가능성을 보장하고, 도시의 지속 가능한 발전과 사회적 형평성을 실현하는 토대를 제공한다. 도시계획에서 법의 중요성은 다음과 같이 정리할 수 있다.

첫째, 도시계획의 법적 근거를 제공한다. 도시계획은 법률을 통해 정당성을 확보한다. 계획수립 및 시행 과정에서 분쟁을 예방하고, 공공과 민간 이해관계자 간의 책임과 권한을 명확히 한다. 「국토계획법」, 「도시개발법」 등은 도시계획 및 개발계획의 수립과 시행의 근거가 된다.

둘째, 공공의 이익을 보호한다. 법률은 공공의 이익을 우선으로 고려하여 토지와 자원의 효율적이고 공정한 이용을 보장한다. 도시계획은 공공의 이익과 재산권 보장 사이에서 균형을 추구하고, 주민 삶의 질 향상과 환경보호를 목적으로 한다.

셋째, 계획수립 및 실행의 일관성을 유지할 수 있게 한다. 법은 중앙정부, 지방정부 그리고 민간 부문에서 도시계획을 일관성 있게 수립·집행하도록 조율한다. 중앙정부가 수립하는 국토종합계획과 지방자치단체가 수립하는 도시기본계획 및 도시관리계획 간의 연계를 보장한다.

넷째, 도시 토지이용에 대한 규제와 조정을 할 수 있게 된다. 법은 도시 토지의 용도를 구체적으로 정하고, 건축물의 용도, 높이, 밀도 등을 규제하여 도시 내 질서 있는 개발을 유도한다. 이는 도시공간을 효율적으로 이용하고, 난개발 문제를 방지할 수 있게 한다.

다섯째, 계획과정에서 민주화로서 주민의 권리와 참여를 보장한다. 법은 주민들이 도시계획 과정에서 의견을 제시하고 참여할 수 있는 권리를 보장한다. 계획과정에서 공청회, 주민 투표, 행정심판 등의 제도를 통해 주민의 목소리가 반영된다.

여섯째, 환경과 자원의 지속가능성을 확보한다. 도시계획과 관련 법은 환경보호와 지속 가능한 자원 관리를 규제하여 도시의 장기적 발전을 도모한다. 예를 들면 「환경영향평가법」, 「공원녹지법」 등이 환경보호와 도시계획을 연계하게 한다.

일곱째, 이해관계자들 간의 분쟁을 예방 및 해결할 수 있게 한다. 법은 도시개발과 관련된 이해관계자 간의 분쟁을 예방하고, 발생 시 이를 공정하게 해결하는 기준을 제공한다.

결국, 도시계획은 창의적 발상과 법적 제도의 결합을 통해 실현된다. 계획가의 비전과 전문성이 공공의 이익과 사권(私權) 간의 균형 위에서 발휘될 때, 도시의 지속가능성과 형평성이 확보될 수 있다. 따라서 도시계획가에게 법률 지식은 단순한 보조 수단이 아니라, 계획의 입안·집행·평가 전 과정에서 필수적인 도구로 기능한다.

제1장

법의 개념과 체계

제 1 절 법의 개념

| 1.1 | 법과 사회

인간은 본질적으로 사회적 존재이며, 사회를 떠나서는 생활할 수 없다. 사람은 사회에서 태어나서 사회 속에서 생활하다가 사회 속에서 생을 마감한다. 이러한 인간공동체가 존속하고 발전하기 위해서는 질서가 필요하다. 공동체 생활 속에서 질서를 유지하고 갈등을 해결하기 위한 핵심 수단이 바로 법이다.

만약 사람들이 사회에서 아무런 제약 없이 자유롭게 행동한다면 서로에게 손해와 피해를 주게 되고, 결국 각자가 끊임없는 위험 속에서 살아가야 하므로 원만한 사회생활은 불가능하다. 따라서 사회적 평화와 안전을 보장하기 위해서는 개인의 행동을 일정 부분 제한하거나, 경우에 따라 금지와 명령을 부과하는 규범적 질서가 필요하다. 이와 같이 법은 단순한 억압의 수단이 아니라, 사람들이 안전하고 조화롭게 살아갈 수 있도록 하는 장치이자 사회 발전을 가능하게 하는 기초이다. "사회가 있는 곳에 법이 있다"는 말은 바로 이러한 법과 사회의 긴밀한 상호관계를 잘 보여준다.

사회공동체를 위한 규범과 질서는 원시사회부터 모든 사회에 존재해 왔으며, 도덕규범, 종교규범 또는 관습 따위가 모두 이러한 사회규범에 속한다. 이러한 것은 제1차 사회규범이라고도 하며 국가가 성립하기 이전에도 있었다. 그러나 이러한 사회규범이 모두 법규범은 아니다. 사회규범 중에서도 조직화된 국가 권력의 뒷받침이 있는 것이 법규범이 된다. 이것을 제2차 사회규범이라고도 한다. 이와 같이 시대적으로 보면 제1차 사회규범보다 뒤늦게 법규범이 생기게 된 것이다.

법규범은 사람들의 행동을 조정해 사회적 조화를 이루는 데 도움을 준다. 반대로 사회는 법규범에 어떤 내용이 담기는지에 큰 영향을 미친다. 예를 들어, 한 사회의 가치관이나 문화, 경제 상황은 그 사회에서 어떤 법이 만들어지는지 결정하는 중요한 요인이 된다. 법규범은 단순히 권력자가 정하는 것이 아니라, 사회 구성원들이 동의하고 공감하는 내용을 바탕으로 만들어진다.

이와 같이, 법은 사회규범을 토대로 하면서도 그 실효성을 확보하고 사회질서를 적극적으로 유지하기 위해 국가라는 정치·사회적 권력에 의해 강제력이 부여된다. 종교규범·도덕규범·관습 등 제1차 사회규범 중 어떤 것이 법규범으로 수용되는지는 국가와 시대적 상황에 따라 달라진다. 법은 제1차 규범을 기반으로 제정되는 경우가 많지만, 때로는 정책적 필요에 의해 기존 사회규범과 무관하게 형성되기도 한다.

법은 사회의 가치와 신념을 반영한다. 법은 사회적 연대의 표현이며, 법은 사회의 변화에 따라 변화한다. 전통적 사회에서는 관습법이 중요했지만, 현대사회에서는 성문법이 더 중요한 역할을 한다. 사회가 복잡해지고 다양해 짐에 따라 법도 이에 맞게 변화해야 한다는 것이다. 그리고 법은 사회를 변화시키는 힘을 가지고 있다. 예를 들어, 미국의 민권법(Civil Rights Act, 1964)은 인종 간 차별을 금지하며 사회적 평등을 증진시켰다. 반면, 억압적인 법은 사회적 반발을 초래할 수도 있다. 우리나라의 1970~80년대 긴급조치법은 반정부 활동을 억압했지만, 이는 시민들의 민주화 운동을 더욱 강하게 만든 사례이기도 하다.

현대사회에서는 새로운 기술과 글로벌화로 인해 법이 다양한 문제에 직면하고 있다. 예를 들어, 인공지능(AI)과 데이터 프라이버시 문제는 기존 법으로는 다루기 어려운 새로운 영역을 만들어 내고 있다. 온라인 기반의 디지털 환경에서 발생하는 문제는 기존 법으로 충분히 다뤄지지 않았기 때문에 새로운 법적 접근이 필요하다. 또한, 세계화로 인해 국가 간 법체계의 상충으로 인한 충돌 상황도 많아졌다. 이러한 문제를 해결하기 위해 국제법과 같은 공동의 규칙이 점점 더 중요해지고 있다.

사회가 있으면 법이 있고, 법은 인간사회에만 있다. 법과 사회는 상호 영향을 주고받으며 발전한다. 법이란 자연의 필연의 법칙과는 달리 인간의 사회생활에 관한 규범이다. 인간은 법을 통해 사회적 질서를 유지하고 권리를 보호받으며, 사회는 법을 발전시키고 그 정당성을 확인한다. 하지만 기술 발전과 글로벌화로 인해 법과 사회의 관계는 더욱 복잡해지고 있다. 이러한 변화에 적응하기 위해 법은 유연해야 하고, 사회는 법이 공정하고 올바른 방향으로 나아갈 수 있도록 지속적으로 변해야 한다. 결국 법과 사회의 조화로운 발전은 인간다운 삶을 위한 필수 조건이다.

| 1.2 | 법의 개념

법이 무엇인가 하는 것은 법학의 첫 문제인 동시에 마지막 문제이기도 하며 명확한 개념을 정한다는 것은 어려운 일이다[1]. 임마누엘 칸트도 "법학자들은 아직도 법의 개념에 관한 정의를 찾고 있다"라고 하면서 법의 개념을 정의하지 못하는 법학자들에게 의문을 제기한 바 있으며, 그가 죽은 지 200년 이상 지난 지금도 별로 나아진 바는 없다고 한다.

법이 무엇인지 알기 위해 먼저, 법이라는 문자로부터 파악해 보자. 동양에서 쓰이던 법(灋)이라는 글자는 매우 복잡한데, 水(물 수) + 廌(해태 치: 외뿔양) + 去(갈 거)의 결합이다. 해태(廌)는 중국의 전설적 외뿔 동물인 해태라는 동물에서 유래한 것인데, 중국의 묘족은 신이 재판할 때 해태를 재판석에 세우면 해태는 시시비비를 가릴 수 있는 능력을 지니고 있어서 죄가 있는 자에게 가서 뿔로 떠받았다고 한다. 현대에 남은 글자인 법(法)을 파자(破字)하면 水(물 수) + 去(갈 거)로 '물 흐르듯이 당연한 것'이라고도 해석하는데, 법이란 물과 같이 공평하게 정의가 실현되는 것이라 정의된다. 즉, 글자의 유래에 비추어 보면 법이란 평평한 물처럼 공평하게 분쟁을 해결하는 규범으로 옳고 그름을 분별

---

1) 손주찬, 신법학통론 8정판, 박영사, 2006. 2

하여 악을 제거하는 규범이라는 의미를 지니고 있다. 이처럼 원래 법이라는 글자는 해태의 공명정대함 아래 내려지는 심판을 의미한다. 따라서 동양권에서의 법의 전통적 의미는 주로 죄에 대한 엄벌의 의미라고 한다. 그래서 오늘날에도 중국의 법복에는 해태의 모양이 있고, 우리나라 고궁에도 해태의 석상을 세웠다. 즉, 해태는 동양적 정의의 상징이다.

한편, 영어에서 법을 뜻하는 'law'는 고대 영어의 'lagu'에서 왔으며, "어떤 권위에 의해 제정된 규칙이나 규정"이라는 뜻을 가진다. 이는 법률이 입법기관에 의해 제정되고, 국가가 집행을 보증하는 행위 규칙을 뜻하는 현대적 의미와 와닿아 있다. 합법을 뜻하는 'legal'도 라틴어 'legis'에서 왔는데 '수집된 규칙이나 법규나 법률'을 말한다. 그리고 고대 그리스어의 노모스(nomos)는 '인간이 인위적으로 만든 법률·규범·관행'을 뜻해 자연의 질서를 의미하는 피시스(physis)와 구분해 사용했다. 영어에서 'law(법)'는 처음부터 어떤 권위에 의해 제정된 것이라는 의미가 강하며, 이 때문에 세우다, 제정하다, 설치하다는 의미도 함께 나온 것으로 추정된다. 정해진 법률에 부합하면 '합법'임을 말해주고 있다.[2)]

법은 인간 사회의 질서를 유지하고 정의를 실현하기 위해 만들어진 규범 체계이다. 법은 사회 구성원 간의 권리와 의무를 규정하고, 이를 바탕으로 개인과 사회 간의 조화를 이루는 역할을 한다. 법의 개념을 이해하기 위해서는 법의 정의, 기능을 살펴보는 것이 필요하다.

법의 정의: 법은 일반적으로 국가 또는 사회의 권위에 의해 제정되거나 인정된 규칙과 원칙의 체계로 정의된다. 이러한 규칙은 구성원들이 준수해야 하며, 이를 위반할 경우 일정한 제재를 받게 된다. 법은 크게 형식적 정의와 실질적 정의라는 두 가지 측면에서 정의될 수 있다.

첫째, 형식적 정의: 법은 국가의 입법 절차에 따라 제정된 규범이다. 예를 들어, 헌법, 법률, 명령 등은 모두 형식적인 법에 속한다.

---

2) 월간중앙(https://www.m-joongang.com)
https://www.m-joongang.com/news/articleView.html?idxno=326569&utm_source=chatgpt.com

둘째, 실질적 정의: 법은 사회적 정의와 공익을 실현하기 위해 만들어진 규범으로, 도덕적 가치와 밀접한 관련이 있다. 법은 공정성과 평등을 바탕으로 개인과 집단의 이익을 조화시키는 역할을 한다.

법의 기능: 법은 사회에서 다양한 역할을 수행하는데, 그 주요 기능으로는 질서유지, 정의 실현, 시민의 자유와 권리의 보호, 그리고 공익의 증진 등이 있다.

- **질서유지**: 법은 사회 구성원 간의 갈등을 예방하고 해결함으로써 사회적 안정과 질서를 유지한다.
- **정의 실현**: 법은 권리와 의무를 공정하게 분배하고, 불공정한 상황을 교정함으로써 정의를 실현한다.
- **자유와 권리 보호**: 법은 개인의 기본권을 보호하고, 사회 구성원 간의 상호 존중을 촉진한다.
- **공익 증진**: 법은 사회 전체의 이익을 증진하고, 공동체의 발전을 도모한다.

법은 단순한 규칙의 집합이 아니라, 사회적 질서를 유지하고 정의를 실현하기 위한 중요한 도구이다. 법의 개념을 종합적으로 이해하기 위해서는 그 정의, 특성, 기능, 그리고 다양한 접근방식을 모두 고려해야 한다. 이러한 이해는 법을 올바르게 해석하고 적용하며, 이를 통해 공정하고 조화로운 사회를 만드는 데 기여할 수 있다.

| 1.3 | 법의 필요성

법은 사회에서 필수적인 역할을 하는 규범 체계로, 개인과 공동체가 조화롭게 살기 위해서 반드시 필요하다. 법이 없다면 사회는 혼란과 무질서에 빠질 가능성이 높으며, 개인의 자유와 권리를 보장받기 어렵다. 법의 필요성은 크게 첫째, 사회질서를 유지하고, 둘째, 개인의 권리를 보호하며, 셋째, 정의를 구현하는 데 중요한 역할을 하며, 넷째, 사회적 발전과 국제적 안정성을 도모하며, 다섯째, 모든 구성원이 평화롭고 안정된 환경에서 살아갈 수 있도록 보장한다. 따라서 법의 존재와 준수는 현대사회를 유지하고 발전시키는 데 없어서는 안 될 요소이며 보다 구체적으로 살펴보면 다음과 같다.

- **사회질서 유지**: 법은 사회질서를 유지하는 데 가장 중요한 도구이다. 법

은 개인 간의 갈등을 조정하고, 규칙을 제시하며, 이를 위반했을 때의 제재를 규정함으로써 사회적 안정성을 보장한다. 예를 들어, 교통 법규는 도로에서 차량과 보행자의 안전을 보장하고 혼잡을 예방하는 데 기여한다(출처: 한국법제연구원, 2023). 이처럼 법은 일상생활에서 발생할 수 있는 다양한 상황에서 질서를 유지하는 역할을 한다.

- **개인의 권리 보호**: 법은 개인의 기본적인 권리와 자유를 보호한다. 헌법과 같은 상위 법률은 모든 국민이 평등한 대우를 받고 자유롭게 살 권리를 보장한다. 예를 들어, 노동법은 근로자의 권리를 보호하며, 소비자 보호법은 소비자가 부당한 대우를 받지 않도록 한다(출처: 대한민국 법제처, 2023). 이러한 법적 보호 장치는 개인이 자신의 권리를 주장하고, 불합리한 처우를 받았을 때 구제받을 수 있는 기반을 제공한다.
- **공정성과 정의 구현**: 법은 공정성과 정의를 구현하는 데 중요한 역할을 한다. 사회 내에서 발생하는 분쟁과 갈등은 법적 절차를 통해 해결되며, 이를 통해 공정한 판단이 이루어진다. 사법부는 법을 근거로 하여 객관적인 판단을 내리고, 개인 간 또는 단체 간의 이익 충돌을 조정한다(출처: 대법원 판례집, 2023). 이러한 과정은 사회 구성원들에게 법에 대한 신뢰를 갖게 하고, 정의로운 사회를 형성하는 데 기여한다.
- **사회적 발전과 안녕 증진**: 법은 사회의 발전과 구성원들의 안녕을 증진하는 데 기여한다. 환경법은 자연 자원을 보호하고 지속 가능한 발전을 도모하며, 교육법은 모든 국민이 균등한 교육 기회를 누릴 수 있도록 한다(출처: 유엔 지속가능발전 보고서, 2023). 또한, 경제 관련 법규는 공정한 시장 경쟁을 보장하고 경제 활동의 투명성을 높여 사회 전체의 복지를 증진시킨다.
- **국가와 국제적 관계의 안정성 확보**: 법은 국가 간 관계에서도 중요한 역할을 한다. 국제법은 국가 간 분쟁을 평화적으로 해결하고, 무역과 외교를 규제하여 국제적 안정성을 유지한다. 이러한 법적 체계는 세계 평화를 유지하고 국제 사회의 조화를 이루는 데 필수적이다.

| 1.4 | 법의 특성

법은 인간 사회에서 질서와 정의를 실현하기 위한 규범 체계로서, 그 특징 중 하나로 규범성과 외면성을 들 수 있다. 법의 규범성과 외면성은 법이 사회적 규율로 작용하는 방식과 그 적용 대상의 특징을 이해하는 데 핵심적인 개념이다. 이를 보다 깊이 이해하기 위해 특성을 살펴보면 다음과 같다.

1. 법의 규범성

법의 규범성은 법이 인간의 행동을 규제하고 특정한 방향으로 이끌기 위한 규범적 성격을 지닌다는 것을 의미한다. 우리 사회는 그 구성원에 대하여 어떠한 일을 '해야 한다' 또는 '하지 말아야 한다'와 같은 행위의 기준을 제시하고 이를 통하여 사회 구성원 행동을 통제하고 사회적 질서를 유지한다.

규범성은 강제력과 공익 지향성, 보편성의 특성을 가지는데, 첫째, 법은 국가의 강제력을 통해 규범을 실현한다. 예를 들어, 법률을 위반할 경우 벌금이나 형벌과 같은 제재를 받을 수 있다. 둘째, 법의 규범성은 개인의 이익뿐만 아니라 사회 전체의 공익을 목표로 한다. 셋째, 법은 특정 개인이나 집단이 아닌, 사회 구성원 전체를 대상으로 적용된다.

이와 같이 사회적 질서를 유지하고, 구성원 간의 갈등을 예방하거나 해결하는 데 법의 규범성은 중요한 역할을 한다.

2. 법의 외면성

법은 외면에서 나타나는 사람의 행동을 규율하는 규범이며, 원칙적으로 내면생활에 관여하지 않는다. 예를 들어 사람을 살해하는 생각을 하였다고 해서 그것이 살인죄가 되지 않고, 마음속으로 다른 사람의 물건을 절취하였다고 해서 절도죄가 되는 것은 아니다. 또한 만 20세로 성년이 된다고 하는 규정도 외부의 법률행위를 하는 경우를 전제로 하는 것이다.[3] 이와 같이 외면성은 법이 외적인 행위를 규율 대상으로 한다는 것을 의미한다. 이는 법이 개인의 내면적 신념이나 동기가 아니라, 외적으로 드러나는 행동에 대해 규율하고 제재

3) 손주찬, 전게서, 2006. 2

를 가한다는 것이다.

외면성은 행위를 중심으로 객관적 판단을 통하여 명확한 적용을 하는 특징을 보인다. 즉, 법은 행동의 결과나 외형적 측면을 기준으로 평가하고, 공정성을 유지하기 위해 객관적이고 외형적인 기준을 사용하여 판단한다. 그리고 법의 외면성은 법 적용의 예측 가능성과 명확성을 보장하고, 사회적 갈등 상황에서 공정하고 일관된 판단을 내리는 데 기여하며, 사회적 안정성을 증진하게 된다.

3. 규범성과 외면성의 상호 보완성

법의 규범성과 외면성은 상호보완적인 관계를 이루며, 법이 사회에서 실효성을 발휘하는 데 기여한다. 즉, 법은 규범성을 통해 사회적 정의와 공익을 실현하려는 사회적 가치의 방향성을 제시하고, 외면성을 통해 사회적 규율의 명확성과 공정성을 보장한다. 또한 법은 규범성을 통해 사회적 이상을 제시하고, 외면성을 통해 이를 실질적으로 실현함으로써 사회 구성원 간의 신뢰를 구축한다.

이와 같이 법의 규범성과 외면성은 법이 사회적 규율로서 기능하는 데 중요한 역할을 한다. 규범성은 법의 가치와 목적을 나타내고, 외면성은 법의 적용과 집행의 공정성을 보장한다. 두 요소는 법이 변화하는 사회적 환경에서 효과적으로 작동하며, 사회적 질서와 정의를 실현하는 데 기여한다.

| 1.5 | 법과 다른 사회규범과의 관계

사회규범이란 우리가 지켜야 하는 규칙, 갈등과 분쟁의 예방과 해결의 기준이 된다. 법은 인간사회에서 질서와 정의를 실현하기 위한 규범 체계로, 도덕, 관습, 종교 등 다른 사회규범들과 긴밀한 관계를 맺고 있다. 이러한 사회규범들은 인간의 행동을 규율하는 역할을 하지만, 법과는 구별되는 고유한 특성과 기능을 가지고 있다. 법과 다른 사회규범과의 관계를 이해하기 위해 각 규범의 정의와 특성을 살펴보고, 이들 간의 상호작용을 분석하는 것이 필요하다.

1. 법과 도덕

규범은 행위의 준칙(準則)으로 기준이 되는 규칙, 즉 해야 할 행위와 하지 않아야 할 행위를 의미하여 도덕, 관습, 종교 규범 등 사회규범이 생기게 되었다. 법은 종합적 사회규범의 일종으로 사회정의 실현의 수단이며, 구체적인 실현은 법률로 나타난다.

이와 같이 법과 도덕은 모두 인간 행동의 규제를 목적으로 하지만, 그 기원과 강제력에서 차이를 보인다. 도덕은 인간이 선과 악, 옳고 그름을 판단하는 기준으로, 내적인 양심과 사회적 합의에서 비롯된다. 도덕은 법과 달리 강제력이 없으며, 개인의 양심이나 사회적 비난을 통해 준수를 요구한다.

법과 도덕과의 경계로 착한 사마리아 조항을 들 수 있다. 예를 들면 프랑스 형법 제63조 2항을 들 수 있는데, "위험에 처해 있는 사람을 구조해 주어도 자기가 위험해지지 않음에도 불구하고 자의(自意)로 구조해 주지 않는 자는 3개월 이상 5년 이하의 징역 또는 360프랑 이상 1,500프랑 이하 벌금에 처한다"고 규정하고 있다. 우리나라도 「응급의료에 관한 법률」 제5조에서 "누구든지 응급환자를 발견하면 즉시 응급의료기관 등에 신고하여야 한다."라고 규정하고 있는데, 이에 대한 벌칙 조항이 없어 사실상 큰 효력은 없다.

법은 도덕적 기준을 반영하는 경우가 많으며, 도덕적으로 도저히 용납될 수 없는 행동을 처벌하기 위해 제정된다. 그러나 법은 도덕의 모든 내용을 담지는 않으며, 사회적 합의와 실현 가능성을 고려하여 제한적으로 제정된다.[4]

2. 법과 관습

관습은 특정 사회에서 오랜 시간 동안 지속되어 온 행동양식으로, 법과 밀접하게 연결되어 있다. 관습은 특정 집단이나 지역에서 자연스럽게 형성된 규범으로, 법적 제정 없이도 사회 구성원들 사이에 널리 받아들여진다.

법과 관습의 관계를 보면, 관습은 법의 기초가 되거나 법에 의해 승인받아 법적 효력을 가질 수 있는 데[5] 반해, 법은 관습과 충돌할 경우 관습을 무효화

---

4) 지금은 위헌 판정을 받아 폐지되었지만, 과거 「형법」 제241조에는 "배우자가 있는 자가 간통한 때에는 2년 이하의 징역에 처한다"는 조항이 있었다.

5) 예를 들면 관습법은 법원 판례나 입법 과정을 통해 인정받는 경우가 있다.

하거나 제한하기도 한다.

3. 법과 종교

법과 종교는 역사적으로 밀접하게 연결되었으며, 종교적 가치가 법의 기초가 되는 경우가 많다. 종교는 초월적 존재나 가치를 믿고, 이에 따라 인간의 행동을 규율하는 체계이다. 종교 규범은 신성한 권위를 기반으로 하며, 종교적 제재를 통해 준수를 요구한다.

법과 종교의 관계를 보면, 법은 종교적 가치를 반영하여 사회적 질서를 유지하고자 하지만, 현대사회에서는 종교와 법을 분리하여 다원적 가치관을 수용하는 경향이 있다. 종교적 규범이 법으로 제정될 경우, 세속적 기준과 충돌하지 않도록 조정이 필요하다.

4. 법과 사회규범의 상호작용

법과 다른 사회규범들은 상호 보완적 관계를 유지하며, 사회질서와 발전에 기여한다. 법은 사회적 합의와 강제력을 통해 규범을 실현하지만, 모든 상황을 상세히 규율할 수는 없다. 이때 도덕, 관습, 종교와 같은 사회규범이 법의 공백을 메우는 역할을 하게 된다.

사회규범의 법제화: 도덕적 가치나 관습적 행동양식이 법으로 제정되는 경우가 많다. 예를 들어, 인간의 생명과 존엄성을 보호하는 법률은 도덕적 가치에서 비롯된 것이다.

갈등과 조정: 법과 다른 사회규범이 충돌할 경우, 사회적 합의와 헌법적 원칙에 따라 조정된다. 예를 들어, 종교적 신념이 헌법상의 평등권이나 자유권과 충돌할 때, 법은 공익과 개인의 권리를 조화시키는 방향으로 적용된다.

법과 다른 사회규범들은 인간사회의 질서를 유지하고 발전시키기 위한 필수적인 요소들이다. 법은 강제력을 통해 사회적 규범을 실현하며, 도덕, 관습, 종교 등은 법의 한계를 보완하거나 기초가 된다. 이러한 상호작용은 법이 변화하는 사회적 환경에 적응하고, 조화로운 사회를 이루는 데 기여한다.

법은 다른 사회규범과 구별되는 특징으로 강제성, 일반성, 명확성, 안정성 등을 들 수 있는데, 각각 다음과 같다.

- **강제성**: 법은 국가의 강제력을 동반하여 준수되지 않으면 처벌을 가한다. 이 점에서 법은 도덕이나 관습과 차별화된다.
- **일반성**: 법은 특정 개인이나 사건에만 적용되지 않고, 동일한 상황에서 모든 사람에게 동일하게 적용된다.
- **명확성**: 법은 그 내용이 명확하게 규정되어야 하며, 일반 시민이 이를 이해할 수 있어야 한다.
- **안정성**: 법은 자주 변경되지 않고 일정한 기간 동안 지속되어야 한다. 이는 법에 대한 신뢰와 예측 가능성을 보장한다.

| 1.6 | 법치주의

근대 이전의 국가는 군주 개인의 절대적인 권력에 의한 '사람에 의한 지배'가 중심이었다. 그러나 근대에 이르러 천부인권 사상의 확산과 시민혁명의 발생으로 이러한 지배 형태는 변화하게 되었고, 국가 통치는 '법의 지배'[6], 즉 법치주의에 기반을 두게 되었다. 법치주의란 국가의 통치행위가 국민은 물론 국가기관에도 동일하게 적용되며, 이러한 통치는 의회가 제정한 법률에 따라 이루어져야 함을 의미한다.

법치주의는 형식적 법치주의와 실질적 법치주의로 구분할 수 있다. 형식적 법치주의는 법의 제정 과정과 집행 절차의 합법성만을 중시하고, 그 내용이나 목적은 문제 삼지 않는다. 이러한 접근은 히틀러의 수권법이나 박정희 정부의 유신헌법처럼, 형식적으로는 합법적이지만 실질적으로는 국민의 자유와 권리를 억압하는 결과를 초래할 수 있다.

이에 따라 등장한 실질적 법치주의는 법의 외형뿐 아니라 그 목적과 내용도 정당해야 한다는 원칙을 강조한다. 이는 단순히 형식적 절차를 따르는 것만으로는 인권을 보장할 수 없다는 반성에서 출발한 것으로, 실질적 법치주의의

6) 영국의 명예혁명(1688), 미국 독립혁명(1776), 프랑스 대혁명(1789) 등 시민혁명을 통해 '법에 의한 지배(rule by law)'에서 '법의 지배(rule of law)'의 전환이 이루어졌다. '법에 의한 지배(rule by law)'란 법이 통치 수단으로 사용되어 권력자가 법을 이용하여 자신의 의지를 관철시키는 것을 의미한다. '법의 지배(rule of law)'란 법이 국가 권력 위에 존재하며, 모든 사람이 법 앞에 평등하고 법에 따라 통치되는 것을 의미한다.

실현을 위해서는 의회를 통한 민주적 입법 절차, 사법권의 독립, 국민의 저항권 보장 등이 제도적으로 마련되어야 한다.

제 2 절 법의 존재 형식과 체계

| 2.1 | 법의 존재 형식(법원)

법원(法源, source of law) 또는 법의 연원이라 할 때 보통 두 가지의 뜻이 있다. 하나는 법이 성립하는 기초, 즉 법의 타당한 근거를 뜻하는 경우(실질적 의의의 법원)이고, 또 하나는 법이 존재하는 형식, 즉 법을 인식하는 수단 또는 자료를 가리키는 경우(형식적 의의의 법원)이다. 여기서는 후자의 뜻의 법원, 즉 법의 존재 형식을 중심으로 설명한다.

후자 의미의 법원은 그 표현형식에 따라 성문법과 불문법으로 나누어지며, 또 성립 형식에 따라서 법률, 명령, 관습법, 판례법 등으로 나누어진다. 둘 이상 종류의 법령이 그 내용에 있어 상호 모순, 저촉하는 경우 이들 법원 간에는 그 효력의 면에서 일정한 질서가 있다. 예를 들면 상위법 우선의 원칙, 제정법은 관습법에 우선하며, 신법이 구법에 우선하며, 특별법이 일반법에 우선하는 원칙 등이 그것이다.

법령은 국민의 기본적인 권리와 의무를 정하고 국가기관을 구성하는 근거가 되며, 행정관청이 국민을 위해 일하도록 만들며, 권리구제를 위한 재판의 근거가 된다. 또한 그 기능과 효력에 있어 일정한 체계를 가지고 있다. 보통 법이라고 하면 국회에서 만드는 법률을 가리키지만, 국민의 일상생활에 중요한 영향을 미치는 규범에는 헌법, 조약, 행정부에서 법률을 집행하기 위해 만드는 대통령령, 총리령, 부령, 지방자치단체가 제정하는 조례, 규칙 등이 있다. 넓은 의미에서 '법'이란 이 모두를 포함하며, 보통 '법령'이라고 한다.

| 2.2 | 성문법

성문법(成文法, Statute Law 또는 제정법)이란 문자로 표현되고 문서의 형식을 갖춘 법을 말하며 일정한 절차와 형식을 거쳐 입법기관에 의해 제정·공포된 법을 말한다. 현재 대부분의 국가는 법체계의 많은 부분이 성문화되어 있지만, 근대 이전에는 대부분 지역에서 법률이 성문화되지 못했었다. 하지만 대륙법계 국가(유럽대륙)를 중심으로 국가의 체제 정비와 국민의 기본권 보호를 위한 법전 편찬 사업이 추진되었고, 이 과정에서 성문법을 위주로 하는 나라가 탄생하게 되었다. 이와 같이 법의 진화 과정을 존재 양식 면에서 보면 불문법에서 성문법으로 이행되었다. 오늘날은 대부분 국가가 성문법을 기본으로 하고 있으며, 불문법 국가로 알려진 영국도 점차 성문법이 늘어가는 추세이다.

성문법은 일반적·추상적인 문장으로 표현되어 있으며, 고정적이라는 특징을 가지고 있다. 문장으로 표현되었기 때문에 그 의미와 내용이 명백하고 고정적이라는 면에서 규범으로서의 안정성이 있다. 또 입법자의 의사를 일정한 절차와 형식을 따라서 규범으로 반영시킬 수 있고, 정책적 목적을 입법화할 때 편리하다는 등의 장점을 들 수 있다. 그러나 성문법의 고정성은 변화하는 사회의 현실에 맞게 따라가지 못하는 결과를 가져오고 또 성문법이 입법자 의사를 용이하게 반영시킬 수 있다는 것이 때로는 사회적인 기반을 무시한 법 만능의 사조로 흐르게 되는 단점이 될 수도 있다.

우리나라에서 법체계는 헌법부터 법률, 명령, 규칙에 이르기까지 위계와 체계를 갖추고 구성된 법의 구조를 말한다. 각 단계는 상위 법의 원칙과 규정을 구체화하거나 세부적으로 구현하며, 법질서와 사회규범을 유지한다. 우리나라 법체계는 다음 세 가지 특징을 가지고 있으며, 이러한 법체계를 통하여 국가와 사회는 규범을 유지하며, 국민의 권리와 의무를 조화롭게 규율한다.

- **위계질서**: 상위법(헌법)이 하위법(법률, 명령, 규칙 등)을 지배한다.
- **유기적 관계**: 모든 법규는 상호 연결되어 전체 체계를 형성한다.
- **안정성과 변동성**: 법체계는 사회적 안정성을 유지하면서도, 변화하는 사회 요구에 따라 개정된다.

1. 헌법(Constitution)

헌법은 국가의 조직과 통치 작용을 규정한 기본법이며 그 내용이 문장의 형식으로 되어 있을 때 성문헌법이 된다. 오늘날 영국을 제외한 대부분의 국가는 성문헌법주의를 취하고 있으며 우리나라도 그러하다.

헌법은 법체계의 기초이자 근본으로서 국가법 중의 최상위 법이며, 국가의 법 제정권은 헌법에 의하여 규제된다. 헌법은 최상위 법으로 국가의 통치 원리와 기본 구조, 국민의 권리·의무 등 기본권, 국가기관의 구성과 조직과 권한 등에 대한 내용을 담고 있다. 또한 헌법은 국가의 모든 법령의 기준과 근거가 된다. 따라서 법률, 명령 등 법령은 헌법정신과 이념에 따라야 하고, 헌법이 보장하고 있는 국민의 기본권을 침해하지 않아야 한다. 특히, 법률 및 명령 등 하위 법령이 헌법에 위배되면 헌법재판소에서 위헌 결정을 하여 그 효력을 없애기도 하는데, 국가기관의 행위가 헌법에 위반한 때에도 마찬가지이다.

우리나라 헌법은 민주주의와 국민주권, 기본권 보장을 핵심 원칙으로 규정하고 있다. 헌법의 구성은 전문을 비롯하여 총강, 국민의 권리와 의무, 국회, 정부(법원, 행정부), 법원, 헌법재판소, 선거관리, 지방자치, 경제, 헌법개정 등 총 10장으로 구성되어 있다.

헌법은 가장 강한 효력을 가진 국가의 최고법이므로 그 개정에 있어서 일반 법률의 개정보다 까다로운 엄격한 절차를 따르게 되어 있는 것이 보통이며, 우리나라도 헌법 개정 요건을 엄격하게 규정하고 있다(헌법 제128조~제130조).[7] 다만 불문헌법을 가지고 있는 영국의 경우는 개정에 있어 일반 법률과 차이가 없다.

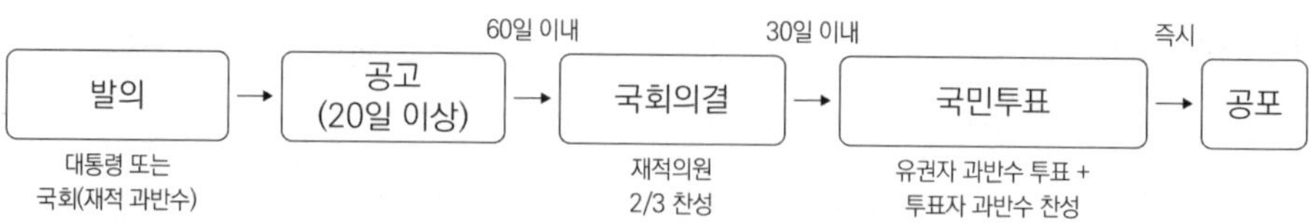

그림 1-1 헌법의 개정 절차

7) 1962년 제5차 헌법개정 때부터 국민투표 조항이 도입되었다.

2. 법률(Statutes)

법률은 넓은 의미에서는 법과 같은 뜻으로 쓰이기도 하나, 좁은 의미에서는 헌법에서 말한 법률, 즉 입법기관(우리나라의 경우 국회)에서 제정되는 법을 말한다. 우리나라 헌법 제40조에 의하면 입법권은 국회에 속하고 국회는 유일한 입법기관이다. 법률은 헌법의 기본 원칙을 구체화하며, 국민의 권리 및 의무를 규율한다. 공법, 민법, 형법, 상법, 노동법 등 다양한 분야에서 적용되며, 헌법보다 하위에 위치하여 헌법에 근거를 두고 제정된다.

법률의 제정은 법률안의 제정, 의결 및 공고의 3단계를 거치게 된다. 법률안 제출은 국회의원과 정부가 할 수 있으며, 국회에서 법률안이 의결되면 정부로 이송되어 15일 이내에 대통령이 공포한다. 법률안에 대해 이의가 있을 때에는 대통령은 위의 기간 내에 이의서를 국회로 환부하고 그 재의를 요구할 수 있으며, 국회 폐회 중에도 같다. 대통령은 법률안의 일부에 대하여 또는 법률안을 수정하여 재의 요구할 수는 없다. 재의의 요구가 있을 때에는 국회는 재의에 붙이고, 재적의원 과반수의 출석과 출석의원 3분의 2 이상의 찬성으로 전과 같은 의결을 하면 그 법률안은 법률로서 확정된다. 대통령이 국회로부터 법률안의 이송을 받은 후 15일 이내에 공포나 재의의 요구를 아니한 때에도 그 법률안은 법률로서 확정된다. 이리하여 확정된 법률은 대통령이 지체없이 공포해야 하며, 법률이 확정된 후 또는 확정 법률이 정부로 이송된 후 5일 이내에 대통령이 공포하지 아니한 때에는 국회의장이 이를 공포하게 된다.

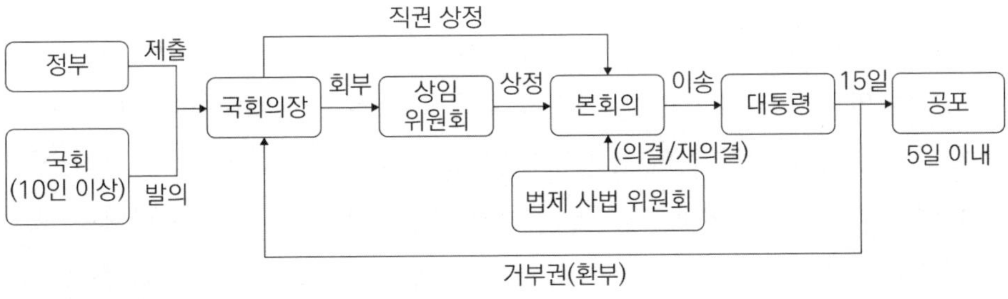

그림 1-2 **법률의 제 · 개정절차**

법률안을 정부에서 제출할 때에는 ① 법령안의 입안(약 30~60일) ② 관계기관 협의(약 10일 이상) ③ 사전영향평가(약15~30일) ④ 입법예고(약 40~60일) ⑤ 규제심사(약 15~20일) ⑥ 법체처 심사(약 20~30일) ⑦ 차관회의 심의(약 7~10일)·국무회의 심의(약 5일) ⑧ 대통령 재가(국무총리 및 관계 국무위원의 부서) 및 국회 제출(약 7~10일)하는 절차를 거치게 된다.

법률은 공포와 동시에 당연히 효력이 있는 것이 아니고, 특별한 규정이 없는 한 공포된 날로부터 20일을 경과함으로써 그 효력을 발생하게 된다. 법률은 헌법의 하위에 있으므로 헌법을 위반한 때에는 그 효력이 없다. 또 국민의 권리는 법률로 규정하는 것이 법치국가의 원칙으로 되어 있다.

3. 조약(Treaty)

국제조약(國際條約)이란 명칭과 관계없이 국가와 국제기구가 필요에 의해 상호 합의하여 지키기로 약속한 국제적 합의를 말한다. 조약(條約)이란 나라와 나라 사이에 맺은 법적 구속력을 가지는 약속이다. 조약은 국가가 의회 등을 통해 비준하면 그 국가의 법이 된다. 우리나라 헌법은 대통령이 다른 국가와 맺은 조약에 대하여 국제법상 효력뿐만 아니라 국내법적 효력을 인정하고 있다. 외국과 맺은 조약이 국민의 권리·의무에 관한 사항이나 국가안보에 관한 사항을 담고 있으면 법률과 동등한 효력을 갖고 있다고 본다.

조약이란 일종의 국가 간 계약과 같은 것으로, 서로 약속한 내용을 지켜야 하므로 법적 준수가 보장되는 것이다. 조약에는 그 당사국의 수에 따라 다자적(多者的, multilateral)인 것과 양자적(兩者的, bilateral)인 것이 있다. 예컨대 유엔 헌장은 유엔에 가입한 모든 국가에게 규범적 구속력을 갖는 다자적 국제조약으로, 회원국은 유엔 헌장에 규정된 내용을 충실히 이행하여야 한다. 반면, 이에 비해 한국과 미국 간의 한미상호방위조약 같은 것은 한국과 미국 간에만 적용되는 양자적인 것이다. 그리고 조약의 명칭에 대해서도 매우 다양한 용어가 사용되고 있다. 조약, 협약, 협정, 규약, 규정, 헌장 등등의 용어가 사용되고 있는데, 이러한 용어의 다양성은 해당 조약의 효력에 별다른 영향을 끼치지 않는다. 조약의 일반적 체결 절차는 ① 조약 본문의 채택과 인증, ② 조약에 구속받겠다는 동의 및 이 결정의 국제적 통보, ③ 조약의 효력 발생, ④ 조약의 등록 및 공고의 4단계가 있다.

4. 명령(Ordinances, Decrees)

1) 명령의 개념

명령은 국회의 의결을 거치지 않고 행정관청이 제정하는 성문법이다. 제정과정에서 국회의 의결을 필요로 하지 않으며, 제정권자가 행정기관이라는 점에서 법률과 구별된다. 형식적 효력 면에서 명령은 법률의 하위 규범이므로, 명령에 의해 헌법이나 법률을 개폐할 수는 없다. 다만, 대통령의 긴급명령(헌법 제76조)은 예외적으로 법률과 동일한 효력을 갖는다.

2) 대통령의 긴급명령, 긴급재정·경제처분명령

대통령은 국가의 안위에 관계되는 중대한 교전 상태에 있어서 국가를 보위하기 위하여 긴급한 조치가 필요하고 국회의 집회가 불가능한 때에 한하여 법률의 효력을 가지는 명령을 발할 수 있다(헌법 제76조제2항). 즉, 비상상태의 극복을 위한 입법수단으로서 헌법상 대통령이 법률의 효력을 가지는 명령을 발할 수 있다.

이것은 권력 분립주의 원칙의 예외가 되므로 그 발동 여건은 엄격하게 해석된다. 우리나라 역사상 가장 먼저 발동된 대통령긴급명령은 6.25 전쟁 발발 직후인 1950년 6월 27일 서울 함락 직전이라는 긴박한 상황 속에서 질서유지 및 치안 확보 차원에서 이승만 전 대통령이 내린 「비상사태하의 범죄처벌에 관한 특별조치령」이다. 이 외에도 1979년 10월 26일 박정희 전 대통령 피살사건 이후 최규하 대행체제 시절 발동된 석유류 가격 안정대책인 「물가안정을 위한 임시행정조치 6호」 등이 있다.

대통령은 내우·외환·천재·지변 또는 중대한 재정·경제상의 위기에 있어서 국가의 안전보장 또는 공공의 안녕질서를 유지하기 위하여 긴급한 조치가 필요하고 국회의 집회를 기다릴 여유가 없는 때에 한하여 최소한으로 필요한 재정 경제상의 처분을 하거나 이에 관하여 법률의 효력을 가지는 명령을 발할 수 있다(헌법 제76조제1항).

이것은 대통령의 긴급재정·경제처분권을 규정한 것이며, 국회의 승인을 요하는 재정·경제상의 처분으로서 긴급한 조치를 요함에도 불구하고 국회의 집회를 기다릴 여유가 없을 때 대통령이 단독으로 필요한 처분을 하거나 법률의 효력을 가진 명령을 발할 수 있는 것이다. 1993년 8월 12일에 김영삼 대한민국 대통령이 「금융실명거래 및 비밀보장에 관한 대통령 긴급재정경제명령」을 발동하여 같은 내용을 법률로 확정한 「금융실명거래 및 비밀보장에 관한 법률」이 1997년 12월 31일 공포될 때까지 약 3년 5개월간 대통령의 긴급재정경제명령체제로 금융실명제를 실시한 예가 있다.

대통령이 긴급명령과 재정·경제상의 명령 또는 처분을 한 때에는 지체없이 국회에 보고하여 승인을 얻어야 하며(헌법 제76조 3항), 승인을 얻지 못한 때에는 그 명령 또는 처분은 그때부터 효력을 잃고, 그 명령에 의하여 개정 또는 폐지되었던 법률은 효력을 회복한다. 대통령은 위의 긴급명령, 긴급재정·경제처분에 대한 국회의 승인 또는 불승인의 사유를 지체없이 공포하여야 한다.

3) 명령의 종류

국민의 권리·의무에 관한 사항은 법률로써 정해야 한다. 그러나 법률에서 모든 사항을 정하는 것이 아니라 국민의 권리·의무에 관한 기본적인 사항만을 정하고, 구체적인 내용은 국가 정책을 집행하고 담당하는 중앙행정기관에서 정할 수 있도록 위임해 주는 경우가 많다. 명령은 이처럼 법률의 위임에 따라 행정부(정부)가 정하는 법규범을 총칭하는 것으로 법률에서 정하지 못한 세부사항을 보완하거나 시행 방법을 규정한 것이다.

이처럼 법률에서 위임한 사항을 정하는 하위규범이 명령이며, 그 제정권자를 기준으로 형식적으로 분류하면 대통령령, 총리령, 부령이 이에 해당한다. ① 대통령령은 대통령이 법률에서 구체적으로 범위를 정하여 위임받은 사항을 집행하기 위하여 필요한 사항에 관하여 발하는 명령이며 ② 총리령은 국무총리가 소관 사무에 관하여 법률이나 대통령령의 위임 또는 직권으로 발하는 명령이고 ③ 부령은 행정 각부의 장이 소관 사무에 관하여 법률이나 대통령령의 위임 또는 직권으로 발하는 명령이다. 이상 각 명령의 형식적 효력은 대통령령이 총리령과 부령의 상위에 서고, 총리령과 부령은 동등하며 우열의 차이는 없다.

대통령령에는 위임 명령과 집행명령이 있다. ① 대통령은 헌법 제75조 전단에 의하여 법률에서 구체적으로 범위를 정하여 위임받은 사항에 관하여 대통령령으로 발하는 것이 위임명령이다. 법률에서는 입법사항 중 중요한 것을 정하고, 부분적으로 범위와 기준을 정하여 명령에 위임하는 경우가 있다. ② 대통령은 또 헌법 제75조 후단에 의하여 법률을 집행하기 위해 필요한 사항에 대하여 대통령령으로 발하는 것이 집행명령이다. 법률을 집행한다는 것은 법률의 규정을 실제에 적용하여 현실적으로 법을 완성하는 것을 뜻한다. 집행명령은 특정 법률이 종속하여 효력을 가지는 것이므로 기본이 되는 법률이 소멸한 때는 따라서 소멸한다.

대통령령의 제·개정 절차는 다음과 같다.

① 초안 작성(소관 부처에서 관련 법률에 따라 초안을 작성) → ② 관계기관 협의 및 의견 수렴(다른 부처, 이해관계자, 전문가의 의견을 수렴 및 조율하고, 입법예고를 통해 국민의 의견도 수렴) → ③ 법제처 심사(법제처에서 초안을 검토하며, 법적 타당성 및 체계성을 점검) → ④ 국무회의 의결(국무회의에서 심의 및 의결) → ⑤ 대통령 서명 및 공포(대통령이 서명한 후 관보(행정안전부)에 게재되어 공포)

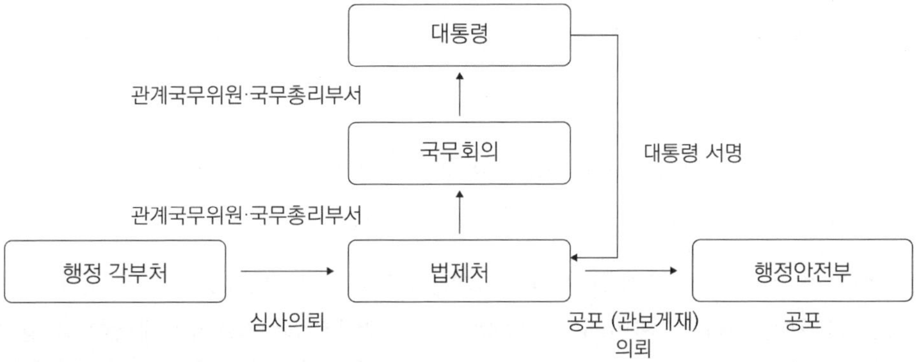

그림 1-3 대통령령의 제·개정절차

총리령과 부령에는 위임 명령과 직권명령이 있다. ① 위임 명령은 법률 또는 대통령령의 위임에 의하여 발하는 것이며, 위임된 범위 내에서는 법률 또는 대통령령으로 규정한 사항을 새로이 정할 수 있다. ② 직권명령에는 다시 두 가지가 있으며 ⓐ 국무총리 또는 행정 각부의 장이 헌법 또는 법률의 수권 없이 그 직무 권한의 범위 내에서 당연히 발할 수 있는 '행정규칙' 내지 '협의의 행정명령'과 ⓑ 법률 또는 대통령령을 집행하기 위하여 발하는 법규명령으로서 집행명령이 있다.

총리령 및 부령 제·개정 절차는 다음과 같다.

① 초안 작성(국무총리실 또는 관련 부처에서 초안을 작성) → ② 관계기관 협의 및 의견 수렴(관련 부처 및 전문가의 의견 조율) → ③ 법제처 심사(초안의 법적 적합성과 체계성을 검토) → ④ 총리(장관) 서명 및 공포(국무총리(장관)가 서명 후 관보를 통해 공포)

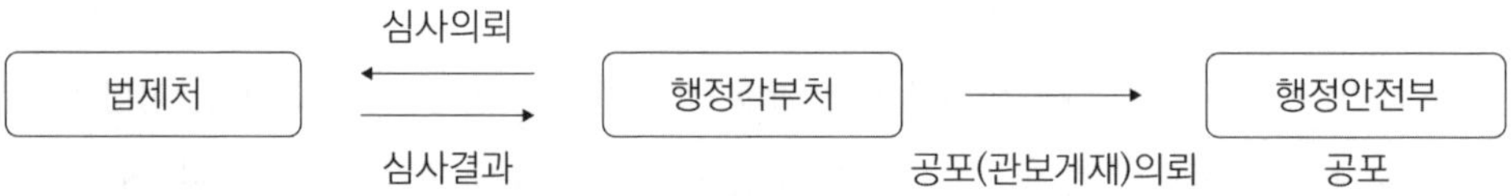

그림 1-4 총리령 및 부령의 제·개정절차

대통령령, 총리령, 부령의 제·개정시 법적 안정성과 민주성을 보장하기 위해 공통적으로 국민의견 수렴을 위한 입법예고, 법적 효력을 가지기 위한 관보 공포, 법률의 위임 범위와 체계적 검토를 위한 법제처 검토 절차를 체계적으로 거친다.

5. 자치법규: 조례(Local Ordinances)와 규칙(Rules)

자치법규는 지방자치단체가 지역 특성과 필요에 따라 법령의 범위 안에서 그 권한에 속하는 사무에 대하여 제정하는 법규이다. 자치법규는 조례와 규칙으로 나뉘며, 조례는 지방의회가 제정하고, 규칙은 지방자치단체장이 제정한다. 중앙정부 법률에 반하지 않는 범위 내에서 적용된다.

지방자치단체가 법령의 범위 안에서 그 권한에 속하는 사무에 관하여 지방의회가 정하는 규범이 조례이며, 지방자치단체의 장이 정하는 규범이 규칙이다. 조례와 규칙은 자치법규라고 하며, 자치법규의 효력은 관할지역에 한정된다는 점이 다른 법령과 다른 점이다.

조례는 지방의 사무를 운영하기 위하여 각 지방자치단체의 의회가 제정하는 법규범이다. 즉, 국가에 법률이 있다면, 지방자치단체에는 조례가 있다고 할 수 있다. 규칙은 주로 행정기관이나 공공기관이 업무를 수행하는 데 필요한 세부적인 기준을 제정한 것이다. 행정규칙, 내부 규정, 지침 등으로 구성되며, 일반적으로 대외적 강제력을 가지지 않는다.

| 2.3 | 불문법

불문법은 성문법 이외의 법으로서 문장으로 표현되지 않으며, 법제정기관에 의한 소정의 절차를 거치지 않고 생기는 법을 말한다. 문장으로 표현되지 않기 때문에 불문법이라고 하나, 법제정기관에 의한 절차 없이 생기는 법을 가리키기 때문에 판례집과 같은 문서로 된 것도 역시 불문법에 속하게 된다. 우리나라는 성문법주의를 원칙으로 하고 있으므로 불문법은 성문법에 대한 보충적 효력만을 가지는 것이 원칙으로 되어 있다. 불문법에는 관습법, 판례법, 조리가 있다.

1. 관습법(Customary Law)

법률로 명확히 규정되지 않은 사항이지만, 사회적으로 오랜 기간 인정된 관습이나 판례도 법적 효력을 가질 수 있다. 관습법은 국가의 입법기관에 의하여 제정된 것이 아니고, 사회생활 속에서 법적인 확신 내지 또는 인식을 가지고 관행적으로 행하여지는 불문 형식의 법을 말한다.

관습법이 성립하기 위해서는 다음 요건이 갖추어져야 한다. ① 어떤 관행이 존재하고 있어야 한다. 즉 동종의 사항에 관하여 동종의 행위가 오랫동안 반복 계속되고 있어야 하며, 이것이 관습법의 내용이 되는 것이다. 그것은 대개 자연발생적으로 생긴다. ② 그 관행은 선량한 풍속 기타 사회질서에 위반하지 않는 것이어야 한다(민법 제106조). 법은 국가의 질서유지 및 사회의 발전을 목적으로 하는 것이기 때문이다. ③ 그 관행을 국민이 단순히 도덕적·종교적인 규범으로서가 아니라, 법규범으로서의 의식을 가지고 지키는 경우라야 한다. 이 점은 관습법이 '사실상 관습'과는 다르다는 것이다.

2. 판례법(Case Law)

법원이 구체적인 사건에 대하여 내린 판결이 유사한 사건에 반복적으로 적용되고 답습됨으로써, 그 판결은 일정한 법적 규범으로서의 의식을 가지게 된다. 이를 '판례법'이라고 한다.

상급법원의 재판에서의 판단은 당해 사건에 관하여 하급심을 기속하며, 판례는 사실상 성문법에 대한 수정적·창조적 작용을 하는 경우가 없지 않다. 이리하여 판례에 법원성을 인정하는 것이다. 그러나 판례법 국가인 영미에서와는 달리 제정법주의 국가인 우리나라에서는 실제로 하급 법원이나 국민이 판례의 견해에 따른다 하더라도 판례가 관습법의 발생을 촉구할 수 있다는 데 그치고, 판례가 곧 법이라고 볼 수는 없다고 하는 설이 많다. 또 법원은 종전의 판례와 다른 판결을 할 수도 있는 것이다.

3. 조리(條理, Reason)

조리(條理)란 사물의 합리적이고 본질적인 법칙을 의미한다. 이는 공동체 생활에서 사람들의 이성에 의해 승인된 보편적 원칙을 가리키며, 사회통념, 선량한 풍속, 사회질서, 신의성실의 원칙 등과 같은 형태로 구체화되어 표현된다.

조리는 사회생활을 규율하는 법규범이 없을 때 이를 보충하는 해석상 또는 재판상의 기준이 되는 데 불과하고, 법 적용상 일종의 이념에 지나지 않기 때문에 법 그 자체로는 볼 수 없다는 주장도 있다. 그러나 다수 학설은 조리의 보건성을 인정하고 있다. 법관은 법이 없다는 것을 이유로 재판을 거부할 수 없으므로 성문법이나 관습법이 없을 때에는 조리에 따라서 재판하지 않을 수 없으므로 결국 조리를 하나의 법규범으로 인정하게 된다는 것이다. 우리나라 민법 제1조는 '민사에 관하여 법률에 규정이 없으면 관습법에 의하고 관습법이 없으면 조리에 의한다'라고 하여 조리의 법원성을 인정하고 있다.

제 3 절 법의 분류

법은 그 분류 기준에 따라 여러 가지로 구분된다. 즉, 지지하는(제정·집행하는) 주체에 따라 국제법과 국내법으로, 발생 측면에서 고유법과 계수법으로, 적용 범위에 따라 일반법과 특별법 및 원칙법과 예외법으로 나눌 수 있다. 또한 그 내용에 따라 실제법과 절차법으로, 효력 측면에서 강행법과 임의법으로 구분되며, 법이 규율하는 대상에 따라 공법, 사법, 사회법으로 나눌 수 있다. 그러나 이러한 구분은 어디까지나 편의상의 분류일 뿐, 본질적인 것은 아니다.

| 3.1 | 국제법과 국내법

국제법과 국내법은 법을 인정하는 주체 및 효력을 가지는 지역적 범위를 기준으로 한 분류이다. 국내법은 한 국가 내에서 인정되고 해당 국가 안에서 시행되는 법이고, 국제법은 다수의 국가에 의하여 인정되고 다수의 국가 간의 효력을 가지는 법이다. 국제법은 다시 일반국제법과 특수국제법으로 나누어지는데, 전자는 국제 사회 일반에 효력을 가지는 법이고, 후자는 특정한 2개 국가 또는 수 개의 국가 간에서 효력을 가지는 법이다.

국제법은 입법기관이나 입법 절차가 국내법의 경우와는 달리 각 국가의 승인에 의하여 효력이 발생하는 것이 보통이며, 이것을 강행하는 조직적 사회력도 국내법보다 약하다. 그리고 위반을 판정하는 재판기구나, 그에 대한 제재도 국내법에 비하여 매우 약하고 불완전하기 때문에 국제법은 법이 아니라고 주장하는 학자들도 있다. 그러나 국제법도 국내법과 같이 사회생활의 규범으로서 미약하기는 하지만 국제사회에서 강행되는 것이므로 이러한 국제법 부인설은 타당하지 못하다. 특히 오늘날 국제연합과 같은 강력하고 세계 대부분의 국가를 포함하는 국제단체가 조직적 사회력으로서 국제법의 법 규범성을 한층 높이고 있다. 그리고 국제단체라는 조직적 사회는 역사의 전진에 따라 더욱 강화되고 있다.

국제법과 「국제사법」은 구별된다. '국제'라는 용어 때문에 「국제사법」도 국제법 속에 포함되어 국제법 가운데 국제공법과 국제사법이 있는 것처럼 착각하기 쉽다. 국제법은 국제공법을 의미하며 수 개의 국가를 제정 주체로 하는 '국가 간의 법'을 의미한다. 그러나 「국제사법」은 어디까지나 국내법의 일부로서 외국과의 관계가 있는 법률과의 관계에 대한 준거법이다. 「국제사법」 제1조는 "이 법은 외국과 관련된 요소가 있는 법률관계에 관하여 국제재판관할과 준거법(準據法)을 정함을 목적으로 한다."고 규정하고 있다.

| 3.2 | 고유법과 계수법

고유법은 한 국가 안에서 국민 생활에서 발생하고 발달해 온 그 국가 고유의 법이고, 계수법은 외국으로부터 계수한 법을 말한다. 국제관계에서 고립하여 살 수 없게 된 오늘날 외국법을 전혀 계수하지 않는다는 것은 현실적으로 거의 생각할 수 없다.

계수법에는 직접계수법과 간접계수법의 두 가지가 있다. 직접계수법은 외국법을 그대로 번역하여 자국법으로 만든 것이고, 간접계수법은 외국법을 모범으로 삼되, 이를 자국의 특수한 사정에 맞게 조정하여 제정한 법을 말한다. 이 경우 계수법의 연원이 되는 외국법을 모법(母法)이라고 하고 그것을 계수한 법을 자법(子法)이라고 한다. 유럽 근대국가의 법은 대부분이 로마법을 계수한 것이다. 우리나라도 과거에는 당률, 명률 등 중국법을 계수하였으나, 오늘날에는 유럽, 특히 독일 프랑스법을 계수한 것이 많고, 부분적으로는 영미법을 계수한 것도 있다.

고유법과 계수법의 구별은 상대적이다. 계수법도 오랜 시일이 흘러 국민 생활 속에 소화되고 흡수되면 계수법 특성은 없어지고 고유법으로서의 특성을 가지게 된다. 우리나라가 계수한 법들도 이제 우리의 사회생활 규범으로 융합되고 발달하였기 때문에 상대적 의미에서는 고유법이라고도 할 수 있다.

| 3.3 | 일반법과 특별법

법은 그 효력이 미치는 범위를 기준으로 하여 보면 일반법과 특별법으로 나뉘진다. 법의 효력이 미치는 범위에 특별한 제한이 없는 것이 일반법이고, 일정한 범위 안에서만 효력을 가지는 것이 특별법이다. 이것은 다시 지역적, 인적, 사회적 기준 셋으로 나누어 볼 수 있다. 즉, 하나는 법이 적용하는 장소를 기준으로 하는 구분이고, 두 번째는 법을 적용받는 사람을 기준으로 하는 구분이며, 셋째는 법이 규정하는 사항에 따른 구분이다.

1. 지역적 범위를 기준으로 한 구별

법의 효력이 국가 전역에 걸쳐서 효력을 미치는 경우 이를 일반법이라고 하고, 국가 영토 중 일부에서만 효력을 미치는 경우 이를 특별법이라고 한다. 예를 들면 「지방자치법」은 전국에 영향을 주는 일반법이고, 「수도권정비계획법」은 수도권, 「제주특별자치도 설치 및 국제자유도시 조성을 위한 특별법」은 제주도라는 제한된 지역에서만 효력을 미치는 지역적 특별법이 되는 것이다.

2. 인적 범위를 기준으로 한 구별

법의 효력이 국민 전체에 미치는 경우 이를 일반법이라고 하고 어떤 특정한 직업이나 신분을 가진 자에게만 미치는 경우 이를 특별법이라고 한다. 민법, 형법 등은 모든 국민에게 영향을 미치는 일반법인데, 이에 반해 「교육공무원법」이나 「선원법」 등은 교육공무원이나 선원에게만 적용되는 특별법이다.

3. 사항을 기준으로 한 구별

어떤 사항 전반에 걸쳐서 효력을 미치는 법을 일반법이라고 하고, 특정한 사항에서만 효력을 미치는 법을 특별법이라고 한다. 민법은 민사에 관한 일반법이고, 상법은 민법 중 특히 상사(商事)에 관한 사항에 제한하여 적용되는 민사특별법이다.

일반법과 특별법을 구별하는 실익은, 동일한 법률 사항에 대해 양자가 병존하는 경우 특별법이 일반법에 우선하여 적용된다는 데에 있다. 이는 '특별법 우선의 원칙'이라 불리며, 법 적용에 있어 중요한 해석 원칙으로 작용한다.

| 3.4 | 원칙법과 예외법

원칙법과 예외법도 법의 효력 범위에 따른 구별이지만, 일반법과 특별법의 구별과는 다소 다르다. 원칙법이란 어떤 사항에 대하여 일반적으로 적용되는 법이고, 예외법은 원칙법의 예외를 정하는 법으로 법령 중의 단서는 대체로 예외법이다. 예를 들면 민법 제5조제1항에서는 미성년자의 행위 능력을 일반적으로 제한해 놓고, 그 단서에서는 권리만을 얻거나 의무만을 면하는 행위는 예외로 한다고 규정하고 있는데, 이 민법 제5조제1항 단서와 같은 것이 예외법이다.

이와 같이 원칙법과 예외법은 특정한 사항에 관하여 그 원칙과 예외를 정하는 법인데, 일반법과 특별법은 이보다 훨씬 넓은 범위에서 지역적, 인적 또는 사항에 관하여 효력을 정하는 법이라는 점에서 양자의 차이가 있다. 그러므로 일반법과 특별법은 법령과 법령 사이 계속 구별되나 원칙법과 예외법은 동일한 법령 중에서나 혹은 동일한 조문 중에서 구별되는 것이 보통이다. 원칙법과 예외법을 구별하는 실익은 '예외법은 엄격히 해석하여야 한다'는 해석 원칙에 있어 예외 규정을 함부로 확장해서는 안 된다는 점에 있다.

예외법의 한 유형으로 특례법이 있다. 특례법은 원칙법의 규정을 일부 완화하거나 달리 정하는 법으로 특정 상황에서 예외적 규율을 허용하기 위한 법이다. 특례법은 원칙법에 대한 예외 규정을 담고 있는데, 「빈집 및 소규모주택 정비에 관한 특례법」이 있다. 이 법은 일반적인 도시정비 절차를 규정하고 있는 「도시 및 주거환경정비법」보다 요건·절차를 대폭 완화하여 예외적으로 적용하고 있다.

| 3.5 | 실체법과 절차법

실체법과 절차법은 법의 규정 내용을 기준으로 한 구별이며, 실체법은 주법(主法)이라고 하고 절차법은 조법(助法) 또는 형식법이라고도 한다. 실체법은 권리와 의무의 실체를 규정하는 법으로 개인, 단체, 국가 간의 권리와 의무를 실질적으로 규정하고 있으며, 무엇이 적법하고, 무엇이 불법인지 규정하며, 권리와 의무의 범위 및 내용을 명확히 한다. 반면 절차법은 실체법에서 규정된 권리와 의무를 실현하고 분쟁을 해결하고 구제하기 위한 과정 및 절차에 관하여 규정한 것을 절차법이라고 한다.

실체법은 권리와 의무에 관하여 그 성질, 소속, 범위와 종류, 내용, 발생, 변경, 소멸 등에 관한 실체적 사항을 규정하는 법이며, 민법, 상법, 형법 등이 이에 속한다. 사회에서 실체법은 실현되어야 의미를 가지는데, 실체법이 규정한 권리와 의무를 효과적으로 실현하기 위해서는 절차법이 필요하다. 또한 분쟁이 발생하면 절차법에 의하여 실체법을 현실화함으로써 법의 목적을 달성하게 되는 것이다. 예를 들면, 실체법에서 "계약 위반 시 손해배상을 청구할 수 있다"고 하면, 절차법에서 "손해배상을 청구하려면 소송 절차를 따라야 한다"라고 하는 것이 그것이다.

절차법은 직접 소송에 관한 것과 그렇지 않은 것이 있으며, 민사소송법, 형사소송법 등은 전자에 속하고 부동산 등기법, 호적법 등은 후자에 속한다. 사법은 대부분 실체법이며, 공법과 사법의 두 영역에 걸쳐 있는 사회법은 실체법과 절차법의 양자를 모두 포함한 것도 있다. 요약하면, 실체법은 '무엇'을 규정하는 것이고, 절차법은 '어떻게'를 규정한다고 할 수 있다. 둘은 법체계에서 모두 필수적인 역할을 한다.

| 3.6 | 강행법과 임의법

강행법(强行法)과 임의법(任意法)은 법의 규범적 성격에 따라 나뉘는 두 가지 유형으로, 법적 규제의 강제성과 자율성에 초점을 맞추어 구별된다. 즉, 당사자 의사에 의하여 법의 적용을 배제할 수 있느냐의 여부에 따라서 강행법과 임의법으로 구별한다.

강행법(Mandatory Law)은 당사자 간의 의사나 합의에 관계없이 강제적으로 적용되는 법이다. 즉, 법에서 정한 내용을 반드시 따라야 하며, 당사자들이 이를 변경하거나 배제할 수 없다. 강행법의 특징으로는 공공의 이익과 사회질서를 보호하기 위해 제정된 법규가 많다. 그리고 사적 자치의 한계를 설정하여 개인 간의 불공정한 행위를 방지하고, 이를 위반하면 법적 효력이 부인되거나 제재가 가해질 수 있다. 「형법」, 「국토계획법」, 「노동법」 등으로, 예를 들면 「근로기준법」에서 정한 최저임금 규정은 근로자와 사용자 간 합의로 낮출 수 없다.

임의법(Dispositive Law)은 당사자 간의 의사에 따라 적용 여부를 결정할 수 있는 법이다. 즉, 법에서 기본적인 원칙을 정하되, 당사자들이 별도로 합의하면 그에 따라 달리 적용될 수 있는 것이다. 임의법의 특징으로는 당사자 간의 자율성을 보장하며, 사적 자치를 존중한다는 것이다. 그리고 당사자 간 별도의 합의가 없을 경우 법 규정이 적용되고, 주로 사법(私法)의 영역에 속한다. 민법의 계약 관련 규정의 예를 들면 민법 제104조에서는 "계약의 내용은 자유롭게 결정할 수 있다"라고 하며, 특정 조건이 없을 경우 법에서 정한 기본 규정이 적용되는 것이다.

강행법규인가 임의법규인가 하는 구별의 실익은 당사자가 법규 내용과 다른 의사 표시 또는 기타의 행위를 한 경우의 효력을 달리하는 데 있다. 법은 조직적인 사회력에 의하여 강행되는 사회규범인 이상 강행법임을 원칙적으로 하여야 한다. 고대로부터 중세에 이르기까지는 공법 체계뿐만 아니라 사법체계에 있어서도 강행법적 성격을 가진 것이 많았다.

그러나 18세기말 프랑스혁명에 의하여 개인의 자유가 존중되고 사적 자치의 범위가 확대됨에 따라서 임의법의 영역이 크게 확장되었다. 그런데 공공복지를 위한 사회입법이 활발하여진 오늘날에 와서는 다시 임의법의 영역이 축소되는 반면에 강행법의 영역이 확장되는 경향을 나타내게 되었다. 계약자유를 제한하는 입법이나 소유권을 제한하는 입법 등이 그 좋은 예가 된다.

| 3.7 | 공법(Public Law), 사법(Private Law), 사회법(Social Law)

공법, 사법, 사회법은 법체계를 구분하는 주요 카테고리인데, 각각의 특징과 역할을 통해 법적 관계를 규율한다. 공법은 국가와 개인 간, 또는 공공기관 간의 관계를 규율하는 법으로, 공공의 이익과 질서를 유지하는 데 중점을 둔다.

반면 사법은 개인과 개인 간, 또는 개인과 단체 간의 사적(개별적) 관계를 규율하는 법이다. 그리고 사회법은 공법과 사법의 중간적 성격을 가진다. 사법의 원칙적인 존재와 그 고유의 영역을 인정하면서 경제적인 약자를 보호하는 입장에서 공법적인 통제를 가하여 개인의 실질적 평등을 실현하기 위한 법으로 개인 간 또는 개인과 국가 간의 관계를 조정하는 법이다.

1. 공적 생활과 법

공법은 국가나 공공기관(정부)과 개인 또는 단체 간의 관계를 규율하며, 공익의 실현과 공공질서 유지를 목적으로 한다. 공권력과 권한 행사를 규율하며, 주로 강행규정(필수적으로 따라야 하는 규정)이 적용되고, 분쟁 해결은 행정소송, 헌법소원 등과 같은 공법적 소송이 주로 활용된다.

공법의 주요 영역으로는 국가의 기본적 구조와 개인의 기본권을 규정하고 있는 헌법, 범죄와 형벌 규정을 규정하는 형법 및 형사소송법, 행정기관의 권한과 개인의 활동을 규제하고 있는 행정법 등이 있다. 이와 함께 국가 재정 및 세금 관련하여 규정한 국가재정법, 국토의 계획 및 이용에 관한 내용을 규정한 국토계획법, 환경보호를 위한 환경법 등이 해당된다.

2. 개인 생활과 법

사법은 개인과 개인 또는 개인과 단체 간의 관계를 규율하고 있으며, 사적 자치와 계약 자유를 보장하며, 개인의 권리와 의무를 조화롭게 조정하는 것을 목적으로 한다. 주로 임의규정(합의로 변경 가능)이 적용되며, 당사자 간의 합의를 중시하며, 분쟁이 생기면 민사소송 등을 통해 해결하는 것이 특징이다.

사법의 주요 영역으로는 가족, 재산, 채권, 계약 등 개인의 기본적 생활 관계를 규율한 민법과 상행위 및 상업적 관계에 관하여 규정한 상법이 대표적이다.

3. 개인 생활의 변화와 사회법

근대자본주의는 소유권의 불가침, 계약의 자유, 과실책임의 원칙이라는 자유주의적 사법질서의 3대 원칙을 법적 기반으로 하여 발전하고 고도화되었다. 그러나 그 과정에서 무산자의 증가와 근로자 생활의 불안정을 초래하여 국민

경제생활에 부정적 영향을 미치게 되었다. 이러한 사회경제적 현실 속에서 국가는 국민 생활의 안정을 도모하기 위한 정치적·사회적 필요에 따라 기존의 자유주의적 사법 원리를 수정하게 되었다. 이리하여 사법의 어떤 분야에서는 개인 의사의 자유 및 계약 자유의 원칙을 제한하는 공법적 규정이 생기고, 그 결과 사법과 공법이 불가분리의 관계에서 결합되어 종래의 공·사법 이론으로는 해결할 수 없는 새로운 제3의 법역이 형성된 것이다. 이 제3의 법역에 속하는 일련의 법을 사회법이라고 한다.

사회법은 개인, 단체, 국가가 복합적으로 주체가 될 수 있으며, 사회적 약자의 보호와 형평성 실현을 목적으로 하고 있다. 적용의 원칙으로 공공복지의 실현과 개인 간의 형평성을 우선하며, 강행규정과 임의규정이 혼재되어 있다. 그리고 분쟁이 생길 경우 노동위원회, 사회보장 관련 심판 등 특수한 절차를 따를 수 있다.

사회법의 주요 영역으로는 근로자와 사용자의 관계를 조정하는 노동법, 국민연금, 의료보험 등 사회적 복지를 제공하는 사회보장법, 공정거래와 소비자 보호 등을 규율하는 경제법 등이 해당한다. 이 세 가지 법체계는 서로 독립적이면서도 상호작용하며, 법적 문제를 다룰 때 적용된다.

제 2 장

헌법과 국토 · 도시계획

제 1 절 헌법의 개념

| 1.1 | 헌법의 개념

헌법(憲法, constitution)은 일반적으로 국가 통치 체계의 기초를 규정한 기본법으로 이해되고 있으며, 국민의 기본권을 규정하는 최고 법규이다. 국가 또는 정체에 따라 헌법전(憲法典)의 이름에 '헌법(constitution)' 대신 '기본법(basic law)' 또는 '헌장(charter)' 등의 다른 명칭을 쓰기도 하지만, 헌법적 사항을 담고 있다. 전자는 독일의 독일연방공화국 기본법을, 후자는 근대 유럽의 흠정헌법 헌장이나 유엔 헌장을 들 수 있다. 많은 연방제 국가는 주의 연합체로서 각 주(州)별로 독자적인 헌법이 있는데, 이 경우 연방헌법과 주헌법의 중층 구조가 되기도 한다.

> 헌법은 국민적 합의에 의해 제정된 국민생활의 최고 도덕규범이며 정치생활의 가치규범으로서 정치와 사회질서의 지침을 제공하고 있기 때문에 민주사회에서는 헌법의 규범을 준수하고 그 권위를 보존하는 것을 기본으로 한다(헌법재판소 1989. 9. 8. 선고 88헌가6 결정).

현대국가는 대체로 ① 국민주권의 민주주의 원칙, ② 국가 권력을 법에 따라 행사하는 법치주의 원칙, ③ 국민의 인간다운 생활을 보장하기 위한 국가의 역할을 강조하는 복지국가원칙 그리고 ④ 전쟁과 군사적 침략 반대, 국제평화를 지향하는 평화주의 원칙을 가지고 있다. 헌법은 이러한 국가의 기본 원칙에 따라 국민의 기본적 인권을 보장하고 국가의 정치 조직 구성과 정치 작용 원칙을 세우며 시민과 국가의 관계를 규정하고 있다. 따라서 헌법전(憲法典)은 통상 자유권, 평등권, 사회권, 참정권, 청구권 및 국민의 4대 의무 등 국민의 기본권과 의무에 관한 규정과 국가 권력의 조직 및 작용에 관한 규정으로 구성된다. 그리고 모든 법률, 명령, 행정규칙은 헌법이 기준이 되며, 헌법에 반하는 법은 효력을 가지지 못한다.

헌법은 국가와 국민 간의 관계, 권력의 분배, 기본권 보장 등을 규정하여 국가의 근본적 질서를 형성한다. 구체적으로 헌법은 크게 ① 국가의 운영 원칙을 제공함으로써 국가의 기본 질서 확립, ② 개인의 자유와 권리를 보호하는 국민의 기본권 보장, ③ 권력 남용 방지 및 견제 구조 확립을 위한 권력의 분립, 그리고 ④ 다양한 사회적 요구와 이해관계를 조율하는 사회통합 등의 기능을 한다.

| 1.2 | 헌법의 발전 과정

헌법의 개념을 역사적 발전 과정에서 고유 의미의 헌법과 근대적·입헌주의적 의미의 헌법, 현대적·복지주의적 의미의 헌법으로 나눌 수 있다.

1. 고유 의미의 헌법

모든 국가는 성문헌법을 가졌든 그렇지 않든 국가로서 존립하는 이상 권력구조 및 작동 등에 관한 기본법인 헌법은 가지고 있다. 고유한 의미의 헌법은 국가의 통치조직과 구성 그리고 그 권한 그리고 상호관계를 규정하는 기본법으로 전제국가, 군주국가, 민주국가를 망라해서 어느 시대, 어떠한 국가에도 존재한다. 그러나 이러한 헌법은 오늘날 우리가 가지고 있는 입헌주의적 헌법과는 다르다.

2. 근대적 · 입헌주의적 의미의 헌법

1789년 프랑스 인권선언(인간과 시민의 권리선언) 제16조에서 "권리의 보장이 확보되지 않고, 권력분립이 규정되어 있지 않은 사회는 헌법을 가진 것이라고 할 수 없다"고 선언함으로써, 고유 의미의 헌법에서 나아가 자본주의 근대국가로서 국민의 자유와 권리를 보장하고, 국가권력에 대한 제한이 이루어지는 입헌주의적 헌법이 나타나게 되었다. 이 헌법은 국민주권주의를 핵심으로 하여 기본권 보장, 권력의 견제와 균형을 통한 권력분립의 원리, 권력으로부터의 자유의 원리, 성문헌법의 원리, 경성헌법의 원리 등을 기본원리로 하였다.

당시는 산업혁명, 상업혁명, 문예부흥, 종교개혁 등을 통하여 근대자유주의 육성의 토대가 만들어졌는데, 경제사상으로는 스미스(A. Smith)의 국부론으로 인해 자유방임적 시장경제가 중심이 되었다. 국가는 외적 침입의 방지, 치안유지, 사유재산 보호가 중심이 되었으며, 사적(私的) 자치의 원리(계약자유의 원칙)과 재산권의 절대적 보장, 질서유지를 위한 최소한의 관여가 중심이 되는 근대시민적 법치주의 국가를 지향하였다.

3. 현대적 · 복지주의적 의미의 헌법

산업혁명과 독점 자본주의의 발전에 따라서 첫째, 자본 집중으로 인한 부의 편재 및 극심한 분배 불균형, 둘째, 해외시장 개척을 위한 제국주의에 대한 비판, 셋째, 곤궁에 처한 약자에 생활 배려 등에 대한 필요성이 등장하게 되었다. 이에 따라 가장 많이 공급해 주는 정부가 가장 좋은 정부[1]라는 기치 아래 사회복지를 적극적으로 제공하는 현대 복지국가가 등장하게 되었다. 근대적·입헌주의적 의미의 헌법에서 나아가 국민의 인간다운 생활을 보장하는 헌법으로 1919년의 독일 바이마르헌법이 그 최초의 형태이다.

근대적·입헌주의적 의미의 헌법이 형식적 평등과 재산권의 절대성을 강조한 데에 대하여, 현대적·복지주의적 의미의 헌법은 실질적 평등과 재산권의

---

1) "가장 많이 공급하는 정부가 좋은 정부"라는 개념은 티보(Tiebout) 모델(경쟁적 공공재 공급), 공공재 이론(효율적 과세와 제공), 소비자 주권(수요자 중심 공급) 등 현대 경제학·정치학 이론 속에서 발전한 사상과 연관된다.

상대성을 강조하였다. 실질적 법치주의와 기본권을 보장하고, 직접민주주의와 대의민주주의를 혼합하고, 사회적 기본권(사회정의 실현), 권력행사의 통제와 조정, 사회적 시장경제주의, 행정국가적(행정절차 등) 경향, 국제평화주의 등을 기본 원리로 하고 있다.

| 1.3 | 헌법의 분류

헌법은 그 존재 형식에 따라 성문헌법과 불문(관습)헌법, 제정 형식에 따라 흠정헌법, 협약헌법, 민정헌법, 연방헌법, 개정의 난이도에 따라 경성헌법과 연성헌법, 현실과 규범에 따라 규범적 헌법, 명목적 헌법, 가식적 헌법으로 분류할 수 있다.

1. 존재 형식에 따른 분류

성문헌법(成文憲法)은 헌법이 헌법전(憲法典)으로서 통일적·체계적으로 법전화되어 있는 것을 가리킨다. 오늘날 대부분의 나라가 성문헌법을 가지며 우리나라도 성문헌법을 가지고 있다. 반면 불문헌법(不文憲法)은 헌법적 사항이 형식적 헌법전(憲法典)의 존재 없이 일반법이나 그 밖의 규범에 따라 규정되는 것이다. 이러한 헌법을 가진 나라는 영국이 대표적이다.

불문헌법에는 관습헌법도 포함된다. 관습헌법과 헌법적 관습을 구별하기도 하지만, 헌법재판소는 관습헌법과 헌법적 관습을 구별하지 않고 있다. 관습헌법이란 한 국가에서 용인되는 헌법적 가치를 가진 관습적 규범의 총체이다. 모든 헌법사항을 성문헌법으로 규정하는 것은 불가능하기 때문에 관습헌법이 필요한데, 관습헌법으로 성립되기 위해서[2]는 관행의 존재, 반복 계속성, 항상성, 명료성, 국민적 합의 인정 등이 필요하다. 관습헌법 사항으로는 국호, 국어, 수도, 국기, 국가(國歌) 등을 들 수 있는데, 프랑스는 국가정체성 관련된 사

---

2) 프랑스 헌법 제2조 "① 공화국의 언어는 프랑스어다. ② 국가의 상징은 청, 백, 적의 삼색기다. ③ 국가(國歌)는 '라 마르세예즈(La Marseillaise)'이다. ④ 공화국의 국시는 '자유, 평등, 우애'이다. ⑤ 공화국의 원리는 국민의, 국민에 의한, 국민을 위한 정부다."라고 명시하고 있다. 우리나라도 제헌헌법 제정시 태극기(太極旗)를 국기(國旗)로 정하자는 논의도 있었으나, 후일 변경할 수도 있기 때문에 규정하지 않는다고 회의록에 기록되어 있다.

항을 헌법 제2조에 명시하고 있다. 북한의 경우 국장(國章), 국가(國歌), 수도(首都) 등을 헌법에 명시하고 있다[3]. 헌법재판소는 수도를 헌법에 규정한 나라들의 예를 들어 수도를 헌법사항으로 보고 '서울이 수도'라는 점이 관습헌법[4]에 해당한다고 보았다. 그러나 관습헌법으로 성문헌법의 변경 불가, 성문헌법에 대한 보충, 불명시 평석(評釋)에만 효력을 가지게 되며, 관행의 연속 단절 또는 변경, 국민의 법적 확신의 변경 등에 따라 관습헌법이 변경될 수 있다.

헌법은 형식에 따른 개념의 범위에 따라 실질적 헌법과 형식적 헌법으로도 나눌 수 있다. 형식적 헌법은 헌법전의 조문을 가리킨다. 실질적 헌법은 헌법적 사항을 다루는 모든 관습, 법률, 명령 등을 포함한다. 실질적 의미의 헌법 개념으로 본다면 정부조직법, 법원조직법 등도 헌법이라 할 수 있다.

2. 제정 형식을 따른 분류: 흠정헌법, 협약헌법, 민정헌법, 국약헌법

헌법은 제정 주체에 따라 흠정헌법, 민정헌법, 협약헌법, 국약헌법으로 분류할 수 있다.

흠정헌법(欽定憲法)은 근대 군주주권주의 원리에 입각하여 군주가 제정한 헌법으로 진정한 의미의 근대적 헌법은 아니다. 1814년 루이 18세가 제정한 프랑스헌장(1814), 19세기 프로이센 헌법을 비롯한 군주국의 헌법, 1889년 대일본제국 헌법(일본의 구헌법)이 대표적이며, 헌법인지에 대한 견해의 차이가 있으나 1899년 제정된 대한국 국제를 헌법으로 본다면 역시 흠정헌법의 성격을 갖는다.

협약헌법(協約憲法)은 군주와 국민 또는 국민 대표 간의 협약에 의하여 제정된 헌법으로, 흠정헌법과 민정헌법의 중간 단계라고 할 수 있다. 1215년 6월

3) 북한은 1948년 9월 9일에 제정한 헌법에서 제101조에 국장(國章), 제102조에서 국기(國旗), 제103조에서 수도(首都)를 규정하고 있다. 조선민주주의인민공화국(북한)의 제헌헌법 제103조는 "조선민주주의인민공화국의 수부는 서울시다."로 되었는데, 이 조항은 대한민국 헌법 제3조 "대한민국의 영토는 한반도와 그 부속도서로 한다."고 정한 데 대한 대응이었으며, 1972년 개정시 제172조에 "조선민주주의인민공화국의 수도는 평양이다."라고 개정하였다. 이는 1972년 이전에도 평양이 사실상 수도였다보니 평양을 '민주주의의 수도'라고 부르며 특별한 지위를 부여하였고, '혁명의 수도'라고 부르며 의미를 부여하고 있다.

4) 헌법재판소는 2004년 10월 「신행정수도의 건설을 위한 특별조치법」에 대하여 관습헌법을 들어 위헌으로 판결(2004헌마554)한 바 있다.

영국의 존왕(John Lackland)과 반란 귀족들과 협상하여 선포한 '마그나카르타(Magna Carta)', 1830년 프랑스 헌장과 1809년 구 스웨덴 헌법 등이 이에 해당한다.

민정헌법(民定憲法)은 국민주권주의 원리에 입각하여 국민투표에 의하거나 국민의 대표기관인 의회에 의하여 제정한 민주적 헌법이다. 군주제 국가의 소멸에 따라 현대에는 대한민국을 비롯한 대다수의 현대 국가가 민정헌법을 갖고 있다.

국약헌법(國約憲法)은 둘 이상의 국가가 연합하여 제정한 헌법이다. 이러한 형태의 헌법은 사회 및 문화적 가치가 비슷한 국가들이 매우 긴밀한 수준으로 통합되어 있을 때 나타날 수 있으며, 오늘날에도 그 사례가 많지 않고 여전히 실험적 단계에 있다. 1778년 미국 독립전쟁 당시 13개 식민지가 연합하여 만든 연합규약, 독일 통일 당시 1871년 제정한 제국 헌법 및 소련 붕괴 후 1992년 독립국가연합 헌장이 국약헌법의 성격을 띄고 있으며, 오늘날 이러한 통합적 시도는 유럽연합에서 주로 진행되고 있다.

3. 개정의 난이도에 따른 분류: 경성헌법, 연성헌법

헌법은 개정의 난이도에 따라 경성헌법과 연성헌법으로 구분될 수 있다.

경성헌법(硬性憲法)은 경질헌법(硬質憲法) 또는 강성헌법(剛性憲法)이라고도 하며, 일반 법률보다 훨씬 더 엄격하고 복잡한 절차를 통해서만 개정이 가능한 헌법을 말한다. 즉, 개헌은 의회에서 매우 엄격한 절차를 요구하며, 의회를 통과한 이후에도 국민투표 등의 절차를 거쳐야 하는 등, 개정 요건이 매우 까다롭다. 헌법은 국가의 기본법이므로 그 개정에 있어서 일반의 법률보다 신중을 기할 필요가 있어서, 오늘날 대부분의 국가가 경성헌법을 채택하고 있다.

연성헌법(軟性憲法)은 경성헌법과 달리 개정이 특별히 까다롭지 않은 헌법으로, 헌법의 개정 요건 및 절차가 일반법과 동일한 법을 가리킨다.

헌법 개정의 난이도는 헌법 조항이 갖는 규범성이 얼마나 오랫동안 유지될 수 있는가와 직결된다. 개정의 난이도가 낮을수록 효율성을 도모할 수 있으나, 법적 안정성이 떨어질 수 있고 높을수록 그 반대이다.

4. 현실과 규범에 따른 분류: 규범적 헌법, 명목적 헌법, 가식적 헌법

규범적 헌법, 명목적 헌법, 가식적 헌법은 헌법이 실제로 국가 운영과 사회에서 어떤 역할을 하는지에 따라 구분되는 개념이다. 이들은 독일의 헌법학자 콘라드 헤세가 제시한 분류로, 헌법의 실제 효력과 현실에서의 기능을 기준으로 나뉜다. 아래는 각 개념의 특징과 차이를 정리한 내용이다.

규범적 헌법은 법에서 정한 규범과 현실이 잘 조화되는 법으로 헌법이 실제로 국가 운영과 법적 규범의 기준으로 작동하며, 실질적인 효력을 갖는다. 헌법 규범이 정치권력과 사회 현실에 의해 존중되고, 이를 바탕으로 법치주의가 구현된다. 국가기관 및 개인은 헌법의 규정을 준수하며, 헌법은 국가 운영의 실질적 기준으로 기능한다. 민주주의와 법치주의가 확립된 국가들(예: 독일, 미국, 대한민국 등)의 헌법이 이에 해당하며, 우리나라의 경우 헌법재판소를 통한 헌법적 가치 수호와 시민들의 기본권 보장이 이를 잘 보여준다.

명목적 헌법은 법률적 효력을 갖기보다는 지향하는 바에 대한 선언적 의미로서 법으로 현실과 규범의 차이가 크기 때문에 헌법이 존재하지만, 그 규범적 효력은 제한적이다. 헌법이 국가의 현실적인 정치·사회적 조건에 의해 충분히 작동하지 못하고, 이상적인 상태를 반영한 문서에 머무르기 때문에 헌법의 내용이 현실과 괴리가 있어, 실질적으로 규범적인 역할을 하지 못한다. 민주주의 체제가 아직 미흡하거나, 헌법이 선언적 의미로만 존재하는 국가 또는 개발도상국에서 헌법은 존재하나, 사회 구조나 정치권력이 이를 뒷받침하지 못하는 사례가 이에 해당할 수 있다. 우리나라 4, 5공화국의 헌법이 이에 해당할 수 있다.

가식적 헌법(Sham Constitution)은 현실과 상황을 보여주기 위한 헌법으로, 형식적으로는 존재하지만 실제로는 권력자나 지배 계층의 도구로 사용된다. 외형적으로 민주주의와 법치주의를 표방하지만, 권위주의적·독재적 통치 체제를 정당화하는 수단으로 기능한다. 헌법의 규범은 지켜지지 않으며, 실질적으로 정치권력이 헌법 위에 존재한다. 북한 헌법이 이에 해당할 수 있다.

| 1.4 | 헌법의 해석

헌법 해석은 헌법의 의미와 내용을 명확히 이해하고 적용하기 위해 헌법 조항의 의미를 밝히는 과정이다. 헌법은 일반적이고 추상적인 규정을 포함하고 있기 때문에, 이를 구체적인 상황에 적용하려면 해석이 필요하다. 헌법의 해석은 법적 안정성과 공정성을 유지하는 동시에 사회적 변화에 적응할 수 있도록 중요한 역할을 한다.

헌법 해석의 구체적 목적은 첫째, 헌법 규정의 의미와 내용을 명확히 하여 구체적 상황에 적용하며, 둘째, 헌법이 보호하려는 기본권과 법치주의를 실현하고, 셋째, 국가기관 간의 권한 분배와 상호 조화를 유지하며, 마지막으로 시대 변화와 사회적 요구에 따른 헌법 규범의 적응성 확보이다.

헌법 해석에는 다양한 방법론이 존재하며, 해석자는 사건의 맥락에 따라 적절한 해석 방법을 선택하게 되는데, 크게 문리적 해석, 체계적 해석, 목적론적 해석, 역사적 해석, 사회진화적 해석, 헌법 최고규범성 원칙 등을 들 수 있다.

- **문리적 해석**: 헌법 조항의 문구와 언어적 표현에 따라 해석하는 방식이다. 문장의 명시적인 의미에 초점을 두며, 조문의 문구에 충실하게 해석한다. 법률해석의 출발점이 된다.
- **체계적 해석**: 헌법 조항을 헌법 전체의 구조와 조화롭게 이해하는 방식이며, 조항 간의 관계와 일관성을 고려하여 해석한다. 특정 조항이 다른 조항과 충돌하지 않도록 한다.
- **목적론적 해석**: 헌법 조항이 제정된 목적과 의도를 파악해서 해석하는 방식이며, 헌법이 달성하고자 하는 기본 가치와 정신을 중시한다.
- **역사적 해석**: 헌법 제정 당시의 역사적 배경과 입법자의 의도를 반영하여 해석하는 방식이다. 제정 당시의 역사적, 사회적 상황을 고려하여 규정의 의미를 밝힌다.
- **사회진화적 해석**: 헌법의 의미를 고정된 것으로 보지 않고, 시대적 변화와 사회적 요구를 반영하여 해석한다. 특히 기본권 관련 조항에서 중요하게 다루어진다.
- **헌법 최고규범성 원칙**: 헌법은 법률 및 기타 규범의 상위에 위치하는 최

고 규범이므로, 하위 법규는 헌법의 해석에 따라야 한다.

우리나라에서 헌법 해석은 법률 제정과 정책 집행 과정에서 입법부와 행정부에서 헌법 해석이 이루어지고, 헌법학자와 변호사, 법관 등이 학문적·실무적 관점에서 학계와 법조계에서도 연구하고 논의한다. 그러나 헌법 해석의 최종적이고 권위 있는 기관은 헌법재판소이며, 헌법소원, 위헌법률심판 등을 통해 헌법 조항을 구체적으로 해석한다. 헌법 해석은 국가 권력의 행사와 국민의 기본권 보장에 직접적인 영향을 미친다. 해석이 공정하고 합리적일수록 헌법이 정의와 법치주의를 실현하는 데 기여할 수 있다.

헌법재판소는 위헌법률심판(헌가), 탄핵심판(헌나), 정당해산심판(헌다), 권한쟁의심판(헌라), 헌법소원심판(헌마), 그리고 법원의 위헌법률심판 제청이 기각된 경우에 제기하는 헌법소원(헌바) 등에 대해 위헌 여부를 판단한다. 이때 헌법재판소는 각하, 기각(합헌), 인용(위헌, 헌법불합치, 한정위헌) 등의 결정을 내리게 된다. 1989년 개발제한구역에 대하여 규정하고 있는 「도시계획법」 제21조에 대한 위헌 소원에 대하여 헌법재판소가 1998년 12월에 헌법불합치로 선고한 사례[5], 장기 미집행도시계획시설 문제해결의 계기가 된 「도시계획법」 제4조에 대한 헌법불합치 판결[6], 그리고 「신행정수도의 건설을 위한 특별조치법」에 대한 헌법소원에 대하여 관습헌법을 들어 판결[7]한 사례는 국토·도시계획 분야에서 의미 있는 헌법 해석 결과이다.

5) 89헌마214,90헌바16,97헌바78(병합)
6) 97헌바26, 1999. 10. 21., 「도시계획법」 제4조(1971. 1. 19. 법률 제2291호로 전문 개정되어 1991. 12. 14. 법률 4427호로 최종 개정된 것)는 헌법에 합치되지 아니한다.
7) 2004헌마554·566(병합)와 "행정수도 이전, 16년 전 "관습헌법" 결정…여야 합의로는 못 바꾼다", 경향신문, 2020.7.20. https://www.khan.co.kr/article/202007270600005

제 2 절 우리나라 헌법의 제정과 개정

| 2.1 | 우리나라 헌법의 제정과 개정 연혁

1. 제정의 경위

우리나라는 제2차 세계대전이 끝난 후 주권을 회복하고 근대적 의미의 헌법을 제정하였다. 1948년 5월 10일 우리나라 최초로 총선거를 실시하여 198명의 국회의원을 선출하여 제헌국회를 구성하였다. 제헌국회는 5월 31일 정식으로 개회하여, 초대 국회의장에 이승만(대한독립촉성국민회), 부의장에 신익희(대한독립촉성국민회), 김동원(한국민주당)을 각각 선출하여 대한민국 정부수립을 위한 활동을 개시하였다.

국회는 개회 당일부터 헌법 제정에 착수하여 헌법기초위원회를 조직하여 유진오의 안을 원안, 권승렬의 안을 참고안으로 하여 헌법 초안을 작성하였는데, 홍범 14조[8], 대한국국제[9], 임시헌장[10]도 기초자료로 활용하였다. 헌법기초위원회 서상일 위원장을 중심으로 한 기초위원들은 당초에 내각책임제와 양원제를 골격으로 헌법 초안을 완성하였으나, 이승만과 미군정에서 대통령제를 주장함에 따라 대통령제와 단원제 국회 및 국무총리제를 채택한 제헌헌법[11]을

8) 홍범(모범이 되는 큰 규범) 14조는 1895년 1월 7일 조선의 26대 국왕 고종이 종묘에서 선포한 규범으로 2차 갑오개혁 시기에 고종이 세자와 흥선대원군 등을 데리고 종묘로 가서 독립서고문과 함께 반포하였는데, 우리나라 최초의 근대적 헌법으로 평가되기도 한다.

9) 대한국국제(大韓國國制)는 광무 3년(1899년)에 대한제국이 반포한 국제(國制)로, 대한제국이 독립국가 임을 알리고 국가의 주권이 황제에게 있으며, 황제의 전제주의적 권력을 강화하고 정립할 목적으로 제정하였다. 학계 일부에서는 한국사 최초의 헌법으로 평가되기도 한다.

10) 1919년 4월 11일 공포된 상해임시정부 헌법이다. 국호를 '대한민국'으로 정치 체제를 '민주공화제'로 한다고 명시하였다. 구황실을 우대한다고 하여, 대한민국 임시정부가 대한제국을 계승한다는 것을 간접적으로 표시하였다. 대한민국 임시헌장은 총 10개조로 이루어진 간략한 내용이었으나, 같은 해 9월 11일 통합 임시정부를 수립하면서 개정한 임시 헌법은 총 8장 58조로 내용이 늘어났다.

11) 이 외에도 국기에 대한 사항은 조항은 변경될 수 있어서 헌법에 포함하지 않는 것으로 하였으며, 제18조제2항 "영리를 목적으로 하는 사기업에 있어서는 근로자는 법률의 정하는 바에 의하여 이익의 분배에 균점할 권리가 있다."는 논란 끝에 포함하였다. 그리고 제3조 영토조항인 "대한민국의 영토는 한반도와 그 부속도서로 한다."는 조항으로 인해 1948년

완성하였다. 이 제헌헌법은 이후 7월 12일 제헌국회에서 의결하고, 7월 17일 공포하여 즉시 시행하였다. 제헌헌법은 전문과 본문 10장 103조로 구성되어 있으며, 3·1운동의 정신과 대한민국 임시정부 법통을 계승하였다.

2. 헌법의 개정

우리나라의 헌법은 1948년에 제정된 이후 총 9차에 걸쳐 개정이 이루어졌다. 이승만 정부 시기인 1952년과 1954년에 1차와 2차 개헌이 있었고, 4·19혁명과 5·16군사정변 시기에 각각 3차, 4차와 5차 개헌이 있었으며, 이를 통해 제2공화국과 제3공화국이 출범하였다.

박정희 정부 시기인 1969년과 1972년에 6차와 7차 개헌이 있었는데, 특히 1972년에는 유신체제의 출범과 함께 개헌이 이루어졌다. 1980년 12·12 군사반란과 함께 신군부가 집권하면서 8차 개헌이 있었고, 1987년 6월 항쟁 이후 민주화의 상징이 된 9차 개헌이 이루어져 현재에 이르고 있다.

1) 제1차 헌법 개정(1952년, 발췌개헌)

6·25 전쟁 직전에 실시된 제2대 국회의원 선거에서 정부에 비판적인 무소속 출마자들이 대거 당선됨으로써 국회의원들이 뽑는 간접선거 방식으로는 사실상 이승만의 대통령 재당선이 불가능하였다. 이에 각각 부결되었던 이승만의 대통령 재선을 위해 직선제로 헌법을 고치는 여당 안과 야당이 주장하였던 양원제 개헌안과 국무위원에 대한 국회 불신임의결권을 덧붙인 내각책임제 개헌안을 발췌·절충하여 마련한 개헌안, 이른바 발췌 개헌안을 경찰과 군대, 폭력단 등을 동원한 상태에서 강압적인 방법으로 1952년 7월 4일 토론 없는 기립 표결로 국회에서 통과[12]시켰다.

이렇게 대통령 직선제와 참의원 설치를 골자로 하는 개헌안을 형식상 가결하였으나, 공고절차를 위반한 헌법으로 비판받고 있다. 이 발췌개헌은 그 해 7월 7일 제1차 개정 헌법이 공포되고, 개헌에 따라 1952년 8월에 실시된 첫 직

제정된 북한의 「조선 민주주의 인민 공화국 헌법」 제103조에서는 "조선민주주의인민공화국의 수부는 서울시다."라는 조항이 들어오게 되었다.

12) 찬성 163, 반대 0, 기권 3인으로 통과되었다.

선제 대통령 선거에서 이승만은 제2대 대통령에 당선되었고, 이승만이 지원한 무소속의 함태영이 부통령에 당선되었다.

2) 제2차 헌법 개정(1954년, 사사오입 개헌)

대통령의 3선을 가능하게 할 목적[13]으로 개헌이 추진되었고, 헌법 개정 절차도 개정하면서, 헌법 개정 제안권을 국민에게도 부여하는 안이었다. 이 개정안은 1954년 11월 18일 국회에서 총투표수 203명 중 찬성 135명, 반대 60명, 기권 7명, 무효 1명으로 개헌안이 부결되었으나, 다음날 사사오입 이론을 적용하여 정족수를 135명으로 한다고 하며 번복 결의하고 가결을 선포하였다. 이 사사오입 개헌도 의결정족수를 위반한 위헌적 개헌으로 지적받고 있다.

3) 제3차 헌법 개정(1960년, 합법적 개헌, 제2공화국(의원내각제, 양원제))

제3차 개정은 3·15 부정선거를 기화로 4·19혁명을 계기로, 국민의 기본권 보장강화, 내각책임제 채택, 헌법재판소 신설, 대법관 선거제, 중앙선거관리위원회의 헌법기관화 등이 개정의 주요 내용이었다. 이승만의 하야 하루 전인 1960년 4월 25일에 허정을 수석국무위원 겸 외무장관에 임명하고 과도내각을 조각하였고, 1960년 6월 15일에 국회에 상정되어 압도적 다수로 통과되어 새 헌법이 공포되었다.

4) 제4차 헌법 개정(1960년, 소급 입법)

제4차 개헌은 3·15부정선거 관련자와 반민주행위자에 대한 공민권 제한, 부정 축재자들에 대한 엄벌을 위하여 소급입법의 헌법적 근거를 마련하고 특별재판부와 특별검찰부의 설치 근거를 그 주요 내용으로 하여 개정하였다. 제안된 개헌안은 1960년 11월 23일 민의원 본회의에서 가결되고, 11월 28일 참의원 본회의에서 확정[14]되어 11월 29일에 정식 공포되고 발효되었다.

---

13) 헌법 부칙 조항의 개정이 핵심이었는데, "헌법 공포 당시의 대통령에 대하여는 제55조제1항 단서의 제한을 적용하지 아니한다."는 조항이 부칙에 추가되었다. 즉, 제55조 1항 "대통령과 부통령의 임기는 4년으로 한다. 단, 재선에 의하여 1차 중임할 수 있다."에도 불구하고 이승만에 대해서만은 대통령 연임 제한을 없앴다.

14) 총투표수 52인 중에서 가 44인, 부 3인, 무효 2인, 기권 3인으로 가결되었다.

5) 제5차 헌법 개정(1962년, 제3공화국)

제2공화국이 혼란한 와중에 1961년 5·16군사정변이 발발하였다. 군은 군사혁명위원회를 설치하여 전국에 비상계엄을 선포하고, 「국가재건비상조치법」[15]이 헌법적 효력을 가지게 하여 국회와 지방의회를 해산하였다.

이후 1962년 7월 11일 국가재건최고회의의 특별위원회로서 헌법심의위원회[16]를 발족하고, 1962년 12월 6일 국가재건최고회의가 의결하고, 12월 17일 국민투표로 확정하였다. 이 헌법 개정시 3차 개헌시 설치되었던 헌법재판소는 폐지되었고, 헌법 개정시 국민투표가 처음으로 포함되었다.

6) 제6차 헌법 개정(1969년, 대통령 임기 연장을 위한 3선 개헌)

제6차 헌법 개정은 소위 3선개헌으로 대통령의 임기 연장을 위한 개헌[17]이었다. 1969년 7월 25일 대통령이 개헌에 관한 특별담화를 하였고, 이후 연임제한 수정을 주된 골자로 하는 개헌안을 의원 122인의 발의로 국회에 제안하였다.

이 개정안에 대하여 8월 9일에 국회의장이 대통령에게 이송하고, 대통령이 당일에 공고하였다. 이 개정안에 대하여 야당이 의장석을 점거하고 개헌을 반대하자[18], 9월 14일 새벽 2시에 야당 출석 없이 민주공화당 의원끼리 국회 제

---

15) 1961년 6월 제정된 이 법의 제9조 "헌법에 규정된 국회의 권한은 국가재건최고회의가 이를 행한다."에 규정함으로써 국가재건최고회의가 국회의 권한 행사를 할 수 있게 하였다.

16) 헌법심의위원회는 1962년 9월 17일부터 개최된 헌법 요강에 관한 전문위원 전체 회의에서 세계적 석학의 자문을 구하기로 하고, 하버드 대학교 정치학과의 루퍼트 에머슨교수의 자문과 뉴욕대학의 길버트 플란츠교수가 고문격으로 참여하였다. 이들의 자문한 내용은 군정이 민정 이양에 참여해야 하고, 강력한 행정부가 요구된다는 점과 이양기는 1968년까지는 종결되어야 한다는 것이었다. 이와 함께 공적 질서가 유지될 필요가 있다는 점과 새로이 선출될 국회는 단원제가 좋다는 점 등을 자문하였다. 그리고 헌법심의위원회는 전국적으로 공청회 및 좌담회를 개최하였으나, 공청회의 결과가 충실한 성과를 거두지 못한 것으로 비판받고 있다.

17) 주요 개정 내용으로는 ① 대통령의 3기 연임 허용 ② 야당 의원의 집단 사퇴로 인해 국회의원 수가 법정 최소 인원 이하로 될 사태를 미리 막기 위해 국회의원 정수를 150인~200인에서 150~250인으로 변경하고, 대통령에 대한 탄핵소추 발의선을 의원 30인 이상에서 50인 이상으로 상향 조정하고 재적의원 3분의 2 이상 찬성으로 의결로 개정하였으며, 국회의원의 장관 등 기타 직위 겸직 허용 등이다.

18) 1969년 3선 개헌 추진은 본격화되어 개헌안을 통과시키기 위해 정부 여당은 갖은 방법을 동원하였다. 당시 김형욱 중앙정보부장은 3선 개헌안을 반대하던 민주공화당 국회의원들을 협박하였으며, 요원들을 시켜 3선 개헌에 극렬하게 반대한 사람 중 한 명인 김영삼 신

3별관에서 122인의 찬성으로 의결하고, 10월 17일 국민투표로 개헌안 확정되어 10월 21일 공포하였다.

7) 제7차 헌법 개정(1972년, 유신헌법, 제4공화국(통일주체국민회의에서 대통령선거(간선제)등 개정))

1972년 10월 17일 박정희 대통령은 이른바 '10월 유신'을 선언하였다. 핵심적인 내용은 10월 17일 19시를 기하여 국회를 해산하고, 정당 및 정치활동 중지 등 당시 헌법 조항의 효력을 정지하고, 그 기능을 비상국무회의에서 수행하는 등이었다. 10월 23일 비상국무회의법을 통과시키고, 10월 23일 비상국무회의에서 헌법 개정안을 의결하였다. 이후 11월 21일 국민투표에서 가결되어 확정되었으며, 12월 27일 공포하였다.

이 개정은 기존 헌법 내용을 전부 개정하였는데, 대통령은 독자적인 판단 아래 긴급조치를 선포[19]할 수 있고, 국민 기본권 제한 및 영장 없는 구속이 가능하다. 또한 언론·출판에 대해 허가와 사전 검열제가 가능해졌으며, 군인이나 군속, 경찰공무원 등은 공무집행 중 발생한 피해를 국가에 사적 주체로서 민법상 배상청구를 하지 못하게[20] 하였다. 그리고 통일주체국민회의를 설치해서 여기서 대통령을 간접선거로 선출하고 국회의원 1/3을 선출한다. 그런데 그 국회의원도 대통령이 명단을 내려주면 그 명단 하나를 가지고 찬·반을 결정하는 식이었다.

헌법 개정안도 여기서 확정한다. 물론 통일주체국민회의의 대의원은 구조적으로 박정희 지지자임이 검증된 자만이 될 수 있었기에 국회의원 1/3을 대통령이 임명한 셈이다. 또한 지방자치에 대한 조항에 대하여 1963년 헌법 개정 시 부칙에서 "헌법에 의한 최초의 지방의회의 구성시기에 관하여는 법률로 정한다."라고 개정하였고, 1972년 유신헌법에서는 "이 헌법에 의한 지방의회는 조국 통일이 이루어질 때까지 구성하지 아니한다."로 다시 개정하여 지방자치를 하지 않겠다는 것을 헌법으로 천명하였다.

민당 국회의원에게 질산을 뿌려 살해하려고 하기도 했다.

19) 국회의원 과반수가 긴급조치 해제를 찬성하여 건의하면 대통령은 이에 응해야 하는 조항이 있다.

20) 다쳤거나 사고로 죽은 군인에게 푼돈을 지급받는 상황이 이때 만들어졌다. 이 조항은 국가배상법에 있었으나, 대법원에서 1971년 6월 22일 위헌으로 판결하자 헌법에 넣었다(헌법재판소, 헌법재판소 10년사). 이 조항은 헌법의 위헌성 논란과 함께 현행 헌법까지 내려온다.

8) 제8차 헌법 개정(1980년): 제5공화국(대통령선거인단에 의한 간선으로 대통령선거 등 개정)

1979년 10·26 사태로 유신체제는 붕괴하였으나, 동년 12월 신군부의 12·12 군사반란이 일어난다. 이후 서울의 봄이라는 민주화 요구 분위기가 확산되자, 1980년 5월 17일에 전두환이 전국에 비상계엄을 확대한다. 다음날 5·18 민주화운동을 유혈 진압하면서 이후 5월 31일에 설치된 국가보위비상대책위원회에서 개헌안 초안을 만들어 개헌하게 된다.

1980년 9월 29일 임시국무회의에서 헌법 개정을 발의하기로 의결하고, 정부의 헌법 개정안을 발의·공고하고 10월 22일 헌법 개정안에 대한 국민투표를 실시하여 확정하였다. 주요 개정 내용으로는 권력 측면에서 대통령의 임기가 7년 단임제[21)]가 되었으며, 긴급조치권이 폐지되었다. 그리고 국가가 국민에게 내릴 수 있었던 기본권 제한 조항은 크게 회복되었고, 행복추구권을 신설하였다. 형사 피고인의 무죄추정 원칙을 신설하였으며, 연좌제 폐지 및 환경권을 신설하였다. "적정 임금을 보장해야 한다"는 규정도 신설하였다. 그러나 이 헌법에서도 여전히 대통령은 간접선거였고, 대통령이 의회 해산을 행사할 수 있었다. 헌법에 비례대표제의 근거 조항을 삽입하여 법률로 여당이 전국구 국회의원 2/3를 확보할 수 있는 근거를 마련하는 등 여러모로 진정한 삼권분립이 되기에는 부족한 헌법이었다.

9) 제9차 헌법 개정(1987년, 현재 헌법, 제6공화국)

1987년 4월 13일 당시 헌법에 따라 1988년 이후 정부를 이양하겠다는 전두환 대통령의 특별담화(4·13 호헌 조치)가 발표되자, 야당, 시민사회, 종교단체, 학생 등의 반대가 심각하였다. 이에 4월 17일에 김영삼씨가 현행 헌법 아래에서는 대통령 선거에 불참하겠다고 선언하였다. 박종철 고문치사 은폐조작사건을 계기로 1987년 6월 10일 전후로 국민들의 민주화 열기 및 전국 주요 도시에서 헌법 개정을 위한 시위가 계속되어서 민정당 노태우 대표는 1987년 6월

---

21) 정부수립 이후 여러 번 발생하였던 임기 연장을 위한 개헌을 막고자 임기 연장이나 중임 변경을 위한 헌법개정은 개정 제안 당시의 대통령에게는 효력이 없다는 규정이 신설되었다. 개헌을 통한 장기 집권을 못하도록 헌법 조항에 임기 관련 사항을 명문화해 놓은 것이다.

29일에 조속한 대통령제로의 직선 개헌 등을 담은 특별선언(소위 6·29선언)을 발표하였다. 이후 대통령직선제 등을 골자로 하는 개헌안이 9월 18일 국회에서 발의되고 10월 12일 국회의결을 거쳐 10월 27일 국민투표로 확정되었다.

제9차 개정 헌법인 제6공화국 헌법의 주요 개정 내용은 1987년 '6월 항쟁'에서 표출된 국민의 정치적 요구에 따라 대통령직선제를 도입한 것 외에도 개정 전 헌법과 비교해 보면 헌법 전문에 대한민국 임시정부 법통 계승 최초 명시하였고, 국민의 기본권을 강화하고 통치권 행사의 절차적 정당성을 강조하는 내용을 많이 보완한 것이 그 특징이다. 그에 더하여 '4·19민주이념'을 계승한 조국의 민주개혁과 자유민주적 기본질서에 입각한 평화통일의 역사적 사명을 천명하면서 특별히 군의 정치적 중립성도 강조했다.

강화된 기본권 규정의 주요 내용을 살펴보면 다음과 같다.

① 적법절차 조항을 신설하고 체포·구속 시 고지 및 가족에의 통지의무를 명문화했다.
② 언론·출판·집회·결사에 대한 허가와 검열을 금지하였다.
③ 재산권 수용에 대한 정당한 보상 제도를 도입하였다.
④ 형사보상청구권을 확대해서 형사피의자와 불기소 처분자의 보상청구권을 보장하였다.
⑤ 형사피해자의 공판진술권과 국가구조청구권을 신설하였다.
⑥ 최저임금제의 시행을 명문화하였다.
⑦ 근로자의 단체행동권제한 사업체의 범위를 축소하였다.
⑧ 생활권적 기본권을 보다 구체화함으로써 여자·모성·노인·청소년·생활무능력자의 권익보호를 강조하였다.

그리고 통치구조적 측면에서 보면 다음과 같다.

① 대통령의 직선제를 도입하고 그 임기를 5년으로 단축하였다.
② 대통령의 비상조치권을 폐지하는 등 국가긴급권의 발동요건을 강화하였다.
③ 국회해산권을 폐지함으로써 대통령의 권한을 약화시켰다.
④ 국회의 연간 회기일수 제한을 폐지하였다.
⑤ 국정감사권을 부활시키는 등 국회의 권한을 강화하였다.

⑥ 국무총리·국무위원에 대한 국회의 해임의결권은 해임건의권으로 대체함으로써 대통령제의 요소를 강화하였다.

⑦ 대법원 판사제를 폐지하고 대법관제를 부활시켰다.

⑧ 헌법재판소 제도를 강화하여 헌법재판소를 신설했다.

| 2.2 | 우리나라 헌법의 구성

우리나라 현행 헌법은 전문(前文)과 본문 총 10장, 130개조, 부칙 6개조로 구성되어 있다.

제1장: 총강(제1조 ~ 제9조)

제2장: 국민의 권리와 의무(제10조 ~ 제39조)

제3장: 국회(제40조 ~ 제65조)

제4장: 정부(제66조 ~ 제100조)

제1절 대통령

제2절 행정부(제1관 국무총리와 국무위원 제2관 국무회의 제3관 행정각부 제4관 감사원)

제5장: 법원(제101조 ~ 제110조)

제6장: 헌법재판소(제111조 ~ 제113조)

제7장: 선거관리(제114조 ~ 제116조)

제8장: 지방자치(제117조 ~ 제118조)

제9장: 경제(제119조 ~ 제127조)

제10장: 헌법 개정(제128조 ~ 제130조)

부칙(부칙 제1조 ~ 부칙 제6조)

현행 헌법은 최장수 헌법으로 헌법 개정에 대한 필요성이 대두되고 있는데, 그 주요 원인은 ① '제왕적 대통령' 정치 문화에 대한 비판 및 의원내각제, 이원집정부제 등 다른 정치 체제로의 전환 요구 ② 중앙정부와 광역자치단체, 기초자치단체 간 업무 구분 논란 ③ 지역균형발전 문제, ④ 공무원과 국군 내 국가의 보상권 문제해결 미비 논란, ⑤ 대통령의 친위 쿠데타 시도에 대한 대응책의 필요성 등이 대두되고 있다.

제 3 절 헌법과 국토·도시계획

개별 필지로 구성된 토지는 서로 연결되어 있고, 개별 필지들이 합쳐져서 국토를 형성한다. 그러므로 한 필지의 토지는 개인의 소유물임과 동시에 국토의 한 부분이다. 그리고 개별 필지들의 이용은 외부효과로 인하여 주변 필지에 영향을 미치기 때문에 토지는 사적 재화임과 동시에 공적 재화이다. 나아가 한 필지 한 필지의 토지는 사익과 공익이 함께 지배하고 있으며, 두 이익 상호 간에는 조화를 이루기도 하지만, 상호 충돌되기도 한다. 공익과 사익이 충돌하는 경우 공익을 우선하게 되는데, 그 이유는 다음과 같다.

첫째, 사회적 안정과 조화에 있다. 공익은 사회 구성원 전체의 안정과 조화를 보장한다. 개인의 이익을 무조건 허용하면 사회적 불평등과 환경 파괴가 심화될 수 있다.

둘째, 장기적 관점의 중요성이다. 공익은 현재뿐만 아니라 미래 세대를 위한 지속 가능한 발전을 목표로 한다. 무분별한 개발을 제한하여 환경과 자연을 보호하는 것은 현세대만이 아니라 후손들에게도 이익이 되는, 즉 모두에게 이익이다.

셋째, 형평성과 공정성에 있다. 공익을 우선함으로써 특정 개인이나 집단이 과도한 이익을 독점하는 것을 방지하고, 사회 구성원 모두가 기본적인 혜택을 받을 수 있도록 한다.

넷째, 법적 근거와 사회적 계약이다. 우리 헌법과 법률은 공익을 우선하여 고려하도록 규정하고 있다. 이는 사회 구성원 간의 암묵적인 계약을 반영하며, 개인의 자유와 권리를 존중하면서도 그 범위를 공공의 이익과 조화롭게 제한한다.

국토·도시계획은 개별 필지들의 연합체인 공간을 대상으로 하는 계획이다. 공간계획은 사적 이익에 치우치지 않고 공공의 이익을 우선하여 고려하고 구역 내 토지와 자원의 효율적이고 공정한 이용을 할 수 있도록 해야 하지만, 재산권 제한과 손실보상은 개인의 기본권 보장과 공익 실현 간의 조화를 이루는 방향으로 이루어져야 한다. 따라서 공간계획은 이러한 헌법적 가치를 따라서 법률에 기반하여 개인의 재산권 침해를 최소화하는 방향으로 수립되고 집행되어야 한다.

| 3.1 | 헌법상 기본권과 사적(私的) 자치(自治)

1. 기본권

우리나라 헌법에서 보장하는 기본권은 국민이 가지는 헌법적 권리로, 다음과 같은 여러 가지로 구분된다. 각 기본권은 인간의 존엄성과 자유, 평등을 바탕으로 하며, 국가는 이를 보장할 의무가 있다.

첫째, 인간으로서 존엄성과 가치, 행복을 추구할 권리를 보장하는 인간의 존엄과 가치 및 행복추구권이다. 이는 헌법 제10조에 명시되어 있으며, 모든 기본권의 출발점이 된다.

둘째, 헌법 제11조에 규정된 평등권이다. 모든 국민은 법 앞에 평등하다는 원칙을 강조하고, 누구든지 성별·종교 또는 사회적 신분에 의하여 정치적·경제적·사회적·문화적 생활의 모든 영역에 있어서 차별을 받지 아니한다고 규정되어 있다.

셋째, 개인의 자유로운 삶을 보장하기 위한 자유권이다. 이 자유권은 신체의 자유(헌법 제12~13조), 정신적 자유, 사상과 양심의 자유(헌법 제19조), 종교의 자유(헌법 제20조), 표현의 자유(헌법 제21조), 경제적 자유, 직업 선택의 자유(헌법 제15조), 재산권 보장(헌법 제23조) 및 사유재산의 사회적 의무(헌법 제23조제2항) 등 개인의 자유로운 삶을 보장하기 위해 여러 세부 권리로 구분된다.

넷째, 국민이 국가의 의사결정에 참여할 수 있는 선거권(헌법 제24조), 공무담임권(헌법 제25조), 국민투표권(헌법 제72조, 제130조) 등의 참정권이다.

다섯째, 사회적 약자를 보호하고 인간다운 생활을 보장하기 위한 권리인 사회적 기본권이다. 여기에는 인간다운 생활을 할 권리(헌법 제34조), 교육을 받을 권리(헌법 제31조), 근로의 권리와 노동삼권(헌법 제32조, 제33조), 환경권(헌법 제35조) 등이 있다.

여섯째, 권리가 침해되었을 때 이를 구제받을 수 있는 청구권이다. 재판청구권(헌법 제27조), 국가배상청구권(헌법 제29조), 형사보상청구권(헌법 제28조), 청원권(헌법 제26조) 등이 있다.

일곱째, 혼합적 성격의 기본권이 있는데, 언론·출판의 자유와 알 권리는 자유권과 사회적 기본권의 혼합적 성격, 그리고 재산권은 자유권과 사회적 기본권의 요소를 동시에 포함하고 있다.

이러한 기본권이 상호 충돌할 경우 조화를 이루도록 해석되며, 기본권도 무한한 것이 아니다. 즉, 국가와 공동체의 필요에 따라 국민의 기본권을 제한할 필요가 발생하게 되는데, 이러한 원칙은 헌법 제37조제2항에서 명시하고 있다.

헌법 제37조제2항(국민의 자유와 권리의 존중과 필요한 제한)

② 국민의 모든 자유와 권리는 국가안전보장 · 질서유지 또는 공공복리를 위하여 필요한 경우에 한하여 법률로써 제한할 수 있으며, 제한하는 경우에도 자유와 권리의 본질적인 내용을 침해할 수 없다.

이 조항에서는 국민의 기본권을 제한할 때 첫째, 제한의 목적과 두 번째, '법률유보의 원칙'과 셋째, 기본권 제한의 한계라는 세 가지 원칙을 제시하고 있다.

먼저, 국가가 헌법에서 명시하고 있는 기본권을 제한할 수 있는 목적으로 ① 국가안전보장, ② 질서유지, ③ 공공복리를 위해서만 가능하다는 범위를 설정하고, 제한하는 경우에도 권리의 본질적인 내용을 침해할 수 없다고 하는 한계를 규정하고 있다. 그리고 기본권 제한의 세 가지 목적을 위하여 국민의 기본권을 제한하는 경우 반드시 '법률'에 의해서만 가능하다는 '법률유보의 원칙'을 정하고 있다.

이는 국민의 기본권을 제한하는 경우 국민의 대표기관이며, 대의기구인 국회라는 입법기구를 통해서 정하라는 것이다. 즉, 법률유보의 원칙은 삼권분립의 원칙에 기초하여 국민의 기본권을 제한하는 내용은 국회라는 입법기관을 통해서만 제정할 수 있게 한 것이다. 이 원칙에 따라 토지의 용도 등을 제한하는 「국토계획법」이 국회에서 제정되면, 이에 대한 구체적인 사항은 법률의 위임에 따라 행정부의 수장인 대통령 명령인 「국토계획법 시행령」과 담당 중앙행정기관인 국토교통부 장관의 명령인 「국토계획법 시행규칙」에서 보다 자세한 내용들을 정하게 된다. 그리고 이러한 시행령과 시행규칙에서 지자체로 위임된 사항은 각 지자체 도시계획 조례에서 정하게 된다. 그런데 시행령이나 시행규칙 또는 지자체의 조례에서 법률에서 정하고 있지 않은 내용, 예를 들면 용도지역 등을 신설하는 등 재산권이나 기본권을 제한하는 조항을 만들 수는 없다.

만약 이런 일이 발생한다면 헌법 제37조제2항에 반하는 '법률유보의 원칙'을 위반하게 되는 위헌 행위에 해당하게 된다. 법률의 성격에 따라 시행규칙 하부에 '도시기본계획 수립 지침' 등 훈령, 예규 등도 있지만, 이것은 직접적으로 국민의 기본권을 제한하는 것이 아니라, 행정행위를 규율하는 것이다.

2. 사적 자치(私的 自治)

우리나라는 경제적으로는 자본주의와 정치적으로는 민주적 기본질서를 바탕으로 하고 있다. 우리나라는 헌법 전문(前文)에서 "…경제·사회…의 모든 영역에 있어서 각인의 기회를 균등히 하고, 능력을 최고도로 발휘"하게 할 것을 표방하는 한편, 경제의 장(제9장)의 모두(제119조제1항)에서는 "경제질서는 개인의 경제상의 자유와 창의를 존중함을 기본으로" 함을 밝히고 있다.

<헌법 전문>

유구한 역사와 전통에 빛나는 우리 대한국민은 …〈중략〉… 자율과 조화를 바탕으로 자유민주적 기본질서를 더욱 확고히 하여 정치 · 경제 · 사회 · 문화의 모든 영역에 있어서 각인의 기회를 균등히 하고, 능력을 최고도로 발휘하게 하며, 자유와 권리에 따르는 책임과 의무를 완수하게 하여, 안으로는 국민생활의 균등한 향상을 …〈후략〉…

헌법 제119조(경제의 기본 질서)

① 대한민국의 경제질서는 개인과 기업의 경제상의 자유와 창의를 존중함을 기본으로 한다.

민주적 기본질서 하에서의 자본주의 사회는 헌법상 사적(私的) 자치(自治)와 밀접하게 연결되어 있다. 자본주의는 개인의 경제적 자유와 시장에서의 자율적인 활동을 중시하는 경제 체제이며, 사적 자치는 헌법상 보장된 개인의 자유 중 하나로 사적 영역에서 스스로 의사에 따라 행위를 결정하고 책임지는 원칙을 의미한다. 이 둘은 다음과 같은 방식으로 상호작용한다.

첫째, 사적 자치는 헌법에서 개인이 자신의 의사에 따라 계약을 체결하거나 체결하지 않을 자유인 계약의 자유와 개인이 재산을 소유하고 이를 자유롭게 사용할 권리인 재산권 보장에 근거한다. 이 기본권들은 자본주의 시장경제에서 중요한 역할을 하며, 개인이 경제적 선택을 자유롭게 할 수 있는 기반을 제공한다.

둘째, 자본주의는 사적 자치를 경제 활동의 핵심 원칙으로 삼는데, 사적 자치는 시장에서 자유로운 경쟁과 개인의 경제적 선택을 가능하게 한다. 그리고 법률은 이러한 경제적 자율성을 보장하며, 필요할 경우 분쟁을 해결하는 역할을 한다.

셋째, 헌법상 사적 자치는 무제한적이지 않다. 자본주의 사회에서의 지나친 사적 자치는 시장의 불공정, 빈부격차 심화, 환경 파괴 등의 문제를 초래할 수 있다. 따라서 이를 방지하기 위해 공적 규제가 필요하며, 이는 헌법의 사회적 국가 원리나 공공복리의 개념에 기반을 둔다. 사회적 약자 보호, 시장의 독점과 공정경쟁, 그리고 환경보호를 위한 법률 등이 그것이다.

넷째, 헌법은 개인의 자유와 사적 자치를 보장하면서도, 공익과의 균형을 요구한다. 헌법이 보장하는 기본권은 국가가 사적 자치를 제한할 때는 "그 제한이 목적에 비례해야 한다"는 비례의 원칙과 "사적 자치가 모든 사람에게 공평하게 보장되도록 해야 한다"는 평등의 원칙에 따라 조정된다.

한편, 국가는 균형 있는 국민경제의 성장 및 안정과 적정한 소득의 분배를 유지하고 시장의 지배와 경제력의 남용을 방지하며, 경제주체 간의 조화를 통한 경제의 민주화를 위하여 경제에 관한 규제와 조정을 할 수 있다. 자본주의 사회에서 사적 자치는 개인의 자유와 시장의 자율성을 보장하는 핵심 원칙이다. 그러나 헌법은 이 자유가 공익과 균형을 이루도록 제한을 두며, 이를 통해 자본주의의 긍정적 효과를 극대화하면서 부정적 효과를 최소화하려고 한다.

헌법 제119조(경제의 기본 질서)

② 국가는 균형 있는 국민경제의 성장 및 안정과 적정한 소득의 분배를 유지하고, 시장의 지배와 경제력의 남용을 방지하며, 경제의 민주화를 위하여 경제에 관한 규제를 할 수 있다.

| 3.2 | 재산권과 헌법

1. 재산권의 보장

앞서 언급한 바와 같이 재산권도 우리 헌법에서 보호하고 있는 국민의 기본권 중의 하나이며, 특히, 자본주의 사회에서 재산권 보호는 원칙이다. 그러나 도시계획 등 공공계획은 공익을 우선적으로 추구하게 되어 개인의 재산권에 대한 개입 및 제한을 가하게 된다. 우리 헌법 제23조 및 제13조제2항은 재산권의 보장과 제한 등과 관련된 사항을 담고 있다.

헌법 제23조 (재산권의 보장과 제한)

① 모든 국민의 재산권은 보장된다. 그 내용과 한계는 법률로 정한다.
② 재산권의 행사는 공공복리에 적합하도록 하여야 한다.
③ 공공필요에 의한 재산권의 수용·사용 또는 제한 및 그에 대한 보상은 법률로써 하되, 정당한 보상을 지급하여야 한다.

헌법 제13조제2항 (소급입법 금지제한)

② 모든 국민은 소급입법에 의하여 참정권의 제한을 받거나 재산권을 박탈당하지 아니한다.

모든 국민의 재산권은 헌법 제23조제1항에 의하여 보장되며, 그 내용과 한계는 법률로 정한다. 여기서 재산권에는 소유권뿐만 아니라, 그 밖의 용익물건(用益物件) 등 모든 물건을 포함하여 채권 및 각종 지적 소유권(無體財産權) 등 모든 재산을 포함한다. 이 재산권 보장은 동시에 사유재산제도를 선언한 것이다. 그리고 이 재산권은 소급입법에 의하여 박탈하지 못하게 되어 있다(제13조제2항). 재산권의 보장을 자유권의 하나로 취급하는 것은 권리자가 자유로이 목적재산을 사용·수익 또는 처분할 수 있으며, 법률에 근거없이 이를 박탈 또는 제한할 수 없기 때문이다.

표 2-2 헌법상 재산권 조항의 변화

헌법	조문	의미와 변화
1948년 제헌헌법	제15조 재산권은 보장된다. 그 내용과 한계는 법률로써 정한다. 재산권의 행사는 공공복리에 적합하도록 하여야 한다. 공공필요에 의하여 국민의 재산권을 수용, 사용 또는 제한함은 법률이 정하는 바에 의하여 상당한 보상을 지급함으로써 행한다.	국민의 기본권으로 재산권 보장. 규정 형식과 내용은 독일 바이마르헌법 제153조의 그것과 매우 유사
1952년 헌법	1948년 제헌헌법과 동일	
1954년 헌법	1948년 제헌헌법과 동일	
1960.06. 헌법	1948년 제헌헌법과 동일	
1960.11. 헌법	1948년 제헌헌법과 동일	
1962년 헌법	제20조 ① 모든 국민의 재산권은 보장된다. 그 내용과 한계는 법률로 정한다. ② 재산권의 행사는 공공복리에 적합하도록 하여야 한다. ③ 공공필요에 의한 재산권의 수용·사용 또는 제한은 법률로써 하되 정당한 보상을 지급하여야 한다.	보상 규정과 관련하여 제헌헌법과 다르게 「법률이 정하는 바에 의하여」 부분이 빠져 있음
1969년 헌법	1962년 헌법과 동일	
1972년 헌법	제20조 ① 모든 국민의 재산권은 보장된다. 그 내용과 한계는 법률로 정한다. ② 재산권의 행사는 공공복리에 적합하도록 하여야 한다. ③ 공공필요에 의한 재산권의 수용·사용 또는 제한 및 그 보상의 기준과 방법은 법률로 정한다.	제3항 손실보상기준을 변경하여 보상기준과 방법을 입법자의 재량에 맡김
1980년 헌법	제22조 ① 모든 국민의 재산권은 보장된다. 그 내용과 한계는 법률로 정한다. ② 재산권의 행사는 공공복리에 적합하도록 하여야 한다. ③ 공공필요에 의한 재산권의 수용·사용 또는 제한은 법률로써 하되, 보상을 지급하여야 한다. 보상은 공익 및 관계자의 이익을 정당하게 형량하여 법률로 정한다.	공용침해에 대해서는 반드시 보상하고, 독일기본법과 같이 보상기준과 방법을 입법자가 정하도록 함
1987년 헌법 (현행 헌법)	제23조 ① 모든 국민의 재산권은 보장된다. 그 내용과 한계는 법률로 정한다. ② 재산권의 행사는 공공복리에 적합하도록 하여야 한다. ③ 공공필요에 의한 재산권의 수용·사용 또는 제한 및 그에 대한 보상은 법률로써 하되, 정당한 보상을 지급하여야 한다.	보상에 대해 이익을 정당하게 형량한다는 내용을 삭제하고, 법률의 규정에 의한 정당한 보상을 지급하도록 함

자료: 김용창, 헌법에서 토지와 국토이용 규정의 역사적 변화 및 사회적 기속성, 지리학논총, 제 67호, 2021.02에서 일부 수정

2. 재산권 행사의 제한 및 보상

헌법 제23조제2항은 "재산권의 행사는 공공복리에 적합하도록 하여야 한다"고 규정하고 있다. 이는 헌법이 재산권을 보장하면서도, 사회 전체를 위한 공익과 개인의 사익 사이의 조화를 이루기 위해, 재산권 행사를 공공복리에 부합하도록 제한하고 일정한 의무를 부과할 수 있음을 의미한다.

또한 같은 조 제1항 후단에서는 재산권의 내용과 한계를 법률로 정하도록 규정하고 있으며, 제3항에서는 공공필요에 의한 재산권의 수용·사용 또는 제한 및 그에 대한 보상에 관하여도 법률로 정하도록 하고 있다. 여기서 '수용'은 소유권 등 권리를 강제로 취득하는 것을, '사용'은 권리를 일시적으로 사용하는 것을, '제한'은 재산권 중 일부를 행사하지 못하도록 하는 것을 의미한다. 이들은 모두 재산권에 대한 침해를 수반하기 때문에, 이에 대한 보상은 법률에 따라 정당하게 이루어져야 한다.

대표적인 관련 법률로는 「공익사업을 위한 토지 등의 취득 및 보상에 관한 법률」(이하 「토지보상법」)이 있다. 이 법은 공공필요에 의한 토지 등의 취득 절차와 보상기준 등을 규정하고 있어, 헌법 제23조의 구체적인 실현 수단으로 작용한다.

3. 재산권에 대한 공용제한의 원칙

헌법상 개인의 재산권과 같은 기본권을 공익 목적으로 제한하거나 조정할 때에는 공용제한의 원칙을 지켜야 한다. 이는 주로 국가 또는 공공기관이 공익을 위해 개인의 재산에 제한을 가하거나, 이를 수용(공용수용)할 때 준수해야 하는 헌법적 원칙이다. 우리나라에서 대한민국 헌법에서는 아래와 같은 주요 원칙들이 공용제한과 관련하여 명시되어 있다.

첫째, 공공필요의 원칙이다. 헌법 제23조제3항: "공공필요에 의한 재산권의 제한 및 그에 대한 보상은 법률로써 하여야 한다."고 되어 있다. 재산권 제한이나 수용은 반드시 공공의 필요에 의해 정당화되어야 한다. 공공필요는 공익을 위한 필요성을 뜻하며, 단순히 사적 이익이나 특정 개인이나 집단의 이익을 위한 것이어서는 안된다.

둘째, 법률유보의 원칙이다. 재산권 제한이나 공용수용은 반드시 법률에 근거해야 한다.[22] 이는 국민의 재산권이 자의적으로 제한되지 않도록 보장하며, 입법기관에 의해 결정되어야 함을 의미한다.

셋째, 정당보상의 원칙이다. 공공필요로 인해 재산권이 제한되거나 수용될 경우, 그에 상응하는 정당한 보상이 이루어져야 한다. 정당보상이란 해당 재산의 객관적인 가치를 기준으로 하며, 손실을 보전할 수 있을 정도로 충분한 금액이어야 한다는 것이다.

넷째, 비례의 원칙인데, 과잉금지의 원칙이라고도 한다. 공익 목적을 달성하기 위해 필요한 최소한의 제한만을 가해야 하며, 제한이 과도하여 개인의 권리를 과잉 침해하면 안된다는 것이다. 이는 공익과 사익의 균형을 맞추기 위한 원칙으로, 헌법상 기본권 제한의 일반 원칙이기도 하다.

다섯째, 평등의 원칙이다. 공용제한은 특정 개인이나 집단에 불합리하게 집중되지 않도록 공정하고 평등하게 이루어져야 한다.

마지막으로 사전절차의 원칙이다. 재산권 제한이나 수용을 결정하기 전에 해당 개인에게 의견을 제출하거나 이의를 제기할 수 있는 기회를 제공해야 한다. 이는 일반적으로 행정절차법이나 관련 법률을 통해 보장된다.

헌법상 공용제한의 원칙은 공익과 사익 간의 조화를 이루고, 개인의 재산권이 자의적으로 침해되지 않도록 하는 중요한 기준을 제시한다.

4. 공용침해와 손실보상

헌법은 국민의 재산권을 보장하면서도 공공복리를 위해 일정한 제한을 가할 수 있도록 규정하고 있다. 재산권의 내용 규정과 공용침해는 이러한 제한의

---

22) 2002년 6월 13일 치러진 서울시장 선거에서 이명박후보는 청계천 복원 공약과 함께 뉴타운 사업을 주요 공약을 제시하여 당선되었다. 당선 후 2002년 10월 23일 3곳의 시범 뉴타운을 지정한 후 2003년 3월 「서울시 지역균형발전 지원에 관한 조례」를 제정하였고, 2005년 12월까지 25개의 뉴타운 지구를 지정하였다. 그러나 뉴타운사업은 재산권과 관련된 다양한 문제들이 존재하였기 때문에 모법이 없는 서울시 조례만으로는 불가능하게 되었다. 이에 따라 2005년 6월 21일 서울시에서 건설교통부로 뉴타운 특별법을 제정건의하게 되고, 「도시재정비 촉진을 위한 특별법」이 2005년 12월 8일 국회본회의를 통과하여 동년 12원 30일 제정되고 6개월 후인 2006년 7월 1일부터 시행하게 되어 문제의 상당부분이 해결되지는 못했지만, 뉴타운 사업이 법적 정당성을 확보하게 되었다.

두 가지 유형으로, 각각 보상의 필요 여부에 있어 차이가 존재한다.

먼저, 재산권의 내용 규정은 재산권의 사회적 구속성을 구체화하는 것으로, 국가가 법률을 통해 재산권의 행사 방식과 한계를 설정하는 것이다. 이러한 규정은 원칙적으로 보상 없이 감수해야 하는 영역으로 간주된다. 예를 들어, 개발제한구역의 지정이나 건축법에 따른 용적률 제한 등이 이에 해당한다. 이는 헌법 제23조제1항과 제2항에 근거하여 입법자가 재산권 행사가 공공복리에 적합하도록 법률을 정할 수 있기 때문이다. 재산권의 내용 규정은 개인의 재산권 보호보다는 공공복리 실현에 초점이 맞추어져 있으며, 사회국가원리에 따라 정당화된다.

반면, 공용침해는 공공의 필요에 의해 특정 재산권을 개별적으로 수용, 사용, 제한하는 것을 의미하며, 특별한 희생을 초래하는 경우에는 반드시 정당한 보상이 이루어져야 한다. 헌법 제23조제3항은 공용침해를 인정하면서도, 그에 대한 정당한 보상을 지급해야 한다고 명시하고 있다. 이는 재산권자의 희생을 공평하게 분담하기 위한 원칙으로, 국가가 공익을 위해 특정 개인에게 과도한 부담을 지우지 않도록 하기 위함이다. 예를 들어, 서울에서 도로 확장을 위해 특정 필지의 토지를 강제로 수용하는 경우, 해당 토지 소유자는 수용된 토지에 대해 정당한 보상을 받을 권리가 있다.

재산권의 내용 규정과 공용침해를 구별하는 핵심 기준은 바로 특별희생의 여부이다. 특별희생이란, 공익을 위해 개인이 감수해야 할 일반적인 사회적 의무를 넘어서 특정인에게만 과도한 부담이 지워지는 경우를 의미한다. 따라서, 일반적인 도시계획상의 용도지역 지정은 공익을 위한 재산권 내용 규정에 해당하므로 보상이 필요하지 않지만, 특정 필지에 대한 건축 금지나 강제 철거 등의 경우는 특별한 희생을 초래하므로 공용침해로 간주되어 보상이 필요하다.

특별희생을 판단하는 기준으로는 수인한도설(어느 정도까지 감내할 수 있는지), 목적위배설(재산의 본래 용도에서 벗어나는지), 사적 효용성설(재산이 개인적 가치로 유지될 수 있는지) 등이 활용된다. 즉, 국가의 재산권 제한이 사회적 구속성을 넘어 일정한 강도를 초과하면, 공용침해로 전환되며, 이는 손실보상의 대상이 된다. 한편, 헌법 제23조제3항의 불가분조항에 따르면, 공용침해가 이루어지는 경우 반드시 손실보상 규정을 같은 법률 안에 포함해야 한다. 하지만 현실적으로 보상 규정 없이 공용침해를 규정한 법률이 존재할 수 있으며, 이 경우 해당 법률이 위헌인지, 혹은 입법자가 보상 입법을 하지 않은 것이 위헌인지 논란이 될 수 있다. 이에 대한 학설로는 위헌·무효설(보상 규정이 없으면 법률 자체가 위헌), 직접효력설(헌법 제23조 ③항만으로도 보상 청구 가능), 간접효력설(관련 법률을 유추 적용해 보상 가능), 보상입법부작위위헌설(입법자가 보상 규정을 두지 않은 것이 위헌) 등이 존재한다.

헌법재판소의 판례를 보면, 개발제한구역 지정 자체는 합헌이지만, 개발제한으로 인해 토지를 기존 용도로도 사용할 수 없는 경우, 특별희생이 발생하므로 보상이 필요하다는 입장을 취하고 있다. 이에 따라 헌법재판소는 보상 규정이 없는 공용침해에 대해서 위헌 결정을 내리는 대신, 입법자가 보상 입법을 마련하도록 하는 헌법불합치결정을 내리는 경우가 많다.

결국, 재산권의 제한이 일반적이고 평등한 방식으로 이루어지는 경우에는 보상이 필요하지 않지만, 특정 개인에게 특별한 희생을 요구하는 경우 공용침해로 간주되며 정당한 보상이 이루어져야 한다. 재산권과 공익의 조화를 이루기 위해, 입법자는 공공필요와 개인 재산권 보호 간 균형을 고려한 입법을 해야 하며, 보상 없는 공용침해가 발생하지 않도록 해야 한다.

| 3.3 | 국토·도시계획과 헌법

국토계획, 지역계획, 도시계획 등과 같은 공간계획은 자본주의 사회의 핵심적인 기반이자 헌법이 보장한 기본권인 재산권에 대한 공적 개입이다. 우리 헌법에서 이들 공간계획에 대하여 직접적으로 명시되지는 않지만, 국가의 기본 정책과 공익 증진을 위해 헌법의 여러 조항을 근거로 삼아 계획의 정당성을 확보하고 있다. 앞서 언급한 바와 같이, 헌법 제37조제2항은 "국민의 모든 자유와 권리는 국가안전보장, 질서유지 또는 공공복리를 위하여 필요한 경우에 한하여 법률로써 제한할 수 있다."고 규정하고 있다. 이는 공공복리를 목적으로 하는 도시계획이나 지역계획이 정당성을 갖는 헌법적 근거가 된다. 또한 헌법 제23조 등은 법률에 의한 재산권의 제한 가능성을 명시적으로 열어 두고 있다. 이들 규정과 함께 우리 헌법에서 공간계획에 대한 정당성을 확보할 수 있는 주요 조항은 다음과 같다.

국토계획과 도시계획은 지역 간 경제의 균형발전을 도모하고 경제력의 과도한 집중을 방지하는 데 밀접한 관련이 있다. 이에 대한 조항으로 헌법 제119조에서 국가는 균형있는 국민경제의 성장 및 안정 등과 경제민주화를 위하여 경제에 대한 규제를 할 수 있다고 천명하고 있다. 이와 함께 제120조제2항에서 "국토와 자원은 국가의 보호를 받으며, 국가는 그 균형 있는 개발과 이용을 위하여 필요한 계획을 수립할 수 있다."고 규정하여 국토와 자원의 개발 및 이용에 대한 국가의 계획적 개입을 명확히 규정함으로써 국토계획에 대하여 보다 직접적인 헌법적 정당성을 부여하고 있다.

헌법 제119조(경제의 기본 질서)

① 대한민국의 경제질서는 개인과 기업의 경제상의 자유와 창의를 존중함을 기본으로 한다.
② 국가는 균형 있는 국민경제의 성장 및 안정과 적정한 소득의 분배를 유지하고, 시장의 지배와 경제력의 남용을 방지하며, 경제의 민주화를 위하여 경제에 관한 규제를 할 수 있다.

헌법 제120조(국토와 자원)

① 광물 기타 중요한 지하자원 · 수산자원 · 수력과 경제상 이용할 수 있는 자연력은 법률이 정하는 바에 의하여 일정한 기간 그 채취 · 개발 또는 이용을 특허할 수 있다.
② 국토와 자원은 국가의 보호를 받으며, 국가는 그 균형있는 개발과 이용을 위하여 필요한 계획을 수립한다.

국토의 균형있는 이용·개발은 지역계획과 국토계획의 핵심 목적인데, 우리 헌법에서 이에 대해서도 규정하고 있다. 제122조에서 "국가는 균형 있는 국토의 이용·개발과 보전을 위하여 법률이 정하는 바에 의하여 필요한 제한과 조치를 할 수 있다."라고 정하고 있는데, 이 헌법 조항은 국토의 균형발전과 공공복리 증진에 기초를 제공하며, 이를 구체화한 주요 법률에 대한 정당성을 부여하고 있다. 이외에도 제123조에서는 농어촌개발계획 및 지역간 균형발전을 위한 계획 및 정책에의 정당성을 제공하고 있다.

헌법 제122조(균형 개발)

① 제122조 국가는 국민 모두의 생산 및 생활의 기반이 되는 국토의 효율적이고 균형있는 이용 · 개발과 보전을 위하여 법률이 정하는 바에 의하여 그에 관한 필요한 제한과 의무를 과할 수 있다.

헌법 제123조(농어촌 개발과 농어업 및 중소기업보호)

① 국가는 농업 및 어업을 보호 · 육성하기 위하여 농 · 어촌종합개발과 그 지원 등 필요한 계획을 수립 · 시행하여야 한다.
② 국가는 지역간의 균형있는 발전을 위하여 지역경제를 육성할 의무를 진다.
③ 국가는 중소기업을 보호 · 육성하여야 한다.
④ 국가는 농수산물의 수급균형과 유통구조의 개선에 노력하여 가격안정을 도모함으로써 농 · 어민의 이익을 보호한다.
⑤ 국가는 농 · 어민과 중소기업의 자조조직을 육성하여야 하며, 그 자율적 활동과 발전을 보장한다.

한편, 헌법 제35조에서는 국가와 국민은 환경권 및 환경보호 의무를 규정하고 있으며, “국가는 주택개발정책 등을 통하여 모든 국민이 쾌적한 주거생활을 할 수 있도록 노력하여야 한다.”라고 규정함으로써 주택법 등을 제정하여 국가주택종합계획 및 시도주택종합계획의 근거를 제공하고 있으며, 택지개발촉진법, 공공주택법 등을 제정하여 신도시를 조성하는 정당성도 부여하고 있다.

헌법 제35조(환경권 및 환경보호 의무)

① 모든 국민은 건강하고 쾌적한 환경에서 생활할 권리를 가지며, 국가와 국민은 환경보전을 위하여 노력하여야 한다.
② 환경권의 내용과 행사에 관하여는 법률로 정한다.
③ 국가는 주택개발정책 등을 통하여 모든 국민이 쾌적한 주거생활을 할 수 있도록 노력하여야 한다.

이 헌법 조항들은 국토, 지역, 도시계획의 근거가 되며, 공익을 위한 정책과 계획 수립을 정당화하고 있다.

제 3 장

도시계획과 재산권

제 1 절 재산권의 특성과 종류

| 1.1 | 재산권의 특성

도시 내 토지 및 시설을 계획적으로 관리하는 도시계획은 재산권에 대한 제한이 필수적이어서 재산권에 대한 이해가 필요하다. 재산권(財産權, Property Rights)은 경제적 가치가 있는 재산(유형 및 무형의 자산)에 대해 법적으로 보호받는 권리를 의미한다.

개인이나 법인이 재산에 대해 소유, 사용, 수익, 처분할 수 있는 권리를 가지며, 국가 또는 타인의 부당한 간섭 없이 이를 행사할 수 있도록 보장된다. 앞의 2장에서 살펴본 바와 같이 우리나라에서 재산권은 다른 기본권과 함께 헌법에 의해서도 보장되며, 기본적으로는 민법에 의해 보장되지만 법률에 따른 일부 제한이 있을 수 있다. 특히 재산권은 소유와 계약이라는 두 개의 기본적 제도를 중심으로 하여 규정되어 있으므로, 민법의 기본 원칙도 이 두 제도의 취지를 살려 그 기능을 발휘시키기 위한 것이다. 이러한 것으로는 소유에 관해서는 재산권 존중의 원칙, 계약에 관해서는 계약자유의 원칙을 들 수 있다.

재산권 존중의 원리는 개인이 자신의 재산을 자유롭게 소유하고 사용하고 처분할 수 있는 권리를 보장하는 민법의 기본 원칙 중 하나이다. 이는 개인의 재산에 대한 국가나 타인의 간섭이나 제한을 배제하고, 개인에게 그의 재산에 대한 완전한 지배를 인정하는 것을 의미한다. 이 원칙은 소유권 절대의 원칙으로도 알려져 있으며, 개인의 재산권에 대한 절대적 지배를 인정하고, 국가나 다른 개인은 이를 침해할 수 없도록 하는 것을 의미한다. 그러나 현대사회에서는 이러한 절대적 소유권 개념이 수정되어, 재산권 행사는 공공복리에 적합하도록 해야 한다는 원칙이 강조되고 있다. 예를 들어, 대한민국 헌법 제23조 제2항은 "재산권의 행사는 공공복리에 적합하도록 하여야 한다"고 규정하고 있다. 따라서, 재산권 존중의 원리는 개인의 재산권을 보호하면서도, 그 행사가 사회 전체의 이익과 조화를 이루도록 하는 균형 잡힌 접근이 필요하다. 이에 대한 법적 근거는 헌법 제23조제1항("모든 국민의 재산권은 보장된다. 그 내용과 한계는 법률로 정한다.")과 함께 민법 제211조("소유자는 법률의 범위 내에서 그 소유물을 사용, 수익 및 처분할 권리가 있다.")에 있다.

계약자유의 원칙(사적자치의 원칙)은 계약 당사자는 자유롭게 계약을 체결할 권리가 있으며, 계약의 내용, 방식, 상대방 선택 등을 자율적으로 결정할 수 있다는 원칙이다. 현대 민법은 사적 계약관계에 대하여 자유방임주의를 원칙으로 하여, 당사자의 자유의사에 전적으로 맡기며 이를 제한하거나 국가가 개입하지 않는 태도를 취하고 있다. 다만 당사자로부터 보호의 요구가 있을 때 비로소 당사자의 의도가 실현될 수 있도록 이를 도와주는 것이다. 따라서 당사자로부터의 요구, 즉 소의 제기가 있으면 국가기관인 법원은 당사자가 자유롭게 의도하고 계약한 바를 그대로 존중하여 이에 따르는 법적 보호, 즉 법적 효과를 부여하게 된다. 이것을 계약자유의 원칙 또는 사적자치의 원칙, 법률행위 자유의 원칙이라고도 한다. 이 원칙의 내용으로는 ① 계약체결 여부의 자유, ② 계약체결의 상대방을 선택하는 자유 ③ 계약의 내용을 결정하는 자유 ④ 계약에는 원칙적으로 방식을 요하지 않는다는 뜻에서 방식의 자유의 네 가지를 들 수 있다. 이와 같이 누구와 어떤 조건으로 계약할 것인지는 국가의 간섭 없이 개인의 자유에 맡겨져 있다는 것이다. 다만, 계약은 원칙적으로 자유롭게 체결할 수 있지만, 공정성과 사회질서를 해치지 않아야 한다는 측면에서 제한도 있다. 이는 「민법」 제103조와 제104조에 근거하는데, 민법 제103조는 반사회적 법률행위의 무효를 규정하고 있는데, "선량한 풍속 기타 사회질서에 위반한 사항을 내용으로 하는 법률행위는 무효로 한다."고 규정하고 있으며, 불공정한 법률행위의 무효를 규정한 민법 제104조에서는 “당사자의 궁박, 경솔 또는 무경험으로 인하여 현저하게 공정을 잃은 법률행위는 무효로 한다.”고 규정하고 있다.

한편, 재산권은 법적으로 보호받는 경제적 이익을 대상으로 하며, 여러 가지 특징을 가지는데, 주요 특성은 다음과 같다.

- **배타성(排他性, Exclusivity)**: 재산권은 특정 개인이나 법인이 독점적으로 소유·사용·수익할 수 있는 권리이다. 타인은 소유자의 동의 없이 해당 재산을 사용할 수 없으며, 무단 사용 시 법적 책임이 따른다.
- **양도성(讓渡性, Transferability)**: 재산권은 타인에게 이전(매매, 증여, 상속 등)될 수 있다. 단, 일부 지적재산권, 공공재산 등 일부 권리는 양도가 제한될 수 있다.
- **사용·수익·처분권(使用·收益·處分權, Usability, Profitability, Disposability)**을 가지는데, 사용권은 소유자가 자신의 재산을 자유롭게 사용할 수 있는 권리이며, 수익권은 재산을 통해 경제적 이익을 창출할 수 있는 권리를 말한다. 그리고 처분권은 재산을 매매, 증여, 상속, 임대 등으로 처분할 수 있는 권리이다.
- **영속성(永續性, Durability)**: 재산권은 일반적으로 지속적인 효력을 가지며, 원칙적으로 소멸되지 않는다. 단, 국가의 공익사업에 따른 수용, 채무불이행 시 강제 경매 등 법률에 의해 일정한 경우 소멸될 수도 있다. 이처럼 개인이 토지를 소유하면, 특별한 사유가 없는 한 그 권리는 계속 유지된다.
- **제한성(制限性, Restriction)**: 재산권은 공익적 목적이나 법률상의 사유에 따라 제한될 수 있다. 대표적으로, 헌법 제23조제2항은 재산권의 행사는 공공복리에 적합하도록 하여야 한다고 규정하고 있다. 예를 들어, 토지 소유자가 건축법에 따라 건물을 일정 높이 이상으로 지을 수 없는 경우가 이에 해당한다.
- **독립성(獨立性, Independence)**: 재산권은 다른 권리와 별도로 독립하여 존재할 수 있다. 다만, 저당권이나 지역권과 같이 특정 재산과 결합하여

성립·존속하는 경우도 있다. 예를 들어, 부동산 소유권과 해당 부동산에 설정된 저당권(담보물권)은 서로 별개의 권리이지만 동시에 존재할 수 있다.

- **법적 보호성**(法律保護性, Legal Protection): 재산권은 법에 의해 보호되며, 무단 침해 시 법적 대응이 가능하다. 민법, 형법, 헌법 등 다양한 법률에서 재산권 보호 규정을 마련하고 있다. 예를 들면 누군가 타인의 물건을 무단으로 사용하면 절도죄가 성립한다.

이와 같이 재산권은 배타성, 양도성, 사용·수익·처분권, 영속성, 제한성, 독립성, 법적 보호성 등의 특성을 가지며, 개인과 법인의 경제적 이익을 보호하는 중요한 법적 권리이다. 다만, 공공복리와 조화를 이루어야 하므로 재산권에도 일정한 제한이 가해질 수 있다.

| 1.2 | 재산권 관련 법적 제도

재산권과 관련하여 헌법에서는 재산권 보장과 공공복리를 고려하고 있으며, 「민법」에서는 물권(점유권, 소유권, 용익물권, 담보물권)과 채권 보호, 부동산법에서는 부동산 등기, 토지보상, 임대차 보호 등을 다루고 있다. 그리고 지적재산권법에서는 특허권, 상표권, 저작권을 보호하고 있으며, 공익을 위한 재산권 제한에 대해서는 도시계획, 환경보호 등을 목적으로 한 「국토계획법」, 「환경보건법」 등에 근거하여 재산권 제한이 가능하며, 분쟁 해결을 위해서 민사소송, 형사소송, 행정소송 등을 통해 보호하고 있다. 이에 대해 좀 더 구체적으로 살펴보면 다음과 같다.

1. 헌법상 재산권 제도

헌법상 재산권 보장제도는 자유롭고 책임 있는 개인의 삶을 실현하기 위한 근본적 기초로, 인격적 자율성과 인간의 존엄을 실질적으로 뒷받침하는 핵심적인 기본권이다. 재산권은 단순히 물건의 소유나 이용에 국한된 권리가 아니며, 인간이 자주적인 인격체로서 공동체 내에서 자유롭게 생활을 형성하고 책임을 다할 수 있도록 하는 물질적 기반이 된다. 따라서 재산권의 보장은 개인의 자유권 보장의 전제이자, 궁극적으로 인간다운 삶을 영위하기 위한 조건으로서의 의미를 지닌다.

재산권은 또한 자본주의적 시장경제질서를 구성하는 핵심 요소이다. 자본주의 경제는 생산수단의 사적 소유를 기본 전제로 삼고 있으며, 이는 곧 재산권 보장을 통해 제도적으로 뒷받침된다. 재산권이 보장되지 않는 사회에서는 자유로운 경제활동과 경쟁, 그리고 창의적인 자산 형성이 어려워질 수밖에 없다. 따라서 재산권은 경제적 자유의 구체적 표현이며, 자유민주주의와 시장경제를 지탱하는 기둥이기도 하다.

또한 헌법상 재산권 보장은 정치적 중립성과 사회적 안정성을 위한 장치로서의 역할도 수행한다. 헌법은 소급입법에 의한 재산권 박탈을 금지하고, 특정 정권의 이념이나 정책에 따라 임의적으로 사유재산제도를 폐지하거나 제한하는 것을 허용하지 않는다. 이는 정치적 권력 교체와 관계없이 국민의 기본적 재산이 안정적으로 보호되어야 한다는 헌법의 원칙을 반영한 것이다.

헌법상 재산권은 민법상 소유권과 동일하지 않으며, 보다 포괄적인 개념이다. 민법상의 소유권은 유체물에 대한 배타적이고 포괄적인 지배를 의미하지만, 헌법상 재산권은 사적 유용성과 경제적 가치, 임의 처분 가능성이 인정되는 모든 공법상 및 사법상의 구체적인 권리를 포함한다. 예를 들어, 부동산 및 동산의 소유권뿐 아니라 임금청구권, 채권, 상속권, 주식 및 주주권, 지식재산권 등도 포함되며, 심지어 광업권, 어업권, 수렵권과 같은 공법상 권리도 일정 요건을 충족할 경우 재산권으로 인정된다.

공법상 권리가 헌법상 재산권으로 인정되기 위해서는 몇 가지 기준을 충족해야 한다. 첫째, 해당 권리가 사적으로 유용되어 개인의 이익을 위하여 사용될 수 있어야 한다. 둘째, 권리 형성에 있어 수급자의 일정한 자기기여, 즉 노동, 투자, 특별한 희생이 수반되어야 하며, 단순한 국가의 일방적인 급부로 형성된 권리는 제외된다. 셋째, 그 권리가 수급자의 경제적 생존 확보와 자율적 생활 형성에 기여할 수 있어야 하며, 넷째, 그 처분권능은 원칙적으로 보장되지만, 공공목적에 따라 일정 부분 제한될 수 있다.

현대사회에서는 이러한 재산권 개념이 점점 더 확장되는 추세에 있다. 과거

농경사회에서는 토지소유가 생존의 핵심이었지만, 산업사회와 정보화 사회로 넘어오면서 자본과 노동력, 그리고 다양한 사회보장제도에 대한 참여권이 생존과 직결되었다. 이에 따라 개인의 생존기반이 단순한 물리적 소유권에서 벗어나 사회국가의 배려를 통한 공적 수급권에까지 확대되고 있다. 이러한 권리는 오늘날의 복지국가에서 생존권과 생활권을 실현하기 위한 중요한 수단으로 간주되며, 그 자체가 헌법상 재산권의 일부로서 보호되어야 한다는 인식이 확산되고 있다.

재산권 보장과 관련하여 특히 중요한 쟁점은 공권력에 의한 재산권 제한, 예컨대 조세 부과나 규제의 정당성이다. 일반적으로 과세나 규제는 재산권 침해로 간주되지 않지만, 그 정도가 과도하여 납세자나 국민에게 본질적인 재산 손실이나 생활기반의 붕괴를 초래할 경우에는 헌법상 재산권 침해로 평가될 수 있다. 이 경우 헌법 제23조제3항에 따라 정당한 보상이 이루어져야 하며, 이는 국민의 권익 보호를 위한 중요한 법적 장치로 기능한다.

이와 같이, 헌법상 재산권 보장제도는 단순히 물질적 자산을 보호하는 차원을 넘어, 인간의 존엄성 실현, 자율적 생활의 형성, 시장경제 질서의 유지, 정치적 중립성의 확보 등 다양한 헌법적 가치를 포괄하는 종합적 제도이다. 재산권의 내용과 범위는 고정불변한 것이 아니라 사회적 변화와 국가의 성격에 따라 유동적으로 발전하며, 이는 헌법 해석과 입법자의 형성권한에 의해 조정된다. 앞으로도 재산권 보장은 공공복리와의 조화를 지향하면서, 자유권과 사회권의 접점에서 균형 있는 헌법 질서 확립에 핵심적 역할을 수행할 것이다.

2. 민법상 재산권 제도

「민법」은 사회에서 시민 상호 간 일상생활 관계에 대하여 일반적으로 규정하는 법률이며, 사법에 속한다. 우리나라에서 현재 시행되고 있는 「민법」(법률 제471호)은 1958년 2월 22일 제정·공포되고, 1960년 1월 1일부터 시행되었다. 그 이전까지는 일제강점기의 일본 민법의 효력이 계속되었다.

우리 손으로 입법된 현행 「민법」전(典)은 전(全) 1118개 조문, 부칙 28개 조문으로 구성된 매우 방대한 법률이다. 전체 1118개의 조문은 다섯 편으로 구성되어 있는데, 제1편 '총칙', 제2편 '물권', 제3편 '채권', 제4편 '친족', 제5편 '상속'으로 구성되어 있다. 이 중 제2편 '물권법'(「민법」 제185조~372조)과 제3편 '채권법'(「민법」 제373조~766조)은 '재산법'이라 하며, 사람들의 자기보존 본능을 존중하여 개인이 재산을 가지게 하고 국가가 보호하는 사유재산제도를 지지하는 기반이 되고 있다. 이와 같이 재산권은 크게 물권과 채권으로 구분되는 권리 체계를 인정하고 있는데, 내용은 다음과 같다(보다 자세한 내용은 1.3 재산권의 종류에서 설명함).

- **물권**: 특정한 물건을 직접 지배할 수 있는 배타적 권리로서, 대표적인 재산권의 형태이며 소유자의 동의없이 사용할 수 없다. 물권에는 점유권과 본권으로 구분되며, 본권은 소유권과 제한물권이 있다. 소유권은 물건을 자유롭게 사용·수익·처분할 수 있는 권리이며, 용익물권은 타인의 재산을 일정한 조건 하에서 사용할 수 있는 권리, 예를 들면 지상권, 전세권 등을 말한다. 그리고 담보물권은 채무 변제를 보장하기 위한 물권으로 예를 들면, 저당권, 질권 등을 말한다.
- **채권**: 타인에게 일정한 행위를 요구할 수 있는 권리로서 계약, 불법행위, 부당이득 등으로 발생하는데, 상대적 권리이며 특정한 상대방에게만 효력이 미친다. 채권은 재산을 사고파는 매매계약, 재산을 일정 기간 빌려주는 임대차계약, 돈을 빌려주고 상환받을 수 있는 권리인 금전채권 등과 같은 법률행위에 의해 발생한다.

3. 부동산 관련 재산권 제도

우리나라에서 부동산 관련 재산권이 중요한 역할을 하며, 「부동산등기법」, 「토지보상법」 등의 법률에 의해 규율된다. 「부동산등기법」에서는 모든 부동산 거래는 등기를 해야 법적으로 보호를 받도록 규정하고 있는데, 주택 또는 상가 등 부동산을 구매하면 소유권 이전 등기를 해야 법적으로 소유자가 된다. 또한 국가 또는 지방자치단체가 공공사업을 위해 개인의 토지를 수용할 경우 「토지보상법」에 따라 정당한 보상을 해야 한다. 그리고 「주택 임대차 보호법」, 「상가 임대차 보호법」 등에서는 세입자의 권리를 보호하기 위해 주택과 상가의 최소 거주 보장기간 및 보증금 보호 조항을 규정하고 있다. 이와 같이, 부동산 관련 재산권 제도는 개인의 권리를 보호함과 동시에 공공의 이익을 위해 이를 조정할 수 있도록 하고 있다.

4. 지적재산권(知的財産權) 및 기타 재산권 제도

우리나라는 물리적 재산뿐만 아니라 지적재산권(知的財産權, Intellectual Property Rights)도 보호되는데, 지적재산권은 창작적 노력이나 지식의 결과물에 대한 권리를 보호하는 것이다. 지식재산권에는 문학·예술·음악·소프트웨어 등 창작물에 대한 권리를 보호하는 저작권, 발명·상표·디자인 등 산업적 가치를 가진 창작물에 대한 산업재산권(특허권, 상표권, 디자인권 등), 그리고 데이터베이스권, 반도체배치설계권 등과 같은 신지식재산권이 포함된다.

구체적으로는 창작자의 경제적 권리를 보호하고 기술 개발과 창작 활동을 장려하기 위하여 「특허법」, 「상표법」, 「저작권법」, 「데이터 산업진흥 및 이용촉진에 관한 기본법」 등으로 규정하고 있다. 특허권은 AI 알고리즘, 블록체인 기술, 소프트웨어 기술 등을 포함한 발명에 대한 배타적 권리로 등록 후 20년간 보호하고 있으며, 상표권은 디지털 브랜드, 도메인 네임, 가상 플랫폼 내 브랜드 등을 포함한 상품의 식별을 위한 상표에 대한 보호를 규정하고 있는데, 등록 후 10년간 보호받으며 갱신이 가능하다. 저작권은 문학, 예술, 음악, 소프트웨어 등의 창작물의 보호를 규정하고 있는데, 창작자 사후 70년간 보호하고 있다. 빅데이터, AI 학습 데이터, 기밀정보 등 데이터도 「부정경쟁방지 및 영업비밀보호에 관한 법률」에 의해 보호되고 있다.

이 외에도 관습법상 분묘기지권 등과 같은 관습법이나 실질적 관행에 기반하여 사실상의 권리와 보조금 수령권과 같은 행정적, 사회적 권리로 재산적 성격이 있는 공법상의 권리 등도 있다.

5. 재산권의 공익적 제한 제도

재산권은 보장되지만, 공공이익을 위해 헌법과 법률에 따라 일정한 제한을 받을 수 있다. 예를 들면, 「국토계획법」에 따라 각각의 용도지역에 따라 건축물의 용도, 밀도 및 높이 제한이 가능하며, 도시계획시설 등을 설치하기 위해 토지이용 등에 대한 제한도 가능하다. 그리고 「환경정책기본법」, 「환경보건법」에 따라 특정한 지역의 환경보호를 위하여 유해한 시설의 입지를 제한할 수 있으며, 「토지보상법」에 따라 도로, 철도 건설 등의 공공사업(공공재 공급)을 위하여 토지 수용이 가능하다. 다만, 이 경우 정당한 보상을 하여야 한다.

6. 기타 재산권 및 주요 법적 보호와 분쟁 해결

사유재산제도를 지지하고 있는 우리나라는 재산권이 침해되었을 경우 법적 시스템을 통해 개인의 재산권을 보호하며 공정한 해결을 할 수 있는 제도적 장치가 있다. 즉 소송을 통하여 법적 구제를 받을 수 있다. 이러한 소송에는 소유권 반환 청구, 손해배상 청구 등 민사소송과 절도, 사기, 횡령 등으로 재산권 침해 시 형사적 처벌이 가능한 형사소송 그리고 국가가 재산권을 부당하게 제한하면 행정소송도 가능하다.

| 1.3 | 재산권의 종류

우리나라 민법에서는 재산권을 '물권'(민법 제185조~372조)과 '채권'(민법 제373조~766조)으로 구분하고 있다. 물권은 물건에 대한 권리이며, 채권은 특정인(채무자)에게 일정한 행위를 요구할 수 있는 권리이다. 이 책에서는 재산권은 국토계획 또는 도시계획의 대상이 되는 국토공간 및 도시공간을 구성하는 토지 등이 주로 대상이 되기 때문에 물권에 집중하고 채권에 대해서는 생략한다.

1. 물권의 특징 및 종류

물권은 특정 물건을 직접 지배할 수 있는 배타적인 권리로 소유자 외의 타인이 물건을 마음대로 사용할 수 없는 배타성, 특정된 물건(부동산·동산)에만 물권이 인정되는 특정성 그리고 모든 사람에게 효력을 가지는 절대성을 가진다. 즉, 물권의 가장 기본적인 법적 개념은 물건에 대한 절대적인 지배권이다. 영미법에서도 물권의 본질은 배타적 권리(The Right to Exclude)로 정의된다. 그리고 물권은 법률 또는 관습법에 의하여 인정된 것 외에는 창설하지 못한다(물권법정주의, 민법 제185조). 따라서 당사자 사이에서 법률 또는 관습법이 인정하지 않는 물권을 설정하는 계약을 하거나, 민법이 인정하는 물권에 민법과는 다른 내용을 부여하는 계약을 하여도 물권으로서 효력은 생기지 않는다.

우리나라 민법이 인정하는 물권은 점유권, 소유권, 지상권, 지역권, 전세권, 유치권, 질권, 저당권의 여덟 가지로 규정되어 있다. 이 가운데 재산권 중 가장 대표적이며 일상생활에서 가장 빈번하게 사용되는 소유권은 재산권 전체를 의미하는 것이 아니라, 재산권의 한 유형에 불과하다. 소유권은 목적물의 모든 가치를 자유롭게 이용할 수 있는 권리로서, 물질적으로 활용할 수 있을 뿐만 아니라 담보의 목적으로도 이용할 수 있다. 한편, 지상권·지역권·전세권은 타인의 토지나 건물을 물질적으로 이용할 수 있는 권리로, 이를 용익물권이라 한다. 반면, 유치권·질권·저당권은 타인의 물건을 담보 목적으로만 이용할 수 있는 권리로, 담보물권에 해당한다. 마지막으로 점유권은 앞서 언급한 물권들과 달리, 물질적 이용을 직접 목적으로 하지 않고 물질적 질서유지를 목적으로 하는 특수한 제도이다.

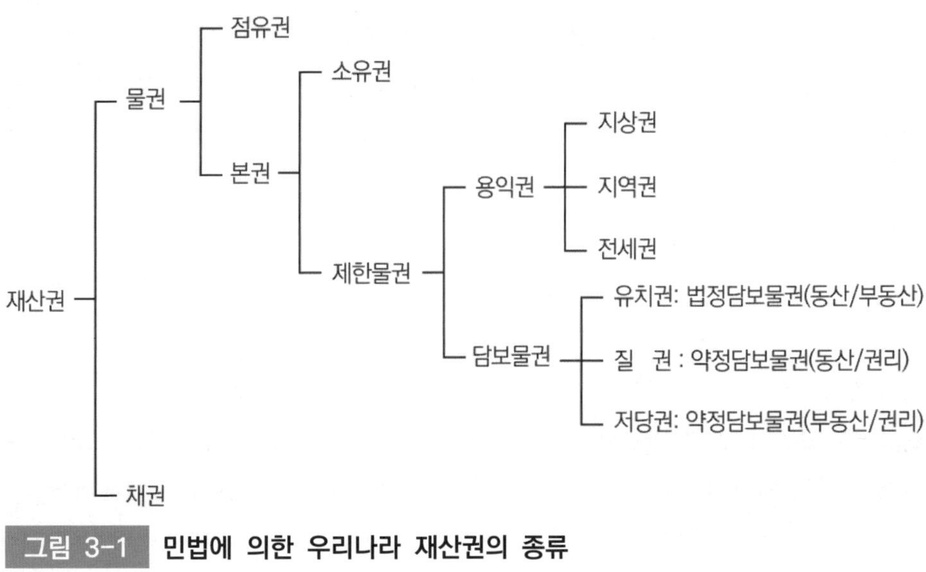

그림 3-1 민법에 의한 우리나라 재산권의 종류

물권은 소유권을 중심으로 하여 구성되어 있다. 모든 물건에 대하여 그 전면적 지배권인 소유권을 인정하고 용익물권과 담보물권은 일시적으로 이것을 제한하는 효력을 가지는 데 불과하며, 소유권은 언젠가는 이 제한을 벗어나서 원만한 상태에 복귀하는 효력(탄력성)을 가지는 것으로 생각되고 있다. 용익물권과 담보물권은 소유권과는 달리 그 내용이 제한되어 있으므로 제한물권이라고도 하며, 또 원칙적으로 타인의 물건에 대하여서만 성립하므로 타물권이라고도 한다.

2. 소유권

소유권은 민법상 가장 기본적인 권리 중 하나로서, 개인의 재산권을 보호하는 중요한 역할을 한다. 그러나 상린관계에서 나타나는 제한이나 공공복리를 위한 규제가 존재하기 때문에 법적 근거를 숙지하고 소유권을 행사하는 것이 중요하다. 또한, 소유권 취득 방법에 대한 이해를 통해 합법적인 권리 확보가 가능하므로, 이에 대한 충분한 법적 지식이 필요하다.

1) 소유권의 내용

소유권은 민법 제211조에 규정된 바와 같이 “소유자는 법률의 범위 내에서 그 소유물을 사용, 수익 및 처분할 권리를 가진다”고 되어 있다. 이는 소유자가 해당 재산을 자유롭게 이용하고, 이를 통해 경제적 이익을 얻으며, 타인에게 양도하거나 처분할 수 있는 권리를 의미한다. 즉, 주택을 소유하거나, 농민이 전답을 소유하며, 제조업자가 제품을 소유하는 경우와 같이 어떤 물건에 대한 소유권을 가진 자는 그 물건을 자유로이 사용하고 수익하며 처분할 수가 있다. 이것이 민법상의 소유권이다. 주택 소유자로서 마음대로 사용하고 개축·증축하며 또는 철거할 수도 있으며, 농민이 그 전답을 자유로이 경작하여 수익을 얻을 수도 있고, 제조업자가 그 제품을 임의로 팔거나 또는 타인으로부터 돈을 빌리기 위해 담보에 이용할 수도 있다. 이와 같이 소유권은 목적물을 자유로이 사용·수익·처분할 수 있는 권리이다. 다만, 이 권리는 법률의 범위 내에서 인정되므로, 법률에 의하여 소유권이 제한된 경우에는 그 한도에서는 권리 행사를 하지 못하게 된다.

민법에서 토지소유권에 대해서는 일반적인 동산에 대한 소유권과는 달리 범위를 특별히 규정하고 있는데, 민법 제212조에서 “토지의 소유권은 정당한 이익이 있는 범위 내에서 토지의 상하에 미친다."고 규정하고 있다. 이와 같이 토지소유권의 범위가 하늘과 땅 밑으로 무한정 확대되는 것은 아니라 "정당한 이익이 있는 범위"라는 한계를 정하고 있다. 그렇다면 토지소유권이 미치는 '정당한 이익'의 범위를 어디까지로 볼 수 있을 것이냐가 쟁점이 될 수 있다. 이에 대해서는 「국토계획법」 등 다양한 토지 공법에서 용적률과 건폐율, 높이 등의 토지이용 등 공간적인 한계를 제어하고 있다. 그러나 토지이용에 대한 범위 외에도 정당한 이익이란 토지를 이용할 때 발생하는 일반적인 이익을 의미하고, 여기서 이익은 재산적 이익뿐 아니라 보호할 수 있는 가치가 있는 모든 이익을 포함한다. 여러 판례에서 정당한 이익이란 토지소유자의 토지이용에 방해를 받지 않는 범위로 보고 있다.

소유권의 본래 효력은 목적물을 사용·수익·처분하는 데 있으나, 이 본래 효력의 실현이 이유 없이 타인에 의하여 방해되는 경우에는 그 방해를 물리치는 효력이 생긴다. 이것을 소유권에 따른 물상청구권이라 하며 소유물 반환청구권, 방해제거 및 예방청구권 등이 있는데, 그 내용은 다음과 같다.

① 소유물 반환청구권(민법 제213조)은 "소유자가 자기 소유물을 점유하고 있는 자에 대하여 반환을 청구할 수 있는 권리"이고,

② 방해제거 및 예방청구권(민법 제214조)은 "소유자가 소유권을 방해하는 자에 대하여 방해의 제거 및 방해의 예방을 청구할 수 있는 권리"를 말한다.

2) 상린관계

우리 민법에서는 토지소유권에 대해서는 특별한 한계를 규정하고 있는데, 토지이용의 외부효과로 인한 상린관계 규정이 그것이다. 상린관계란 서로 인접한 토지의 소유자나 이용자가 각자의 토지이용 기능을 일정한 범위에서 제한하여 상호 협력하는 관계를 말한다. 이는 민법상 토지이용의 질서유지를 위한 중요한 제도인데, 대표적으로는 다음과 같은 사항이 있다.

- **인지사용청구권(제216조)**: 토지소유자가 건물이나 울타리의 건축 또는 수선을 위해 필요한 경우, 인접 토지소유자의 승낙을 받아 그 토지를 사용할 수 있다.
- **매연 등에 의한 인지에 대한 방해금지(제217조)**: 토지소유자는 매연, 열기

체, 액체, 음향, 진동 기타 이에 유사한 것으로 이웃 토지의 사용을 방해하거나 이웃 거주자의 생활에 고통을 주지 않도록 적당한 조치를 취할 의무가 있다.

- **수도 등 시설권(제218조)**: 토지소유자는 타인의 토지를 통과하지 아니하면 필요한 수도, 소수관, 가스관, 전선 등을 시설할 수 없거나 과다한 비용을 요하는 경우에는 타인의 토지를 통과하여 이를 시설할 수 있다.
- **주위토지통행권(제219조)**: 토지가 공로에 통하지 못하는 경우, 그 소유자는 주위 토지를 통행할 수 있으며, 통행지 소유자에게 손해를 보상해야 한다.
- **자연유수의 승수의무(제221조)**: 토지소유자는 이웃 토지에서 자연히 흘러들어오는 물을 막지 못하며, 고지 소유자는 저지의 필요한 용수를 방해하지 못한다.
- **소통공사권(제222조)**: 토지소유자는 물의 흐름이 막힌 경우, 자기 비용으로 그 흐름을 통하게 하기 위한 공사를 할 수 있다.
- **경계표 및 담의 설치권(제237조)**: 인접 토지소유자는 공동 비용으로 경계표나 담을 설치할 수 있으며, 그 비용은 각각 평등하게 분담한다.
- **경계표 등의 공유 추정(제239조)**: 경계선상에 설치한 경계표, 담, 도랑 등은 인접 토지소유자가 공유하는 것으로 추정된다.
- **수지·목근의 제거권(제240조)**: 이웃 토지의 나뭇가지가 경계를 넘은 경우, 그 소유자에게 제거를 청구할 수 있으며, 나무뿌리가 경계를 넘은 경우 직접 제거할 수 있다.
- **토지의 심굴 금지(제241조)**: 토지소유자는 인접지의 지반이 붕괴될 우려가 있는 경우, 충분한 방어 공사 없이 자기 토지를 깊게 파지 못한다.
- **경계선 부근의 건축 제한(제242조)**: 건물을 축조함에는 특별한 관습이 없으면 경계로부터 50㎝ 이상의 거리를 두어야 한다. 이 조항으로 인해 유럽의 도시와 같이 건물의 측벽을 공유하는 가로경관의 형성이 불가능하다.
- **차면시설의무(제243조)**: 경계로부터 2미터 이내의 거리에서 이웃 주택의 내부를 관망할 수 있는 창이나 마루를 설치하는 경우에는 적당한 차면시

설을 하여야 한다.

- **지하시설 등에 대한 제한(제244조)**: 우물을 파거나 용수, 하수 또는 오물 등을 저치할 지하시설을 하는 때에는 경계로부터 2미터 이상의 거리를 두어야 하며 저수지, 구거 또는 지하실공사에는 경계로부터 그 깊이의 반 이상의 거리를 두어야 한다.

3) 소유권의 취득

소유권은 여러 가지 방법으로 취득할 수 있는데, 부동산과 관련한 소유권 취득은 법률행위에 의한 취득과 시효에 의한 취득이 있다.

첫째, 법률행위에 의한 소유권 취득 효력은 원칙적으로 민법 제186조에 근거한다. 민법 제186조에 의해 부동산 물권의 변동은 등기를 해야 효력이 발생하는 것이 원칙이다. 이를 성립요건주의라고 하는데, 등기가 물권의 '성립요건'이라는 것이다. 부동산 물권 취득의 등기 요건 예외에 대해서는 민법 제187조에서 규정하고 있는데, "상속, 공용징수, 판결, 경매 기타 법률의 규정에 의한 부동산에 관한 물권의 취득은 등기를 요하지 않는다. 그러나 등기를 하지 않으면 이를 처분하지 못한다."라고 규정하고 있다.

둘째, 시효에 의한 취득이다. 점유로 인한 부동산 소유권 취득은 민법 제245조에 근거하는데, "20년간 타인의 토지를 평온, 공연하게 부동산을 점유한 자는 등기를 통해 그 소유권을 취득할 수 있다."고 규정하고 있다. 동산의 취득시효가 10년인데 반해 부동산은 20년으로 더 길다.

3. 용익물권

1) 지상권

지상권은 타인의 토지에 건물 기타 공작물이나 수목을 소유하기 위하여 그 토지를 사용하는 권리를 말한다(민법 제279조). 즉, 지상권자는 토지를 사용할 수 있는 권리가 있는데, 이를테면 가옥이나 교량 등의 공작물을 건조하기 위하여 또는 식목할 목적으로 타인의 토지를 사용하는 물권이다. 민법상 타인의 토지를 빌리는 수단으로는 임대차도 있는데, 이 경우 차지인의 권리는 채권으로서의 임대권이며, 지상권보다 훨씬 약하다. 그런데 지상권의 설정이나 임차권의 취득은 모두 지주와 차지인과의 사이의 계약을 통해서 행하여지며 법률상 양자 사이의 선택이 자유롭게 되어 있기 때문에 실제에 있어서는 소유자에게 유리한 임차권을 택하는 경우가 많이 있다.

지상권은 그 존속기간을 약정하는 경우와 약정하지 아니하는 경우가 있다. 기간을 약정하는 경우 민법상 그 목적에 따라서 최단기간이 정하여져 있다. 즉, ① 석조, 석회조, 연와조 기타 이와 유사한 견고한 건물이나 수목의 소유를 목적으로 하는 때에는 30년, ② 위의 건물·수목 이외의 건물의 소유를 목적으로 하는 때에는 15년, ③ 건물 이외의 공작물의 소유를 목적으로 하는 때에는 5년의 기간보다 단축하지 못하며, 이상의 기간보다 단축한 기간을 정한 때에는 위의 기간까지 연장한다(민법 제280조). 지상권의 존속기간을 약정하지 아니한 경우에는 그 기간은 앞의 최단 존속기간으로 한다(민법 제280조).

지상권자는 타인에게 그 권리를 양도하거나 그 권리의 존속기간 내에서 그 토지를 임대할 수 있다(민법 제282조). 지상권자가 2년 이상의 지료(地料)를 지급하지 아니한 때에는 지상권 설정자는 지상권의 소멸을 청구할 수 있다(민법 제287조).

지상권이 소멸한 경우에 건물 기타 공작물이나 수목이 현존한 때에는 지상권자는 계약의 갱신을 청구할 수 있다. 지상권 설정자가 계약의 갱신을 원하지 아니하는 경우에는 지상권자는 상당한 가액으로 공작물이나 수목의 매수를 청구할 수 있다(민법 제283조). 이 매수청구권은 형성권이므로 청구한 즉시 효력이 발생하며, 그 가액은 매수청구를 한 때의 시가상당액이다(대판 1972.7.25., 72다 653). 그러나 판례에 의하면 지상권자가 2년간 지료(地料)를 지급하지 아니하여 지상권 소멸청구를 받은 경우에는 지상공작물에 대한 매수청구권을 행사하지 못한다(대판 1972. 12. 26, 72다 2085).

도시계획, 도시개발사업 등의 시행 시 지상권에 대하여 특정 층, 특정 깊이, 특정 높이에 대해서 구분하여 지상권을 설정할 필요도 있다. 이 개념은 1984년 민법 개정시 289조의2에 구분지상권 규정이 신설되면서 도입되었다. 구분지상권이란 토지의 일부 공간(특정 층, 특정 깊이, 특정 높이)에 대해서만 설정되는 지상권을 의미한다. 일반적인 지상권은 토지 전체에 대한 사용권을 부여하는 반면, 구분지상권은 지표면, 지하 또는 공중의 일정 공간에 한정하여 설정할 수 있는 권리이다. 이에 대한 존속기간 등은 일반지상권과 같다. 구분지상권은 도로법 28조 입체적 도로구역(1999년 개정시 도입)에도 도입되었듯이 주로 고가도로, 지하상가, 지하철 등의 건설을 위한 공간활용이나, 주차장, 지하 터널 등 공공시설 운영, 공공시설 그리고 복합건물(쇼핑몰·오피스텔 등)의 일부 구역을 특정 소유자가 사용할 수 있도록 설정할 필요가 있는 경우 활용된다.

구분지상권의 설정은 국유재산 특히 행정재산에 대해서는 사권을 설정할 수 없다(국유재산법 제11조제2항). 따라서 국유지의 경우 상부에 구분지상권을 설정하지 못하기 때문에 국도, 철도 등의 국유지의 도로 상부 또는 지하에 대하여 민간에 지상권 설정행위는 금지되어 있다. 그러나 이렇게 사권 설정을 금지하는 것은 공공시설 건설을 위해 일정 조건하에 민간기업이 국유지를 일정 기간 사용할 수 있도록 하는 민관협력사업(PPP, 공공-민간협력 프로젝트)과는 관련이 없다.

2) 지역권

지역권이란 일정한 목적을 위하여 타인의 토지를 자기 토지의 편익에 이용하는 권리를 말한다(민법 제291조). 이때 편익을 받는 토지를 요역지(要役地), 편익을 제공하는 토지를 승역지(承役地)라 한다. 예를 들어, A 토지의 편익을 위하여 B 토지를 통행하거나 B 토지에서 인수(引水)하여 이용하는 경우가 이에 해당하며, 이 경우 A 토지는 요역지, B 토지는 승역지가 된다. 지역권은 요역지의 소유권에 부종하여 이전하며, 요역지와 분리하여 양도하거나 다른 권리의 목적으로 할 수 없다(민법 제292조).

3) 전세권

민법 제303조에 의하면 전세권은 전세금을 지급하고 타인의 부동산을 점유하여 그 부동산의 용도에 따라 사용·수익하는 권리이다. 그러나 농경지는 전세권의 목적으로 하지 못한다. 이것은 과거 주로 도시에서 성행되어 오던 주택 전세에 관한 관습을 현행민법이 전세권자의 보호를 위하여 새로이 물권으로 규정한 것이다. 전세금은 담보적 성격을 가진다. 즉 전세금은 전세권자의 고의·과실에 의한 목적물의 손상으로 인하여 생길 전세권설정자의 손해를 담보한다고 하는 것이 판례이다(대판 1966. 6.28, 66다 771). 전세권자는 전세권을 타인에게 양도 또는 담보로 제공할 수 있고, 그 존속기간 내에 그 목적물을 타인에게 전전세 또는 임대할 수 있다. 그러나 설정행위로 이를 금지한 때에는 그러하지 아니하다(민법 제306조). 그리고 전세권양수인은 전세권설정자에 대하여 전세권양도인과 동일한 권리의무가 있다(민법 제307조).

전세권의 존속기간은 10년을 넘지 못하며, 그 이상으로 약정한 때에는 10년으로 단축한다. 건물에 대한 전세권의 존속기간은 1년 미만으로 한 때에는 이를 1년으로 한다. 전세금이 목적 부동산에 관한 조세·공과금 기타 부담의 증감이나 경제사정의 변동으로 인하여 상당하지 못하게 된 때에는 당사자는 장래에 대하여 그 증감을 청구할 수 있다(민법 제312조).

전세권은 존속기간을 약정하지 아니한 때에는 각 당사자는 언제든지 상대방에 대하여 전세권의 소멸을 통고할 수 있고, 상대방이 이 통고를 받은 날로부터 6월이 경과하면 전세권은 소멸한다(민법 제313조). 전세권이 소멸한 때에는 전세권설정자는 전세권자로부터 그 목적물의 인도 및 전세권설정 등기의 말소등기에 필요한 서류의 교부를 받는 동시에 전세금을 반환하여야 한다(민법 제317조). 전세권설정자가 전세금의 반환을 지체한 때에는 전세권자는 경매법의 정하는 바에 의하여 전세권의 목적물의 경매를 청구할 수 있다(민법 제318조).

4. 담보물권

담보물권(擔保物權)은 채권자가 채무자로부터 채권 변제를 확보하기 위해 설정하는 물권이다. 만약 채무자가 채무를 이행하지 않을 경우, 담보물권자는 해당 물건을 처분하여 채권을 우선적으로 변제받을 수 있다. 담보물권은 크게 약정담보물권과 법정담보물권으로 나뉜다.

1) 유치권

타인의 물건이나 유가증권을 점유한 자는 그 물건이나 유가증권에 관하여 생긴 채권이 변제기에 있는 경우에는 변제를 받을 때까지 그 물건 또는 유가증권을 유치할 권리가 있으며, 이것을 유치권이라 한다(민법 제320조). 예컨대

A가 B의 자동차를 수리해 주고 아직 수리비를 받지 못한 경우, 그 자동차를 인도하지 않고 계속하여 점유할 수 있다. 즉, A는 자동차에 대해 유치권을 행사하는 것이며, 이때 유치목적물인 자동차와 채권 사이에는 견련성(牽聯性, 관련성)이 있어야 한다. 유치권은 동산과 부동산 모두에 해당될 수 있다.

유치권자는 정당한 사유가 있는 때에는 감정인의 평가에 의하여 유치물로 직접 변제에 충당할 것을 법원에 청구할 수 있으며, 이 경우 유치권자는 미리 채무자에게 통지하여야 한다(민법 제322조). 유치권자는 채무자의 승낙 없이 유치물의 사용, 대여 또는 담보제공을 하지 못하며, 유치권자가 이에 위반한 때에는 채무자는 유치권의 소멸을 청구할 수 있다(민법 제324조). 유치권자가 유치물에 관하여 필요한 비용을 지출한 때에는 소유자에게 그 상환을 청구할 수 있다(민법 제325조). 유치권의 행사는 채권의 소멸시효에 영향을 미치지 아니하며(민법 제326조), 유치물의 점유를 상실한 때에는 유치권은 소멸한다(민법 제328조). 판례에 따르면 채권의 확보를 위하여 타인의 부동산을 점유 사용하다가 아무 조건 없이 그 부동산을 명도하기로 약정한 때에는 이는 유치권자가 유치권을 포기한 것이 되므로 그 약정된 명도기일 이후의 점유는 적법한 권원 없는 점유가 된다고 한 것이 있다(대판 1980. 7. 22, 80다 1174). 이상과 같이 유치권자는 점유를 상실하면 곧 유치권을 상실하므로 유치권자로부터 점유를 승계한 자가 유치권자를 대위하여 유치권을 주장할 수는 없는 것이다(대판 1972. 5. 30, 72다 548). 한편, 채무자는 다른 상당한 담보를 제공하고 유치권의 소멸을 청구할 수 있다(민법 제327조).

2) 질권

질권에는 동산질권과 권리질권이 있다. 동산질권은 질권자(채권자)가 채권의 담보로 채무자 또는 제3자(물상보증인)가 제공한 동산을 점유(유치)하고, 그 동산에 대하여 다른 채권자보다 자기채권의 우선변제를 받을 수 있는 권리이다. 질권은 주로 동산에 해당되어 구체적인 내용은 생략한다. 질권에 대한 내용은 민법 제8장을 참조하기 바란다.

3) 저당권

저당권이라 함은 채무자 또는 제3자가 점유를 이전하지 아니하고 채무의 담보로 제공한 부동산에 대하여 다른 채권자보다 자기 채권의 우선변제를 받을 권리를 말한다(민법 제356조). 즉 채권자가 채무자로부터 채권담보를 위하여 목적물의 인도를 받지 아니하고, 따라서 목적물의 사용·수익은 채무자에게 맡기고, 채무의 변제가 없을 때 그 목적물로부터 우선변제를 받는 권리이다. 저당권의 특징으로는 저당권이 불필요한데, 질권과 달리 목적물을 채권자가 유치하지 않고 담보 제공자가 물건을 계속 사용 가능하기 때문에 점유가 불필요하며, 주로 부동산에 설정되지만 등록 가능한 동산이나 권리(지상권 또는 전세권 등)에도 가능하다는 특징이 있다. 경매 시에 다른 채권자보다 우선변제 가능한 우선변제권이 보장되며, 저당권은 채권자와 채무자 또는 물상보증인과의 사이의 계약에 의하여 설정되지만 등기를 하지 않으면 제3자에 대하여 그 저당권을 주장하지 못한다. 그리고 채권이 양도되면 저당권도 함께 이전될 수 있는 유동성이 유지될 수 있다는 특징이 있다.

민법은 근저당을 인정하고 있으며, 이것은 계속거래 등에서 발생하는 채권을 담보하기 위하여 담보물이 부담할 최고가액을 정하고 장래에 확정될 채권을 그 범위 내에서 담보하는 저당권이다. 최고액저당이라고도 한다. 즉 저당권은 그 담보할 채무의 최고액만을 정하고 채무의 확정을 장래에 유보하여 이를 설정할 수 있으며, 이 경우에는 그 확정될 때까지의 채무의 소멸 또는 이전의 저당권에 영향이 없다(민법 제357조).

표 3-1 담보물권의 비교

구분	유치권	질권	저당권
성립 방식	법률상 당연 성립 (법정 담보물권)	계약에 의해 설정 (약정 담보물권)	계약에 의해 설정 (등기 필요) (약정 담보물권)
목적물	동산, 유가증권	동산, 유가증권	부동산
점유 여부	계속 점유해야 함	계속 점유해야 함	점유 불필요
우선변제권	경매 후 우선변제권 인정	우선변제권 있음	우선변제권 있음

5. 점유권(占有權)

점유권(占有權)이란 개인이 물건을 사실상 지배하는 권리를 의미하며, 민법 제192조에서 그 개념을 규정하고 있다. 점유권은 물건을 사실상 지배하고 있는 상태 자체에 법적 효과를 부여하는 제도이다. 이에 따라 점유의 배경에 정당한 권리(본권)가 있는지에 대한 여부를 불문하고, 점유 그 자체를 보호한다. 점유자는 본권(소유권 등)이 없어도 일정한 법적 보호를 받을 수 있다. 점유권은 일반적인 물권(소유권, 저당권 등)과는 차이가 있는데, 다른 물권(소유권, 저당권 등)은 본권(법률상 권리)에 근거하여 인정된다. 그러나 점유권은 본권과 무관하게, 단순히 사실상 지배하는 상태 자체로 인정된다. 즉, 점유자가 본권을 가지고 있는지와 무관하게 점유 자체를 보호받는다. 점유권과 소유권은 반드시 일치하는 것이 아니며, 점유자는 소유자가 아닐 수도 있다.

점유권은 법적으로 보호받는데, 민법 제200조는 "점유자는 점유물에 대하여 행사하는 권리를 적법하게 가진 것으로 추정한다."고 규정하고 있다. 즉, 점유자가 점유하는 물건은 원칙적으로 정당한 권리에 의해 점유하고 있는 것으로 간주하며, 타인이 이를 부정하려면 점유자가 불법 점유하고 있음을 입증해야 한다.

점유권 제도의 목적은 사회의 질서와 평화를 유지하는 것이며, 만약 점유권이 보호되지 않으면, 강자의 힘에 의해 무분별한 점유 탈취가 발생할 위험이 있기 때문이다. 따라서 민법은 점유권을 보호하여, 무질서를 방지하고 분쟁을 사법적으로 해결하도록 유도하고 있다.

점유권은 점유자의 의사 및 법적 성격에 따라 자주점유와 타주점유로 구분되는데, 자신의 소유물이라고 생각하며 점유하는 경우를 자주점유(自主占有)라 하며, 타인의 소유물임을 인정하며 점유하는 경우 타주점유(他主占有)라 한다. 점유하고 있는 자는 원칙적으로 소유자로 간주되며, 소유권을 주장할 수 있다. 그러나 타인이 명확히 소유권을 증명하면, 점유자는 단순히 사용권을 가진 것으로 간주될 수 있다.

이와 같이 점유권은 단순한 사실상의 지배 상태에도 법적 효과를 부여하는 독립적인 권리이며, 점유권이 본권과 무관하게 보호되는 이유는 사회 질서와 평화를 유지하기 위함이다. 그리고 민법은 점유자의 권리를 우선적으로 인정하며, 점유자가 점유권을 적법하게 행사하는 것으로 추정한다.

6. 개별법상 의제물권

의제물권이란 민법상 물권은 아니지만, 개별 법률에서 일정한 권리를 물권처럼 다루어 그에 준하는 효력을 부여하는 권리를 말한다. 이 권리는 등기나 등록을 통해 공시되며, 제3자에 대해 대항할 수 있고 강한 배타성과 처분 가능성을 가진다. 대표적인 예로 광업권, 어업권, 공유수면매립권, 사회기반시설관리운영권 등이 있다.

1) 광업권

광업권은 「광업법」 제9의2에 따라 설정되며, 일정 지역 내 광물(예: 석탄, 철광석, 금, 은 등)의 탐사 및 채굴, 선광·제련 등을 포함한다. 탐사권과 채굴권으로 구분되며, 단순 허가가 아닌 독립된 재산권으로서 강한 배타성을 가진다.

광업권자는 타인의 방해를 배제할 수 있고, 이를 양도하거나 담보로 제공할 수 있다. 「광업법」에 따라 등기할 수 있고, 등기 시 제3자에 대항할 수 있어 실질적으로 물권처럼 기능하므로 의제물권으로 분류된다. 또한 광업권은 토지소유권과 별개의 권리이므로, 토지소유자의 동의 없이도 채굴이 가능하며, 필요시 사용권 설정이나 수용 절차를 통해 토지를 이용할 수 있다.

2) 어업권

어업권은 「수산업법」 제2조제9호에 따라 면허를 통해 수산동식물을 포획하거나 양식할 수 있는 권리이다. 단순한 허가가 아닌 법률상 인정된 재산권이며, 등기를 통해 제3자에 대항할 수 있다.

수산업법상 면허어업은 정치망어업과 마을어업으로 구분되며, 어업권은 지자체장의 면허로 부여된다. 수역(물)을 대상으로 하므로 육상 토지와는 직접 관련은 없으나, 해안 근처 양식의 경우 충돌이 발생할 수 있어 별도 사용 허가가 필요하다. 어업권은 공시성, 양도성, 배타성을 갖춘 권리로 실무적으로도 높은 재산적 가치를 가지며, 의제물권으로 분류된다.

3) 공유수면매립권

공유수면매립권은 「공유수면 관리 및 매립에 관한 법률」에 따라 바다나 하천 등의 국유 수면을 매립할 수 있는 권리이다. 이를 통해 수역을 육지화하여 토지를 취득하거나 사용할 수 있다.

매립에는 면허 신청, 착공, 공사, 준공검사, 지적 등록 및 등기 등의 절차가 수반된다. 매립권은 준공 전까지는 독립된 재산권으로서 등기 및 양도, 담보 제공이 가능하며, 준공 후에는 토지 소유권으로 전환된다. 따라서 공유수면매립권은 민법상 물권은 아니지만 준물권적 성격을 가지며, 물권과 유사하게 취급된다.

4) 사회기반시설관리운영권

사회기반시설관리운영권은 「사회기반시설에 대한 민간투자법」 제24조에 따라 민간사업자가 도로, 철도, 항만, 상하수도 등 공공시설을 일정 기간 운영하고 수익을 얻을 수 있는 권리이다. 이 권리는 실질적으로 용익물권과 유사한 성질을 가지며, 요금 징수, 시설 임대, 담보제공, 제3자양도가 가능하다. 민간이 공공시설을 효율적으로 운영하면서도 공공의 이익을 보장할 수 있도록 한 제도로, 공시성과 독점적 사용권 등의 특성으로 인해 의제물권으로 인정된다.

5) 항만시설관리권

항만시설관리권은 「항만법」에 따라 항만시설(선착장, 부두, 야드, 창고 등)을 일정 기간 민간 또는 특정 기관이 독점적으로 운영·관리할 수 있는 권리이다. 민간투자 방식(BTO, BTL 등)으로 건설된 경우, 해당 권리는 등기되어 제3자에 대항할 수 있고 재산적 권리로 인정되어 의제물권에 해당한다.

6) 철도시설관리권

「철도산업발전기본법」 제26조에 따라 철도시설(역사, 선로 등)을 운영하고 사용료를 징수할 수 있는 권리이다. 이 권리는 등록을 통해 공시되며, 독점적 사용 및 수익권이 인정된다. 민법상 물권으로 간주되며, 민간투자(BTO, BTL 등)를 통해 철도시설을 민간 또는 공공기관이 효율적으로 관리·운영할 수 있도록 설계되었다.

7) 농업시설관리권

농업시설관리권은 「한국농어촌공사 및 농지관리기금법」 등에 따라 저수지, 양수장, 관개시설 등 농업기반시설을 일정 기간 운영·관리할 수 있는 권리이다. 등기를 통해 제3자에 대항할 수 있으며, 민간 참여를 통해 효율적이고 지속 가능한 운영을 유도하는 제도로, 재산권적 성격을 가져 의제물권으로 분류된다.

제 2 절 토지소유권

| 2.1 | 토지소유권 개념의 정의

토지소유권이란 특정한 토지를 법적으로 소유하는 권리를 의미하며, 토지의 사용, 수익, 처분을 포함하는 완전한 권리이다. 즉, 토지소유권은 토지를 객체로 하여 그 토지의 사용가치와 교환가치를 전적으로 향유할 수 있는 완전 물권이다.

앞서 언급한 바와 같이 우리 민법 제211조에 "소유자는 법률의 범위 내에서 그 소유물을 사용, 수익, 처분할 권리가 있다"고 규정되어 있다. 이러한 토지소유권 개념 정의는 근대적 토지소유권에 근거하고 있다. 그러나 토지소유권의 개념 정의는 시대의 변화에 따라 많은 변화를 거쳤으며, 현재에도 다른 어떠한 재산에 대한 소유권보다 많은 변화가 발생하고 있다.

완전 물권으로서 토지소유권의 특성은 크게 다음 네 가지를 들 수 있다. 첫째, 자신의 토지를 독점적으로 이용할 수 있고, 타인의 간섭을 배제할 권리가 있는 배타성이 있다는 것이다. 둘째, 토지는 사라지지 않는 자원으로 소유권 또한 지속적으로 유지되는 영구성이 있다. 셋째, 토지소유권은 공공성이 있는데, 토지는 공익적 요소가 강하여 국가 및 지방자치단체가 공공목적을 위해 규제하거나 수용할 수 있다. 넷째, 도시계획, 개발사업 등으로 인해 토지의 이용 형태와 가치가 변동될 수 있는 가변성이 있다.

토지소유권 개념은 법체계에 따라 다르게 발전해 왔다. 특히 로마법(대륙법 체계)과 게르만법·영미법(보통법 체계, Common Law)의 토지소유권 개념은 근본적으로 차이가 있으며, 이는 현대 토지 법제에도 영향을 미치고 있다. 우리 민법상 토지소유권의 개념은 게르만·영미법보다는 로마법적 소유권 개념을 기반으로 하고 있다.

1. 로마법에서의 토지소유권

로마법은 절대적 소유권 개념을 기반으로 하며, 토지소유자는 배타적으로 토지를 사용·수익·처분할 권리를 가진다. 소유권은 개인에게 속하는 절대적인 권리로 인정되며, 국가나 공동체보다는 개인의 재산권을 보호하는 것이 원칙이었다.

로마법의 소유권 개념의 특징으로는 토지소유자는 완전한 지배권을 가지며, 타인의 간섭을 받지 않고 사용권, 수익권, 처분권 세 가지 권리를 포함하는 절대적 소유권 개념을 가지고 있다. 그리고 로마법에서는 물권과 채권을 명확히 구분하며, 소유권은 대표적인 물권으로 소유자가 완전한 권리를 가진다. 또한 토지소유권은 개인의 재산권으로 절대적으로 보호되며 국가가 함부로 간섭할 수 없지만, 공익을 위한 제한적 개입이 허용되기도 하였다. 토지소유권은 자유롭게 매매·증여·상속할 수 있으며, 계약을 통해 토지 권리가 이전될 수 있으며 법적 절차를 통해 보호된다.

로마법적 토지소유권의 영향으로 프랑스, 독일 등 대륙법 체계(민법 전통)의 기초가 되었으며, 우리나라 민법도 로마법적 절대적 소유권 개념을 기반으로 하고 있다.

2. 게르만·영미법에서의 토지소유권

게르만법과 영미법에서는 토지소유권은 개인의 절대적 권리가 아니라, 토지를 둘러싼 다양한 권리관계의 총체라고 본다. 소유자는 단순한 '지배자'가 아니라, 국가 또는 상위 소유권자의 승인 아래에서 토지를 사용하고 관리하는 존재로 인식되었다.

게르만·영미법에서는 토지는 왕(국가) 또는 영주가 궁극적인 소유자이며, 개인은 토지를 '보유(tenure)'하는 개념에 근거한다. 즉, 개인은 단순한 소유자가 아니라, 토지를 빌려 사용하는 권리를 가진다는 것인데, 예를 들면 중세 영국의 봉건제도에서 왕이 모든 토지를 소유하고, 귀족들에게 '봉토(fief)'를 제공하는 방식이다.

영미법에서는 소유권 대신 '토지이용권' 개념을 중심으로 토지 권리를 정의하고 있으며, 토지를 어떻게 소유하고 얼마나 오래 보유할 것인지에 따라 여러 종류의 권리가 존재한다. 대표적인 유형으로는 첫째, 완전한 토지소유권으로 가장 강력한 권리로, 개인이 영구적으로 토지를 소유하는 완전한 토지소유권, 둘째, 개인이 생존하는 동안만 토지를 이용가능한 생전 소유권, 특정기간 동안만 토지를 사용할 수 있는 임대권이 있다. 로마법과 달리 영미법에서는 토지소유권이 절대적이지 않고, 국가나 공공의 이익을 위해 규제될 수 있으며 토지세, 공공목적을 위한 토지 수용, 환경규제 등 공익적 제한이 많다.

토지 분쟁이나 소유권 문제는 법률 자체보다 법원의 판결을 통해 해결하고자 하는데, 법원이 사건별로 새로운 해석을 내리는 방식이다. 영국, 미국, 캐나다, 호주 등은 보통법 체계가 현재까지 지속되어 토지는 궁극적으로 국가의 소유이며, 개인은 사용권을 가진다는 개념이 남아 있다. 이러한 토지소유권 개념은 우리나라 토지 관련 법률(예: 공익사업을 위한 토지 수용)에도 일부 영향을 주었다.

| 2.2 | 토지소유권 개념의 변천

토지소유권은 역사적, 사회적, 경제적 변화에 따라 봉건적 토지소유권에서 근대적 토지소유권 그리고 현대적 토지소유권의 형태로 발전해 왔다.

1. 봉건적 토지소유권

토지소유권은 유목시대를 거쳐 농업혁명을 통해 사람들이 정착생활을 하면서 싹트기 시작하였다. 초기에는 택지만 사적 소유권이 인정되었고, 경작지는 촌락 주민 전체의 총유(總有)에 속하였다. 이후 고대 및 중세를 거치면서 토지 총유제는 무너지고 봉건적 토지소유권의 개념이 정착하게 되었는데, 봉건적 토지소유권 제도는 중세 유럽 및 동양 일부 국가에서 시행된 토지 소유 및 지배 체계이다.

봉건적 토지소유권 제도는 중세 유럽 및 동양 일부 국가에서 시행된 토지 소유 및 지배 체계로, 토지는 왕(국가) 또는 영주(귀족)가 소유하며, 토지에 대한 사용권이 계층별로 분배되는 방식이었다. 이 제도는 신분제와 정치·경제적 구조의 핵심 요소로 작용했다.

봉건적 토지소유권이 현대적 의미의 개인적·절대적 소유권이 아니라, 계층적·종속적 권리 관계로 형성되었다. 국왕(군주, 황제) → 영주(귀족, 제후, 봉건영주) → 기사 → 농민(농노, 소작농) 등으로 이어지는 위계적 구조 속에서 토지권이 나누어져 있었다.

봉건시대에는 국왕이 모든 토지에 대한 최고 소유권을 가진다는 개념이 강하게 자리 잡고 있었다. 국왕은 충성을 맹세한 귀족(제후나 봉건 영주)에게 토지를 봉토(封土)의 형태로 분배하였다. 영주는 국왕의 신하로서, 군역(병력 제공) 및 조세 납부 의무를 가지고, 영주는 국왕의 허락 없이 토지를 매매하거나 처분할 수 없었다. 영주는 자신의 봉토를 다시 하위 계층의 기사(소영주)나 지방 관리에게 분할하여 봉신 관계를 맺었는데, 하위 영주는 토지를 받는 대신 군사적 의무(기사로서 복무)를 수행해야 했으며, 이 과정에서 토지 사용권과 수익권이 계층별로 나누어진다. 영주는 자신의 영지(장원, Manor)를 관리하고, 농민들에게 경작할 수 있는 토지를 제공하였는데, 농민은 주어진 토지를 경작하지만, 소유권을 가질 수 없었다. 농민들은 지대(수확물의 일정량), 부역(노동력 제공), 세금을 영주에게 바쳐야 했다. 일부 자유 농민은 토지를 보유할 수 있었으나, 여전히 영주의 허가 없이 자유롭게 매매할 수 없었다. 한편 중세시대 교회는 거대한 토지소유자였으며, 영주들에게서 기부(헌납)받은 토지를 관리하였다. 수도원은 토지를 운영하면서 농노들을 관리하고, 수익을 얻었다. 교회 역시 국왕과 귀족의 영향을 받으며 독립적인 토지 권리를 가졌지만, 절대적 소유권은 아니었다.

우리나라도 왕조시대 토지소유권은 대다수 농민의 토지지배 관계가 언제나 권문세가나 지주의 예속 하에 있었으며, 농민과 국가 사이에는 보통 최소한

1인 이상의 상급 지배자가 있었다. 토지의 분급(分給)은 토지자체의 급여가 아니라 수조권의 이양이었고, 농민에게는 경작권으로 이해되었다.

봉건적 토지소유권은 여러 가지 문제점과 한계를 노정하였다. 첫째, 농민의 경제적 자유 제한이다. 농노는 토지를 경작하지만 수확물의 상당 부분을 영주에게 바쳐야 했고, 영주의 허가 없이 거주지 변경이 불가하여 이동의 자유가 없었다. 둘째, 토지의 생산성 저하이다. 토지가 귀족 계층의 권력 유지 수단으로 작용하면서, 적극적인 개발과 개량이 이루어지지 않았다. 그로 인해 농업 생산성이 낮고, 자급자족 경제에 머무르게 되었다. 셋째, 국가의 재정 불안정이다. 국왕이 직접 모든 토지를 관리하지 못하고, 영주들에게 위임했기 때문에 중앙집권적 국가 운영이 어려웠다. 영주들이 독자적인 세력을 구축하면서 왕권 약화의 원인이 되었다. 넷째, 군사력의 분산이다. 국왕이 직접 군대를 운영하는 것이 아니라, 영주들이 기사들을 제공하는 방식이었기 때문에, 전쟁 시 효율적인 군사 동원이 어려웠다.

15~17세기 절대왕정(프랑스, 영국, 스페인 등)이 강화되면서, 국왕이 봉건 영주의 세력을 약화시키게 되었다. 국왕이 직접 토지세를 거두고, 중앙집권적 행정체계를 구축하게 됨으로서 봉건적 토지소유권의 변화가 일어나게 되었다. 이와 함께 시민혁명과 개인적 소유권이 확립되고, 산업혁명과 시장경제 발전하면서 토지가 상품으로 거래되기 시작하면서 근대적 토지소유권 체계로 변화하게 되었다.

2. 근대적 토지소유권

근대적 토지소유권은 봉건시대 부담부 소유권에 비하여 개인이 토지를 자유롭게 소유하고, 사용·처분할 수 있는 절대적 사유재산권 개념을 기반으로 한다. 봉건적 토지소유권이 계층적·종속적 권리관계였던 것과 달리, 근대적 토지소유권은 개인의 재산권 보호와 시장경제 원칙을 강조하는 체계이다.

근대적 소유권은 봉건적 토지소유권의 한계와 시민혁명과 자유주의 사상의 발전, 산업혁명과 시장경제의 발전, 근대 민법의 정립 등으로 인하여 토지소유권의 변화를 가져오게 되었다. 앞서 언급한 바와 같이 토지가 국왕과 영주의 권력 기반이었고 농민은 소유권 없이 경작만 가능하였으며, 토지가 자유롭게 거래되지 않아 경제 발전이 지연되는 봉건적 토지소유권의 한계가 있었다.

1688년 영국의 의회민주주의 출발의 시발점이 된 명예혁명을 시작하여 미국의 독립혁명(1776), 프랑스혁명(1789) 등을 통해 "모든 국민은 자유롭고 평등한 권리를 가진다"는 자유주의 사상이 17~18세기를 거치면서 확산되었다. 이를 통해 토지에 대한 개인의 재산권 보호가 강조되며, 근대적 민법이 확립되게 되었다. 18~19세기에는 산업혁명과 시장경제가 발전하게 되었는데, 산업화가 진행되면서 토지가 생산 요소의 하나로 활용되었다. 도시화가 가속화되며 부동산 시장이 형성되고, 토지가 상품으로 거래되기 시작하였다. 자본주의 경제 체제에서 토지가 자유로운 매매·상속이 가능한 자산이 되었다.

미국 독립운동의 기초가 되고 자연권(천부인권)과 재산권 보호를 강조한 버지니아 권리장전(1776)은 제1조에서 "모든 사람은 태어날 때부터 자유롭고 독립하고 있는 일정한 진리를 가진다." 그리고 제16조에서는 "모든 사람은 재산을 소유할 권리를 가진다."고 선언하였다. 이는 천부인권 사상과 자연법사상에 근거하여 모든 인간이 태어날 때부터 자유롭고 독립적인 존재라는 점을 강조하는 것이다. 인간의 기본적인 권리는 자연적이며, 신으로부터 부여받은 것으로 간주된다. 즉, 인간의 자유와 평등은 정부나 특정 권력에 의해 부여된 것이 아니라, 태어나면서부터 존재하는 권리이다. 그 권리란 재산을 취득·소유하고 행복과 안녕을 추구·획득 하는 수단을 수반해서 생명과 자유를 향유하는 권리라는 것이다.

미국 독립선언(1776)에서는 영국의 식민지 지배에 맞서 독립을 선언하면서 자유와 소유권 보호를 강조하였는데, "모든 인간은 평등하게 창조되었으며, 생명, 자유, 그리고 행복을 추구할 권리를 갖는다."라고 하였다. 미국 수정헌법(1791) 제5조는 "누구든지 법률이 정한 적법한 절차 없이 생명, 자유 또는 재산을 박탈당하지 않으며, 공공의 필요를 위해 사유재산이 수용될 경우 정당한 보상이 없이 이루어져서는 안 된다."고 규정하고 있다. 미국 독립선언과 수정헌법 제5조에서 강조된 재산권 보호는 민주주의와 시장경제의 근본적인 원칙으로 자리 잡았으며, 이는 시민사회 형성 과정에서도 핵심적인 역할을 했다.

독립선언에서 언급된 “생명, 자유, 행복을 추구할 권리”는 개인의 자유와 소유권을 포함하며, 이는 근대 시민사회가 봉건적인 지배로부터 벗어나기 위한 중요한 요소였다. 특히, 수정헌법 제5조는 재산권 보호를 법적으로 명확히 규정함으로써 국가 권력이 개인의 재산을 함부로 침해하지 못하도록 하고 있다. “적법한 법적 절차 없이 재산을 박탈할 수 없다.”는 조항은 법치주의 원칙을 강화하며, 공공목적을 위한 재산 수용 시에도 ‘정당한 보상’을 요구함으로써 개인 재산권의 절대성을 보장하고 있다. 이는 단순히 재산을 보호하는 것을 넘어 자유로운 경제 활동과 자본주의 발전의 기반이 되었으며, 시민혁명의 본질적인 요소로 작용했다. 즉, 시민사회의 성립과 발전 과정에서 소유권 보장은 곧 생활 보장을 의미했고, 이는 봉건적 질서로부터의 해방을 위한 필수적인 요소이다. 이러한 역사적 맥락에서 재산권 보호는 단순한 경제적 권리가 아니라, 정치적 자유와 민주주의 발전을 위한 핵심적인 요소로 작용했다고 볼 수 있다.

프랑스 인권선언(1789) 제1조에는 “인간은 자유롭고 평등한 권리를 가지고 태어나며, 그렇게 유지된다.”, 제17조에서는 “소유권은 신성 불가침한 권리이다. 공공의 필요에 따라 법률이 정한 경우에 한하여 정당한 보상을 전제로 소유권이 제한될 수 있다.”고 선언하고 있다. 이는 모든 인간의 자유와 평등, 재산권 보호를 법적으로 명문화하였다는 데 의의가 있다. 한편 프랑스 민법(나폴레옹 법전, 1804년)에서는 “소유자는 법률의 범위 내에서 그 소유물을 사용하고 처분할 권리를 가진다.”라고 규정함으로서 개인의 재산권을 절대적으로 보장하면서도, 법률에 의해 제한할 수 있는 여지를 남기고 있다. 그리고 독일 민법(1900), 대한민국 민법(1958)에서도 개인이 소유한 토지를 자유롭게 처분할 수 있도록 법적으로 보장하고 있다.

이와 함께 근대적 토지소유권이 성립하는 과정에서 중요한 역할을 한 요소로는 계몽사상과 자연법사상 그리고 로마법의 계수(繼受)가 있다. 로마법에서 토지소유권은 전면적·포괄적 지배권을 의미하며, 이는 사용·수익·처분의 권능을 포함하는 완전한 권리로 인식되었다. 이러한 개념이 근대적 토지소유권의 법이론을 구성하는 데 큰 영향을 미쳤다. 근대적 토지소유권의 특징은 자유로운 사적 소유권의 전제 하에 일물일권주의 원칙에 따라 유일한 소유자의 전면적·독점적 지배를 실현하고, 정치적·공동체적 부담에서 해방됨으로써 토지를 순수한 물적 가치의 대상으로 파악하였다. 이를 통해 근대적 토지소유권은 추상성(토지의 특정 용도와 관계없이 소유권을 인정), 절대성(다른 권리에 의해 제한받지 않음), 무제한성(법적으로 제한되지 않는 한 자유롭게 처분 가능), 포괄성(토지에서 발생하는 모든 경제적 이익 포함), 탄력성 (소유자가 원하는 경우 소유권을 제한하거나 회복 가능), 항구성(시간의 경과와 무관하게 소유권이 유지됨)을 가지고 있는 것이 특징이다.

한편, 이와 함께 근대적 토지소유권은 토지 독점과 불평등 심화, 토지 투기 및 불로소득 문제, 공공복리 부족 그리고 이로 인한 국가의 개입 필요성 증대라는 문제점을 노정하였다. 즉, 자본주의의 발달에 따라 부유층이 대규모 토지를 소유하며, 지주-소작제가 형성되고, 토지를 가진 자와 가지지 못한 자 사이의 경제적 격차가 확대되었다. 그리고 토지가 재산 증식의 수단이 되면서 투기가 심화되었고, 일부 계층이 지대 상승을 통해 불로소득을 얻는 구조가 발생하였다. 그리고 이로 인해 부동산 가격이 폭등하는 사회적 불안정을 초래하였다. 그리고 개인의 토지소유권이 절대적으로 보호되면서, 국가가 공익사업을 추진할 때 토지 수용이 어려워서 공공 인프라(도로, 철도, 공원 등) 조성이 어렵게 되었다. 또한 시장경제 원리에 따라 토지가 자유롭게 거래되었으나, 사회적 문제 발생으로 인해 공공복리를 위한 정부의 개입 필요성이 증대되었다.

근대적 토지소유권은 개인의 자유와 시장경제 발전에 기여했지만, 불평등·투기·공공복리 부족 등의 문제를 초래하였다. 이러한 문제를 해결하기 위해 현대적 토지소유권 개념이 등장하여, 공공성을 강화하고 국가의 개입을 확대하는 방향으로 변화하였다. 즉, 근대적 토지소유권은 '개인의 절대적 소유권' 강조하였으나, 그 한계를 극복하기 위해 현대적 개념으로 발전하게 된 것이다.

3. 현대적 토지소유권

현대적 토지소유권은 개인의 사유재산권을 인정하면서도 공공복리를 위해 국가의 개입과 규제를 강화하는 개념이다. 이는 근대적 토지소유권이 개인의 절대적 소유권을 강조했던 것과 대비되며, 토지의 공공성과 사회적 역할을 고려하여 국가의 계획적 개입을 허용하는 방향으로 발전하였다.

19세기 말, 산업자본주의가 고도화되면서 근대적 토지소유권은 사회적·경제적 강자에게 유리하게 작용하여, 도시 노동자와 소작농의 생활이익을 압박하는 결과를 초래하였다. 즉, 자유로운 소유권 원칙이 오히려 강자의 착취를 정당화하고 빈부격차를 심화하는 구조로 변질되었다.

현대적 토지소유권의 개념은 근대적 토지소유권의 문제점을 인식하면서 등장하였다. 즉, 자본주의 체제하에서는 소유권의 절대적 보호가 빈부격차를 심화하고 사회적 불평등을 조장하였다. 토지를 소유한 자본가와 무산 계층(도시 노동자, 농민) 간의 경제적 격차가 확대되었는데, 토지는 생산과 생활의 기반이므로, 공공성이 강조될 필요성이 증가하였다. 이와 함께 사회적 양심과 국가 개입의 필요성도 현대적 토지소유권으로 변화를 이끌었다. 근대적 개인주의와 자유주의 법사상이 수정되면서, 사회 본위의 단체주의적 법사상이 등장하였다. 모든 인간이 인간다운 생활을 향유하기 위해 토지소유권의 사회화 사상이 대두되고, 소유권의 사회화 사상 즉, 상린관계, 권리남용금지, 신의성실의 법리 등이 강조되었다[1].

독일 바이마르헌법(1919년 제정) 제153조에 "소유권은 헌법에 의해 보장된다. 그 내용과 한계는 법률로 명시한다."고 규정하였으며, 제155조에는 "토지의 분배 및 이용은 남용을 방지하도록 국가에 의해 감시되며, 공공의 이익을 위해 국가가 개입할 수 있다."고 규정함으로써 토지소유권을 공공복리에 부합하도록 제한하는 법적 근거를 마련하였다. 1949년 제정한 독일 기본법(Bonn 기본법) 제14조제1항에 "소유권은 보장된다. 내용과 한계는 법률에 의하여 정하여진다."고 규정하고, 제2항에서는 "소유권은 의무를 수반한다. 그 행사는 동시에 공공복리에 봉사하여야 한다."고 정하였다. 그리고 제15조에서 "토지는 사회화의 목적을 위하여 공유재산 또는 다른 공공복리로 전환될 수 있다."고 공공성을 강조하였다.

우리나라도 제헌헌법(1948년)부터 현재까지 토지소유권을 재산권의 일부로

1) 박정수, 공공복리와 재산권의 조화, 한국법제연구원, 2019.

인정하면서도 공공복리를 위해 제한할 수 있도록 규정하고 있다. 헌법 제23조는 "모든 국민의 재산권은 보장된다. 그 내용과 한계는 법률로 정한다. 재산권의 행사는 공공복리에 적합하도록 하여야 한다."고 정하고 있다. 또한, 민법(1958년 제정) 제2조에서 "권리의 행사와 의무의 이행은 신의에 따라 성실히 하여야 한다. 권리는 남용하지 못한다."라고, 제211조는 "소유자는 법률의 범위 내에서 그 소유물을 사용·수익·처분할 권리가 있다."고 규정하여 구 민법에서의 "자유로"라는 표현을 삭제하였다. 즉, 소유권의 사회적 구속성을 반영한 법 개정이 이루어지게 되었다[2].

현대적 토지소유권의 특징과 사회적 의미를 살펴보면 다음과 같다. 첫째, 토지소유권의 공공성 강화이다. 토지는 단순한 사유재산이 아니라, 사회적 자원으로서 공익적 성격을 가진다. 따라서 국가는 도시계획, 환경보호, 주택정책 등 공공복리를 위해 토지이용을 제한할 수 있다. 둘째, 토지이용의 계획적 규제를 도입하였다. 「국토계획법」에 따라 토지에 대한 용도지역, 지구, 구역 등을 지정하고, 환경보호 및 지속 가능한 개발을 위해 규제 가능하게 하였다. 셋째, 소유권의 사회적 책임을 강조하였다. 단순히 토지를 소유하는 것이 아니라, 부동산 정책과 토지세제 등을 활용하여 사회에 기여해야 할 의무를 부과하였다. 넷째, 공익사업(도로, 철도, 공공시설) 등을 위해 국가가 토지를 강제 수용할 수 있도록 함으로써 국가의 토지 수용 및 재분배를 가능하게 하였다.

이처럼 현대적 토지소유권은 근대적 개인주의적 재산권 개념을 수정하여, 공공복리를 고려한 사회적 책임을 강조하는 방향으로 발전하였다. 즉, 국가가 토지이용을 계획적으로 관리하고, 환경보호 및 사회적 형평성을 고려한 토지정책을 시행할 법적 근거를 마련한 것이다. 그러나, 국가 개입이 과도할 경우 개인의 재산권이 침해될 우려가 있어, 법적·정책적 균형이 필요하다. 미래에는 디지털 토지자산, 가상공간 내 재산권 등 새로운 토지 개념이 등장하면서 현대적 토지소유권의 범위가 더욱 확장될 가능성이 있다.

---

2) 박준형, 대한민국 헌법과 재산권 규제, 한국헌법학회, 2021.

제 3 절 토지소유권에 대한 제한

토지소유권은 근대 법체계에서 절대적이고 불가침하며 자유로운 권리로 인정되었으며, 토지이용권보다 우월한 지위를 가졌다. 그러나 현대사회로 발전하면서 이러한 속성들은 점차 제한을 받게 되었다. 특히, 공공의 이익을 위한 규제가 강화되면서 토지소유권의 불가침성은 더 이상 절대적으로 유지될 수 없게 되었다.

토지소유권에 대한 제한은 주로 토지이용의 측면에서 시작되었다. 초기에는 이웃 간의 권리와 의무를 조정하는 상린관계로 제한이 이루어졌으나, 이후 권리남용금지 원칙이 도입되면서 더욱 구체적인 규제가 필요해졌다. 현재는 국가가 적극적으로 개입하여 토지이용을 공익적 목적에 맞게 조정하고 있으며, 이에 따라 토지소유권의 일부가 국가로 이전되는 경우도 발생하고 있다. 우리나라에서도 토지소유권의 공개념이 도입되어 개인의 토지이용 자유는 공공복리를 우선하는 범위 내에서만 인정되고 있다.

근대 민법은 소유권 중심주의를 기반으로 하여 소유자가 절대적인 지배권을 가지도록 하였다. 그러나 현대에는 인간의 생존권을 보장하기 위해 이용권 중심주의로 전환해야 한다는 주장이 제기되었고, 이에 따라 소유권의 우월성이 점차 제한받고 있다. 우리나라에서도 주택임대차보호법과 농지법 등을 통해 생산과 생활을 위한 토지이용권이 보장되고 있으며, 토지소유권은 점차 후퇴하는 경향을 보인다.

토지소유권 제한은 법적 형식, 제한 방식, 제한되는 권능 등에 따라 다양한 형태로 나타난다. 법적 형식에 따라 사법상 제한과 공법상 제한으로 나뉘며, 사법상 제한은 개인 간의 계약에 의해 이루어지는 반면, 공법상 제한은 국가나 지방자치단체가 법률을 통해 공익을 목적으로 설정하는 것이다. 또한, 제한 방식에 따라 법률에 의해 직접 규정되는 경우와 법령 해석이나 판례를 통해 이루어지는 경우로 구분된다.

토지소유권 제한의 구체적인 유형을 살펴보면, 소유권의 특정 권능이 제한되는 방식으로 이루어진다. 소유(취득)의 제한은 외국인의 토지 취득 제한과 같이 특정 주체가 토지를 소유하거나 취득하는 것을 금지하는 방식이다. 사용(이용)의 제한은 용도지역제나 개발제한구역 지정과 같이 토지의 이용 방식을 규제하는 형태로 나타난다. 수익의 제한은 농지법에 따른 임대 제한처럼 토지에서 발생하는 수익을 제한하는 것이며, 처분의 제한은 공공용지 강제 수용이나 토지거래허가제 등으로 토지의 매매, 증여, 상속 등을 규제하는 방식이다.

결과적으로, 근대적 개념에서 절대적인 권리로 여겨졌던 토지소유권은 점차 공익을 위한 제한을 받으며 변화해 왔다. 오늘날에는 국가의 적극적인 개입과 법적 규제를 통해 토지이용의 공공성을 강화하는 방향으로 나아가고 있으며, 이에 따라 토지소유권은 단순한 개인의 재산권이 아니라 사회적 역할과 공익적 기능을 고려해야 하는 개념으로 자리 잡고 있다.

| 3.1 | 토지 취득에 대한 제한

우리나라에서는 토지의 효율적인 이용과 부동산 투기 방지, 그리고 국민의 주거생활 안정 등을 목적으로 토지취득에 대한 여러 가지 법적 제한을 두고 있다. 이러한 제한은 크게 공공성이 강한 토지의 개인 취득 제한, 토지의 취득 가능 면적 제한, 그리고 소유권 취득 방법상의 제한으로 구분할 수 있다.

1. 토지의 양적 소유 상한제

1) 택지소유상한제

과거 우리나라에서는 택지 소유의 집중을 방지하고, 주거용 택지의 원활한 공급을 유도하기 위하여 「택지소유상한에 관한 법률」(1989년 12월 30일 제정, 법률 제4174호)을 시행하였다. 이 법률에 따르면 개인이 소유할 수 있는 택지 면적의 상한을 200평(약 660㎡)으로 제한하였으며, 이를 초과하는 소유를 금지하였다.

그러나 이러한 규제는 국민의 재산권을 과도하게 침해한다는 지적을 받았다. 특히, 헌법재판소는 단순히 부동산 투기 목적이 아닌 개인의 주거 목적으로 소유한 토지까지도 일률적으로 상한을 적용하는 것은 헌법상 재산권을 지나치게 제한하는 것으로 판단하였고, 결국 해당 법률은 1998년 9월 19일 폐지되었다(법률 제5571호). 이와 함께, 폐지된 법률은 경과규정을 두어 기존에 택지를 소유한 개인에게도 동일한 제한을 적용하였으며, 이에 따라 10년이 지나면 부과율이 100%에 도달하는 부담금(택지가격의 4%~11%)을 매년 부과하도록 하였다. 이에 대해 헌법재판소는 토지 재산권을 사실상 몰수하는 효과를 가지는 것으로 판단하여 위헌 결정을 내렸다(헌법재판소 1999.4.29. 선고 94헌바37결정).

2) 농지소유 제한

농지는 국가의 식량 공급 기반이자 국토 환경 보전의 중요한 요소로서, 투기의 대상이 되어서는 안 된다는 원칙 아래 소유 및 이용이 제한된다. 이러한 취지에서 정부는 기존의 농지 관련 법률을 통합하여 「농지법」(1994년 제정, 법률 제4817호)을 시행하였다.

농지법 제3조는 농지는 농업경영을 목적으로 이용하는 자만이 소유할 수 있으며, 농업과 무관한 목적의 소유를 원칙적으로 금지하고 있다. 다만, ① 농업기술개발을 위한 시험·연구를 수행하는 자, ② 종묘 및 농업 기자재를 생산하는 자, ③ 농지전용 허가를 받은 자에 대해서는 예외적으로 농지 소유가 허용된다.

또한, 농업진흥지역 내의 농지는 농업 규모 확대를 위해 소유 제한이 폐지되었으나, 농업진흥지역 밖의 농지는 투기 목적의 소유를 방지하기 위해 소유 상한이 유지되고 있다(농지법 제7조). 이에 따라 농지를 취득하고자 하는 자는 농지취득자격증명을 발급받아야 한다(농지법 제8조).

3) 기타 토지 소유 상한제

산업단지 조성과 공업발전을 위한 공장용지의 적정 관리를 위해 「공업배치 및 공장설립에 관한 법률」(1990년 제정, 법률 제4212호)이 시행되었다. 이 법은 불필요한 공장용지의 과다 소유를 방지하기 위해 제조업종별로 기준 공장면적율을 설정하고, 해당 기준에 맞춰 공장 부지를 소유하도록 제한하고 있다(제8조제1항). 또한, 묘지의 과다 소유를 방지하기 위해 「매장 및 묘지에 관한 법률」에 따라 묘지 소유 면적이 제한된다.

2. 공용수용 및 손실보상

공공사업을 위해 필요한 토지는 국가, 지방자치단체 또는 공공기관이 수용하거나 협의매수를 통해 취득할 수 있으며, 이를 공용취득이라 한다. 이 과정에서 토지소유자 및 이해관계인에게 적절한 손실보상이 이루어져야 한다.

공용취득은 사유재산권 박탈과 공익·사익의 충돌을 수반하며, 이는 금전적 보상을 통해 조정된다. 과거에는 강제적인 토지수용이 일반적이었으나, 현재는 협의매수 방식이 점차 확대되고 있다. 기존의 「토지수용법」[3]과 「공공용지의 취득 및 손실보상에 관한 특례법」[4]이 2002년 「토지보상법」로 통합되면서 손실보상 절차가 체계화되었다.

최근 공익사업의 범위가 확대되면서 사적 목적의 토지수용까지 허용되는 경향을 보인다. 「토지보상법」 제4조는 주택 건설 및 택지 조성사업까지 공익사업으로 인정하여, 사기업이 직접 기업자가 아니더라도 공공기관을 통해 토지를 확보하는 방식이 가능해졌다. 이는 공익이 사익을 압도하는 문제를 야기할 수 있다.

또한, 공공사업 시행 시 초과수용의 허용 여부가 논의되고 있다. 원칙적으로 공용취득은 최소한의 토지만을 대상으로 하지만, 개발로 인해 지가 상승이 예상되는 경우 향후 필요성에 대비해 미리 토지를 확보해야 한다는 주장도 제기된다. 그러나 현재 법률상 초과수용은 허용되지 않으며, 잔여지 수용청구권만 인정된다. 다만 실무적으로는 사업 인정을 받을 때 취득 대상 토지의 범위를 넓게 설정하는 방식으로 초과수용이 이루어지는 경우도 있다.

공용취득에서 가장 중요한 쟁점은 손실보상이다. 우리 헌법 제23조제3항은 "공공필요에 의한 재산권의 수용·사용 또는 제한은 법률로써 하되, 정당한 보상을 지급하여야 한다"라고 규정하고 있으며, 이는 정당보상설을 따르는 것으로 해석할 수 있다.

그러나 논란이 되는 부분은 개발이익이 손실보상에서 제외된다는 점이다.

---

3) 제정 1962. 1. 15 법률 제965호, 폐지 2002. 2. 4 법률 제6656호 「공익사업을 위한 토지 등의 취득 및 손실보상에 관한 법률」로 전환됨
4) 제정 1975. 12. 31 법률 제2847호, 폐지 2002. 2. 4 법률 제6656호 「공익사업을 위한 토지 등의 취득 및 손실보상에 관한 법률」로 전환됨

개발이익은 토지소유자의 직접적 투자로 발생한 것이 아니므로 보상 대상에서 제외되지만, 주변 토지소유자는 개발이익을 향유하는 반면, 수용된 토지의 소유자는 이익을 얻지 못하는 문제가 발생한다. 이는 형평성 논란과 민원을 초래할 수 있다.

이상적인 손실보상의 방향은 수용된 토지의 보상금으로 기존과 유사한 수준의 토지를 다시 취득할 수 있도록 조정하는 것이다. 즉, 수용 전과 유사한 생활 수준을 유지할 수 있는 수준에서 보상이 이루어져야 한다. 이를 통해 공익과 사익의 균형을 맞추는 것이 필요할 것이다.

3. 토지소유권 취득 방법의 제한

1) 명의신탁의 법적 규제

우리나라에서는 부동산 명의신탁(타인의 명의로 부동산을 등기하는 행위)이 오랫동안 성행해 왔다. 이는 조세 회피, 부동산 투기, 법적 제한 회피 등의 목적으로 악용될 가능성이 크다는 사회적 문제가 지속적으로 제기되었다. 이에 따라 정부는 명의신탁을 실효적으로 금지하기 위해 「부동산 등기 특별조치법」(1990년 제정, 법률 제4244호)을 시행하였다.

동 법률 제7조제1항은 조세부과 회피, 전매차익 획득, 법령상의 제한 회피를 목적으로 하는 명의신탁을 금지하고, 이를 위반하는 경우 3년 이하의 징역 또는 1억 원 이하의 벌금에 처하도록 규정하였다. 그러나 당시 대법원은 이 법이 명의신탁의 사법적 효력까지 무효로 하는 것은 아니라고 해석하였으며, 이에 따라 명의신탁 자체는 지속적으로 유지되었다.

2) 부동산실명제 시행

1995년 「부동산 실권리자 명의 등기에 관한 법률」(법률 제4944호)이 제정됨으로써 부동산 명의신탁은 전면적으로 금지되었다. 이 법률은 다음과 같은 핵심 내용을 포함하고 있다. 명의신탁은 원칙적으로 무효로 하며, 장기 미등기 부동산도 명의신탁에 준하여 규제하고, 기존 명의신탁 부동산은 실권리자 명의로 등기하도록 강제하며, 부동산 양도담보의 내용을 공시하도록 의무화하였다. 이와 함께, 명의신탁을 한 자에게 형사처벌과 행정적 불이익(과징금 부과)을 부과하여 명의신탁을 사실상 불가능하게 하였다. 이를 통해 토지소유권에 대한 제한을 보다 강력하게 시행하게 되었다.

이와 같이 우리나라에서는 택지, 농지, 공장용지 등 특정 용도의 토지 소유에 대해 일정한 제한을 두어 부동산 투기를 방지하고, 국민의 주거안정을 도모하며, 농업 생산성을 유지하고자 한다. 또한, 부동산 거래의 투명성을 확보하기 위해 명의신탁을 금지하고, 이를 위반하는 경우 강력한 법적제재를 가하고 있다. 이러한 법적 제한은 국민의 재산권과 공공의 이익 사이에서 균형을 유지하기 위한 조치로, 향후 경제 및 사회적 변화에 따라 지속적인 보완과 개정이 이루어질 것으로 예상된다.

| 3.2 | 토지이용에 대한 규제

1. 용도지역지구제

용도지역지구제란 토지를 지역, 지구, 구역 또는 권역 등으로 나누어 각각의 지역지구 내에서 토지의 용도를 지정하여 그 성질에 따른 지정목적에 맞도록 이용하게 함으로써 토지를 효율적으로 이용하고자 하는 제도로, 토지이용규제의 가장 일반적인 방법이다. 우리나라에는 2025년 현재 70여개의 법률에 의하여 250개가 넘는 용도지역지구가 지정되어 있다. 용도지역지구는 먼저 국토기본법에 의하여 수립된 국토종합개발계획을 실천하기 위하여 「국토계획법」에 의하여 지역지구가 지정된다. 그 외에 특별법에 의해서도 지역지구가 지정된다. 각 용도지역지구마다 구체적인 사용제한의 내용은 당해 용도지역지구를 지정할 수 있는 근거법률에서 규정하고 있고, 건축가능구역에 대하여는 건축법에서도 제한내용을 규정한다.

용도지구지역의 지정은 전 국토에 대하여는 토지이용심의회의 심의를 거쳐 국토교통부장관이 행하고, 도시지역에 대하여는 중앙도시계획심의회의 심의를 거쳐 역시 국토교통부장관이 행한다. 이러한 용도지역지구제는 미리 허용되는 용도와 금지되는 용도를 규정해 놓기 때문에 사정의 변화에 따라서 적절히 유효하게 이용할 수 있는 탄력성이 결여되어 있다는 것이 단점으로 지적된다.

가장 관심을 끄는 것 중의 하나가 이른바 그린벨트(Green Belt)로 알려진 개발제한구역에 관한 것이다. 국토교통부장관은 도시의 무질서한 확산을 방지하고 도시주변의 자연환경을 보전하여 도시민의 건전한 생활환경을 확보하기 위하여 또는 국방부장관의 요청이 있어 보안상 도시의 개발을 제한할 필요가 있다고 인정되는 때에는 도시개발을 제한할 구역을 지정하거나 도시관리계획으로 이를 결정할 수 있다(제21조제1항). 개발제한구역 안에서는 그 구역지정의 목적에 위배되는 건축물의 건축, 공작물의 설치, 토지의 형질변경, 토지면적의 분할 또는 도시계획사업의 시행을 할 수 없다(같은 조제2항). 따라서 개발제한구역 안에서는 재산권의 행사에 제한이 가해지기 때문에 대표적인 공용제한에 해당한다.

2. 유휴지 제도

구「국토이용관리법」제21조의10 내지 제21조의13(1999. 2. 8. 삭제)은 대상토지의 소유자에 대하여 적극적인 이용·개발 의무를 부과하여 특히 궁극적인 지가상승을 노린 토지의 투기적 거래 및 그 지가 상승까지의 방치 상태를 방지하고 토지의 효율적 이용을 도모하기 위한 목적에서 유휴지 제도를 규정하였다. 즉 시장·군수 또는 구청장은 관할구역 안의 토지가 법소정의 유휴지에 해당된다고 인정하는 때에는 미리 그 소유자(당해 토지에 대한 지상권 기타의 권리를 가진 자를 포함)에게 통지한 후, 국토이용계획심의회의 심의를 거쳐 당해 토지가 유휴지임을 결정할 수 있고, 그 경우에는 이를 그 소유자에게 통지하도록 하였다.

3. 대리 경작 제한 등

지력의 증진이나 토양의 개량·보전을 위하여 필요한 기간동안 휴경하는 농지, 연작으로 인하여 피해가 예상되는 작목의 경작 또는 재배전후에 지력의 증진 또는 회복을 위하여 필요한 기간동안 휴경하는 농지, 농지전용허가를 받거나 농지전용협의농지 등을 유휴농지라 하고, 이러한 유휴농지에 대하여는 시장·군수 또는 구청장이 당해 농지의 소유권 또는 임차권을 가진 자에 갈음하여 농작물을 경작할 자, 즉 대리경작자를 지정할 수 있다고 규정한다. 대리

경작기간은 따로 정함이 없는 한 1년이고, 대리경작자는 수확량의 100분의 10을 농림부령이 정하는 바에 의하여 당해 농지의 소유권 또는 임차권을 가진 자에게 토지사용료로 지급하여야 한다(「농지법」 제19조, 같은 법 시행령 제19조 및 제20조). 유휴농지의 이용, 산지의 조림, 유휴토지에 대한 초지조성 등은 원칙적으로 그 토지의 소유자가 스스로 하여야 하지만, 소유자가 스스로 토지를 이용하지 않고 유휴토지로 방치하는 경우에는 행정관청이 행정명령에 의하여 제3자로 하여금 이용케 하는 제도로서 토지를 용도에 적합하게 이용하도록 하는 적극적인 방식이다. 이는 토지이용을 촉진하는 제도이면서 동시에 토지소유권에서 중대한 사용제한으로 기능하게 된다.

| 3.3 | 토지개발에 대한 제한

토지는 중요한 공공자원으로, 그 이용은 개인의 이익뿐만 아니라 사회 전체의 공익과도 밀접하게 관련되어 있다. 따라서 토지개발을 단순히 토지소유자의 개인 의사에만 맡겨둘 수 없으며, 일정한 공적 규제와 통제가 필요하다. 만약 토지소유자의 자유의사에 따라 무분별하게 개발이 이루어진다면, 이는 도시의 무질서한 확산과 환경파괴, 기반시설 부족, 교통 혼잡 등 여러 문제를 초래할 수 있다. 이러한 이유로 토지개발 과정에서는 공공의 적극적인 개입과 관리가 필수적이다.

현행 제도 하에서는 거의 모든 토지개발 행위가 공공의 허가 또는 인가를 받아야 하며, 이는 개발 초기부터 엄격한 규제를 동반한다. 예를 들어, 건축허가나 개발행위허가뿐만 아니라 도시개발사업, 주거환경개선사업, 재개발사업, 재건축사업 등 각종 사업들은 모두 공공의 규제 체계 속에서 이루어진다. 이러한 규제를 통해 국가는 토지이용의 효율성과 공공성을 동시에 확보하려 하고 있다.

특히, 개발권을 국가가 분리·공유화하는 제도를 채택하고 있는 나라에서는 토지개발이 국가로부터 개발권을 매입하는 방식으로만 가능하다. 즉, 개발권은 더 이상 토지소유자에게 자동적으로 귀속되는 권리가 아니며, 공공의 관리 아래 놓이게 된다. 이처럼 개발과 관련된 권한이 공공적으로 관리되면, 개발에 따른 지가 상승으로 인한 개발이익 역시 공공이 일정 부분 환수하는 것이 원칙이다. 이는 개발로 인해 발생하는 이익이 소수에게 독점되는 것을 방지하고, 사회 전체가 그 혜택을 함께 누릴 수 있도록 하기 위한 조치이다.

1. 공영개발방식

개발이익을 효율적으로 환수하는 방법 중 하나로 공영개발 방식이 있다. 공영개발은 국가 또는 공공기관이 개발 예정 지역의 토지를 수용하거나 협의하여 매수한 후, 직접 개발을 수행하고 완성된 토지를 재양도하는 방식이다. 이 방식은 대규모 개발에 적합하며, 개발이익을 원천적으로 환수할 수 있는 강점을 지닌다. 하지만 막대한 재정이 필요하고, 수용이나 환수 대상이 되는 토지 소유자들의 반발과 민원이 심각한 문제로 제기되기도 한다. 따라서 공영개발만으로는 현실적인 한계가 존재한다.

이러한 문제점을 보완하고자 등장한 것이 바로 합동개발 방식이다. 이는 토지소유자와 공공 또는 민간의 개발업자가 공동으로 개발사업에 참여하여, 개발이익과 소유권을 일정한 기준에 따라 나누는 방식을 말한다. 예컨대, 토지소유자는 토지를 제공하고, 개발업자는 자본과 기술을 투입하여 주택이나 공공시설, 상업시설 등을 조성한 후, 양측은 토지 평가액과 건설 투자액을 기준으로 지분을 나누고, 그에 따라 건축물의 구분소유권 및 토지지분을 갖게 된다. 이러한 방식은 토지개발로 인해 발생하는 공익과 사익의 충돌을 사전에 조율할 수 있는 방안으로 주목받고 있다.

합동개발의 구체적인 방식에는 차지개발, 등가교환개발, 신탁개발 등이 있다. 차지개발은 개발자가 토지소유자로부터 일정기간 동안 지상권, 전세권, 임차권 등을 설정받아 토지를 개발하고, 일정 기간이 지나면 토지와 건물을 소유자에게 반환하는 방식이다. 등가교환개발은 토지소유자와 개발자가 조합을 이루거나, 소유자가 개발자에게 개발을 맡긴 후 완공된 건축물의 일부 지분으로 대금을 대신 지급받는 방식이다. 신탁개발은 토지소유자가 신탁자 역할을 하고, 개발자가 수탁자가 되어 개발을 수행하는 구조다. 이 방식은 개발자가 직접 토지를 매입하지 않아도 되어 자금 부담이 줄고, 토지소유자는 직접 개발에 참여하지 않더라도 개발로 인한 수익을 얻을 수 있는 장점이 있다. 그러나 대단위 개발보다는 주로 소규모 토지개발에 적합하다는 평가를 받고 있다.

2. 토지개발과 개발부담금제

개발이익을 공적으로 환수하기 위한 또 다른 제도로 개발부담금제가 있다. 이 제도는 1978년 8월 8일, 이른바 '8·8조치'의 일환으로 도입되어 「국토이용관리법」에 근거 규정이 신설되었다. 개발부담금은 개발사업자가 국가에 납부하는 금전으로, 이는 개발이익을 환수하고 동시에 과도한 토지개발을 억제하는 기능을 수행한다. 본 제도는 토지공개념 입법의 일환으로 「개발이익환수에 관한 법률」을 통해 구체화되었다.

법률의 도입 배경은 각종 개발사업과 사회·경제적 요인에 따라 급등하는 지가가 개발이익의 사유화를 초래하고, 이에 따른 투기를 억제하기 위함이었다. 이에 따라 일정 수준 이상의 개발이익은 개발부담금으로 환수되고, 개발지역 주변 토지소유자가 얻는 간접적 이익은 「토지초과이득세법」에 따라 과세된다. 징수된 개발부담금의 절반은 지방자치단체에 귀속되고, 나머지는 토지관리 및 지역균형발전 특별회계로 편입된다. 주요 부과 대상은 택지개발사업, 공업단지 조성, 골프장 건설 등이다.

하지만 우리나라는 아직 개발권이 완전히 분리되어 있지 않은 상황에서 이 제도를 도입했기에, 시행 초기부터 실효성 논란이 있었다. 특히 1997년 외환위기 이후 제도는 중단되었고, 한동안 폐지론이 대두되기도 했다. 그럼에도 불구하고 최근에는 개발이익의 공적 환수 필요성이 다시 강조되며, 개발부담금제의 재도입이 추진되고 있다. 이에 따라 향후에는 보다 정교한 이론적 정립과 함께 실효성 있는 운영 방안 마련이 요구된다.

| 3.4 | 토지수익에 대한 규제

토지는 인간 생활과 경제활동의 기반으로서 고유한 특성을 지니며, 이에 따라 토지소유자에게는 민법상 일정한 수익권이 부여된다. 특히 우리나라 민법 제211조는 토지소유자가 그 소유 토지를 이용해 수익을 올릴 권리를 법적으로 보장하고 있다. 그러나 현실의 토지시장에서는 지가 상승이 공공정책, 도시계획, 기반시설 확충 등 공공의 노력과 투자에 기인하는 경우가 많아 순수한 사익만으로 귀속되는 것이 부당하다는 사회적 인식이 확산되었다. 이에 따라 토지소유자의 수익에 대한 제한은 불가피하게 되었으며, 이러한 수익 제한은 공익과 사익이 충돌하는 접점에서 정책적 조정이 이루어지는 주요 쟁점이 된다.

특히 한국에서는 1970년대 이후 도시화와 산업화의 진전에 따라 토지가격이 급격히 상승하고, 이에 따른 개발이익이 일부 토지소유자에게 집중되면서 사회적 불평등 문제가 대두되었다. 이로 인해 토지로부터의 수익을 일정한 방식으로 조절하거나 사회에 환원하려는 다양한 제도들이 마련되었다. 그 중에서도 지가규제, 토지과세, 임대료 통제는 토지수익에 대한 제한을 대표하는 핵심 정책수단이라 할 수 있다.

1. 지가규제를 통한 수익 제한

지가규제는 토지가격의 비정상적 상승을 억제하고, 공공정책의 실효성을 확보하며, 나아가 토지소유자의 사익을 일정 부분 제한함으로써 공공 이익을 실현하기 위한 제도이다. 과거 우리나라는 동일 필지에 대해서도 사용 목적에 따라 상이한 평가 기준이 적용되는 다원화된 공적 지가 체계를 운영하였다. 예컨대, 일반시가, 기준지가, 과세표준액, 기준시가, 보상가, 담보가격 등 다양한 평가 방식이 병존하면서 일물일가의 원칙이 제대로 작동하지 못하였다.

이러한 지가체계의 다원화는 국민의 신뢰를 저하시키고, 행정의 효율성을 저해하며, 민원 증가와 정책 혼선을 유발하였다. 이에 대한 개선책으로 1989년 「지가공시 및 토지 등의 평가에 관한 법률」이 제정되었고, 이를 통해 공시지가제도가 도입되었다. 이 제도는 전국의 표준지를 선정하여 해당 토지의 적정한 가격을 매년 조사·평가·공시하도록 하고, 그 결과를 각종 공공사업, 과세, 보상 등의 기준가격으로 활용하도록 하였다.

공시지가는 단순한 행정 편의를 넘어 토지수익에 대한 공·사익 조정의 기준으로 기능한다. 구체적으로 살펴보면, 지가는 토지소유자의 개발투자뿐만 아니라 공공의 도시계획, 인프라 확충, 공공투자 등의 영향으로 상승한다. 따라서 토지소유자는 자신이 직접 기여한 부분에 대해서만 수익을 향유할 수 있으며, 공적 기여로 인한 가치는 사회에 환원되어야 한다는 논리가 적용된다.

이러한 지가규제는 외국에서도 유사한 형태로 운영되고 있다. 일본은 공시지가, 대만은 신고지가, 독일은 Preisammlungen(매매사례집) 등을 통해 공정한 지가 형성과 조정을 유도하고 있다. 특히 독일의 경우, 거래 시마다 신고된 가격을 누적·분석하여 다음 거래의 기준으로 삼는 방식이 매우 이상적인 예로 평가된다.

우리나라의 공시지가는 다원화된 지가체계를 일정 부분 통합하고 체계화하였다는 점에서 긍정적으로 평가되지만, 여전히 실거래가와의 괴리, 과세와 보상 시 기준가격 불일치, 담보가격과의 차이 등으로 인해 실효성 확보가 과제로 남아 있다. 특히 토지와 건물 평가가 이원화되어 있는 점도 우리나라만의 특이한 구조로, 이를 통합적으로 정비할 필요성이 제기되고 있다.

2. 토지과세를 통한 수익의 조정

토지과세는 토지의 소유·취득·양도 등 거래 전반에 걸쳐 이루어지는 조세로서, 소유자의 수익에 실질적인 제한을 가하는 수단이다. 특히 우리나라에서는 이익의 사회 환수를 목적으로 하는 보유세와 양도소득세가 중요한 역할을 한다. 이러한 과세는 토지의 비축이나 투기를 억제하고, 토지소유로부터 발생하는 불로소득을 공공의 재원으로 전환하는 기능을 한다.

한국의 토지 관련 조세는 크게 다음과 같이 분류된다:

- **취득과세**: 취득세, 등록세 등 이익 환수와는 직접 관련되지 않으며, 거래 시 부과되는 세금
- **보유과세**: 재산세, 종합부동산세. 미실현 이익(unrealized value)을 과세 대상으로 하며, 일정 금액 이상의 고가 부동산에 대해서는 누진세율이 적용
- **양도과세**: 양도소득세, 법인세 부가세. 실현된 이익(realized value)에 과세함으로써 공공의 이익 환수 기능을 수행

예컨대, 종합부동산세는 2천만 원 이하의 경우 0.2%에서 시작하여, 5억 원 초과 시 5%까지 적용되는 누진세율을 가지고 있다. 또한 고급오락장, 별장, 골

프장 등 사치성 토지에는 최대 5%의 세율이 적용되어 자산 편중을 억제하는 역할도 수행한다.

해외 사례로는 대만의 토지증가세와 영국의 개발토지세가 대표적이다. 이들은 개발에 따른 이익을 소유자에게만 집중시키지 않고, 일정 부분을 사회 전체가 공유하도록 하는 세금으로, 공익을 실현하는 대표적인 재정 장치라 할 수 있다.

그러나 과세가 과도하거나 불균형하게 적용될 경우, 토지소유자의 재산권을 침해하고, 탈세나 조세 회피 등의 부작용이 발생할 수 있다. 따라서 과세의 정당성과 합리성, 그리고 공평한 과세 기준의 마련이 필수적이다.

3. 임대료 통제를 통한 사익의 억제

토지나 주택의 임대차는 원칙적으로 계약자유의 원칙에 따라 임대인과 임차인이 자율적으로 결정할 수 있는 영역이다. 그러나 우리나라는 주거권 보장, 서민 보호, 사회적 약자 배려 등을 이유로 차임 및 전세금에 대한 통제가 제도화되어 있다.

대표적인 예로 「주택임대차보호법」은 임대료 증액 한도를 5% 이내로 제한하고 있으며, 증액 청구도 최소 1년 간격으로만 가능하게 하고 있다. 상가건물의 경우도 「상가건물임대차보호법」에 따라 증액 한도가 12% 이내로 제한되며, 보증금의 월세 전환 시에도 은행권 평균금리를 고려한 15% 이내로 제한된다.

농지, 초지 등 특정 토지의 임대에 대해서는 별도로 사용료 상한이 설정되어 있다. 예컨대 농지의 대리경작료는 수확량의 10%, 초지 사용료는 토지가의 1% 또는 10분의 1 범위 내로 규정된다. 과거에는 농지의 임대 자체가 법적으로 금지되었으나, 「농지임대차관리법」이 제정되면서 일정 조건 하에 임대차가 가능해졌다.

독일 등 선진국에서는 이미 민법 내에 사회법적 요소를 반영함으로써 차임 통제가 자연스러운 사회원리로 정착되어 있다. 독일의 경우, 임대인의 해지 통보에 대해 임차인의 이의제기를 인정하고, 임차료 증액을 제한하여 임차인의 주거 안정성을 보장한다. 이러한 방식은 단순한 사익 제한이 아닌 사회 정의 실현의 일환으로 이해된다.

그러나 우리나라의 경우, 임대료 통제가 오히려 기존 임차인에 대한 갱신 거부, 편법 계약, 전세금 은폐 등 부작용을 낳기도 하며, 건물주의 건축 의욕을 저하시키는 등 역효과를 초래할 수 있다는 비판도 존재한다. 따라서 차임 통제는 세심한 제도 설계와 함께 사회적 합의를 바탕으로 시행되어야 할 것이다.

토지수익에 대한 제한은 현대사회에서 불가피한 정책 조정 영역이다. 이는 사유재산권의 절대적 보장을 넘어, 사회 전체의 공익 실현과 형평성 유지를 위한 장치로 기능한다. 지가규제는 토지가치 형성의 기준을 제시하고, 토지과세는 이익의 사회적 환수를 가능하게 하며, 임대료 통제는 사회적 약자의 주거안정을 보장하는 역할을 한다.

그러나 이들 제도는 모두 사익을 일정 부분 제한하는 만큼, 과도하거나 비합리적인 방식으로 운영될 경우 법적 정당성과 정책적 정합성을 상실하게 된다. 따라서 향후 토지정책은 시장 기능과 공공 목적이 조화를 이루는 방향으로 정비되어야 하며, 공익과 사익 간의 균형 있는 조정이 핵심 과제로 남는다.

| 3.5 | 토지처분에 대한 제한

전통적으로 토지의 처분은 민법상 소유권의 내용 중 하나로 자유롭게 행해질 수 있는 영역으로 여겨져 왔다. 계약의 자유 원칙에 따라 토지거래는 일반 상품과 같이 자유로운 계약 체결이 가능하다는 인식이 지배적이었다. 그러나 급격한 도시화와 산업화가 이루어지면서 도시 및 산업용 토지의 지가가 급등하고, 이로 인한 개발이익의 사유화를 노리는 투기성 거래가 증가하게 되었다. 이에 따라 비정상적인 지가 상승과 투기성 거래로 인한 시장의 혼란을 방지하고, 공공의 이익을 보호하기 위한 공적 규제 조치가 점진적으로 도입되었다.

이는 토지를 단순한 재산권의 대상이자 일반 상품으로 보는 입장과, 토지를 공공자원으로 인식하는 입장 간의 근본적인 토지관의 충돌에서 비롯된 것이다. 토지소유자는 자신이 소유한 토지를 일반 상품처럼 자유롭게 거래하고자 하지만, 공공의 입장에서는 토지를 한정된 자원으로 간주하여, 그 거래에 일정한 제한을 가할 필요성을 주장한다. 이러한 관점 차이는 결국 토지소유권의 행사 방식, 즉 처분의 자유를 둘러싼 규제로 나타나게 되었다.

우리나라에서는 1978년 8·8조치를 계기로 토지투기 억제와 거래질서 확립을 위한 본격적인 제도적 장치들이 마련되었다. 그 대표적인 제도로는 토지거래허가제, 토지거래신고제, 선매협의제, 유휴지 매수협의제, 농지취득자격증명제도, 그리고 검인계약서의 의무적 사용 제도 등이 있다. 이들은 각각 토지의 소유권 이전과 거래 방식에 실질적인 제한을 가하며, 공공성과 효율적인 토지이용을 보장하기 위한 수단으로 기능한다.

1. 토지거래허가제

토지거래허가제는 일정 지역 내에서 일정 면적 이상의 토지를 매매, 사용권 설정 등 유상거래할 경우 반드시 관할 도지사의 허가를 받도록 한 제도이다. 허가 없이 체결된 거래는 법적으로 무효이며, 등기도 불가능하다. 이 허가지역은 광역도시계획, 도시기본계획, 도시관리계획 등 토지이용계획이 새롭게 수립되거나 변경되는 지역, 개발사업 예정 또는 진행 지역, 행위제한이 완화되거나 해제되는 지역, 그리고 투기 우려가 있는 지역 등으로 지정된다.

허가는 계약 이전에 신청되어야 하며, 신청자는 거래당사자 공동으로 계약 예정 금액, 용도, 면적, 이용계획 등을 포함한 허가신청서를 제출해야 한다. 허가권자는 신청일로부터 15일 이내에 허가 여부를 결정하고 이를 신청인에게 서면으로 통보하게 되어 있다. 법적으로 이 허가는 '인가'의 성격을 가지며, 허가 전에는 거래가 유효하지 않은 '유동적 무효' 상태로 존재한다. 대법원 판례 또한 이 점을 명확히 하였으며, 허가 없이 체결된 거래는 무효라는 입장을 고수하고 있다.

허가 기준은 크게 세 가지로 나뉜다. 첫째, 실질적 이용 목적이 있는 거래는 허용된다. 예를 들어, 거주용 주택용지나 지역 주민을 위한 복지·편익시설 설치, 농업·임업·어업 종사자의 영업 목적 토지이용 등은 허가 대상에 해당하더라도 허가가 승인된다. 둘째, 토지이용목적은 도시계획이나 기타 토지이용계획과 부합해야 하며, 생태계 보전 및 주민생활 보호에 위협이 되어서는 안 된다. 셋째, 거래하려는 면적은 토지이용목적에 비추어 적정해야 한다.

또한, 사적 권익 보호를 위해 이의신청 및 매수청구 제도도 마련되어 있다. 허가 거부를 받은 당사자는 1개월 내에 이의신청을 할 수 있고, 소유자는 해당 토지의 공공기관 매수를 청구할 수 있다. 다만 이는 형성권이 아닌 단순한 청구권이기 때문에, 공공기관이 예산 문제 등을 이유로 매수를 거절할 수 있는 여지가 있다.

2. 토지거래신고제

토지거래신고제는 허가제보다 완화된 방식으로, 투기 우려 지역을 '신고구역'으로 지정하고 일정 면적 이상의 거래에 대해 도지사에게 사전 신고하도록 하는 제도였다. 이 제도는 1978년 8·8조치로 도입되었으나, 1997년 외환위기 이후 부동산시장 활성화를 이유로 폐지되었다.

신고자는 거래예정금액과 토지이용 목적 등을 신고해야 하며, 신고일로부터 25일 이내에는 거래계약을 체결할 수 없다. 도지사는 거래 내용이 지가안정이나 토지이용계획에 현저한 지장을 줄 경우, 거래중지 등의 권고를 할 수 있다. 그러나 이 제도는 허가제와 달리 미신고 거래라 하더라도 거래계약 자체는 유효하다. 이는 일본의 국토이용계획법에서도 유사하게 적용되며, 일본은 신고제를 실질적으로 유지하고 있다.

3. 선매협의제

선매협의제는 공공기관이 공공사업 등의 목적으로 필요한 토지에 대해 사적 거래에 우선하여 매수할 수 있도록 하는 제도이다. 우리나라에서는 법적으로 '선매권'이 아닌 '선매협의권'을 부여하고 있으며, 허가 또는 신고 시 도지사가 해당 토지를 매수할 공공기관을 지정할 수 있다.

지정된 공공기관은 소유자와 협의를 통해 토지를 매수할 수 있으며, 매수가격은 일반적으로 공시지가를 기준으로 하되, 거래계약서상의 금액이 더 낮은 경우 이를 적용할 수 있다. 이는 공공용지 확보를 원활히 하면서도 투기적 이익을 제한하려는 의도가 담긴 장치이다.

4. 유휴지 매수협의제

이 제도는 유휴지 보유자에게 일정 기간 내에 개발 또는 처분계획서를 제출하도록 하고, 이를 이행하지 않을 경우 해당 토지를 공공기관이 협의하여 매수할 수 있도록 하는 내용이다. 유휴지 소유자는 정당한 사유 없이 협의를 거부할 수 없으며, 매수가격은 토지거래허가 기준에 따라 산정된다. 이는 토지의 방치 및 비효율적 보유를 막고, 자원의 효율적 활용을 도모하려는 장치였으나, 외환위기 이후 폐지되었다.

5. 농지취득자격증명 제도

농지를 소유할 수 있는 자는 원칙적으로 농민에 한정되며, 매매, 증여, 교환 등 어떤 형태든 농지를 취득하려면 해당 농지의 소재지를 관할하는 행정기관(시장, 구청장, 읍·면장)으로부터 농지취득자격증명을 발급받아야 한다. 예외적으로 국가나 지자체, 상속, 담보, 수용 등은 증명이 면제된다.

증명이 없는 농지 매매의 경우, 계약 자체는 유효하지만, 물권변동(즉, 등기)은 이루어질 수 없다. 이러한 해석은 판례를 통해 확립되었으며, 이는 비농민의 농지점유와 사실상 소작제 부활 가능성에 대한 우려를 야기하고 있다.

6. 검인계약서의 의무적 사용

검인계약서는 부동산 거래계약서에 관할 행정청의 인장을 받아야 한다는 제도로, 백지매도증서를 통한 중간생략등기와 같은 불법적·탈법적 거래를 방지하기 위해 도입되었다. 1978년 입법된 이 제도는 실명거래 원칙 정착을 위한 과도기적 제도로 평가되며, 1988년부터 본격적으로 시행되었다. 이후 1990년에는 '검인'(檢認)을 '검인'(劍印)으로 표기 변경하고 적용 범위를 확대하였다.

검인계약서는 등기원인서류로 사용되며, 미검인 계약서는 법적으로 효력이 없다고 해석하는 것이 제도의 취지에 부합한다. 그러나 현실에서는 높은 거래세율을 피하기 위한 이중계약서 작성이 관행화되어 검인계약서제도의 실효성을 저해하고 있다. 실거래가 신고가 정착되기 위해서는 세율 인하, 검인제도의 현실화, 그리고 정기적인 실거래가 공시 등의 제도적 보완이 필요하다는 지적이 있다.

제 2 편

국토 · 도시계획 관련 제도

우리나라는 자유민주적 기본 질서에 입각한 민주복지국가 건설을 기본 이념으로 하고, 국민의 재산권을 보장하면서도 그 행사는 공공복리에 적합하도록 헌법에서 규정하고 있다. 경제질서는 개인과 기업의 경제적 자유와 창의를 존중함을 기본으로 하되, 균형있는 국민경제의 성장 및 안정과 적정한 소득의 분배를 유지하고자 하고 있다. 또한 시장의 지배와 경제력의 남용을 방지하며, 경제주체 간의 조화를 통한 경제의 민주화를 위하여 경제에 관한 규제와 조정을 할 수 있도록 하는 공정한 시장경제질서를 추구하고 있다.

국토는 경제적으로는 국민의 생산 활동과 생활을 포함한 삶의 터전이기 때문에 효율적이고 균형있게 이용하여야 한다. 국토 공간의 일부인 도시는 한정된 공간에 많은 사람들이 모여 상호 교류하며 일상생활을 영위하는 시민들의 삶의 현장이다. 이러한 국토와 도시공간은 소유권이 설정된 재산이기 때문에 재산권을 인정한 상태에서 공공의 이익을 도모하는 계획적 공적 개입이 필요하다.

이에 따라 우리 헌법에서는 국토의 개발, 이용 및 보전에 관한 규정도 두고 있는데, "국토와 자원은 국가의 보호를 받으며, 국가는 그 균형있는 개발과 이용을 위하여 필요한 계획을 수립"(제120조)하도록 규정하고 있다. 그리고 국토의 효율적이고 균형있는 이용·개발과 보전을 위한 제한과 의무(제122조), 농어촌계획과 지역경제의 육성(제123조) 등에 대해서도 규정하고 있다.

이러한 헌법 규정에 근거하여 국토공간에 대한 계획 관련 법률들도 다양하게 마련되어 있는데, 이 중 최상위 법률은 「국토기본법」이며, 이에 근거하여 전국을 대상으로 하는 종합계획인 국토종합계획, 초광역계획, 도종합계획 및 시군종합계획[1] 그리고 특정 지역만을 대상으로 하는 지역계획과 특정 부문만을 대상으로 하는 부문별 계획을 수립하고 있다. 그리고 국토의 이용과 도시계획을 위하여 「국토계획법」을 두고 있는데, 이에 근거하여 광역도시계획, 도시기본계획, 도시관리계획을 수립한다. 이 외에도 국토의 효율적이고 균형있는 이용과 개발을 위하여 「지방자치분권 및 지역균형발전에 관한 특별법」(이하 「지방분권균형발전법」) 및 「지역중소기업 육성 및 혁신촉진 등에 관한 법률」 등

---

1) 「국토계획법」에 따라 도시·군계획이 수립된다.

국토공간에 대하여 다양한 계획을 수립할 수 있는 근거가 되고 있다.

도시공간은 많은 사람들이 모여 살기 때문에 시민 개개인의 행위는 다른 시민들에게 영향을 미칠 수밖에 없으며, 시민들 간 갈등과 분쟁이 생길 수 있다. 따라서 도시공동체의 구성원이 서로가 서로에게 피해를 끼치지 않도록 계획적 관리가 필요하다. 또한 시장경제 하에서 자발적으로 공급되지 않는 공공재의 공급도 필요하다. 즉, 도로, 상하수도 등 공공시설의 공급과 주택지 등을 효과적으로 공급하기 위한 도시개발 및 정비사업 등도 필요하다. 이와 같이 시민들이 서로가 서로에게 방해되지 않도록 개별 필지 위에서 건축 등 행위 등에 대한 제어 및 계획적 관리와 시민들에게 필요한 공간을 공급하기 위한 도시계획 및 개발도 필요하다.

도시계획을 비롯한 국토와 도시공간을 대상으로 한 공간계획은 계획가에 의한 창의적인 발상에 기대하는 바가 크지만, 한편으로는 개인들의 재산권에 대한 공적 개입이 이루어지는 행위이다. 우리 헌법은 개인 재산권에 대한 공적 개입은 법률에 의해서 가능하게 규정하고 있다. 따라서 공간계획은 공공의 이익과 사권(私權)과의 조정을 거치면서 법적 제도에 기반하여 계획 실현을 도모하여야 한다[2]. 또한 동서양을 막론하고 도시계획을 중심으로 한 공간계획 제도는 각 시대에 처해 있는 국가적 상황과 문화적 수준, 국가체제와 경제체제 등 경제·사회적으로 여건과 역사적 배경에 따라 독자적으로 태동되고 발전되어 왔다.

우리나라의 현재 수립되고 집행되고 있는 다양한 공간계획은 기본적으로 자본주의(사적 자치의 원칙과 재산권의 보장)와 민주주의, 그리고 지방자치(계획고권)라는 기본적인 전제를 두고 있다. 이 편에서는 우리나라 국토 및 도시계획 관련 법 제도와 계획체계를 살펴보고자 한다.

---

2) 한국도시계획가협회 편, 도시계획 이론과 실제, 기문당, 2021. 2, p.42

제 4 장

국토 · 도시계획 관련 법체계

제 1 절 국토 및 도시계획 체계

| 1.1 | 국토 및 도시계획의 체계와 법제도 형성

현행 국토 및 도시계획 체계는 「국토기본법」과 「국토계획법」에 근거하고 있다. 「국토기본법」은 1963년 제정되고 여러 차례 개정을 거치면서 국토계획의 근거가 되었던 「국토건설종합계획법」을 개편하여 2002년 제정하였다. 그리고 「국토계획법」은 1962년 제정되고 수차례 개정된 「도시계획법」과 1972년 제정되고 여러 차례 개정된 「국토이용관리법」을 통합·개편하여 2002년에 제정하게 되었다.

이와 함께 1990년대 후반 극심하였던 수도권 및 국토 공간의 난개발 문제에 대한 대응으로 2000년대 초반에는 국토·도시·토지와 관련한 법령 정비가 활발하였으며, 국토·도시계획 및 개발 관련 법제사에 큰 변화가 있었다. 2000년에는 토지(대지조성)개발에 관한 법률을 통합한 「도시개발법」을 제정하였고, 2002년에는 「토지수용법」과 「공공용지의 취득 및 손실보상에 관한 특례법」을 통합하는 「토지보상법」을 제정하였다. 또한 「국토건설종합계획법」을 새로운 체계와 내용으로 재구성한 「국토기본법」의 제정, 「국토이용관리법」과 「도시계획법」을 통합한 「국토계획법」의 제정, 「도시재개발법」과 「도시 저소득 주민의 주거환경개선을 위한 임시조치법」 그리고 「주택건설촉진법」상 재건축에 관한 내용을 통합한 「도시 및 주거환경정비법」(이하 「도시정비법」)을 제정하였다. 이와 같은 통합 법률의 제정은 종래 일본 법령의 모방이나 도입에서 벗어나 우리의 독자적인 입법으로 큰 의미를 갖는 것으로 평가된다.

「국토기본법」은 크게 다음 두 가지의 배경 아래 제정되었다.

첫째, 기존의 「국토건설종합계획법」의 미비점을 보완하기 위해서이다. 기존의 「국토건설종합계획법」은 국토관리의 기본이념과 제도의 포함 없이 국토계획의 수립 절차에 관해서만 규정하고 있어서 국토정책·계획에 대한 기본방향 및 지침 제시 기능이 미흡하였다. 개발 위주의 국토관리 틀을 벗어나지 못하고 있을 뿐만 아니라 21세기 경쟁과 환경의 시대에 적합한 국토관리의 패러다임과 이념을 구현하기에는 역부족이었다. 따라서 시대의 변천과 여건 변동에 부응하는 새로운 「국토기본법」의 제정이 당면과제로 되었다.

둘째, 난개발 방지를 위해 국토계획체계를 개편하기 위해서이다. 2000년 초부터 국토의 난개발이 사회문제가 되자 '선계획-후개발'원칙에 따라 국토가 체계적으로 관리될 수 있도록 계획체계를 개편하고 계획 간 조정·연계의 강화에 대한 필요성이 제기되었다. 이에 따라 정부는 국토의 난개발 방지대책의 일환인 '국토이용체계 개편안'을 제도화하기 위해 국토 및 도시계획 관련 3개 기본법령을 재편하게 되었다. 즉, 「국토건설종합계획법」을 비롯하여 「국토이용관리법」, 「도시계획법」을 「국토기본법」과 「국토계획법」으로 통폐합하게 되었다.

이와 같이 국토에 관한 계획 및 정책을 수립·시행함에 있어 지향하여야 할 이념과 기본방향을 명시하고, 국토계획의 수립과 이의 체계적인 실천을 위한 제도적 장치를 마련하여 국토의 지속가능한 발전을 도모하기 위해 기존의 「국토건설종합계획법」을 폐지하고 이를 보완·발전시킨 「국토기본법」을 제정하게 되었다. 아울러 이 법은 21세기에 전개될 세계화, 지방화 및 지식정보화에 적극적으로 대응하고, 과거 국토개발과정에서 야기된 환경훼손과 지역 간 불균형 등 국토의 문제점을 극복하기 위한 국토관리체계를 근본적으로 재정립하였다는 데 큰 의미가 있다.

「국토기본법」은 이러한 목적에 따라 2000년 하반기부터 추진해 온 제정안에 대하여 2001년 12월 국회를 통과하여 2002년 2월 4일 법률 제6654호로 공포되었으며, 이후 수차례 개정을 거쳐 현재에 이르고 있다.

| 1.2 | 「국토기본법」 및 「국토계획법」에 의한 계획체계

1. 「국토기본법」에 의한 국토 · 도시계획체계

「국토기본법」 제6조에서 국토계획이란 "국토를 이용·개발 및 보전할 때 미래의 경제적·사회적 변동에 대응하여 국토가 지향하여야 할 발전 방향을 설정하고 이를 달성하기 위한 계획을 말한다."로 정의하고 있으며, 이 법에 따른 우리나라 국토·도시계획은 크게 다음과 같은 3개 부문으로 구성된다.

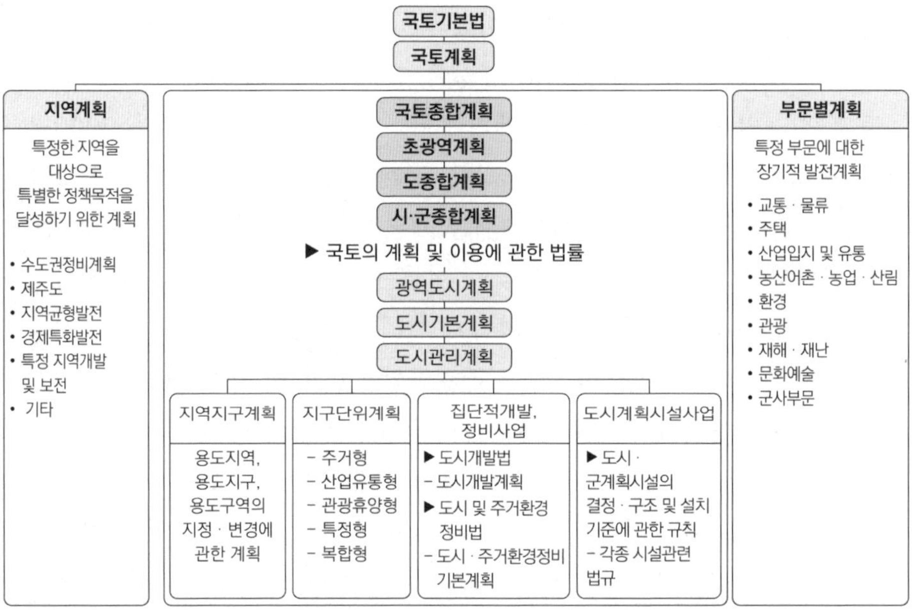

그림 4-1 「국토기본법」및 「국토계획법」에 의한 우리나라 국토 및 도시계획체계

첫째, 공간계획으로 계획대상 위계에 따라 전 국토를 대상으로 하는 국토종합계획, 도 및 특·광역시를 포함하는 초광역계획, 도의 관할구역을 대상으로 하는 도종합계획, 시(특별시·광역시 포함)·군의 관할구역을 대상으로 하는 시·군종합계획의 공간체계로 구성되어 있다. 이때 시·군종합계획은 「국토계획법」에 의해 실제 운영이 이루어지고 있는데, 광역도시계획-도시기본계획-도시관리계획으로 구성된다.

둘째, 특정한 지역을 대상으로 특정한 목적을 달성하기 위하여 지역계획이 있는데, 「수도권정비계획법」에 의한 수도권정비계획, 「제주특별자치도 설치 및 국제자유도시 조성을 위한 특별법」에 의한 국제자유도시의 개발에 관한 종합계획, 「지방분권균형발전법」에 의한 지방시대종합계획, 시·도지방시대 계획 및 시행계획, 부문별 계획 및 시행계획, 초광역발전계획 및 시행계획으로 되어 있다.

셋째, 국토 전역을 대상으로 특정부문에 대한 장기발전을 제시하는 중앙행정기관의 소관업무에 관한 부문별 계획을 들 수 있다. 여기에는 「교통체계효율화법」에 의한 국가기간교통망계획, 「주택법」에 의한 국가주택종합계획, 「환경정책기본법」에 의한 국가환경종합계획, 「농업농촌기본법」에 의한 농업·농촌발전계획, 「관광진흥법」에 의한 관광개발기본계획 등이 있다.

「국토기본법」 및 「국토계획법」에 의한 우리나라 국토·도시계획체계를 도식화하면 <그림 4-1>과 같다.

2. 공간적 위계 따른 국토 · 도시계획체계

「국토기본법」에 의한 우리나라 국토·도시의 공간계획체계는 국토계획-초광역계획-도종합계획-시·군종합계획(도시계획)의 4층제로 구성되어 있다. 그리고 시·군종합계획은 「국토계획법」에 의해 실제 운영이 이루어지고 있는데, 「국토계획법」에 의한 도시계획체계는 광역도시계획-도시기본계획-도시관리계획으로 구성되어 있다. 도시관리계획 중 지구단위계획은 도시의 일부 지역인 지구차원의 계획으로 「국토계획법」에 의한 공간적 위계에 따른 계획은 4층제로 구분된다.

1) 국토종합계획

「국토기본법」 제6조제2항 제1호에서 국토종합계획은 "국토 전역을 대상으로 하여 국토의 장기적인 발전 방향을 제시하는 종합계획"으로 정의하고 있다. 이에 따라 전국을 대상으로 사회, 경제, 환경, 문화 등을 종합적으로 고려하여 국토의 균형발전과 지속 가능한 개발을 위한 기본틀을 제공하는 계획이다. 국토종합계획은 국토교통부장관이 초안을 작성하고, 관계 중앙행정기관,

지방자치단체 등의 의견 수렴, 공청회 등을 거쳐 국토정책위원회와 국무회의 심의를 거쳐 거쳐서 대통령의 최종 승인을 거쳐 확정된다.

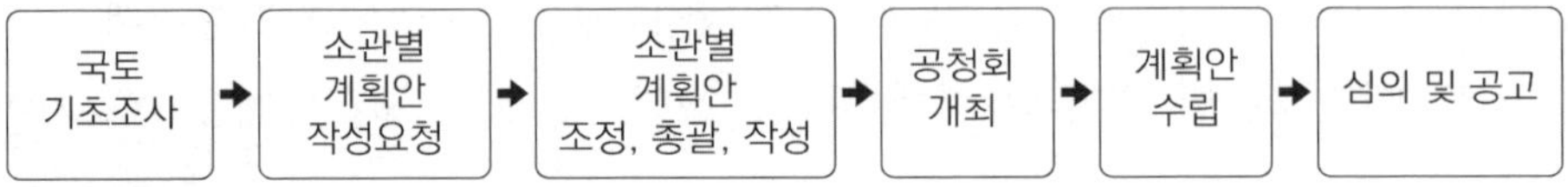

그림 4-2 **국토종합계획 수립과정**

2) 초광역계획

「국토기본법」 제6조제2항 제1-2호에서 초광역계획은 “지역의 경제 및 생활권역의 발전에 필요한 연계·협력사업 추진을 위하여 2개 이상의 지방자치단체가 상호 협의하여 설정하거나 「지방자치법」 제199조의 특별지방자치단체가 설정한 권역으로, 특별시·광역시·특별자치시 및 도·특별자치도의 행정구역을 넘어서는 권역을 대상으로 하여 해당 지역의 장기적인 발전 방향을 제시하는 계획”으로 정의하고 있다.

이와 같이 초광역계획은 둘 이상의 시·도에 걸쳐 광역적인 정비가 필요한 지역을 대상으로 수립하는데, 국토종합계획의 세부 실행을 위한 지역단위에서는 최상위계획이다. 초광역권의 범위 및 발전 목표를 설정하고, 초광역권의 현황 및 여건변화를 전망하여 광역권 내 교통망 구축, 산업 배치, 환경보전 등을 고려한 종합계획이다. 초광역계획은 관계 시·도지사가 공동으로 수립하여 초광역권계획위원회의 협의조정, 관계 중앙행정기관의 협의, 공청회 등을 거쳐서 국토정책위원회 심의를 거쳐서 국토교통부장관의 승인을 받아 최종적으로 확정한다.

3) 도종합계획

「국토기본법」 제6조제2항 제2호에서 도종합계획은 “도 또는 특별자치도의 관할구역을 대상으로 하여 해당 지역의 장기적인 발전 방향을 제시하는 종합계획”으로 정의하고 있는데, 각 도단위에서 수립하는 국토이용 및 개발계획이다. 도내 도시·군지역 간 균형발전과 지역 특성 반영하여 국토종합계획 및 초광역계획과 연계하여 도의 장기 발전 방향 설정하는 계획이다. 도종합계획은 도지사가 계획을 수립하고, 관계 중앙행정기관장과 국토정책위원회의 심의를 거쳐 국토교통부장관의 승인을 거쳐 확정한다.

표 4-1 국토계획, 초광역계획, 도계획 내용 비교

계획 유형	계획 내용	입안권자	승인권자
국토종합계획	국가 차원의 최상위 국토 개발 계획	국토교통부장관	대통령
초광역계획	둘 이상의 시·도에 걸친 광역 개발 계획	관계 시·도지사(공동), 특별지방자치단체의 장	국토교통부장관
도종합계획	개별 도의 장기 발전 계획	도지사	국토교통부장관

4) 광역도시계획

「국토계획법」 제2조 및 제10조에서 광역도시계획은 "인접한 2 이상의 특별시·광역시·시 또는 군의 관할구역을 단위로 지정한 광역계획권의 장기발전방향을 제시하는 계획"으로 정의된다. 광역도시계획은 대도시권이 광역화됨에 따라 관할 행정구역을 대상으로 하는 도시계획만으로는 한계가 있기 때문에 광역적 성장관리와 공간구조 및 기능의 상호연계, 환경보전을 위하여 체계적으로 정비할 필요가 있을 때 별도의 광역계획권을 지정하여 계획을 수립한다.

광역도시계획은 국토종합계획이나 부문별 계획, 광역권개발계획이나 수도권정비계획 등 지역계획의 하위계획이 되며, 이러한 상위계획과 조화를 이루어야 한다. 광역계획은 광역계획권 차원의 장기적인 발전방향과 전략을 제시하는 도시계획체계상 최상위계획으로 광역계획권내 도시기본계획 및 도시관리계획의 지침 역할을 한다. 또한 광역도시계획은 시·군별 기능분담, 환경보전, 광역시설과 함께 광역계획권 내에서 현안이 되는 특정부문 중심으로 계획을 수립할 수 있다. 그리고 광역도시계획이 도시기본계획 수립내용을 모두 포함할 경우, 광역계획권 내 해당 시·군은 도시기본계획을 수립하지 아니할 수 있다.

5) 도시기본계획

「국토계획법」 제2조제2호에서 도시계획은 도시기본계획과 도시관리계획으로 구분하고 있다. 도시기본계획은 「국토계획법」 제2조제3호에서 "특별시·광역시·특별자치시·특별자치도·시 또는 군의 관할구역 및 생활권에 대하여 기본적인 공간구조와 장기발전방향을 제시하는 종합계획으로서 도시·군관리계획 수립의 지침이 되는 계획을 말한다"로 정의하고 있다. 도시계획은 종전과 달리 도시지역, 비도시지역 구분 없이 수립되며, 다른 법률에 의한 토지의 이용·개발 및 보전에 관한 계획의 기본이 된다.

도시기본계획은 국토종합계획, 도종합계획, 광역도시계획 등 상위계획의 내용을 수용하고, 하위의 도시관리계획에 대한 지침 역할을 해야 한다. 도시기본계획은 20년[3]을 목표로 하는 장기계획이며, 종합계획으로 지속가능한 국토관리를 위해서는 경제·산업, 주택, 교통·기반시설, 환경·에너지, 사회·문화·복지 등 각 분야에서 수립한 부문별 정책 및 계획 등이 서로 조화를 이루어야 한다. 또한 도시기본계획은 공간구성에 관한 정책계획·전략계획의 성격을 동시에 가져야 하며, 이를 위해 해당 시·군의 공간적 정책목표와 이를 달성하기 위한 이용·개발과 보전에 관한 전략 또는 정책적 우선순위를 기술하여야 한다.

도시기본계획은 시민들에게 직접적인 법적 구속력은 없지만, 하위계획(도시관리계획) 수립 시 반드시 도시기본계획을 반영해야 해야 하기 때문에 시장·군수를 구속하여 지속 가능한 도시 개발을 위한 핵심적인 역할을 하는 계획이다. 도시기본계획은 계획체계 상 국가 및 지자체의 정책 방향과 일관성을 유지하는 역할을 하며, 도시의 장기적 발전 방향을 설정하는 종합계획으로 토지이용, 교통, 환경, 산업 등의 정책 방향을 제시하는 계획이다.

도시기본계획의 수립은 ① 기본계획 수립 착수(시장·군수) → ② 기본구상 및 기초조사(인구·경제·환경 분석) → ③ 주민 및 관계 기관 의견 수렴 → ④ 광역도시계획 및 국토계획과의 조정 → ⑤ 도시계획위원회 심의 → ⑥ 승인 및 확

---

3) 도시기본계획 수립지침 제2장 제2절에서 "계획수립시점으로부터 20년을 기준으로 하되, 연도의 끝자리는 0 또는 5년으로 한다(예: 2020년, 2025년)"고 정하고 있다.

정(도지사 또는 국토교통부장관) → ⑦ 공고 및 시행 과정을 거친다.

도시계획은 시 또는 군의 관할 구역에서 수립되는 다른 법률에 따른 토지의 이용·개발 및 보전에 관한 계획의 기본이 되며(「국토계획법」 제4조제1항), 관할 지방자치단체의 장은 다른 법률에 의한 환경·교통·수도·하수도·주택 등에 관한 부문별 계획을 수립하는 때에는 도시기본계획의 내용과 부합되게 하여야 한다(「국토계획법」 제4조제3항).

도시기본계획 내용(「국토계획법」 제19조제1항, 시행령 제15조)

1. 지역적 특성 및 계획의 방향 · 목표에 관한 사항
2. 공간구조 및 인구의 배분에 관한 사항
2의2. 생활권의 설정과 생활권역별 개발 · 정비 및 보전 등에 관한 사항
3. 토지의 이용 및 개발에 관한 사항
4. 토지의 용도별 수요 및 공급에 관한 사항
5. 환경의 보전 및 관리에 관한 사항
6. 기반시설에 관한 사항
7. 공원 · 녹지에 관한 사항
8. 경관에 관한 사항
8의2. 기후변화 대응 및 에너지절약에 관한 사항
8의3. 방재 · 방범 등 안전에 관한 사항
9. 제2호부터 제8호까지, 제8호의2 및 제8호의3에 규정된 사항의 단계별 추진에 관한 사항
10. 그 밖에 대통령령으로 정하는 사항으로 다음을 포함한다.
   가. 도심 및 주거환경의 정비 · 보전에 관한 사항
   나. 다른 법률에 따라 도시기본계획에 반영되어야 하는 사항
   다. 도시기본계획의 시행을 위하여 필요한 재원조달에 관한 사항
   라. 그 밖에 국토계획법 제22조의2제1항에 따른 도시기본계획 승인권자가 필요하다고 인정하는 사항

6) 도시관리계획

「국토계획법」 제2조제4호에서 도시관리계획은 "도시관리계획이란 시 또는 군의 개발·정비 및 보전을 위하여 수립하는 토지이용, 교통, 환경, 경관, 안

전, 산업, 정보통신, 보건, 복지, 안보, 문화 등에 관한 다음 각 목의 계획을 말한다"고 정의하고 있다. 여기에서 다음 각 목의 내용은 용도지역·지구·구역에 대한 지정과 변경에 대한 계획, 지구단위계획, 도시개발사업 또는 정비사업에 관한 계획, 기반시설의 설치·정비 또는 개량에 대한 계획 등으로 구성되어 있다.

도시관리계획에 대한 지위와 성격(도시관리계획수립지침 제1편제3장)은 "첫째, 시·군의 제반 기능이 조화를 이루고 주민이 편안하고 안전하게 생활하면서 당해 시·군의 지속가능한 발전을 도모하기 위하여 수립하는 법정계획, 둘째, 광역도시계획 및 도시기본계획에서 제시된 시·군의 장기적인 발전방향을 공간에 구체화하고 실현시키는 중기계획, 셋째, 용도지역·용도지구·용도구역에 관한 계획, 기반시설에 관한 계획, 도시개발사업 또는 정비사업에 관한 계획, 지구단위계획 등을 일관된 체계로 종합화하여 단계적으로 집행할 수 있도록 물적으로 표현하는 계획"으로 설정하고 있다.

「국토계획법」 이외 다른 법률에 의하여 토지이용에 관한 지역·지구·구역 등을 지정하고자 하는 때에는 당해 지역·지구·구역 등의 지정 목적이 「국토계획법」에 의한 용도지역·용도지구 및 용도구역의 지정 목적에 부합되어야 한다. 그러나 용도지역지구제에 의한 일반규제는 해당지구의 개별성을 무시한 개별 건물 단위의 획일적 제어 수단이기 때문에 보다 적극적이고 바람직한 물리적 환경을 창출해 내기가 매우 곤란하다. 따라서 지구단위계획으로 그 지구가 갖는 개성을 충분히 활용하고 체계화함으로써 도시와 건축 사이를 매개 시켜주고 지구차원에서 계획적인 제어가 필요하다.

도시관리계획은 도시기본계획을 실행하기 위한 프로그램으로서의 개발관리계획과 그에 따른 실행계획이 아니라 지구단위계획을 제외하면 건축적 개발제어와 면적 개발 정비사업, 도시기반시설 설치라는 계획실현수단을 정하는 일에 그치고 있다. 그리고 도시관리계획의 원칙적 입안권자는 시장·군수(특별시장, 광역시장, 특별자치도지사, 특별자치시장 포함)이지만, 주민(이해관계자를 포함)도 기반시설의 설치·정비 또는 개량에 관한 사항, 지구단위계획구역의 지정 및 변경과 지구단위계획의 수립 및 변경에 관한 사항, 용도지구의 지정 및 변경에 대한 사항[4] 등에 대해서 입안권자에게 도시관리계획의 입안을 제안할 수 있게 하였다.

3. 국토 및 도시계획의 체계와 특별법에 의한 계획체계

국토 및 도시공간을 효율적인 이용을 위한 국토종합계획, 도종합계획, 시군종합계획은 「국토기본법」에 근거하고 있으며, 「국토기본법」에 기초하여 도시계획 등과 같이 여러 가지 국토의 이용 · 개발 및 보전 등을 위한 계획의 수립 및 집행 등에 관하여 필요한 사항을 정하고 있는 법이 「국토계획법」이다. 그러나 이 두 법률만으로는 국토 및 도시공간에서 나타나는 다양한 개발 요구 및 보전을 위한 사항을 모두 규정할 수는 없다.

이 법률을 근거로 하면서 주거 안정과 산업 및 경제발전을 위한 개발수요에 대응하기 위하여 「도시개발법」(구 「토지구획정리사업법」 포함), 「주택법」, 「도시정비법」 등의 법률을 제정하고 필요에 따라 개정하면서 개발수요에 대응해 왔다. 한편, 무분별한 개발행위에 대응하고 국토를 보전하기 위하여 「농지법」, 「산지법」 및 「산지관리법」 등의 법률을 제정하여 필요한 규제의 근거를 제공해 왔다.

한편, 무분별한 지역·지구의 신설을 규제하기 위하여 「토지이용규제기본법」도 두고 있는데, 이 법에 따라 지역·지구 등에 신설에 대한 심의를 철저히 하여 토지이용을 규제하는 새로운 지역·지구가 난립하는 것을 제한하고, 기지정되어 운영되고 있는 지역·지구에 대해서도 운영 실태를 점검하고 평가할 수 있도록 토지이용규제평가단을 운영할 수 있도록 하고 있다.

「국토계획법」에 근거하여 수립한 도시기본계획 및 도시관리계획은 수립과 변경을 위해서는 많은 시간이 필요하다. 그런데 우리나라 고도성장기에 필요

---

4) 다음의 용도지구의 지정 및 변경에 관한 사항에 해당한다.
   가. 개발진흥지구 중 공업기능 또는 유통물류기능 등을 집중적으로 개발·정비하기 위한 개발진흥지구로서 대통령령으로 정하는 개발진흥지구
   나. 제37조에 따라 지정된 용도지구 중 해당 용도지구에 따른 건축물이나 그 밖의 시설의 용도·종류 및 규모 등의 제한을 지구단위계획으로 대체하기 위한 용도지구
   이 외에도 도시·군계획시설입체복합구역의 지정 및 변경과 도시·군계획시설입체복합구역의 건축제한·건폐율·용적률·높이 등에 관한 사항에 대해서도 입안을 제안할 수 있다.

한 산업용지 및 주거용지를 신속하게 대응하기 위해서는 도시기본계획 및 도시관리계획을 의제[5]하여 신속한 계획 결정이 필요했다. 실제 우리나라에서는 다음과 같은 입법목적의 달성을 위하여 도시기본계획을 의제하는 다양한 유형의 특별법이 양산되고 있다. 첫째, 하나의 행정절차로 관련 인·허가 사항을 일괄처리하고자 하는 경우와 둘째, 창구를 일원화하여 여러 가지 인·허가를 신청하는 부서를 하나로 지정하여 그 부서에서 신청서를 접수하여 행정절차를 마무리할 때 그리고 셋째, 여러 법률에 의한 인·허가 등을 행정계획에 집중시켜 개별적인 행정절차를 이행하지 않더라도 관계 행정기관 협의만으로 인·허가 의제 법률의 법률적 효과를 거둘 수 있는 집중효과를 필요로 할 때이다.

국토계획 및 도시계획과 관련하여 특별법에 근거한 계획 간 체계성에 대하여 「국토기본법」 및 「국토계획법」에서는 '다른 법률과의 관계'에 대한 규정을 두고 있다. 「국토기본법」 제8조에서는 "이 법에 의한 국토종합계획은 다른 법령에 의하여 수립되는 국토에 관한 계획에 우선하여 그 기본이 된다. 다만, 군사에 관한 계획에 대하여서는 그러하지 아니하다."고 규정하여 다른 법령에 의한 계획과의 관계를 명확하게 규정하고 있다. 한편 「국토계획법」 제4조제1항에서 "도시계획은 특별시·광역시·시 또는 군의 관할구역에서 수립되는 다른 법률에 따른 토지의 이용·개발 및 보전에 관한 계획의 기본이 된다."라고 규정하고 있으며, 동법 제8조제1항에서는 "중앙행정기관의 장이나 지방자치단체의 장은 다른 법률에 따라 토지이용에 관한 지역·지구·구역 또는 구획 등을 지정하려면 그 구역 등의 지정목적이 이 법에 따른 용도지역·용도지구 및 용도구역의 지정목적에 부합되도록 하여야 한다."라고 규정하고 있어 국토계획 관련 특별법에 따른 개발계획 등에 비하여 상위의 지위를 가지는 것으로 이해된다.

그러나 일반법에 비하여 특별법이 우선하기 때문에 일반법인 「국토계획법」에 근거한 계획에 비해 특별법에 의한 계획이 상위계획으로 인정된다. 도시기본계획의 내용을 의제하고 있는 특별법과 그 내용들을 살펴보면 다음과 같다. 「기업도시개발특별법」은 제11조에서 '국토교통부장관이 기업도시 개발계획을

5) 의제란 실제로 존재하지 않는 사안에 대하여 인정하도록 법률상 확정을 의미하는 것이다. 이는 어떠한 상황의 발생과 더불어 행정행위가 발해진 것으로 간주하는 것이다.

고시한 때에는 도시기본계획의 수립 또는 변경과 이에 관한 국토교통부장관의 승인이 있은 것으로 본다'고 규정하면서 시·군 지역에서 개발구역이 지정되는 경우에는 개발구역 외의 지역에 대한 도시기본계획 변경안을 마련하여 당해 시·군에 제출한 경우에 한하여 도시기본계획을 의제하고 있다. 이는 「택지개발촉진법」, 「공공주택특별법」, 「경제자유구역의 지정 및 운영에 관한 법」, 「신발전지역 육성을 위한 투자촉진특별법」, 「공공기관 지방이전에 따른 혁신도시 건설 및 지원에 관한 특별법」, 「주한미군 공여구역주변지역 등 지원특별법」, 「주한미군 공여구역주변지역 등 지원특별법」, 「산업단지 인·허가 절차 간소화를 위한 특례법」[6] 등에 의한 수립된 계획들도 원칙적으로 도시기본계획을 의제하고 있다.

제 2 절 지역계획 및 부문별 계획

우리나라의 국토공간계획 제도는 현행 도시계획 체계 외부에서 도시계획에 영향을 미치는 타 부문 계획제도에 관한 것이다. 이러한 타 부문 계획은 지역계획 부문과 부문별 국가계획으로 나눌 수 있다.

지역계획 부문은 도시계획에 직접적인 영향을 미치는 국가계획으로, 특정 지역을 대상으로 하며 도시계획의 상위계획에 해당한다. 「국토기본법」 제16조 제1항에서는 "중앙행정기관의 장 또는 지방자치단체의 장은 지역 특성에 맞는 정비나 개발을 위하여 필요하다고 인정할 경우, 관계 중앙행정기관의 장과 협의하여 관계 법률에 따라 지역계획을 수립할 수 있다"고 규정하고 있다. 이에 따라 수도권 발전계획과 지역개발계획이 대표적인 지역계획으로 제시된다.

수도권 발전계획은 "수도권에 과도하게 집중된 인구와 산업의 분산 및 적정 배치를 유도하기 위해 수립하는 계획"으로 정의되며, 지역개발계획은 "성장 잠재력을 보유한 낙후지역 또는 거점지역과 그 인근 지역을 종합적·체계적으

6) 이 법은 특례법으로 어떤 법률에서 규정하고 있는 내용에 대하여 특례를 규정함을 목적으로 제정된 법률을 뜻하는 것으로 특별법과는 다른 지위를 가지고 있다.

로 발전시키기 위해 수립하는 계획”으로 규정되어 있다.

부문별 국가계획은 「국토기본법」 제16조에 따라 중앙행정기관의 장이 소관 업무에 관해 국토 전역을 대상으로 수립할 수 있는 계획으로, 중앙행정의 종적 분담체계 속에서 구성된다. 법령은 이들 계획을 수립할 때 국토종합계획의 내용을 반영하고, 그와 상충되지 않도록 할 것을 명시하고 있다. 부문별 국가계획은 강력한 법적 권한과 예산의 뒷받침을 통해 각 부문별 국가정책을 실현하는 체계를 갖추고 있다.

따라서 본 절에서는 이와 같은 타 계획들과 도시계획 간의 정합성 문제를 중심으로, 계획 간 조정과 연계의 중요성을 살펴보고자 한다.

| 2.1 | 지역계획과 법제도

1. 수도권

우리나라는 1960~70년대 고도성장기를 거치며 서울을 중심으로 한 수도권에 인구, 산업, 교육, 기반시설 등 각종 국가 자원이 급속히 집중되었다. 이로 인해 비수도권 지역은 인구 유출과 산업기반 약화로 공동화 현상이 심화되었으며, 수도권은 과밀화에 따른 주거난, 교통 혼잡, 환경오염 등 복합적인 사회·환경적 문제에 직면하게 되었다. 이러한 수도권 집중 현상을 시급히 해소하고 국토의 균형발전을 유도하기 위해, 1982년 「수도권정비계획법」을 제정하였다. 이 법은 서울, 인천, 경기를 하나의 수도권 권역으로 묶어 국가가 직접 개입·관리하는 체계를 마련하였으며, 수도권의 무분별한 팽창을 억제하고 계획적 정비와 규제를 통해 지방으로의 기능 분산을 유도하는 것을 핵심 목적으로 한다. 나아가, 「수도권정비계획법」은 단순한 도시계획을 넘어, 국가 공간정책의 중추적 수단으로서 수도권의 정비·관리·통제를 위한 종합적이고 법적인 기반을 제공하는 역할을 수행하고 있다.

수도권 관련 법률 및 계획

▸ **수도권정비계획법**

- 수도권정비계획-추진계획

① 수도권정비계획: 중앙행정기관의 장, 서울특별시장 · 광역시장 또는 도지사 의견 → 국토교통부장관 수도권 정비계획 입안 → 수도권정비위원회 심의 → 국무회의 심의 → 대통령 승인

② 추진계획: 중앙행정기관의 장 및 시 · 도지사, 소관별 추진 계획 수립 → 국토교통부장관에게 제출 → 수도권정비위원회 심의 → 계획 확정 → 국토교통부장관, 중앙행정기관의 장 및 시 · 도지사 통보

2. 지역균형발전

앞서 언급한 바와 같이 1960년대 후반 이후 수도권으로의 인구와 산업 집중이 심화되면서, 우리나라는 국토의 불균형발전에 따른 지역 간 격차와 지방의 공동화 현상이 본격화되었다. 이에 따라 정부는 수도권 집중을 억제하고 지방으로의 기능 분산을 유도함으로써, 전국이 고르게 성장하는 국토구조를 형성하고자 하는 지역균형발전정책을 국가 차원의 핵심 과제로 설정하고 지속적으로 추진해 왔다.

이러한 정책적 흐름은 2004년 「국가균형발전특별법」의 제정(법률 제7061호)을 통해 제도화되었으며, 국가 차원에서 수립하는 국가균형발전계획과 지역 단위에서 마련하는 지역혁신발전계획을 통해 구체적으로 실행되었다. 이후 2023년에는 「국가균형발전특별법」과 「지방자치분권 및 지방행정체제 개편에 관한 특별법」을 통합하여 「지방분권균형발전법」을 제정하였고, 기존 국가균형발전계획은 지방시대종합계획 및 시·도 지방시대계획으로 개편하였다. 이를 통해 중앙정부 중심의 균형발전전략에서 벗어나, 지역 주도형 균형발전 체계로 전환하고자 하였다.

국토균형발전정책은 단순한 재정 이전이나 규제 완화 수준을 넘어, 행정기능 및 산업기능의 분산을 실현할 수 있는 거점도시 조성으로 구체화되었다. 이를 위하여 다양한 특별법이 제정되었으며, 대표적인 사례는 다음과 같다.

- **행정중심복합도시**: 참여정부 시기 추진된 「신행정수도의 건설을 위한 특별 조치법」이 2004년 위헌 판결을 받자, 그 대안으로 「신행정수도 후속대책을 위한 연기·공주지역 행정중심복합도시 건설을 위한 특별법」을 제정하였으며, 이에 따라 세종특별자치시를 행정을 중심 기능으로 수행하는 복합도시로 조성하고 있다.
- **혁신도시**: 수도권에 집중된 공공기관을 지방으로 이전하고, 해당 지역을 지역성장 거점으로 육성하기 위해 「공공기관 지방이전에 따른 혁신도시 건설 및 지원에 관한 특별법」을 제정하고, 이에 따라 전국 10개 권역에 혁신도시가 조성하였다. 2017년 공공기관 1차 이전과 혁신도시의 건설이 어느 정도 마무리되면서, 조성된 혁신도시의 발전을 도모하기 위하여 「혁신도시 조성 및 발전에 관한 특별법」으로 개정하였다.
- **기업도시**: 민간 주도의 자족형 경제거점 도시를 조성하기 위해 「기업도시개발특별법」을 제정하였으며, 이를 통해 강원 원주, 충북 충주, 충남 태안, 전남 영암·해남 등에서 기업도시 개발을 추진하였다.

그리고 이러한 도시개발을 뒷받침하기 위해 「행정중심복합도시건설특별회계」와 「국가균형발전특별회계」를 설치하여 기반시설 구축, 이전 비용 보전 등 재정적 지원을 병행하고 있다.

한편, 기존의 「지역균형개발 및 지방중소기업육성에 관한 법률」에 따라 추진되던 광역권 개발계획, 특정지역 개발계획, 개발촉진지구 개발계획 등은 2016년 법령 폐지로 중단되었다. 그 대안으로 2015년 제정된 「지역 개발 및 지원에 관한 법률」은 지역개발계획을 수립하고, 지역개발사업구역 지정 및 실시계획 승인 등의 절차를 통해 지역의 물리적·공간적 개발을 지원하는 체계를 새롭게 정립하였다.

또한, 2021년에는 「지역중소기업 육성 및 혁신촉진 등에 관한 법률」을 제정하면서 국가 차원의 중소기업 육성 종합계획 및 시·도별 지역중소기업 혁신촉진계획을 수립하고, 지역 산업기반의 성장과 일자리 창출을 동시에 도모하고 있다.

지역개발계획 관련 법률 및 계획

- **지역 개발 및 지원에 관한 법률**
  - 지역개발계획-지역개발사업구역-실시계획
- **지방자치분권 및 지역균형발전에 관한 특별법**
  - 지방시대종합계획-초광역발전계획 및 시행계획-시·도지방시대계획 및 시행계획
- **혁신도시 조성 및 발전에 관한 특별법**
  - 이전공공기관 지방이전계획-혁신도시 종합발전계획-혁신도시개발예정지구-개발계획-실시계획
- **기업도시개발특별법**
  - 기업도시개발구역 지정-기업도시개발계획-실시계획
- **신행정수도 후속대책을 위한 연기·공주지역 행정중심복합도시 건설을 위한 특별법**
  - 예정지역 및 주변지역 지정·관리-행정중심복합도시광역도시계획-기본계획-개발계획

3. 제주도

제주도는 우리나라에서 가장 먼저 광역 단위의 특별자치도로 지정되어 있으며, 중앙정부로부터 폭넓은 자치권한과 독립적 개발권한을 위임받은 지역이다. 이는 제주도가 지리적으로 고립되어 있으면서도 자연·문화·관광 자원이 풍부하고, 국제적 접근성이 용이하다는 점에서 국가 차원의 전략적 개발 대상지로 인식된 데에서 출발한다.

이를 제도적으로 뒷받침하기 위해 2006년 「제주특별자치도 설치 및 국제자유도시 조성을 위한 특별법」이 제정되었으며, 기존의 제주도를 법적으로, 행정적으로, 정책적으로 특별 관리대상 지역으로 설정하였다. 이 특별법은 제주특별자치도의 행정체계 개편과 국제자유도시 조성을 통한 국가경쟁력 제고를 동시에 목표로 한다.

이 법은 일반광역자치단체에 적용되는 「지방자치법」과는 달리 제주도에 특별한 자치·개발 권한을 부여하여 보다 독립적이고 자율적인 지역 운영이 가능하도록 설계하였다.

- **행정체계의 단순화와 고도의 자치권 부여:**
  - 제주도는 기초지자체(제주시, 서귀포시)를 폐지하고, 도 단일 행정체계를

운영하는 국내 유일의 광역단일 자치구조를 갖추고 있음
- 교육·보건·환경·국제협력·외국인 투자유치 등 다양한 분야에서 중앙정부의 승인 없이 조례로 자율 결정 가능
- 도지사의 권한 강화와 함께 지역 내 공공기관의 인사·조직·예산권도 확대

- **세계평화의 섬 지정**: 제주도는 한반도의 군사적 긴장 완화와 국제적 평화교류의 장으로서 2005년 '세계평화의 섬'으로 지정되었으며, 국제회의, 문화교류, 생태보전 등과 연계한 지속가능한 글로벌 브랜드 구축을 정책적으로 추진하고 있음

제주도는 단순한 지방자치단체를 넘어, 동북아시아의 전략적 허브로 육성되기 위해 '국제자유도시'를 핵심 비전으로 삼고 있다. 이를 실행하기 위한 종합계획은 제주국제자유도시개발센터(JDC)가 중심이 되어 수립·추진되고 있다.

- **국제자유도시개발종합계획**: 제주를 관광, 물류, 교육, 의료, 금융, 첨단산업의 복합 거점으로 육성하기 위한 최상위 개발 마스터플랜으로 각 권역별 핵심 기능을 분산 배치하여 균형발전형 도시 구조 구현
- **광역시설계획**: 국제자유도시의 기능 수행을 위한 기반 인프라 개발 전략을 포함하고 있으며, 공항, 항만, 철도, 고속도로, 상·하수도, 에너지 공급계획 등을 포함한 장기 교통·환경 기반시설 투자계획을 수립
- **민자유치계획**: 제주에 대한 외국인 직접투자(FDI) 및 국내 민간자본 유치 확대를 위한 제도적 지원과 인센티브를 제공하고, 외국교육기관, 의료기관, 관광리조트 등 다양한 국제 민간사업 유치를 위한 법·제도적 기반 마련

이와 함께 제주는 생태적으로 민감한 자연환경을 보유하고 있어, 개발계획과 더불어 환경보전 계획도 법적 수준에서 병행되고 있다.

- **자연환경보전기본계획**: 제주도 내 산림, 습지, 해양 생태계 등 생물다양성 보호를 위한 종합적 관리지침으로 생태축, 보호구역, 유네스코 생물권보전지역 등에 대한 체계적인 관리계획을 포함하고 있음
- **수자원관리종합계획**: 제주도는 지하수에 의존하는 섬지역이어서 지속가능한 물 이용과 보호가 절대적임. 따라서 수자원 조사, 지하수 보전지역 설정, 관정 관리, 중장기 수요 예측 등이 포함된 통합 관리계획 수립

제주도 관련 법률 및 계획

- **제주특별자치도 설치 및 국제자유도시 조성을 위한 특별법**
  - 제주특별자치도설치 · 세계평화의 섬 지정
  - 국제자유도시개발종합개발계획-광역시설계획-민자유치계획
  - 자연환경보전기본계획
  - 수자원관리종합계획

4. 경제특화발전

1990년대 이후 세계화와 신자유주의 흐름 속에서 세계 각국은 무역장벽을 낮추고 외국인 투자(FDI)를 유치하기 위한 다양한 제도적 장치를 마련해 왔다. 우리나라도 이러한 변화에 발맞춰, 개방형 경제시스템 구축, 첨단산업 육성, 지역 균형발전, 글로벌기업 유치 등을 목표로 특정지역에 대해 차별화된 법적 지위를 부여하고, 맞춤형 지원과 규제완화를 제공하는 다양한 특화지구 제도를 도입하였다.

이 가운데 주요한 세 가지 제도를 살펴보면, 첫째, 지역산업 육성과 규제완화에 중점을 둔 특구 제도, 둘째, 수출 및 제조 기반 조성을 위한 자유무역지역(FTZ: Free Trade Zone) 제도, 셋째, 글로벌기업 유치와 복합도시 개발을 위한 경제자유구역(FEZ: Free Economic Zone) 제도이다.

경제특화발전 관련 법률 및 계획

- **규제자유특구 및 지역특화발전특구에 관한 규제특례법**
  - 지역특화발전특구계획-특구지정신청-특구지정-규제특례
- **자유무역지역의 지정 및 운영에 관한 법률**
  - 자유무역지역-자유무역지역의 예정지역 지정
- **경제자유구역의 지정 및 운영에 관한 특별법**
  - 경제자유구역기본계획-경제자유구역발전계획-경제자유구역지정

5. 특정지역 개발 및 보전

우리나라는 국토의 균형발전과 함께 환경보전, 문화유산 보호, 안보 및 국토 주권 강화 등 다면적인 목적을 달성하기 위해 일반적인 지역계획과는 구분되는 '특정지역'을 대상으로 한 개발 및 보전 정책을 별도로 추진하고 있다. 이들 특정지역은 지리적·역사적·환경적·정치적 측면에서 특수성을 지닌 만큼, 각각의 특수 목적에 따라 개별 특별법을 통해 관리되고 있으며, 해당 법률은 지역 지정 → 중장기 종합계획 수립 → 연차별 시행계획 및 사업추진의 구조를 갖는다. 주요 법률별 계획제도는 다음과 같다.

첫째, 「연안관리법」에 의한 연안통합관리계획과 그에 따른 정비계획 및 정비사업, 둘째, 「접경지역 지원 특별법」에 의한 경기도와 강원도의 접경지역의 계획과 관리, 셋째, 「폐광지역 개발 지원에 관한 법률」에 의해 폐광지역 개발과 환경보전에 관한 계획, 넷째, 「섬 발전 촉진법」에 의한 개발대상 섬에 대한 사업계획, 다섯째, 「독도의 지속가능한 이용에 관한 법률」에 의한 독도의 지속가능한 이용을 위한 기본계획, 여섯째, 「고도(古都)보존에 관한 특별법」에 의해 고도보존육성기본계획이 있다.

특정지역 개발 및 보전 관련 법률 및 계획

- **연안관리법**
  - 연안통합관리계획-연안관리지역계획-연안정비계획-연안정비사업
- **접경지역 지원 특별법**
  - 접경지역지정-접경지역종합계획-연도별 사업계획
- **폐광지역 개발 지원에 관한 특별법**
  - 폐광지역진흥지구지정-개발계획-폐광지역환경보전계획수립
- **섬 발전 촉진법**
  - 개발대상섬지정-사업계획
- **독도의 지속가능한 이용에 관한 법률**
  - 독도의 지속가능한 이용을 위한 기본계획-시행계획
- **고도 보존 및 육성에 관한 특별법**
  - 고도지정-고도보존육성기본계획

| 2.2 | 부문별 계획과 법제도

부문별 국가계획은 내용과 성격으로 보아 크게 ① 교통·물류, ② 주택, ③ 산업입지 및 유통, ④ 농업, 농산어촌, 산림, ⑤ 환경, ⑥ 관광 ⑦ 재해, 재난, 수자원 ⑧ 문화예술, ⑨ 군사부문 등 9개 부문으로 구분할 수 있다.

1. 교통 및 물류 부문

교통 및 물류 부문은 국가경쟁력의 핵심 기반으로, 기반시설 구축, 지역 간 연결성 강화, 환경친화적 전환, 안전 확보, 교통약자 배려, 신기술 적용 등 다양한 정책 목표를 실현하기 위한 법제와 계획체계를 갖추고 있다.

교통·물류 분야의 계획은 다음과 같이 다층적인 체계로 이루어져 있다.

- **종합교통계획**: 국가기간교통망계획 → 대도시권광역교통계획 → 도시교통정비계획
- **개별 교통계획**: 대중교통계획, 도시철도계획, 교통약자 계획, 자전거, 교통안전 등
- **개별 시설계획**: 도로, 철도, 항만, 공항, 주차장 등 교통수단별 시설계획
- **물류계획**: 국가물류기본계획, 지역물류계획, 물류시설개발계획 등
- **회계지원**(교통시설특별회계): 도로·철도·공항·항만 등 분야별 계정 운영

교통부문 계획은 국가기간교통망계획 - 대도시권광역교통계획 - 도시교통정비계획이라는 체계의 종합교통계획 체계와 개별적 교통으로 나뉘어져 있다.

종합교통계획체계는 다음과 같다.

첫째, 「교통체계효율화법」에 의한 국가기간교통망계획을 수립하고, 그 계획에 따라 고속국도, 국도, 국가지원지방도, 철도, 공항, 무역항, 복합화물터미널 등 교통시설투자계획이 뒷받침하고 있다.

둘째, 「대도시권 광역교통관리에 관한 특별법」에 의해 대도시권 광역교통계획을 수립하고 이를 시행·추진하기 위한 계획이 뒤따르고 있다. 또한 대도시권의 대규모 개발사업에 따른 광역교통개선대책을 마련하고 있다.

셋째, 「도시교통정비촉진법」에 의한 도시교통정비계획을 장기·중기·연차별 시행계획으로 구분하여 추진하고 있다.

교통계획 부문 관련 법률 및 계획

▸ **국가통합교통체계효율화법**

- 국가기간교통망계획-중기교통시설투자계획(고속국도, 국도, 국가지원지방도, 철도, 공항, 무역항, 복합화물터미널)

▸ **대도시권 광역교통관리에 관한 특별법**

- 대도시권광역교통기본계획-추진계획-광역교통특별대책

▸ **도시교통정비촉진법**

- 도시교통정비지역의 지정 · 고시-교통권역의 지정 · 고시
- 도시교통정비기본계획-중기계획-연차별 시행계획

▸ **대중교통의 육성 및 이용 촉진에 관한 법률**

- 대중교통기본계획-지방대중교통계획-연차별시행계획

▸ **도시철도법**

- 도시철도망구축계획-노선별 도시철도기본계획-사업계획

▸ **교통약자의 이동편의 증진법**

- 교통약자 이동편의 증진계획-지방교통약자 이동편의 증진계획

▸ **자전거 이용 활성화에 관한 법률**

- 자전거 이용 활성화계획-특구지정신청-특구지정-규제특례

▸ **교통안전법**

- 국가교통안전기본계획-지역교통안전기본계획

▸ **회계: 교통시설특별회계법**

다음으로 개별적 교통계획은 다음과 같다.

첫째, 「대중교통의 육성 및 이용촉진에 관한 법률」에 의한 국가대중교통기본계획 - 지방 대중교통계획 - 연차별 시행계획이라는 정책과 집행계획을 함께 가지고 있는데, 대중교통 중심 도시구조 전환 및 교통복지 향상을 도모하고 있다.

교통시설 부문 관련 법률 및 계획

▸ **도로법**

• 국가도로망종합계획-도로건설 · 관리계획

▸ **농어촌도로정비법**

• 도로기본계획-도로정비계획-도로사업계획

▸ **유료도로법**

• 유료도로의 신설 및 개축

▸ **철도의 건설 및 철도시설 유지관리에 관한 법률**

• 국가철도망구축계획-철도건설사업별 기본계획-철도건설사업별 실시계획

▸ **철도산업발전기본법**

• 철도산업발전기본계획-철도산업구조개혁기본계획

▸ **철도안전법**

• 철도안전종합계획-시행계획

▸ **항만법**

• 항만기본계획-항만개발사업실시계획-항만배후단지개발 종합계획

▸ **신항만건설촉진법**

• 신항만건설기본계획- 예정지역 지정-실시계획

▸ **공항시설법**

• 공항개발 종합계획-공항개발 기본계획-실시계획

▸ **여객자동차운수사업법**

• 여객자동차운송사업 수급계획

▸ **사회기반시설에 대한 민간투자법**

• 민간투자사업기본계획-민간투자대상사업 지정

• 민간투자시설사업기본계획-실시계획

▸ **회계: 교통시설특별회계법**

둘째, 「도시철도법」에 의한 도시철도기본계획 - 사업계획이라는 정책과 집행계획 체계를 통하여 지하철, 경전철과 같은 도시 내 철도 기반 교통 확충을 도모한다.

셋째, 「교통약자의 이동편의 증진법」에 의한 국가·지방 교통약자 이동편의 증진계획은 장애인·고령자·임산부 등 이동권 보장을 목적으로 하고 있다.

넷째, 「자전거이용 활성화에 관한 법률」은 자전거 이용 활성화 계획과 특구 지정 및 규제 특례를 통하여 자전거도로, 공공자전거 등 기반을 확대하고자 한다.

다섯째, 「교통안전법」에 의한 국가교통안전기본계획과 지역계획을 통하여 사고예방, 운전자 교육, 스마트안전시스템 구축을 목적으로 하고 있다.

한편, 개별 시설계획에 대한 법률과 계획체계는 다음과 같다.

첫째, 「도로법」에 의해 국가도로망종합계획, 건설·관리계획을 수립한다.

둘째, 「농어촌도로정비법」에 의한 도로기본계획, 정비계획, 도로사업계획을 수립한다.

셋째, 「유료도로법」에 의해 유료도로의 신설 및 개축을 시행한다.

넷째, 「철도의 건설 및 철도시설 유지관리에 관한 법률」에 의하여 국가철도망구축계획, 철도건설사업별 기본계획, 철도건설사업별 실시계획을 수립하고 있다.

다섯째, 「철도산업발전기본법」에 의한 철도산업발전기본계획과 철도산업구조개혁기본계획을 수립한다.

여섯째, 「철도안전법」에 의해 철도안전종합계획과 시행계획을 수립한다.

일곱째, 「항만법」에 의한 항만기본계획과 항만개발사업실시계획을 수립하며, 배후단지에 대하여 항만배후단지개발 종합계획을 수립한다.

여덟째, 「신항만건설촉진법」에 의한 신항만건설기본계획 및 실시계획을 수립하고, 예정지역에 대한 지정을 한다.

아홉째, 「항공시설법」에 따라 공항개발 종합계획과 공항개발 기본계획 그리고 실시계획을 수립한다.

열째, 「여객자동차운수사업법」에 의해 여객자동차운송사업 수급 계획을 수립한다.

열한째, 「사회기반시설에 대한 민간투자법」에 의한 민간투자사업기본계획을 수립하고 민간투자대상사업 지정하며, 민간투자시설에 대해서는 민간투자시설사업기본계획과 실시계획을 수립한다.

교통시설 설치를 위하여 특별회계를 두고 있는데, 도로, 철도, 공항 및 항만의 원활한 확충과 효율적인 관리·운영을 위하여 「교통시설특별회계법」에 의하여 교통시설 특별회계를 설치하여 예산을 뒷받침하고 있다. 이 회계는 도로계정, 철도계정, 대중교통계정, 공항계정, 광역교통시설계정, 항만계정으로 구분하여 교통시설의 확충과 관리·운영을 뒷받침하고 있다.

다음으로 물류정책 및 계획부문이 있다. 물류는 경제활동의 핵심 기반으로서, 교통·유통·산업의 통합과 물류 효율화, 경쟁력 강화를 위한 체계적인 계획 수립이 요구된다. 이에 따라 우리나라는 다음과 같은 주요 법률과 계획을 통해 물류정책을 다층적이고 연계성 있게 추진하고 있다.

그리고 물류부문에 대한 계획은 다음과 같다.

첫째, 「물류정책기본법」은 국가 물류정책의 기본 방향을 정립하고, 이를 체계적이고 통합적으로 추진하기 위한 법적 근거를 제공한다. 이 법에 따라 국가물류기본계획, 연도별 시행계획, 지역물류기본계획이 수립된다.

둘째, 「물류시설의 개발 및 운영에 관한 법률」에 따라 물류거점 개발계획을 수립하는데, 물류 효율화를 위한 기반시설 확충을 목표로 한다. 이 법은 전국적인 물류시설의 공급, 입지, 운영방식을 체계화하기 위해 주요 물류시설의 공급과 입지계획을 종합적으로 담은 물류시설개발종합계획과 복합물류터미널 사업을 추진한다. 도로, 철도, 항만, 공항 등 다양한 운송수단 간 연계를 통해 물류의 원스톱처리를 가능하게 하는 복합물류터미널은 현대 물류의 핵심 거점 역할을 한다.

물류부문 법률 및 계획

- **물류정책기본법**
  - 국가물류기본계획-연도별 시행계획-지역물류기본계획
- **물류시설의 개발 및 운영에 관한 법률**
  - 물류시설개발종합계획-복합물류터미널 사업

2. 주택 부문

우리나라 헌법 제35조제3항에서 "국가는 주택개발정책등을 통하여 모든 국민이 쾌적한 주거생활을 할 수 있도록 노력하여야 한다."고 규정할 만큼 주택부문은 공공성이 큰 헌법사항이다. 이처럼 주택정책은 국민의 주거 안정과 삶의 질 향상을 위한 핵심 공공정책으로서, 공공과 민간이 협력하여 다양한 유형의 주택을 공급하고 관리할 수 있도록 다층적인 법·제도적 장치가 마련되어 있다. 대표적으로 「주택법」, 「공공주택특별법」, 「민간임대주택에 관한 특별법」이 주택부문의 3대 축을 형성하며, 이들은 각각의 목적과 수단에 따라 계획과 사업을 구체화하고 있다.

첫째, 「주택법」에 따른 국가주택정책 및 주택사업 계획이다. 「주택법」은 주택정책의 기본법으로서, 주택의 건설·공급·품질관리·리모델링·사업자 등록·하자보수 등 주택 전반을 규율한다. 이 법에 따라 다음과 같은 계획이 수립되고 시행된다.

- **국가주택종합계획**: 주택공급의 중장기 수급 목표와 정책 방향을 설정하는 10년 단위의 최상위 주택정책 계획
- **시·도 주택종합계획**: 국가계획과 연계하여 각 광역지자체가 수립하는 지역 단위 계획으로, 지역의 주택 수요 예측, 공급계획, 정비사업 추진 방향 등을 포함
- **사업계획 승인제도**: 주택사업자는 일정 규모 이상의 대지조성사업 또는 주택건설사업을 추진하려면 지자체로부터 사업계획 승인을 받아야 함. 계획에는 토지이용, 주택유형, 기반시설, 건설일정 등이 포함되며, 이는 실질적인 주택공급 단계에서 가장 핵심적인 행정절차임

둘째, 「공공주택특별법」에 따른 공공주택 공급 및 도시재생형 공급 모델이다. 「공공주택특별법」은 공공이 주도하는 대규모 주택공급 체계를 마련하기 위한 법률로, 주로 서민과 중산층의 주거 안정을 위한 분양 및 임대주택 공급에 초점이 맞춰져 있다.

- **공공주택지구 지정**: 공공주택을 공급하기 위해 국토교통부장관 또는 지방자치단체장이 국토이용계획에 따라 지정하는 개발지구. 해당 지구 내에서는 공공주택사업자가 토지 수용, 기반시설 조성, 주택 건설 및 공급을

일괄적으로 추진함

- **공공주택사업**: 공공주택지구에서 추진되는 실질적인 개발사업으로, 공공분양주택과 공공임대주택이 공급되며, 한국토지주택공사나 지방공사 등이 주사업자가 됨
- **도심공공주택복합지구 및 사업**: 2021년 이후 추진된 도시 재생형 공급 방식으로, 역세권, 저층주거지, 준공업지역 등에 복합개발 방식을 통해 고밀도로 공공주택을 공급하는 사업

셋째, 「민간임대주택에 관한 특별법」은 민간의 참여를 유도하여 임대주택 공급을 다변화하며, 장기적으로 공공의 부담을 줄이면서 안정적인 임대시장 기반을 마련하는 데 기여한다. 이 법은 민간이 주체가 되어 임대주택을 안정적으로 공급하고, 공공은 이를 지원하는 민간참여형 주택정책의 핵심 제도이다. 장기임대주택의 공급을 촉진하고 임차인의 주거 안정을 동시에 도모한다.

- **민간임대주택건설 및 등록제도**: 일정 규모 이상의 민간 임대사업자는 임대등록을 통해 세제혜택, 금융지원 등을 받을 수 있으며, 등록된 주택은 임대료 및 임대기간을 일정 범위 내에서 제한받음
- **토지 등 우선공급제도**: 민간임대사업자에게 국·공유지 또는 개발지구 내 택지를 우선 공급하여 사업의 초기 부담을 완화하고, 공급 참여를 유도
- **공공지원민간임대주택 촉진지구 및 사업**: 공공이 제도적 기반과 일부 재정을 지원하고, 민간이 직접 임대주택을 건설·운영하는 방식

주택부문 관련 법률 및 계획

▸ **주택법**

- 국가주택종합계획-시도주택종합계획-사업계획(대지조성 및 주택공급)

▸ **공공주택특별법**

- 공공주택지구지정-공공주택사업(공공(분양, 임대)주택 공급)
- 도심공공주택복합지구-도심공공주택복합사업

▸ **민간임대주택에 관한 특별법**

- 임대주택건설-토지 등의 우선공급
- 공공지원민간임대주택 공급촉진지구-공공지원민간임대주택 건설사업

3. 산업입지 및 유통부문

1) 산업입지부문

국가의 산업입지정책은 산업의 생산성과 경쟁력 제고, 지역 간 균형발전 실현, 기업 활동의 효율성 향상이라는 세 가지 핵심 목표를 달성하기 위해 수립된다. 산업 활동의 공간적 배치와 집적을 통해 규모의 경제 효과를 창출하고, 기업 간의 연계와 기술혁신을 촉진함으로써, 국가 산업구조의 고도화를 유도하는 데 그 정책적 목적이 있다.

이러한 산업입지정책은 단일 법률에 의해 운영되지 않고, 총괄적 기본법인 「산업집적활성화 및 공장설립에 관한 법률」(이하 「산업집적법」)을 중심으로 하여, 산업의 유형·성장단계·공간 특성에 따른 개별 법률이 유기적으로 결합된 다층적 입지 정책체계로 구성되어 있다. 이는 산업단지의 계획-조성-관리-공장설립에 이르는 전 생애주기에 걸쳐 통합적으로 관리·지원할 수 있는 체계를 형성한다는 점에서 매우 중요한 정책 도구로 기능하고 있다.

특히, 현대 산업환경의 급변과 기술 패러다임의 전환에 따라, 산업입지정책은 단순한 물리적 공간의 제공을 넘어, 산업구조 개편, 첨단산업 유치, 창업·벤처 생태계 조성, 지역기반 산업 육성 등 다양한 기능을 포괄하는 전략적 공간정책으로 진화하고 있다. 총괄법인 「산업집적법」은 산업입지정책의 기본방향과 핵심계획 수립을 주도하며, 이와 함께 다수의 개별법들은 산업의 성격, 기술 수준, 입지 여건에 맞춰 맞춤형 산업단지 유형 및 지원정책을 설계한다. 예를 들어, 첨단기술 산업을 위한 도시첨단산업단지, 지역 중소기업을 위한 농공단지, 기술 창업 지원을 위한 산업기술단지, 외국인 투자를 위한 외국인투자지역 등이 이에 해당한다.

아울러 디지털 전환, 탄소중립, 탈세계화와 같은 거시적 변화에 대응하기 위해 산업입지정책 역시 저탄소 스마트산단, 도심형 복합 산업공간, 글로벌 공급망 연계형 산단 등의 새로운 형태로의 재편이 요구된다. 이에 따라, 향후에는 보다 유연하고 전략적인 법제체계로의 발전, 정책 간 연계성 강화, 지속가능성과 혁신성을 고려한 입지모델 구축이 중장기적 과제가 될 것이다.

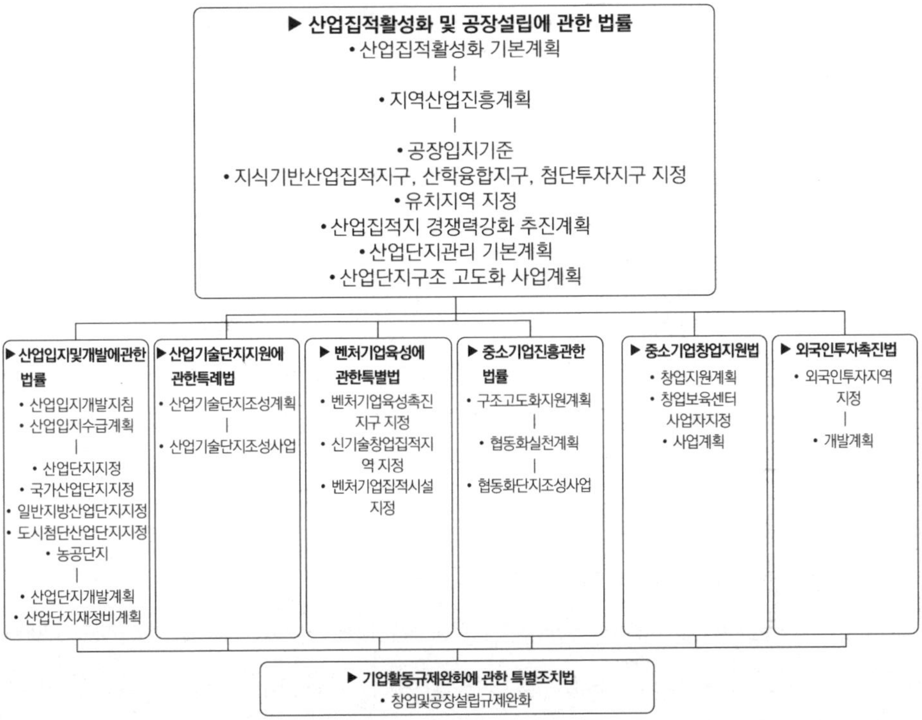

자료: 전국시·도지사협의회(2007. 9)를 토대로 재작성

가. 종합적 산업입지 정책

「산업집적법」은 국가의 산업입지정책을 총괄하는 기본 법률로, 정책 체계의 구축에서부터 정부의 기본계획 수립, 산업단지의 지정·관리, 그리고 공장설립 절차에 이르기까지 폭넓은 기능을 수행한다.

정책계획 체계는 산업집적활성화기본계획 → 지역산업진흥계획 → 공장입지기준의 위계로 구성된다. 산업집적활성화기본계획은 국가 산업공간정책의 비전과 방향성을 제시하는 최상위 계획으로, 산업구조 변화, 기술혁신, 탄소중립 등 거시적 변화와 연계한 입지전략을 포함한다. 지역산업진흥계획은 시·도지사 및 인구 50만 이상 대도시의 시장이 수립하며, 지역별 산업 특성과 수요를 반영해 국가 계획을 구체화한다. 공장입지기준은 환경보전과 국토의 효율적 이용을 고려하여 공장이 입지할 수 있는 지역, 조건, 유형 등을 명확히 규정한다.

이러한 계획을 바탕으로, 「산업집적법」은 지식기반산업집적지구, 산학융합지구, 첨단투자지구, 산업유치지역 등을 지정한다. 또한, 산업 경쟁력 제고를 위한 산업집적지경쟁력강화추진계획, 산업구조 변화에 대응하는 산업단지구조고도화사업계획 등을 마련하고, 각 산업단지의 체계적 관리를 위해 산업단지관리기본계획을 수립한다. 이를 통해 단지별 관리·운영과 사후 정비를 일관되게 추진하고 있다.

공장설립과 관련해서는 산업단지 내 설립 절차, 개별입지 허용 기준, 행정절차 간소화 등을 규정하며, 「기업활동 규제완화에 관한 특별조치법」과의 연계를 통해 기업활동에 대한 규제를 완화하고 있다. 또한, 산업단지에 대한 사후관리, 입지허가, 규제 완화는 해당 계획과 법률의 근거에 따라 종합적으로 시행된다.

나. 개별 법률에 의한 특화 산업입지정책

첫째, 「산업입지 및 개발에 관한 법률」(이하 「산업입지법」)은 국가의 산업입지 공급과 산업단지 개발을 체계적으로 추진하기 위한 핵심 법률이다. 이 법에 따라서 먼저, 국토교통부장관이 수립한 산업입지개발지침 및 산업입지수급계획에서 공공주도의 입지수급의 기본방향을 설정한다. 이에 따라 유형별 산업단지를 지정하게 되는데, 국가산업단지, 일반지방산업단지, 도시첨단산업단지, 농공단지 등이 그것이다. 그리고, 신규 개발과 더불어 노후 산업단지의 기능개선을 위한 중장기 전략 수립을 위하여 산업단지개발계획, 산업단지재정비계획을 수립한다.

둘째, 「산업기술단지 지원에 관한 특례법」에 의하여 산업기술단지조성계획 및 조성사업을 통해 기술 기반 산업 집적지를 조성한다.

셋째, 「벤처기업육성에 관한 특별조치법」에 의해 벤처기업육성촉진지구, 신기술창업집적지역, 벤처기업집적시설 등을 지정하여 창업생태계를 육성·관리하고 있다.

넷째, 「중소기업진흥에 관한 법률」에 의해 중소기업 구조고도화지원계획 및 협동화실천계획에 따라 협동화단지 조성사업을 추진하고 있다.

다섯째, 「중소기업창업지원법」에 의하여 창업지원계획, 창업보육센터 사업자 지정, 창업사업계획 등을 통해 창업 인프라 지원을 시행하고 있다.

여섯째, 「외국인투자촉진법」에 의하여 외국기업 유치를 위한 외국인투자지역 지정 및 개발계획을 수립하고 있다.

일곱째, 「소프트웨어진흥법」에 의하여 소프트웨어진흥기본계획을 수립하고, 소프트웨어진흥단지의 지정 및 조성을 통해 ICT 기반 산업을 육성하고 있다.

여덟째, 「과학기술기본법」에 의하여 과학기술기본계획과 지방과학기술진흥종합계획을 수립하며, 연구기반 확보를 위한 과학연구단지를 조성하고 있다.

2) 유통부문

유통부문 정책은 대기업 중심의 대규모 유통채널과 소상공인 기반의 전통시장, 1차 산업 기반의 농축수산물 유통까지 광범위한 유통 생태계를 균형 있게 지원하고 있다. 「유통산업발전법」은 유통산업의 성장을 주도하고, 전통시장법이나 농축수산물유통법, 중소기업법 등은 포용적 성장과 지역균형발전을 위한 보완 정책으로 작동한다.

디지털 전환, 고령화, 인구 감소 등 사회구조의 변화 속에서, 이러한 유통정책은 단순한 산업육성을 넘어서 지역경제 회복, 고용 유지, 소비자 편익 증진이라는 다층적 정책목표를 동시에 달성하기 위한 기반으로 기능하고 있다. 이와 같이 현대의 유통환경은 글로벌화, 디지털화, 소비자 니즈의 다변화에 따라 급격히 변화하고 있다. 이에 따라 국가는 유통산업의 경쟁력을 제고하고 전통시장 등 영세상권과의 균형발전을 도모하기 위해 유통산업정책과 개별 시책을 병행하여 체계적으로 추진하고 있다. 유통부문 정책은 크게 거시적 차원의 산업발전전략과 현장 맞춤형 시책으로 구분되며, 다수의 법률과 계획 체계를 통해 실현된다.

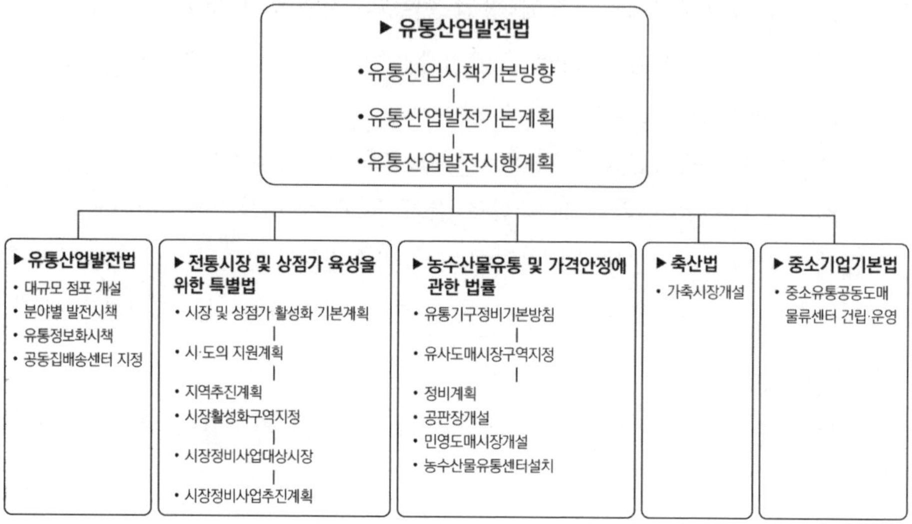

자료: 전국시·도지사협의회(2007. 9)를 토대로 재작성

가. 유통산업정책: 유통산업 전반의 발전을 위한 전략적 접근

우리나라 유통산업의 구조고도화와 글로벌경쟁력 강화를 위한 핵심 정책은 「유통산업발전법」을 중심으로 추진된다. 이 법은 유통산업의 중·장기적 발전 방향을 제시하고, 체계적 산업 육성을 위한 계획체계를 규정하고 있다.

유통산업정책 및 계획은 유통산업시책기본방향 → 유통산업발전기본계획 → 유통산업발전시행계획의 3단계로 위계화되어 있다. 유통산업시책기본방향은 정부가 설정하는 유통산업 전반의 정책 비전과 기본 방향을 규정하며, 모든 정책의 일관성과 중장기 전략 수립의 기준이 된다. 유통산업발전기본계획은 5년 단위의 법정계획으로, 유통산업 환경 분석, 정책과제 도출, 목표 설정 등을 종합적으로 담는다. 유통산업발전시행계획은 기본계획을 실현하기 위한 연차별 실행계획으로, 부문별 사업, 예산 배분, 제도개선 방안과 연계하여 추진된다.

주요 정책수단은 대규모점포 개설정책, 분야별 발전시책, 유통정보화시책으로 구분된다. 대규모점포 개설정책은 유통대기업의 신규 출점을 관리함으로써 중소상인과의 상생을 도모하고, 지역 상권 보호 및 균형 조정 기능을 수행한다. 분야별 발전시책은 편의점, 온라인몰, 백화점, 복합쇼핑몰 등 유통 업태별 특성에 맞춘 맞춤형 정책 지원을 포함한다. 유통정보화시책은 유통물류 데이터의 고도화, 스마트 물류센터 구축, 유통플랫폼의 디지털 전환 등 ICT 기반의 유통혁신을 추진한다. 또한, 공동집배송센터를 지정하여 중소유통업체의 물류공동화와 배송 효율화를 통해 물류비를 절감하고 경쟁력을 강화한다.

「유통산업발전법」에 따른 이와 같은 정책 체계는 유통산업의 지속 가능한 성장과 경쟁력 확보를 지원하며, 지역경제와 상생하는 산업 생태계 조성에도 기여하고 있다.

나. 개별 시책: 전통시장, 농축수산물, 중소유통 등 대상별 정책

개별 시책을 살펴보면 먼저, 전통시장 및 상점가 활성화를 위한 「전통시장 및 상점가 육성을 위한 특별법」이 있다. 전통시장과 골목상권은 지역경제의 근간이자 사회적 유산이다. 하지만 현대적 쇼핑환경 변화로 인해 경쟁력이 약화되고 있어, 정부는 다음과 같은 다단계 계획과 사업을 통해 지원하고 있다.

최상위에 국가 차원의 마스터플랜인 시장 및 상점가 활성화 기본계획이 있으며, 광역 및 기초지자체 단위에서 추진하는 시·도 지원계획 및 지역추진계획이 수립된다. 이와 함께 공간적 범위를 지정하여 집중 투자를 하기 위하여 시장활성화구역을 지정하고, 시장정비사업 대상 지정 및 추진계획 수립을 통하여 노후시장에 대한 환경개선, 시설 현대화, 방재·방범 시스템을 강화하고자 한다. 이러한 계획은 시장의 쇼핑환경 개선, 고객 편의 증진, 문화관광 요소 연계 등을 통해 전통시장을 지속가능한 상업 공간으로 재탄생시키는 것을 목표로 한다.

둘째, 농수산물 유통체계 개선을 위한 「농수산물 유통 및 가격안정에 관한 법률」이다. 농수산물 유통은 생산지와 소비지를 연결하는 국가 필수기반이며, 가격안정과 신선도 확보, 거래 투명성이 중요한 과제다. 이를 위해 정부는 다음과 같은 유통기반시설과 제도를 통해 체계를 정비한다. 최상위에 중장기 구조개편과 시설 재배치를 위하여 유통기구정비기본방침과 정비계획을 수립하고, 유사도매시장구역을 지정하여 경쟁력 있는 시장 모델 확대를 도모한다. 그리고 공공성과 민간 효율성 병행하기 위해 공판장 및 민영도매시장을 개설하고 대형 물류기지로서 집하·분류·저장 기능을 통합하여 농수산물유통센터를 설치하는 것으로 되어 있다. 이는 유통단계를 축소하여 가격을 안정화하고, 생산자의 소득을 보장하는 동시에 소비자의 접근성과 품질 신뢰도를 높이기 위한 것이다.

셋째, 축산물 유통 기반 조성을 위한 「축산법」이 있다. 가축시장 개설은 축산물의 집단거래 및 가격형성을 위한 기반시설로, 위생 및 품질 관리와 함께 거래의 공정성 확보를 위한 제도적 기반을 제공한다.

넷째, 중소유통 물류기반 강화를 위해 「중소기업기본법」을 두고 있다. 중소유통업체는 개별 물류 운영에 어려움이 크며, 이를 해결하기 위하여 중소유통 공동도매물류센터 건립·운영을 규정하고 있다. 이는 집배송 공동화, 공동구매를 통한 단가 절감, 첨단 물류시스템 도입 등을 통해 중소업체의 경쟁력 향상과 생존 기반 확보를 도모한다.

4. 농업, 농산어촌, 삼림부문

1) 농업 및 농어촌 부문

농업 및 농어촌 부문은 국가 식량안보 확보, 농업의 지속가능한 성장, 농촌지역의 정주환경 개선 및 균형발전, 그리고 농산어촌 주민의 삶의 질 향상을 포괄하는 중장기 정책을 포함한다. 이를 실현하기 위해 다층적인 법령체계와 종합적인 계획수립 구조를 기반으로 한다. 이 부문은 총괄 기본법인 「농업·농촌 및 식품산업기본법」을 중심으로, 삶의 질 향상, 농어촌 공간 관리, 농지이용, 어촌개발 등 기능별로 특화된 개별 법률에 따라 실천계획이 수립된다. 각 계획은 국가-광역-기초 지자체, 더 나아가 마을 단위로까지 단계별로 전개된다.

농업 및 농어촌 부문의 정책은 물리적 인프라 공급을 넘어서, 지역의 사회적 회복, 공간 재구조화, 공동체 기반의 자립적 성장 등을 포함하는 통합형 발전 전략으로 전환되고 있다. 개별 법률에 따라 수립되는 다양한 계획들은 상호 연계되어, 국가에서 마을 단위까지의 계층적 계획 체계를 구성하고 있으며, 농산어촌의 지속가능성과 회복탄력성을 높이는 방향으로 정비되고 있다.

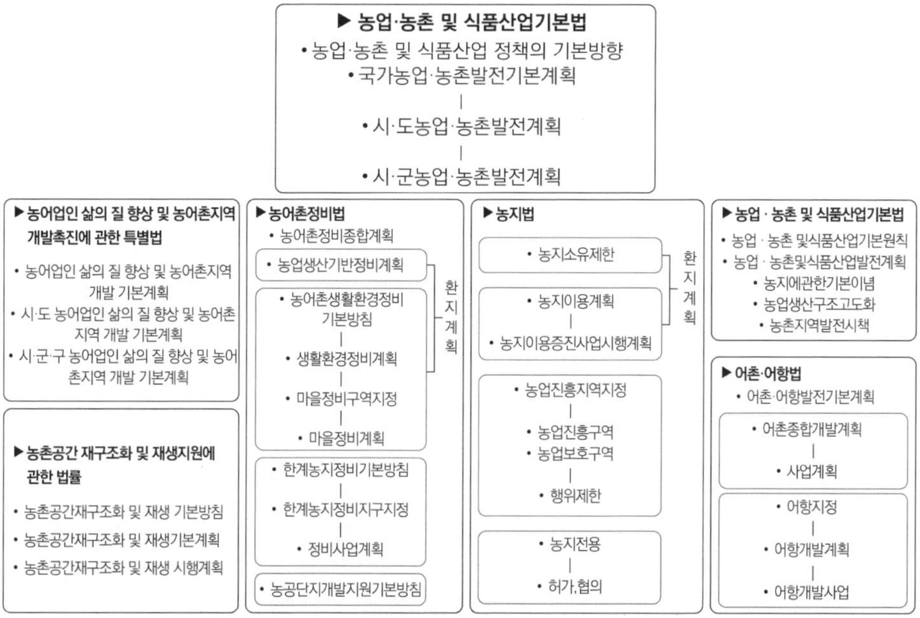

자료: 전국시·도지사협의회(2007. 9)를 토대로 재작성

가. 농업·농촌 기본정책

농업·농촌 기본정책은 식량 자급률 제고, 농촌 정주환경 개선, 농촌 고령화 대응, 지속가능한 농업기반 유지, 농식품 산업의 고부가가치화 등 종합적인 농업·농촌 발전 전략을 담고 있다. 농업의 공익적 기능을 유지하고 농촌의 활력을 회복시키기 위한 중장기 정책 방향이 제시된다.

농업·농촌 기본정책은 「농업·농촌 및 식품산업기본법」에서 규정한 농업·농촌 및 식품산업 정책의 기본방향에 따라 국가차원의 농업·농촌 및 식품산업 발전 기본계획, 시·도 농업·농촌 발전계획과 시·군 농업·농촌 발전계획을 수립한다.

나. 부문별 계획

첫째, 「농림어업인 삶의 질 향상 및 농산어촌지역 개발촉진에 관한 특별법」에 의한 농림어업인 삶의 질 향상 및 농산어촌 개발계획이다. 이 계획은 농산어촌 지역 주민의 삶의 질 제고와 정주 여건 개선, 공공서비스 확충, 공동체

회복을 핵심 목표로 한다. 특히 마을권역 단위로 수립되는 종합개발계획은 주민 주도형 개발과 생활권 중심의 공간정비를 중시하는 계획으로 국가 기본계획-시·도 기본계획-시·군 기본계획-마을권역별 종합개발계획의 위계를 가지고 수립하도록 하고 있다.

둘째, 「농어촌정비법」에 의한 농어촌정비종합계획으로 농촌의 기반시설과 정주환경을 통합적으로 정비함으로써, 농업 생산성과 주민 생활의 질을 동시 개선하는 것을 목표로 한다. 주요 내용으로는 ① 농업용 수리시설, 농로 등 농업 인프라 현대화를 위한 생산기반 정비, ② 주거, 상하수도, 생활편의시설 확충을 포함하는 생활환경 개선, ③ 농지 효율화 및 집단화를 위한 한계농지 정비사업, ④ 농촌 내 산업 유치 및 일자리 창출을 위한 농공단지 개발 지원이다.

셋째, 「농촌공간 재구조화 및 재생지원에 관한 법률」에 따라서 농촌공간 재구조화 및 재생 기본방침, 농촌공간 재구조화 및 재생 기본계획, 농촌공간 재구조화 및 재생 시행계획을 수립한다. 농촌 지역은 인구감소, 고령화, 유휴시설 증가 등으로 인해 공간 구조의 비효율성과 기능 저하가 심화되고 있다. 이에 따라 이 계획은 생활권 중심의 공간 재편, 폐공간의 복합기능화, 정주권-생활권-문화권 연계 등을 통해 지속가능한 농촌공간을 구축하고자 한다.

넷째, 「농지법」에 따라서 농지소유제한, 농지이용계획, 농업진흥지역지정과 행위제한, 농지전용허가 및 협의절차를 규정하고 있다. 농지는 식량안보와 농업유지를 위한 핵심자원으로, 공익적 가치 보전과 체계적 이용관리가 동시에 강조된다. 무분별한 전용을 방지하고, 필요시에는 엄격한 절차를 거쳐 전용을 허용한다.

다섯째, 「어촌·어항법」에 의한 어촌·어항 발전계획과 사업계획 수립, 어항지정과 어항개발사업 시행 그리고 정주환경 개선과 해양관광 연계를 규정하고 있다. 이를 통하여 어촌 부문에서는 수산업 기반 유지뿐 아니라, 어촌체험, 해양관광 등으로 어촌의 복합기능화를 촉진하며, 낙후된 어항시설을 현대화하고 지역경제 활성화를 도모한다.

이 외에도 방목지와 목초지의 보전 및 효율적 이용, 축산용 사료자원의 자급률 제고를 위한 기반 구축을 위해 「초지법」과 방목지와 목초지의 보전 및 효율적 이용, 축산용 사료자원의 자급률 제고를 위한 기반 구축을 위한 「낙농진흥법」 등이 있다.

2) 산림부문

우리나라는 산지가 국토의 약 63%를 차지하며, 기후조절, 수자원 보전, 산림재해 예방, 생물다양성 보호, 국민 휴양 및 정서적 안정 등 다양한 공익적 기능을 수행한다. 이러한 산림의 역할을 지속적으로 유지하고 미래 세대에게 물려주기 위해, 산림 부문은 국가기본계획을 중심으로 산지, 산림자원, 수목원, 임업·산촌 등 각 기능별 법령을 통해 계획적이고 통합적인 관리체계를 구축하고 있다.

산림 정책은 「산림기본법」에 따른 장기 비전 하에, 보전과 활용, 진흥이 조화를 이루는 방향으로 발전해 왔으며, 이는 단순한 녹지 관리가 아니라 지역균형발전과 지속가능한 국토이용의 일환으로 기능하고 있다.

산림 부문은 이제 단순한 녹지 보전에서 벗어나서 기후위기 대응의 핵심 자산(탄소흡수원), 산촌과 도시를 연결하는 복합공간, 국민 삶의 질을 높이는 녹색복지 기반으로서 역할이 확대되고 있다.

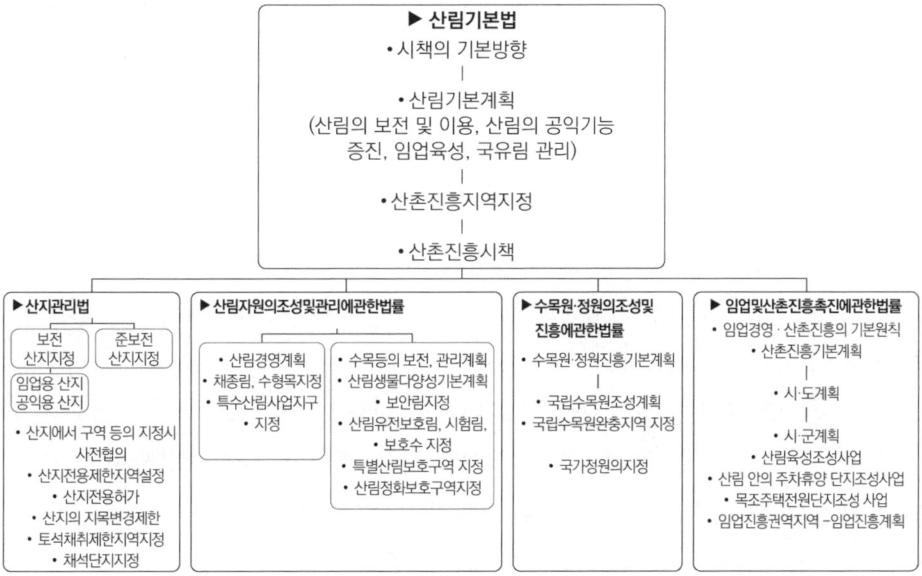

자료: 전국시·도지사협의회(2007. 9)를 토대로 재작성

향후 산림정책은 탄소중립 국가전략과 연계하여 산림의 탄소흡수력 확대, 기후순응형 산림관리, 산촌의 활력 회복과 일자리 창출, 도시와 산림 간 균형적 녹색축 형성을 핵심 과제로 설정하고, 산림의 다기능성과 지속가능성의 균형을 강화할 수 있도록 법제도의 정비가 필요할 것이다.

가. 산림정책의 기본 방향

산림정책의 기본 방향을 규정하고 있는 「산림기본법」은 산림을 생태계의 핵심 요소로 인식하고, 산림의 공익기능 강화, 산림자원의 지속가능한 이용, 산림산업의 경쟁력 확보, 산촌지역의 생활 여건 개선 등을 기본 목표로 하고 있다.

이에 따라 수립되는 산림기본계획(20년 단위, 10년마다 수정)은 장기적 비전 속에서 보전과 이용의 조화를 모색하며, 탄소흡수원 기능 강화, 산림복지 기반 확대, 목재 자급률 제고, 산불 및 병해충 대응 전략 등을 포함하고 있다. 또한 산촌진흥시책은 인구감소와 고령화가 심각한 산촌지역에 대한 특별대응전략으로 정주 인프라 확충, 산림 일자리 창출, 지역특화형 소득 기반 조성 등을 중심으로 한다.

나. 부문별 계획과 관리

첫째, 산지의 체계적 구분과 이용 관리를 위하여 「산지관리법」이 있다. 입법의 주요 내용은 ① 산지를 보전산지와 준보전산지로 구분하여 용도별 관리, ② 개발이 필요한 경우 산지전용 허가 또는 협의제도 적용, ③ 지목변경 제한, 토석채취 기준 마련, 산지복구 의무제도이다. 산지는 산사태, 홍수, 토양유실 등 재해 방지에 필수적인 공간이다. 「산지관리법」은 이러한 산지의 보전과 이용 간 균형을 위해, 용도지정을 통해 보호구역과 개발가능 구역을 명확히 구분하고, 전용 시에는 생태·재해 영향을 고려한 심의 및 복구계획 수립을 의무화하고 있다.

둘째, 산림자원의 조성과 관리를 위하여 「산림자원의 조성 및 관리에 관한 법률」을 두고 있다. 이 법에 따라 지속가능한 목재생산과 생태적 산림 운영 방안을 포함하는 산림경영계획, 산불 취약지, 병해충 발생지 등 집중 관리를 위한 특수산림사업지구 지정, 그리고 산림 내 주요 수목 보호 및 수종 갱신을 위한 수종과 수목의 관리계획을 규정하고 있다. 이를 통하여 산림의 생산적 기능(목재 등 자원 공급)과 공익적 기능(탄소흡수, 치유, 경관, 생물서식처)을 동시에 고려한 종합적 관리 전략을 제시하고자 한다.

셋째, 수목원의 조성 및 진흥사항을 규정한 「수목원 조성 및 진흥에 관한 법률」이 있다. 이 법은 ① 국립수목원, 지방수목원, 전문수목원의 지정 및 운영, ② 식물유전자원 보전, 생물다양성 교육, 전시·관람 기능 수행, ③ 정원의 조성 및 운영, ④ 정원문화 진흥, 시민 참여형 녹색공간 확산 등을 규정하고 있다. 수목원은 산림 생물다양성의 보호 거점이자 국민 환경교육의 장으로서, 단순한 식물 전시를 넘어 연구-보존-치유-문화 확산이라는 다기능적 목적을 갖는다. 특히 기후변화 대응종 개발, 식물유전자원 확보 등 생태적 기능이 강조되고 있다.

넷째, 「임업 및 산촌 진흥촉진에 관한 법률」에 임업진흥계획, 산촌진흥계획, 목조주택전원단지 조성사업 등의 내용을 규정하고 있다. 여기서 임업진흥권역 지정을 통한 임업진흥계획은 임산물(버섯, 약초, 산나물 등) 생산 및 유통체계 구축, 산촌진흥계획은 산촌마을 복합개발, 생활SOC 공급, 정주 인프라 개선 그리고 목조주택전원단지조성사업은 산림공간의 정주·관광 융합 개발을 도모하고 있다. 이와 같이 이들 계획은 산림을 기반으로 한 지역 경제 활성화를 핵심 목표로 하고 있다. 특히 산촌은 고령화와 인구유출로 공동체 기반이 약화되었으나, 산림복지, 귀산촌, 치유농업, 생태관광 등 새로운 수요와 연계해 재활성화를 도모하고 있다.

5. 환경부문

현대사회는 도시화와 산업화로 인해 대기오염, 수질오염, 기후변화, 생물다양성 감소 등 다양한 복합적 환경문제에 직면하고 있으며, 이러한 문제에 대한 대응은 단순한 규제를 넘어서 예방적이고 통합적인 환경관리체계로 확대되고 있다.

이러한 배경 속에서 환경 부문의 최상위 기본법인 「환경정책기본법」은 1990년에 제정되었으며, 환경보전에 대한 국가의 기본적 의무와 정책 방향을 설정하고, 이를 실현하기 위한 종합적·체계적인 계획과 제도적 기반을 마련하는 것을 목적으로 한다.

「환경정책기본법」은 단순한 오염 규제를 넘어서, 지속가능한 발전(Sustainable Development)이라는 전 지구적 가치에 기반하여 환경, 경제, 사회의 조화로운 통합을 추구하는 종합 환경관리의 기초가 되는 법률이다.

이 법은 우리나라 환경정책 전반을 거버넌스·계획·제도·이행·책임의 측면에서 총괄적으로 조정·통제하는 헌장적 기본법으로서, 중앙정부부터 기초자치단체에 이르기까지 다층적이고 협력적인 환경관리체계의 근간을 형성한다. 또한 「환경정책기본법」에 따라 수립되는 각종 계획과 제도는 대기, 수질, 토양, 폐기물, 화학물질 등 개별 환경부문법의 방향을 정합적으로 조율하며, 해당 부문 법률들의 상위 원칙과 계획체계를 설정하는 기준으로 기능한다.

「환경정책기본법」은 크게 다음과 같은 환경정책의 기본원칙을 제시한다.

첫째, 사전예방 원칙이다. 환경오염은 발생 이후 복구보다 발생 이전 예방이 우선되어야 한다.

둘째, 오염자 부담 원칙이다. 환경오염의 원인을 제공한 자가 정화 및 복구 비용을 부담해야 한다.

셋째, 지속가능한 발전 원칙이다. 경제발전과 환경보전이 조화를 이루는 방향으로 정책을 추진한다.

넷째, 환경권 보장 원칙이다. 국민은 건강하고 쾌적한 환경에서 생활할 권리를 가지며, 국가는 이를 보장할 책임을 진다.

이와 함께 「환경정책기본법」은 환경정책을 구체적으로 실현하기 위해 다음과 같은 4단계 계획체계를 규정하고 있다.

① 국가 환경정책의 최상위 계획인 국가환경종합계획(10년 단위)이다. 이 계획은 환경보전 목표, 추진방향, 주요 정책과제를 종합적으로 규정하고, 환경부장관이 수립하고 국무회의 심의를 거쳐 확정된다.

② 환경보전중기종합계획(5년 단위)은 종합계획의 내용을 실행 가능하도록 중기 전략으로 구체화하는데, 환경부 및 관계 부처가 공동으로 수립한다.

③ 시·도 환경보전계획은 광역지자체 수준에서 지역 특성에 맞춘 환경보전 정책 수립하며, 국가계획과 정합성 유지를 필요로 한다.

④ 시·군·구 환경보전계획은 생활권 기반 환경문제에 대응하는 기초단위 계획으로 시·군·구청장이 수립, 지역실정에 맞춘 실천계획이다.

환경 부문은 국민의 건강과 생명을 보호하고, 생태계의 지속가능성을 유지하기 위한 핵심 국토관리 영역으로, 환경오염 방지와 자연환경 보전이라는 두 축을 중심으로 구성된다.

1) 환경오염방지대책 분야

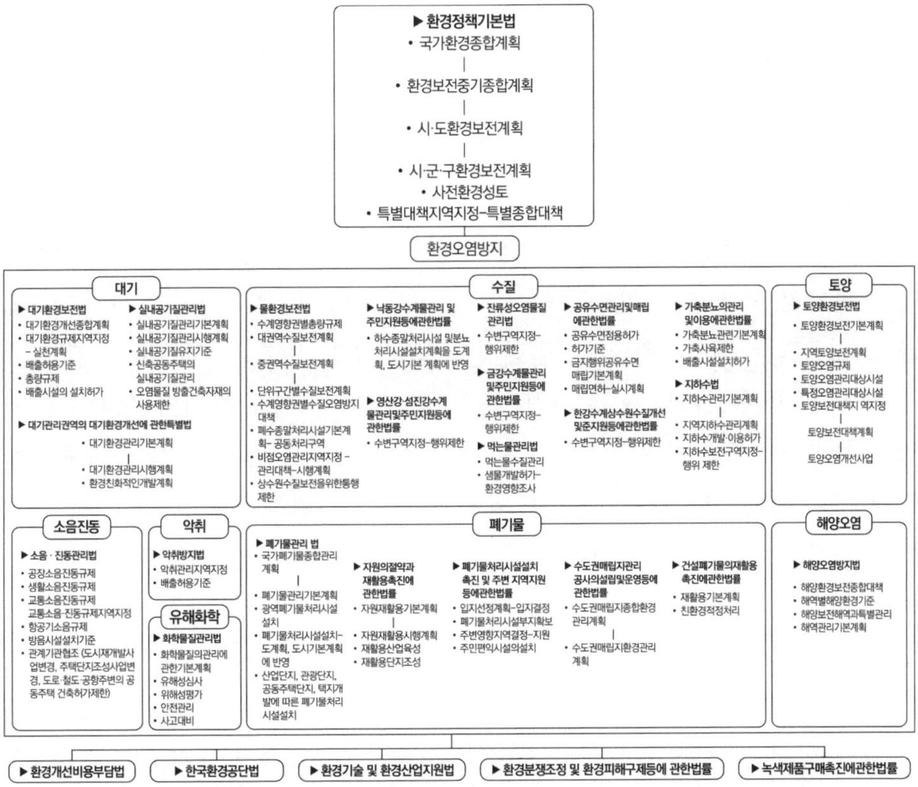

자료: 전국시·도지사협의회(2007. 9)를 토대로 재작성

환경오염방지대책은 부문별 특성과 오염원 유형에 따라 법제도적 대응체계를 구축하고 있으며, 각 계획은 국가 환경정책의 실효성과 지속가능성을 확보하기 위한 핵심 수단으로 작동하고 있다. 환경오염방지대책은 오염의 유형과 매체에 따라 대기, 수질, 토양, 소음·진동, 악취, 유해화학물질, 폐기물, 해양,

통합환경, 영향평가 등의 분야로 구분되며, 각 부문별로 개별 법령에 따른 종합계획과 규제수단을 마련하고 있다.

대기환경부문에는 다음 세 가지 법률에 의해 관리가 진행되고 있는데, 첫째, 「대기환경보전법」: 국가 대기환경개선종합계획에 따라 배출허용기준, 배출시설 허가제 등을 통해 대기오염을 규제한다. 둘째, 「실내공기질 관리법」: 다중이용시설 및 공동주택의 실내공기질 유지기준을 설정하고 실내공기질 관리기본계획 및 시행계획을 통해 관리한다. 셋째, 「대기관리권역의 대기환경개선에 관한 특별법」: 권역별 대기환경관리계획 및 시행계획을 수립하여 권역별 오염 특성에 대응하며, 환경친화적 개발계획도 포함된다.

수질부문은 「물환경보전법」에 의한 오염총량관리기본계획, 대권역·중권역·소권역별 수질 및 수생태계 보전계획과 그에 따른 공공폐수처리시설계획, 비점오염원 관리 종합대책과 관리대책을 수립한다. 「한강 수계 상수원 수질개선 및 주민지원 등에 관한 법률」, 「금강 수계 물관리 및 주민지원 등에 관한 법률」, 「낙동강 수계 물 관리 및 주민지원 등에 관한 법률」, 「영산강·섬진강 수계 물관리 및 주민지원 등에 관한 법률」에 의해서 4대강 유역의 수변구역 지정, 수변생태벨트 시행계획, 행위제한 등으로 상수원 수질 보호 및 주민지원을 병행하고 있다. 「먹는물관리법」에 의한 먹는 물 수질 기준 및 수질검사 체계를 마련하고, 「가축분뇨의 관리 및 이용에 관한 법률」에 의해 수립되는 가축분뇨관리기본계획 수립 및 처리시설 기준을 규정하고 있다. 「잔류성 오염 물질 관리법」에 의해 잔류성오염물질에 대한 관리계획과 취급시설 기준을 마련하고 있으며, 「지하수법」에 의해 지하수관리기본계획 및 지역계획 수립을 통해 오염 방지 및 보전을 도모하고 있다. 그리고 「공유수면 관리 및 매립에 관한 법률」에 의한 공유수면의 개발 및 보전을 위한 기본계획 수립과 매립 허가제도를 운영하고 있다.

토양부문은 「토양환경보전법」에 의한 토양환경보전기본계획 및 지역토양보전계획에 따라 토양오염우려지역 지정, 정화조치 명령 등 토양오염 예방 및 복원을 시행하고 있으며, 소음·진동부문은 「소음·진동관리법」에 의한 환경기준 및 배출허용기준 설정, 특정시설 및 지역의 소음·진동을 규제하고 있으며,

악취부문은 「악취방지법」에 의한 배출허용기준 설정, 악취배출시설 신고 및 관리, 복합악취 측정기준 도입 등이 있다. 화학물질부문에는 「화학물질관리법」에 의해 화학물질 통합관리체계 운영, 유해성 평가, 등록, 허가, 위해관리계획 수립, 사고대비물질 관리 등을 포함한다.

폐기물 부문은 크게 다섯 가지가 있는데, 첫째, 「폐기물관리법」에 의해서 국가폐기물종합관리계획 및 폐기물관리기본계획 수립, 각종 개발단지에 폐기물 처리시설 설치 의무를 부과하고 있다. 둘째, 「자원절약과 재활용 촉진에 관한 법률」에 따라 재활용 기본계획, 재활용산업 육성 및 재활용단지 조성, 셋째, 「폐기물처리시설 설치 촉진 및 주변 지역지원 등에 관한 법률」에 의한 처리시설 입지선정, 부지확보, 주변 영향지역에 대한 지원, 주민 편익시설의 설치, 폐기물 처리 기본계획에 포함된 폐기물처리시설의 설치계획을 국토계획 및 도시·군계획에 반영하도록 하고 있다. 넷째, 「수도권매립지관리공사의 설립 및 운영 등에 관한 법률」에 따라 수도권매립지 환경관리계획을 수립하여 광역적 폐기물 처리를 지원하고 있으며, 다섯째, 「건설폐기물의 재활용 촉진에 관한 법률」에 의해 건설폐기물의 재활용촉진계획 수립 및 분리배출을 의무화하고 있다.

해양환경관리 부문은 2008년 1월 「해양환경관리법」이 제정되면서, 기존의 「해양오염방지법」은 폐지하고, 「해양환경관리법」에 따라서 해양환경조사의 기준 및 방법, 취득자료의 처리 및 정보관리 등에 관하여 필요한 정도관리기준을 정하고 정도관리계획을 수립한다. 이와 함께 환경관리해역의 지정하고, 환경관리해역기본계획을 수립한다. 한편, 개발계획 및 사업 등으로 인한 환경영향을 미리 평가하기 위하여 「환경영향평가법」을 두고 있으며, 이에 따라 전략환경영향평가, 환경영향평가, 소규모 환경영향평가 등을 실시한다.

환경정책의 이행과 분쟁조정, 산업 지원을 위해 지원 법제도가 마련되어 있는데, 다음과 같다. 먼저, 환경오염 원인자 부담 원칙에 따라 비용부담의 제도화를 위한 「환경개선비용부담법」, 환경기반시설 설치, 운영지원 등 환경개선사업 전담을 위한 「한국환경공단법」, 환경기술 R&D, 산업 육성과 지원을 위한 「환경기술 및 환경산업지원법」, 환경분쟁 조정기구 설치 및 환경피해 구제를 위한 「환경분쟁조정 및 환경피해 구제 등에 관한 법률」, 공공기관의 친환경 제품 구매 의무화 및 지원제도 운영을 위한 「녹색제품 구매 촉진에 관한 법률」 등이 있다.

2) 자연환경보전 분야

현대사회는 도시화와 개발의 확산으로 인해 생물다양성 감소, 생태계 훼손, 자연경관 파괴 등 다양한 환경문제에 직면하고 있다. 이러한 문제에 대응하기 위해 자연환경의 체계적인 보전과 지속가능한 이용은 국가적 차원의 중요한 과제로 인식되고 있으며, 이에 따라 자연환경보전정책은 크게 기본정책과 분야별 보전대책으로 구분되어 추진되고 있다.

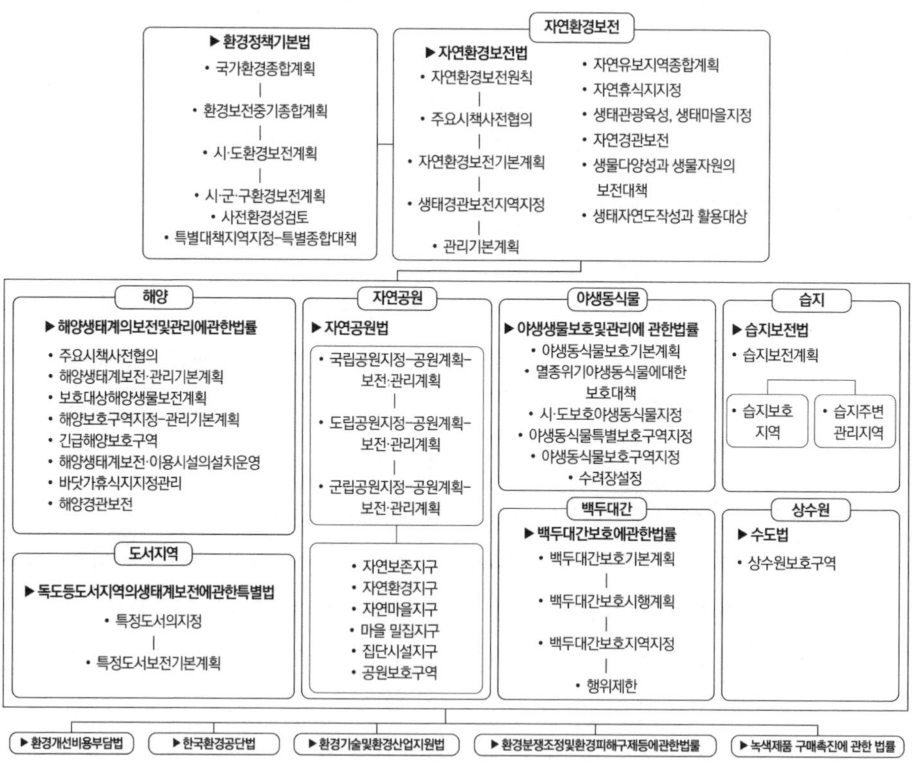

자료: 전국시·도지사협의회(2007. 9)를 토대로 재작성

자연환경보전의 기본정책은 「자연환경보전법」에 근거하여 수립된다. 이 법은 자연환경보전의 원칙을 바탕으로, 국가 차원의 자연환경보전기본계획을 수립하고, 생태적으로 우수하거나 경관적 가치가 높은 지역을 생태·경관보전지역으로 지정하며, 각 지역에 대한 관리계획을 통해 지속적인 보전활동을 추진한다. 이러한 기본 정책을 실현하기 위한 주요 시책으로는 자연유보지역 종합계획 수립, 자연휴식지 지정 및 이용관리, 생태관광 육성과 생태마을 지정, 자연경관 보전, 생물다양성과 생물자원 보전대책 등이 있다. 이처럼 중앙정부와 지방정부가 협력하여 계획을 수립·이행함으로써 자연환경의 보호와 회복을 도모하고 있다.

한편, 자연환경의 구성 요소별 특성과 보전 필요성에 따라 개별법에 따른 분야별 보전대책도 함께 추진되고 있다.

첫째, 「해양생태계의 보전 및 관리에 관한 법률」에 따라 해양생태계 보전관리계획과 보호대상 해양생물 보전계획을 수립하며, 해양보호구역의 지정 및 바닷가 휴식지의 관리도 포함된다.

둘째, 「독도 등 도서지역의 생태계 보전에 관한 특별법」에 따라 특정도서의 생태계 보전계획이 수립된다.

셋째, 「자연공원법」에 따라 국립공원, 도립공원, 군립공원이 지정되며, 이들 공원에 대한 계획 수립과 체계적인 관리가 이루어진다.

넷째, 「야생동식물보호법」에 따라 야생동식물 보호기본계획, 멸종위기종 보호대책, 보호구역 지정 등의 조치가 추진된다.

다섯째, 「백두대간 보호에 관한 법률」에 따라 백두대간 보호계획이 수립되고, 해당 지역이 보호지역으로 지정된다.

여섯째, 「습지보전법」에 근거하여 습지보전계획이 수립되고, 습지보호지역이 지정된다.

일곱째, 「수도법」에 따라 상수원보호구역이 지정되고 오염행위가 제한된다.

여덟째, 「독도의 지속가능한 이용에 관한 법률」에 따라 독도의 지속가능한 이용을 위한 기본계획이 수립된다.

이처럼 자연환경보전정책은 기본계획과 개별 분야별 보전대책이 유기적으로 연계되어 있으며, 이를 통해 우리나라의 생태자산을 체계적으로 보전하고, 국민이 건강하고 조화로운 자연환경 속에서 살아갈 수 있는 기반을 마련하고 있다. 그리고 이를 실현하기 위한 지원체계는 환경오염대책과 마찬가지로 환경정책의 이행과 분쟁조정, 산업 지원 등으로 제도가 마련되어 있다.

6. 관광부문

관광부문의 최상위 법은 「관광기본법」이며, 이 법에 의해서 관광진흥계획을 수립한다. 이 계획은 중앙정부의 중장기 관광정책 목표를 설정하고, 정책 추진의 방향과 전략을 종합적으로 제시한다. 이 계획을 토대로 「관광진흥법」에 따라 관광개발기본계획이 수립·추진된다. 관광개발기본계획은 국가 차원의 관광 인프라 조성과 관광자원의 체계적 개발을 목적으로 하며, 이를 보다 구체화한 권역별 관광계획이 함께 마련된다. 권역별 계획은 지역 특성과 자원, 문화유산 등을 반영하여 지역관광의 활성화를 유도한다.

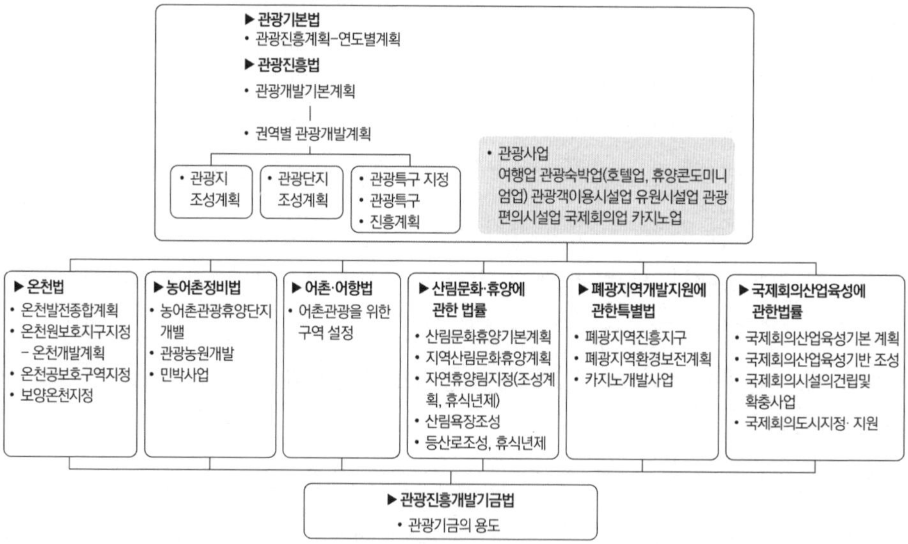

자료: 전국시·도지사협의회(2007. 9)를 토대로 재작성

관광개발계획은 구체적으로 ① 특정 관광자원의 보호 및 개발을 통해 관광지를 지정하고 기반시설을 확충하는 계획인 관광지 조성계획, ② 복합관광 기능을 갖춘 집적된 공간을 조성하기 위한 계획인 관광단지 조성계획, ③ 외국인 관광객 유치와 지역경제 활성화를 위해 특화된 관광특구를 지정하고 세제지원, 규제완화 등 인센티브를 부여하는 계획인 관광특구 진흥계획의 체계로 구체화하고 있다. 그리고 「관광진흥법」은 관광사업자 등록, 운영기준, 인력 양성 등을 규정하여 관광산업의 제도적 기반을 마련하고 민간 참여를 유도하고 있다.

기본적인 관광정책과 개발계획 외에도, 다양한 법률에 따라 특화된 관광 분야가 개별적으로 육성되고 있다. 대표적으로 다음과 같다.

먼저, 온천관광은 「온천법」에 의거하여 온천자원의 보호 및 개발을 위한 온천개발계획을 수립하는데, 온천휴양지 조성과 온천수의 공공적 활용이 주요 내용이다.

둘째, 농어촌관광은 「농어촌정비법」에 따라 농어촌관광휴양단지를 조성하고, 관광농원, 농어촌 민박사업 등 소규모 체험형 관광상품을 지역 주민 중심으로 운영한다.

셋째, 농업·어업·생태·문화자원과 연계한 관광활동을 통해 지역경제 활성화 및 도시-농촌 간 교류 촉진을 도모한다.

넷째, 어촌관광은 「어항·어촌법」에 따라 어촌 지역의 생태자원, 해양문화, 어업체험 등을 연계한 관광 콘텐츠가 개발되며, 어촌계 중심의 관광사업 운영이 가능하도록 지원된다.

한편, 관광산업의 체계적 육성과 관광외화수입 증대를 재정적으로 뒷받침하기 위해 「관광진흥개발기금법」이 제정되어 관광진흥개발기금이 설치되어 운영되고 있다. 이 기금은 ① 관광사업자에게 사업 추진 자금을 장기·저리로 융자하는 자금대여, ② 소규모 관광시설 확충, 농어촌 관광활동 등에 대해 직접 지원하는 보조금 지원 ③ 전략적 관광 프로젝트에 대해 정부 또는 공공기관이 공동 투자하는 투자출자로 활용한다. 이러한 재정지원 체계는 관광산업의 위험 완화와 지속가능성 확보에 중요한 역할을 하고 있으며, 국내외 관광객 유치, 관광 기반 강화, 일자리 창출 등으로 이어지고 있다.

7. 재해, 재난 및 수자원부문

재해·재난 및 수자원 부문은 국민의 생명과 재산을 보호하고 안전한 생활환경을 조성하기 위한 국가의 핵심 정책 중 하나이다. 이 부문은 재난과 안전관리를 위한 종합계획 체계를 바탕으로 각종 재해에 체계적으로 대응하며, 동시에 수자원의 지속가능한 이용과 보호를 도모하고 있다. 전반적인 정책 구조는 '재난 및 안전관리 정책과 시책'과 '부문별 대응 대책'으로 구분된다.

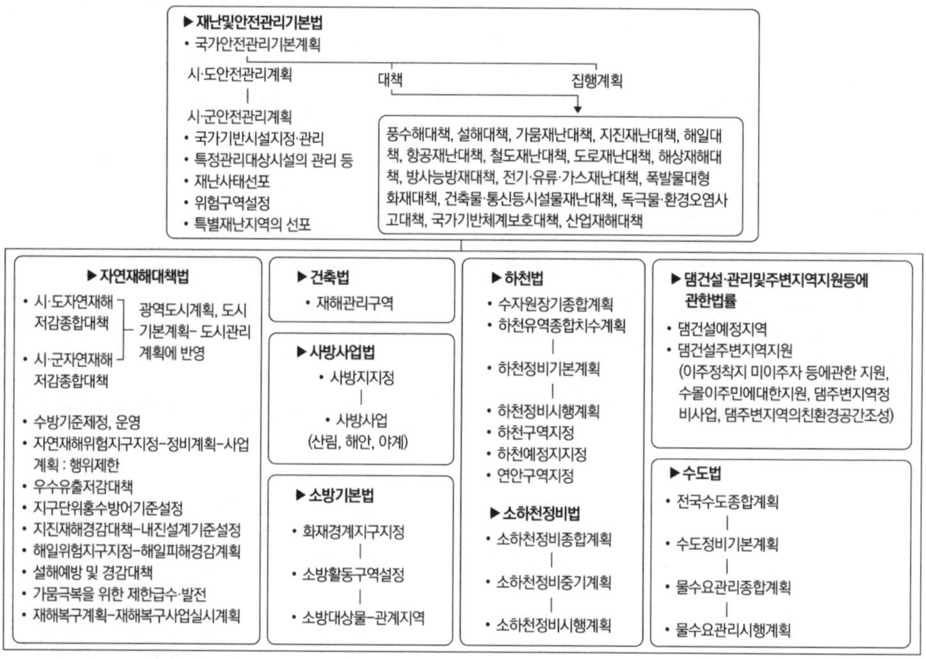

자료: 전국시·도지사협의회(2007. 9)를 토대로 재작성

재난 및 안전관리에 관한 국가 차원의 정책은 「재난 및 안전관리기본법」에 근거하여 수립된다. 이 법에 따라 국가 전체의 재난관리 방향을 설정하는 국가안전관리기본계획이 마련되며, 이를 기반으로 각 시·도에서는 지역의 특성과 위험요인을 반영한 시·도 안전관리계획을 수립한다. 나아가 시·군·구 단위의 안전관리계획은 생활권 수준에서 발생가능한 다양한 재난에 대한 예방, 대응, 복구 전략을 구체적으로 실행하기 위한 계획으로, 기초자치단체가 직접 수

립하고 집행한다. 이와 같은 계획 체계를 통해 정부는 국가기반시설이나 특정관리시설을 지정하여 지속적으로 관리하고 있으며, 필요시에는 재난사태나 특별재난지역을 선포하여 긴급한 대응조치를 시행하고, 위험구역을 설정하여 해당 지역에 대한 개발 제한이나 안전조치를 시행한다.

한편, 재난의 성격에 따라 부문별로는 보다 구체적이고 특화된 대책이 마련되어 있다. 자연재해에 대한 종합적인 대응은 「자연재해대책법」에 따라 이루어진다. 이 법은 태풍, 홍수, 호우, 지진, 폭설 등 자연재해로부터 국민을 보호하기 위해 풍수해대책을 수립하고, 자연재해위험지구를 지정·관리하며, 저감종합대책과 재해복구사업을 추진하도록 하고 있다. 이러한 계획은 사전에 위험 지역을 조사하고, 저류지나 제방, 배수시설 등 기반시설을 확충함으로써 재해 예방과 복구를 위한 인프라를 구축하는 데 초점을 둔다.

건축행위와 관련된 재해관리는 「건축법」에 따라 재해관리구역을 지정하고 해당 구역 내에서의 건축을 제한하는 방식으로 이루어진다. 이는 지형적 또는 자연환경적으로 재해 발생 위험이 높은 지역에서의 무분별한 개발을 방지하고, 인명피해를 예방하기 위한 제도적 장치이다. 산림 지역에서 발생할 수 있는 산사태, 토석류 등의 재해를 방지하기 위한 조치는 「사방사업법」에 근거하여 추진되며, 사방댐 설치, 계류 정비, 사면 보호 등 산림의 자연적 기능을 회복하고 유지하기 위한 다양한 사업이 포함된다.

화재나 구조, 구급과 같은 긴급 대응은 「소방기본법」에 따라 이루어진다. 이 법은 화재 진압, 인명 구조, 응급 구호 등을 포함한 소방 활동의 범위를 규정하고 있으며, 소방대상물의 지정과 점검, 소방 훈련 및 교육 등을 통해 재난 현장에서의 신속한 대응을 가능하게 한다. 특히 다중이용시설이나 산업시설 등 화재 위험이 높은 지역에 대해서는 정기적인 점검과 시정 조치가 병행된다.

수자원 관리와 하천의 유지·보전은 「하천법」을 중심으로 체계화되어 있다. 국가 또는 지방하천에 대해서는 수자원장기종합계획을 비롯하여 하천유역종합치수계획, 하천정비기본계획, 하천정비시행계획으로 이어지는 단계적 계획 체계가 수립된다. 이러한 계획을 통해 하천의 홍수 통제, 수질개선, 생태계 복원, 친수공간 조성 등이 종합적으로 추진되며, 하천구역이나 하천예정지, 연안

구역의 지정과 관리를 통해 하천 주변의 개발행위를 제한하고 안전성을 확보한다. 한편, 지방의 소규모 하천은 「소하천정비법」에 따라 관리되며, 마을 단위의 침수 예방과 하천 환경 개선을 위한 사업들이 시행된다.

댐 건설 및 운영과 관련해서는 「댐건설 및 주변지역지원 등에 관한 법률」이 적용되며, 이 법은 국가적 규모의 치수 기능을 수행하는 댐의 건설, 운영과 함께 수몰지역 주민에 대한 이주대책, 생계보장, 편의시설 설치 등 주변 지역 지원사업을 포함하고 있다. 이를 통해 댐 건설로 인한 지역공동체의 피해를 최소화하고, 지역 수용성을 높이며, 수자원의 안정적인 확보와 활용을 동시에 도모하고 있다.

마지막으로 해안지역의 안전을 확보하고 농경지를 보호하기 위해 「방조제 관리법」이 시행되고 있다. 이 법은 해수 범람, 해일, 침수 등의 해안재해로부터 내륙을 보호하기 위해 설치된 방조제를 유지·관리하고, 필요시에는 보수나 재정비를 통해 그 기능을 강화하도록 규정하고 있다. 방조제는 특히 연안 농업지역의 경제적 기반을 보호하고, 어촌 주민들의 생존 기반을 지키는 데 중요한 역할을 하고 있다.

이처럼 재해·재난 및 수자원 부문은 법적 기반에 따라 중앙과 지방이 유기적으로 연계된 계획체계를 구축하고 있으며, 각 재해 유형에 적합한 부문별 대응체계를 통해 예방, 대응, 복구의 전 과정에서 통합적이고 실효성 있는 재난관리가 이루어지도록 설계되어 있다. 이는 기후변화로 인한 극한재난의 증가, 도시화와 산업화로 인한 복합재난의 가능성 확대 등 변화하는 재난환경 속에서 국민의 안전을 확보하고, 지속가능한 국가 발전의 기반을 마련하는 데 중요한 역할을 한다.

8. 문화예술부문

문화예술부문은 국민의 문화적 삶의 질 향상과 창의적 문화산업의 발전을 동시에 실현하기 위한 분야이다. 이 부문은 문화예술의 창작, 향유, 보존뿐만 아니라 문화산업의 진흥과 글로벌경쟁력 강화까지 포괄하며, 이를 위해 다양한 법적 기반과 계획체계가 마련되어 있다. 전체적인 정책 구조는 「문화산업진흥기본법」을 정점으로 하여, 각 세부 분야별로 관련 법률에 따른 계획과 제도적 장치들이 유기적으로 연계되어 있다.

문화예술부문 법률 및 계획

▸ **문화산업진흥 기본법**

- 문화산업의 중 · 장기 기본계획-세부시행계획-창업 · 제작 · 유통 지원, 문화산업기반조성, 문화산업진흥시설지정, 문화산업진흥시설의 집적화
- 문화산업단지조성계획-조성지원
- 문화산업진흥지구지정

▸ **문화예술진흥법**

- 문화예술공간의 설치, 문화지구지정 · 관리, 건축물에 대한 미술장식

▸ **문화유산의 보존 및 활용에 관한 법률**

- 문화유산기본계획-문화유산 보존 시행계획

▸ **전통사찰의 보존 및 지원에 관한 법률**

- 전통사찰의 지정 및 등록-전통사찰보존구역의 지정 및 행위제한

▸ **지방문화원진흥법**

- 지방문화원의 지원 · 육성에 관한 기본계획

▸ **공연법**

- 공연예술진흥기본계획
- 공연장의 설치 · 운영-공공 공연장의 설치 및 운영에 관한 종합계획

▸ **박물관 및 미술관진흥법**

- 박물관 및 미술관 진흥 기본계획-박물관 및 미술관 진흥 시행계획

▸ **도서관법**

- 도서관발전종합계획-연도별시행계획

최상위 법률인 「문화산업진흥기본법」은 문화콘텐츠의 기획·제작·유통을 포함한 전반적인 문화산업의 성장을 촉진하기 위한 기본법이다. 이 법에 따라 문화체육관광부는 문화산업 중장기 기본계획을 수립하고, 이에 기반하여 분야별 세부시행계획을 마련하여 추진한다. 중장기 계획은 콘텐츠 산업의 경쟁력 강화, 창업 생태계 조성, 글로벌 진출 지원 등을 목표로 하며, 세부시행계획은 각 연도별 사업 실행과 정책과제 이행을 구체화한다. 아울러, 창업 및 콘텐츠

제작, 유통에 대한 지원을 통해 민간의 창조적 역량을 제도적으로 뒷받침하고 있으며, 문화산업 기반조성, 문화산업진흥시설 지정과 집적화, 문화산업단지 조성, 문화산업진흥지구 지정 등을 통해 지역 단위의 산업기반을 체계적으로 육성하고 있다.

문화예술 전반의 진흥을 다루는 「문화예술진흥법」은 예술창작 활동의 기반을 조성하고, 국민이 일상에서 문화를 향유할 수 있도록 하는 제도적 틀을 제공한다. 이 법에 따라 문화예술공간의 설치, 문화지구의 지정과 관리, 건축물에 대한 미술장식제도가 시행된다. 문화지구 지정은 도시재생이나 지역 활성화와 연계되어 문화 거점 공간을 형성하고, 건축물 미술장식제도는 공공건축물에 예술작품을 설치하도록 하여 예술의 일상화와 작가의 창작 활동을 동시에 촉진한다.

문화유산의 체계적 보존과 활용을 위해 「문화유산의 보존 및 활용에 관한 법률」이 시행되고 있으며, 이 법은 문화유산기본계획과 문화유산 보존 시행계획을 통해 무형·유형 문화재, 기념물, 전통문화자산 등에 대한 종합적 관리방안을 제시한다. 보존과 활용의 균형을 고려한 접근을 통해, 문화유산은 단순한 보호의 대상이 아닌 문화교육, 관광자원, 지역 정체성의 기반으로도 활용되고 있다.

「전통사찰의 보존 및 지원에 관한 법률」은 전통사찰의 문화적·역사적 가치를 보호하기 위한 법률로, 전통사찰의 지정 및 등록, 전통사찰보존구역의 지정 및 행위제한 등의 제도적 수단을 통해 신앙과 문화유산으로서의 기능을 동시에 유지하고 있다. 사찰 경관 보호, 전통건축물 보전, 종교활동 보장 등이 포괄적으로 고려된다.

이와 더불어 「지방문화원진흥법」은 지역 단위의 문화 거점을 육성하기 위해 지방문화원의 지원 및 육성에 관한 기본계획을 수립하고, 지역 주민의 문화예술 참여 확대와 문화격차 해소를 위한 거점 공간으로써 지방문화원을 활성화하고 있다.

「공연법」은 공연예술의 창작과 유통 기반을 마련하기 위한 법률로, 공연예술진흥기본계획, 공연장의 설치·운영계획, 공공 공연장에 대한 종합계획을 수립하여 공연인프라 확충과 안정적인 공연 유통 환경 조성에 기여하고 있다. 이를 통해 공연예술의 자율성과 창의성을 보장하면서도 대중과의 접점을 강화하고 있다.

「박물관 및 미술관 진흥법」은 국가 및 지방자치단체가 박물관 및 미술관진흥기본계획과 시행계획을 수립하게 하여, 문화시설의 기반 확충, 전문 인력 양성, 콘텐츠 개발, 운영 내실화 등을 통해 문화향유 기회를 확대하고 문화자원의 지속적 활용을 지원하고 있다.

「도서관법」은 국민의 정보접근권 보장과 독서문화 확산을 위해 도서관발전종합계획과 연도별 시행계획을 수립하도록 규정하고 있다. 공공도서관의 설치·운영, 사서 인력 확보, 디지털 자료 서비스 제공 등을 통해 정보 격차 해소와 평생학습 지원의 중심축 역할을 수행한다.

이처럼 문화예술부문은 문화산업 진흥을 위한 기반 조성과 콘텐츠 제작·유통 지원, 문화예술 창작과 향유 공간의 확대, 전통문화의 보존과 현대적 활용, 지역문화 기반의 균형 있는 성장이라는 다층적인 목표를 가지고 있으며, 이를 실현하기 위한 법률과 정책 계획들이 서로 유기적으로 작동하고 있다. 문화는 단순한 소비의 대상이 아니라, 정체성과 창의성의 원천이자 지역과 국가 발전의 동력이 되기에, 이러한 제도적 기반은 향후 문화 강국으로 나아가기 위한 필수적인 구조라 할 수 있다.

9. 군사부문

군사 부문에서는 국가안보와 군사작전의 원활한 수행을 위해 「군사기지 및 군사시설 보호법」에 근거하여 다양한 유형의 보호구역을 지정하고 있으며, 보호구역 관리를 위한 기본계획을 수립하고 있다.

구체적으로는 적의 침투 또는 정찰로부터 군사기지 및 주요 군사시설을 보호하기 위한 통제보호구역과, 군사기지 주변 지역에서의 개발이나 활동이 군사작전에 영향을 미칠 우려가 있는 경우 지정되는 제한보호구역, 항공기 이착륙 및 군용 항공로의 안전 확보를 위한 비행안전구역, 그리고 적 항공기의 접근을 조기에 탐지·차단하기 위한 대공방어협조구역 등이 있다. 그리고 이들

보호구역에서는 토지의 형질변경, 건축물의 신축 및 증축, 송전선·무선설비의 설치 등 다양한 행위에 대해 금지 또는 제한 조치가 적용되며, 이는 민간인의 재산권 행사나 지역 개발과도 밀접한 관련이 있어 법률적, 행정적 조율이 요구된다.

또한 보호구역을 효율적이고 체계적으로 관리하기 위하여 국방부장관은 군사기지 및 군사시설 보호에 관한 기본방향, 보호구역 등의 관리에 관한 사항 등이 포함된 보호구역 등 관리기본계획을 5년마다 수립하도록 하고 있다.

제 5 장

국토균형발전 관련 법제도

제 1 절 국토균형발전 제도의 필요성

| 1.1 | 지역발전 이론

국토균형발전 정책은 많은 국가에서 국정의 중요한 과제로 설정하고 있으며, 학문적으로도 오래전부터 지역경제학을 중심으로 이론적 전개가 진행되었다. 지역경제학에서는 단순히 지역에 국한된 사항만을 이론적으로 해석하는 것이 아니라, 성장과 분배 등 경제학적 중요 이슈가 총 망라되어 하나의 큰 이론적 담론을 형성하고 있다.

국토 정책은 국가적인 차원에서 전 국토를 대상으로 하는 광범위하고 포괄적인 내용을 담고 있으며, 따라서 균형과 형평의 원칙이 강하게 요청되는 정책의 특징을 가지고 있다. 그러나 지역별로 발전 수준과 낙후도 등의 차이가 발생함으로써 지역별 발전 격차로 인한 지역 간 갈등과 지역이기주의가 발생할 수 있는 특징을 가지고 있기도 하다.

지역개발 전략은 효율성과 형평성을 동시에 고려해야 하는 중요한 정책 분야로, 학문적으로 효율성 중심 성장 정책과 형평성 중심 균형발전 정책으로 구분될 수 있다. 이 두 가지 정책 방향은 서로 상충될 수 있으나, 다양한 경제이론을 통해 그 필요성과 한계를 분석할 수 있다.

1. 효율성 중심 성장 정책의 이론적 배경

효율성 중심의 성장 정책은 시장 메커니즘을 통해 자원이 가장 생산적인 지역에 집중되도록 유도하여 경제성장을 극대화하는 접근이다. 주요 이론적 근거는 다음과 같다.

1) 신고전파 성장이론: 솔로우(Solow, 1956)의 솔로우-스완(Solow-Swan) 성장 모형에 기반하며, 자본과 노동의 최적 조합을 통해 성장의 균형점을 찾는 데 초점을 맞추고 있다. 자원의 자유로운 이동과 경쟁적 시장에서의 최적 배분이 중요하며, 생산성이 높은 지역에 투자를 집중하는 것이 경제적으로 효율적이라는 것이다. 지역 간 성장 격차는 시간이 지나면서 자본의 수익체감 효과에 의해 자동으로 줄어들 것이라 기대한다.

2) 신경제지리학: 크루그먼(Krugman)이 제시한 신경제지리학 이론은 산업과 인구가 특정 지역에 집중될 때 나타나는 집적의 경제로 설명한다. 도시 및 산업 중심지에서의 경제 활동이 규모의 경제와 네트워크 효과를 창출하여 더욱 큰 성장을 유도하고, 교통 비용과 정보비용 감소로 인해 특정 중심지에서의 경제 집중이 더욱 강화되는 현상이 나타난다는 것이다.

3) 성장거점 이론: 페루(Perroux)와 허쉬만(Hirschman)의 연구에 따르면, 특정 지역을 성장거점(Growth Pole)으로 설정하고 집중적인 투자를 할 경우, 거점 지역에서의 성장이 주변 지역으로 확산될 것이라 주장한다(낙수 효과, Trickle-down Effect). 이는 정부가 특정 산업클러스터를 육성하고 경제적 효율성을 극대화하는 방식과 일맥상통한다.

이러한 효율성 중심 정책의 장점으로는 경제성장 속도를 높이고, 효율적인 자원 배분이 가능하여 글로벌 경쟁력을 갖춘 산업 중심지를 형성할 수 있다. 또한 기반시설, 노동력, 기술 등의 공유를 통해 생산성을 높이고, 기업 간 협력과 경쟁을 촉진하여 혁신을 촉진할 수 있다. 반면 문제점으로는 수도권 및 특정 대도시 중심으로 성장이 집중되어 지역 간 불균형 문제를 심화시키고, 그렇지 못한 지역의 쇠퇴를 가속화하는 문제를 발생시킨다. 또한 대도시 및 특정 지역으로의 인구집중에 따른 도시 과밀화, 주거비 상승, 교통 문제 등이 나타나고, 금융위기, 산업의 쇠퇴 등 경제적 충격에 대한 지역별 회복 탄력성이

다르게 나타날 수 있다. 우리나라에서 이와 관련한 대표적인 법률로는 특정 지역을 성장거점으로 육성하기 위한 「경제자유구역의 지정 및 운영에 관한 법률」과 혁신도시를 거점으로 성장을 유도하려는 「혁신도시 조성 및 발전에 관한 특별법」 등을 들 수 있다.

2. 형평성 중심 균형발전 정책의 이론적 배경

형평성 중심의 균형발전 정책은 자원의 균형적 분배를 통해 모든 지역이 고르게 성장할 수 있도록 하는 정책적 개입을 강조하는데, 주요 이론적 근거는 다음과 같다.

1) 내생적 성장 이론: 로머(Romer)와 루카스(Lucas)의 내생적 성장 이론에서는 기술 혁신, 인적 자본 투자, 연구개발(R&D) 등이 지속적인 성장의 핵심 요인으로 작용한다고 설명한다. 시장 자율에 맡기면 특정 지역에만 혁신과 성장이 집중될 가능성이 크므로, 정부 개입을 통해 인적 자본 및 기술 개발을 균형적으로 분배할 필요가 있다. 교육, 연구개발, 인프라 등 정부의 지역별 투자를 통해 지역 간 성장률을 조정해야 한다는 것이다.

2) 누적적 인과 관계 이론: 미르달(Myrdal)의 누적적 인과 관계 이론에 따르면, 경제발전이 특정 지역에만 집중되면, 성장 지역은 더욱 성장하고 낙후 지역은 더욱 낙후되는 악순환이 발생한다. '확대 효과(Spread Effect)'와 '흡수 효과(Backwash Effect)'의 균형을 맞추지 않으면 지역 간 격차가 지속될 가능성이 크기 때문에 정부 개입을 통해 소외 지역에 대한 적극적 투자가 필요하다.

3) 중심-주변 이론: 프리드만(Friedmann)의 중심-주변 이론은 경제발전이 중심 지역과 주변 지역 간 불균형을 초래한다고 주장한다. 중심 지역은 산업과 인구가 집중되어 고성장하지만, 주변 지역은 경제성장이 둔화된다. 정부는 이러한 불균형을 해소하기 위해 지방 분권화 정책, 지방 산업 육성, 교통 및 통신 인프라 확충 등이 필요하다.

형평성 중심 정책의 장점으로는 인프라와 기회를 지역에 골고루 배분함으로써 지역 간 격차를 해소하고 사회적 안정성을 증대한다. 또한 사회적 형평성 및 정치적 안정을 확보하고, 지방 소멸 방지 및 국민 삶의 질을 향상할 수 있다. 반면 문제점으로는 낙후 지역에 과도한 보조금을 투입할 시 생산성 저하 가능성 등 경제적 비효율성 문제가 나타날 수 있으며, 과도한 분배 정책이 국가 전체 성장률을 둔화시켜 성장동력을 잃을 가능성이 있다는 것이다. 그리고 단기 성과보다 장기적 관점에서의 정책 평가를 통해 정책의 지속성이 중요하다. 우리나라에서 이와 관련한 대표적인 법률로 균형발전을 위한 법적 기반을 마련한 「지방분권균형발전법」, 지방재정의 형평성을 높이고 재정 지원을 위한 「지방교부세법」, 낙후지역 개발을 위한 「오지개발촉진법」 등이 있다.

한편, 효율성 중심 성장정책과 형평성 중심 균형발전 정책은 학문적으로 서로 다른 이론적 배경을 가지지만, 실제 정책에서는 두 접근법을 조화롭게 결합하는 것이 필요하다. 효율성 중심 정책은 생산성과 성장률을 극대화할 수 있지만, 불균형이 초래될 가능성이 크다. 반면, 형평성 중심 정책은 지역 간 불평등을 완화할 수 있지만, 경제적 비효율성이 발생할 위험이 있다. 따라서 '선택적 균형발전'과 '스마트 성장' 같은 절충형 모델을 통해 지역 간 지속 가능하고 포용적인 성장을 유도하는 것도 고려해 볼 필요가 있다.

| 1.2 | 우리나라 국토 불균형 현황과 균형발전 필요성

우리나라는 1960년대부터 본격적인 산업화에 따른 경제의 고도성장과 급격한 도시화를 경험하였다. 우리나라는 1962년부터 '제1차 경제개발 5개년 계획'을 추진하였는데, 계획의 중심은 경공업 중심의 경제개발 즉, 산업화 정책이었다. 경제개발 초기 단계부터 경제발전과 산업발전이 최우선의 과제였기 때문에, 정책의 핵심은 지역산업 정책으로 귀결되었다. 가난한 국가의 한정된 재원으로 인해 효율성 중심의 성장 정책 즉, 공간적으로는 기반 시설이 비교적 잘 갖추어진 대도시를 중심으로 하는 불균형 개발 정책을 추진할 수밖에 없었다.

대도시를 중심으로 제조업이 성장하게 됨에 따라 농어촌의 인구가 일자리를 찾기 위해 도시로 이동하는 이촌향도(離村向都) 현상이 나타나게 되었다. 인구와 자원 및 산업이 도시에 집중되어 도시는 급격히 성장하는 반면 농어촌은 성장 기반을 잃고 쇠퇴하는 현상, 즉, 국토불균형 현상이 나타나게 되었다. 우리나라의 국토 불균형은 수도권과 비수도권 간의 불균형, 도시와 농촌 간의 불균형, 경부축과 비경부축 간의 불균형, 대도시와 중소도시 간의 불균형 문제로 대별될 수 있다. 이러한 불균형 문제는 자연스럽게 균형발전 이슈를 발생시켰으며, 집중적인 산업정책으로 인하여 발생하는 문제점들에 대한 해소방안을 고민하게 되었다.

특히, 수도권과 비수도권의 불균형 문제는 매우 심각하다. 우리나라는 2019년 12월 처음으로 수도권 인구가 전국 인구의 50%를 넘어섰으며, 2025년 1월 현재에는 수도권의 주민등록상 인구는 약 2,605만명으로 전국 인구 5,121만명의 50.9%에 달했다. 이는 개발의 시대를 거치면서 지속되어 온 수도권 집중이 심화된 결과인데, 이러한 집중 현상은 인구와 산업의 집중을 넘어서서 권력과 기회의 집중을 초래하여 서울 중심, 수도권 중심이라는 심리적 중심주의로까지 발전하고 있다. 2020년 현재 수도권은 국토의 11.8%에 불과하지만, 인구의 절반 이상이 거주하고 있을 뿐만 아니라, 100대 기업 중 91곳, 예금액의 70% 이상이 집중되어 있다. 수도권에 집중된 인구와 자원은 또다시 비수도권의 인구와 자원을 수도권으로 유인하는 유인요인이 되어 지역 간 불균형을 심화시킬 수 있다는 문제가 있다.

국토 불균형 심화는 집중된 지역에는 주택, 교통, 환경 등의 과밀로 인한 외부불경제 문제를 유발하고, 그렇지 못한 지역에는 재정의 감소와 경쟁력 약화로 인한 성장잠재력의 상실 등의 다양한 사회적 문제를 야기한다. 우리나라는 1964년 '대도시 인구집중 방지책', 1969년 '수도권 입구집중 억제방안' 등 국토 불균형 문제에 대해 오래전부터 인식하고 대책을 추진해 왔으나, 국토 불균형은 완화되기는커녕 훨씬 심화되었다.

1960년대부터 본격적인 경제개발을 추진해 온 우리나라는 한정된 재원으로 경제개발과 국토개발을 하려다 보니 효율성 위주의 정책 즉, 경제적으로는 대기업 위주, 공간적으로는 기반시설이 비교적 잘 갖추어진 지역을 중심으로 거점개발 방식을 채택할 수밖에 없었다. 제1차 국토종합개발계획(계획기간 : 1972-1981)에서 국토공간정책은 거점개발 방식을 채택할 수밖에 없었고, 그 거점은 기개설된 경인 및 경부고속도로와 계획기간 초기에 개통[1]될 호남고속도로 주변

지역에서 찾을 수밖에 없었을 것이다.[2] 이 개발축은 이미 포화상태를 넘어서 동맥경화를 앓고 있는 2020년에 수립된 제5차 국토종합계획에까지 이어지고 있다.

국토에 대한 공간정책으로 추구해야 할 가치로는 크게 효율성을 추구하는 성장정책과 형평성을 강조하는 균형발전 정책으로 정리될 수 있을 것인데, 이 두 가치는 모두 포기할 수 없을 정도로 중요하다. 국가의 자본이 부족한 시기에는 효율성 위주의 정책을 추구할 수밖에 없었을 것이나, 경제적 발전 거둔 오늘날에는 형평성의 관점으로 패러다임을 전환하고 있다.

국토균형발전이 필요한 이유는 크게 다음 세 가지로 정리될 수 있다.

첫째, 위험의 분산과 관리를 통한 국가의 '지속가능한 발전'의 구현이다. "계란을 한 바구니에 담지 마라"라는 격언이 있다. 이는 비단 투자의 위험을 분산시키려는 전략으로 투자전략에만 적용되지 않는다. 국가의 중요한 임무 중의 하나는 각종 위험으로부터 국민의 생명과 재산을 지키고 지속가능성을 높이는 것이다. 국토불균형은 불안정성을 높인다. 2008년 중국 쓰촨성의 지진을 보더라도 국토의 좁은 지역에 과다한 집중이 지속가능성에 얼마나 위험할 수 있는지를 보여준다. 이러한 이유로 박정희정부는 남북 간의 군사적 대치 상태에서 국가안보를 위해 임시행정수도 건설을 시도하기도 했다. 즉, 예고 없는 자연재해나 대형사고, 전쟁 등에 대비하기 위해서도 국토의 균형발전을 통한 공간적 분산이 필요하다.

둘째, 헌법정신의 구현이다. 우리나라는 헌법 전문에 "…정치·경제·사회·문화의 모든 영역에 있어서 각인의 기회를 균등히 하고, (중략) 국민생활의 균등한 향상을 기하고…"라고 기술하고 있다. 그리고 헌법 제119조 2항에서는 "국가는 균형있는 국민경제의 성장 및 안정과 적정한 소득의 분배를 유지하고…"라고 언급하고 있으며, 제120조 국토의 균형발전을 위한 계획 수립, 제122조

---

1) 1968년 경인고속도로, 1970년 경부고속도로 개통(서울-수원 구간은 1968년 개통) 그리고 1973년 호남고속도로가 개통된다.

2) 교통 및 기반시설이 잘 발달되어 있는 축을 따라서 인구 및 산업이 집중될 수밖에 없으며, 따라서 이러한 축을 이용하여 인구 및 산업을 계획적으로 배치하는 것이 최소의 비용으로 최대의 효과를 거둘 수 있는 효과적인 방법일 것이다.

국토의 균형있는 이용·개발·보전을 위한 제한, 제123조 지역균형발전을 위한 지역경제 육성 의무 등 3개 조항에 명시되어 있다. 이와 같이 우리 헌법에서는 국민 개개인의 기회를 균등히 하고 최상의 능력을 발휘하게 함을 명시하고 있다. 즉, 납세의 의무를 지는 국민이 국토의 어디에 살건 간에 국가가 제공하는 공공재를 평등하게 이용할 수 있는 평등권의 구현을 위해서 균형발전이 필요하다. 즉, 국토불균형으로 인한 기회의 상실 및 박탈을 없게 해야 한다.

셋째, 국가(국민)공동체의 통합을 위해서 국토균형발전은 필요하다. 지역 간 격차가 심해지면 국민들 사이에 위화감이 조성되고 국민통합이 어려워질 수 있다. 따라서 지역적 사회적 형평성을 제고하고 국가공동체의 통합을 위해서도 국토균형발전은 필요하다.

국토 불균형 문제는 우리나라에서 해결해야 할 가장 심각한 문제 중 하나로 인식하고 있으며, 지자체 차원만이 아니라 중앙정부 차원에서도 다양한 정책적, 제도적 노력이 지속되고 있다. 국가균형발전 정책이 효과를 거두기 위해서는 효율성 중심의 성장정책과 형평성을 중심으로 한 균형발전 정책을 조율하는 법적·제도적 지원이 필요하다. 수도권과 지방이 협력하는 균형발전 전략을 추진하며, 이를 위해 기존 법령을 보완하고 효과적인 정책 집행을 위한 법령의 체계적인 제도 정비 및 개선이 필요하다.

제 2 절 우리나라 국토균형발전 법제도

| 2.1 | 국토균형발전 관련 법체계

우리나라는 1960년대 산업화 정책과 함께 수도권으로 인구와 산업이 집중이 심화되었다. 이는 단순히 수도권 집중과 국토 공간상의 불균형 개발 문제뿐만 아니라, 교통 혼잡·주택 부족·토지 부족과 지가 상승, 환경오염 등 도시문제를 심각하게 제기하였다. 이로 인해 1964년 건설부에서 마련한 '대도시 인구집중 방지책', 1970년 국무회의 의결을 통해 추진한 '수도권 인구의 과밀

집중억제에 관한 기본지침' 등 다양한 정책들이 추진되었다.

법적 측면에서 보면, 앞서 언급한 바와 같이 헌법 전문에 "…정치·경제·사회·문화의 모든 영역에 있어서 각인의 기회를 균등히 하고, (중략) 국민 생활의 균등한 향상을 기하고…"라고 기술하고 있다. 헌법 조문에도 국가의 역할로서 균형발전을 도모해야 한다는 내용을 직·간접적으로 담고 있는 조항들이 있는데, 다음과 같다.

제119조제2항에서 "국가는 균형 있는 국민경제의 성장 및 안정과 적정한 소득의 분배를 유지하고, 시장의 지배와 경제력의 남용을 방지하며, 경제 주체 간의 조화를 통한 경제의 민주화를 위하여 경제에 관한 규제와 조정을 할 수 있다."고 경제의 균형발전 관련 조항을 규정함으로써 국가가 지역 간 경제적 격차를 완화하기 위해 정책적으로 개입할 근거가 된다. 그리고 헌법 제120조 2항에서 "국토와 자원은 국가의 보호를 받으며, 국가는 그 균형있는 개발과 이용을 위하여 필요한 계획을 수립한다."고 규정하고, 제122조에서는 "국가는 국민 모두의 생산 및 생활의 기반이 되는 국토의 효율적이고 균형있는 이용·개발과 보전을 위하여 법률이 정하는 바에 의하여 그에 관한 필요한 제한과 의무를 과할 수 있다."고 규정하고 있다. 그리고 제123조 2항에서는 "국가는 지역 간의 균형 있는 발전을 위하여 지역경제를 육성할 의무를 진다."라고 규정함으로써 특정 지역으로 개발이 지나치게 집중되지 않도록 국가 차원의 균형발전 계획이 필요하다는 의미를 포함하고 있다.

이 외에도 헌법 제1조제1항에서 "대한민국은 민주공화국이다."에서 민주공화국 원리는 모든 국민이 평등한 권리를 누려야 한다는 원칙을 포함하며, 이는 지역 간 불균형 해소 및 균형발전과도 연결된다. 인간의 존엄과 가치, 행복추구권을 담고 있는 헌법 제10조 "모든 국민은 인간으로서의 존엄과 가치를 가지며, 행복을 추구할 권리를 가진다."는 조항은 우리나라 영토 어느 곳에 살더라도 국민으로서 불이익을 받지 않도록 하기 위해 균형발전 정책에 대한 국가의 의무를 규정하고 있으며, 국민의 복지권 및 지역 간 균형발전 관련 조항을 담고 있는 헌법 제34조제1항 및 2항 "① 모든 국민은 인간다운 생활을 할 권리를 가진다. ② 국가는 사회보장·사회복지의 증진에 노력할 의무를 진다."

에서는 국민의 기본적인 삶의 질을 보장하려면 지역 간 경제적·사회적 격차를 줄이는 균형발전이 필수적이기 때문에 간접적으로 지역 간 균형발전을 담고 있는 조항이라고 할 수 있다.

한편, 우리나라에서 법률적 기반을 통하여 추진하는 지역 간 균형발전은 1982년 제정된 「수도권정비계획법」과 2004년 1월 16일에 제정되어 시행된 「국가균형발전 특별법」을 중심으로 추진되었다고 할 수 있다. 2023년 7월 「국가균형발전 특별법」은 「지방자치분권 및 지방행정체제개편에 관한 특별법」과 통합하여 「지방분권균형발전법」으로 제정되었다.

이와 같이 지역균형발전정책은 축적된 이론의 배경과 정책 경험을 바탕으로 추진되는 특징이 있으며, 「지방분권균형발전법」은 정책 추진을 위한 법·제도적 기반 조성과 시스템을 제공하는 역할을 수행한다고 할 수 있다. 따라서, 지역균형발전 정책과 관련된 법제도는 법체계적인 제도가 우선하여 추진된다고 보기보다는, 균형발전이라는 정책목표를 달성하기 위한 정책과 이론 연구가 선행되고, 이를 제도화하여 효율적으로 시행하기 위한 제도적 기반을 제공하는 성격을 가진다. 따라서 법리적인 체계보다는 법정책적 측면에서의 검토와 논의가 필요하며, 기본적으로 정책수립시 경제적·행정적·이론적 타당성을 확보하고 이를 제도적으로 정비하기 위한 수단으로써 법제의 효용성이 인정된다고 할 수 있다.

지역 균형발전 정책은 국가적인 차원에서 전 국토를 대상으로 하는 광범위하고 포괄적이며, 균형과 형평의 원칙이 요구되는 정책의 특징을 가지고 있다. 동시에 지역별로 발전 정도의 차이가 있기 때문에 지역 이기적 경향이 나타나기도 한다. 따라서 균형발전이라는 목적 달성을 위한 정책과 법제는 형평성을 준수하기 위한 제도의 운영이 요구됨과 동시에, 지역 이기적 경향이 나타남에도 불구하고 특정 지역에 대한 선택과 집중의 지원이 이루어지는 정책 수단을 선택하기도 한다.

지역 간 균형발전 정책은 융복합적 성격을 가지고 있는데, 다양한 분야에서 선순환적 순기능이 융복합적으로 발휘되어야 궁극적으로 완성된 효과를 나타낼 수 있다. 즉, 국민이 국토의 어느 곳에 살더라도 교육, 재정, 산업, 지역개발, 교통, 지방자치, 생활 등 사람에게 필요한 다양한 환경을 비교적 평등하게 발전시키는 것을 의미한다. 이처럼 '지역균형발전'이라는 정책 목표는 단일한 정책과 소수의 법률만으로는 달성할 수 없는 다원적 정책의 고려와 법제도 운영의 다각적 교차를 통해서만 달성할 수 있다. 균형발전 정책은 범부처·다부처 정책 및 사업으로 추진되며, 이를 뒷받침할 수 있는 다수의 소관 부처에서 담당하고 있는 법률들의 입법목적을 실현하기 위해 시행되고 있다.

지역균형발전을 위한 법제는 개발에 대한 억제와 개발유도에 대한 법제로 구분해 볼 수 있다. 전자는 「수도권정비계획법」이 대표적이며, 후자는 「지방분권균형발전법」을 들 수 있다. 또한 균형발전 법제를 카테고리별로 구분해 보면 인적 측면, 공간적 측면, 산업적 측면으로 구분해 볼 수 있다. 그러나 이러한 구분은 절대적인 것은 아니며 각 카테고리의 중간영역에 포함되어 있을 수 있다.

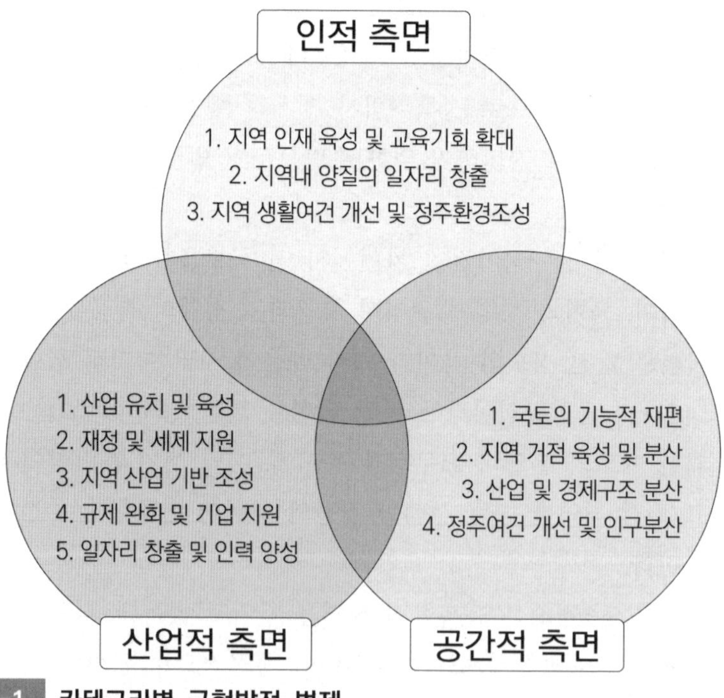

그림 5-1 **카테고리별 균형발전 법제**

| 2.2 | 인적 측면의 균형발전 법제도

인적(사람 중심) 측면의 균형발전 및 주민들의 삶의 질 향상과 관련 법률들이 추구하는 내용들을 살펴보면, 첫째, 지역 인재 양성 및 교육 기회 확대, 둘째, 지역내 양질의 일자리 창출, 셋째, 지역생활여건 개선 및 정주환경개선을 통해 각 지역이 자립적 성장 동력을 확보하도록 지원하는 데 중점을 둔다. 이를 위해 정부는 다양한 법제도를 추진하고 있으며, 주요 내용을 다음과 같이 정리할 수 있다.

첫째, 지역 인재 육성 및 교육 기회 확대이다. 지역 간 교육 격차를 해소하고 지역 인재를 적극적으로 육성하기 위해 정부는 다양한 지원책을 마련하고 있는데, 구체적인 내용은 다음과 같다.

- **지역 대학 지원 정책**: 지방대학의 경쟁력을 강화하기 위해 재정 지원을 확대하고, 산학 협력을 활성화하여 지역 맞춤형 인재를 양성하고 있다. 해당 정책은 「지방대학 및 지역균형인재 육성에 관한 법률」과 「지방교육재정교부금법」을 기반으로 시행되며, 지방대학 혁신 지원 사업, 권역별 대학 협력 체계 구축 등 다양한 세부 정책이 포함된다.
- **고교 교육 강화**: 지역 내 특성화고, 마이스터고 등을 육성하여 지역 산업과 연계된 실무형 인재를 배출할 수 있도록 지원하고 있다. 이를 위해 맞춤형 직업 교육 프로그램과 산업체 연계 실습 프로그램이 활성화되고 있다. 해당 정책은 「직업교육훈련 촉진법」 및 「초·중등교육법」을 근거로 시행된다.
- **온라인 및 원격 교육 강화**: 교육의 접근성을 높이기 위해 온라인 강의 플랫폼을 확대하고, 지역 내 교육 인프라를 개선하고 있다. 이를 위해 원격교육 플랫폼 개발, 지역 거점 스마트러닝센터 구축 등이 추진 중이다. 관련 법률로는 「원격교육 활성화법」과 「평생교육법」이 적용된다.

둘째, 지역 내 양질의 일자리 창출: 지역의 경제 활성화와 인구 유출 방지를 위해 양질의 일자리를 창출하는 것도 중요한 과제인데, 다음과 같은 지원을 담고 있다.

- **공공기관 지방 이전 및 정착 지원**: 세종시를 비롯한 혁신도시로 공공기관

을 이전하고, 지역 내 정착을 유도하는 정책을 추진하고 있다. 이는 「지방분권균형발전법」과 「혁신도시 조성 및 발전에 관한 특별법」(이하 「혁신도시법」)에 근거하여 지역인재의 우선채용 등이 시행되며, 공공기관 이전과 더불어 지역 내 정주 인프라 조성, 주거 지원 정책도 병행되고 있다.

- **지역 특화 산업 육성**: 지역별 특성을 고려한 산업 육성을 통해 지역 내 지속가능한 일자리를 창출하고 있다. 예를 들어, 해양 산업은 부산·울산 지역에서, 바이오 산업은 충청권에서 집중 육성 중이다. 해당 정책은 「지역특화발전특구에 대한 규제특례법」 및 「국가고용전략법」을 기반으로 추진되며, 지역별 산업 클러스터 구축, 연구개발(R&D) 지원이 포함된다.
- **창업 및 중소기업 지원**: 지역 내 창업을 촉진하기 위해 창업지원센터를 운영하고, 금융 및 기술 지원을 강화하고 있다. 이와 관련하여 「중소기업창업 지원법」이 적용되며, 창업 인큐베이터 조성, 초기 창업 기업 대상 세제 혜택 등이 포함된다.
- **인구감소지역 지원**: 지방 소멸 위기를 해결하기 위해 「인구감소지역 지원특별법」(인구감소지역법)이 제정되었으며, 이를 바탕으로 인구감소지역의 정주 여건을 개선하고 지역 경제를 활성화하는 다양한 지원책이 마련되고 있다. 여기에는 지방 소멸 대응 기금 조성, 생활 SOC 확충, 기업 유치 세제 지원 등이 포함된다.

셋째, 지역 생활 여건 개선 및 정주 환경 개선: 지역 주민이 지속적으로 거주할 수 있도록 생활 인프라를 개선하는 것도 중요한 요소인데, 구체적으로 보면 다음과 같다.

- **의료 및 복지 서비스 확대**: 지역 내 의료 서비스 접근성을 높이기 위해 공공병원을 확충하고, 의료 인력을 배치하는 정책을 추진 중이다. 이는 「공공보건의료에 관한 법률」과 「저출산·고령사회 기본법」에 따라 추진되며, 지역 공공병원 현대화, 응급의료 서비스 확충 등이 포함된다.
- **문화·체육 시설 확충**: 지역 주민의 삶의 질을 높이기 위해 문화예술 공간, 체육 시설 등을 확대하고 있다. 지역별 문화센터, 체육공원 건립 지원, 지방문화재 보존 사업 등이 이에 포함된다. 해당 정책은 「관광진흥법」에

기반을 둔다.

- **교통 인프라 개선**: 광역 교통망을 확충하여 지역 간 이동 편의성을 높이고, 수도권 집중 문제를 완화하려는 노력이 지속되고 있다. 해당 정책은 「대도시권 광역교통 관리에 관한 특별법」을 근거로 추진되며, 광역 철도망 확충, 지방 대중교통 시스템 개선 등이 주요 내용이다.
- **농어촌 지역 개발**: 농어촌 지역의 정주 여건을 개선하고 생활 기반을 확충하기 위해 「농어촌정비법」 및 「농어업인 삶의 질 향상 및 농어촌 지역개발 촉진에 관한 특별법」을 근거로, 농촌형 스마트빌리지 구축, 농촌 생활SOC 개선 등의 사업이 추진되고 있다.

이와 같이 우리나라의 인적 측면에서 균형발전정책은 지역 인재 양성, 일자리 창출, 생활 여건 개선 등 다양한 방면에서 추진되고 있다. 특히, 2023년 「지방분권균형발전법」과 「인구감소지역법」의 제정으로 지역 균형발전을 위한 법적 기반이 더욱 강화되었다. 이를 바탕으로 지방의 자립적 성장과 정주 여건 개선을 통하여 지역의 삶의 질을 높이고, 균형발전을 촉진하는 역할을 하고 있다. 정부는 법률 외에도 지역 주민들의 삶의 질 향상을 위한 여러 정책을 추진하였는데, 국가균형발전 프로젝트 및 지역균형 뉴딜을 통하여 체육관, 도서관, 공원 등 지역 인프라 확충 등 생활SOC 확충, 지역 맞춤형 일자리 사업 지원사업, 비수도권 스마트시티 및 디지털 혁신 등의 사업을 추진하였다.

| 2.3 | 산업적 측면의 균형발전 법제도

우리나라에서 산업적 관점에서 지역균형발전과 관련 법제도를 살펴보면, 지역별 특성을 고려한 산업 육성, 기업 유치, 연구개발(R&D) 지원 등을 통해 각 지역이 자립적 경제구조를 형성할 수 있도록 지원하는 데 중점을 둔다. 이를 위해 정부는 다양한 정책을 추진하고 있으며, 주요 내용을 다음과 같이 정리할 수 있다.

첫째, 산업 유치 및 육성이다. 지역별 균형 있는 산업 발전과 신산업 육성을 통해 수도권 집중을 완화하고 지역 경제 활성화를 도모하는 것인데, 구체적 내용은 다음과 같다.

- **혁신도시 및 산업 클러스터 구축**: 공공기관 이전과 연계한 산업 클러스터 조성을 통해 지역 산업을 육성한다. 이는 「혁신도시법」에 근거하여 추진되며, 예를 들어 나주 혁신도시에서는 한국전력공사를 중심으로 에너지 관련 기업과 연구소를 유치하여 지역 산업클러스터가 형성되고 있다.
- **지역특화발전특구 조성**: 「규제자유특구 및 지역특화발전특구에 관한 규제특례법」(이하 "지역특구법")에 따라 지역별 특화산업을 지정하여 육성한다. 예를 들면, 충북 오송 바이오밸리는 「첨단의료복합단지 육성에 관한 특별법」에 기반하여 조성되어 바이오·제약 산업이 집중 육성되고 있다.
- **기업도시 개발**: 「기업도시개발 특별법」(이하 기업도시법)에 근거하여 민간기업 주도의 산업도시를 조성하고 각종 규제를 완화하여 기업 활동을 촉진한다. 대표적인 사례로 충북 충주의 지식기반형 기업도시 조성을 들 수 있다.

둘째, 재정 및 세제 지원이다. 균형발전 지원을 위한 재정적 지원과 세제 혜택을 제공하여 지역 경제 활성화를 촉진하고자 하는 것인데, 다음과 같은 내용들이 있다.

- **지역균형발전특별회계 운영**: 「지방분권균형발전법」에 따라 균형발전특별회계를 조성하여 강원도 산악 관광 인프라 구축, 전북 농생명산업 클러스터 지원 등 지역 맞춤형 지원을 시행한다.
- **투자 인센티브 제공**: 「지역개발지원법」에 따라 투자선도지구를 지정하고, 「국가재정법」에 근거하여 국가 예산을 지원한다. 예를 들면, 새만금 투자유치단지는 신재생에너지 기업을 대상으로 금융 지원과 토지 제공 등의 혜택을 제공한다.
- **세제 혜택 확대**: 「조세특례제한법」에 따라 지방 이전 기업에 대한 법인세 감면, 취득세 면제 등의 인센티브를 제공하여 기업의 지방 정착을 유도한다.

셋째, 지역 산업 기반 조성이다. 산업단지 및 정주 환경 개선을 통해 기업의 안정적 운영과 근로자의 정착을 지원하는 것인데, 구체적으로는 다음과 같다.

- **교통·물류·에너지 인프라 구축**: 「지방분권균형발전법」과 「지역개발지원법」

에 따라 철도·도로·항만을 정비하여 산업단지와 연계한 물류 경쟁력을 강화한다. 예를 들면, 새만금 신항만 개발이 이에 해당한다.

- **정주 여건 개선**: 「혁신도시법」을 기반으로 나주 혁신도시 내 교육·문화 복합타운이 조성되었으며, 근로자의 주거환경 개선을 위해 혁신도시 내 공동주택 및 생활편의시설이 확충되고 있다.
- **산학 협력 활성화**: 「지역개발지원법」과 「산업교육진흥 및 산학협력 촉진에 관한 법률」(「산학협력법」)에 따라 지역 대학과 기업 간 협력을 통한 연구소 설립 및 공동 프로젝트를 추진한다. 예로는 울산의 UNIST와 현대차 협력 R&D 센터 운영이 있다.

넷째, 규제 완화 및 기업 지원이다. 규제 완화를 통해 기업 활동을 촉진하고 지방정부의 산업 지원 권한을 강화하는 것인데, 다음과 같은 내용을 포함한다.

- **규제 특구 운영**: 「지역특구법」을 기반으로 지역별 특화 규제를 완화하며, 예를 들면 강원도 의료특구는 외국인 의료관광 규제를 완화하여 의료산업의 성장을 지원하였다.
- **기업 친화적 환경 조성**: 「기업도시법」에 따라 기업이 투자할 때 인허가 절차를 간소화하고, 지방정부가 기업 유치를 위해 인센티브를 제공할 수 있도록 「지방자치법」을 개정하여 권한을 확대하였다.
- **노사 상생형 투자 유치**: 광주형 일자리 모델은 「상생형 지역일자리 지원에 관한 특별법」을 기반으로 추진되며, 지방정부 주도의 노사 상생형 투자 유치를 가능하게 하였다.

다섯째, 일자리 창출 및 인력 양성이다. 지역별 맞춤형 일자리 정책을 추진하고 지역 인재의 유입 및 정착을 지원하는데, 구체적으로 다음과 같은 내용들이 있다.

- **지역 맞춤형 일자리 창출**: 「지방분권균형발전법」에 따라 부산 조선업 훈련센터 운영을 통해 조선소 맞춤형 인력을 공급하고 있다.
- **지역 인재 채용 활성화**: 「혁신도시법」에 근거하여 공공기관 및 이전 기업의 일정 비율을 지역 인재로 채용하는 의무화 제도를 운영하고 있으며, 이를 통해 지방 청년들의 취업 기회를 확대하고 있다.

- **청년 인력 정착 지원**: 「인구감소지역특별법」과 「고용보험법」을 기반으로 청년 창업 지원 및 일자리 창출을 위한 정책이 추진되며, 대구 기계부품 산업 특성화고 졸업생의 취업 연계 프로그램이 이에 해당한다.

이와 같이 산업적 측면에서 지역균형발전정책은 산업 유치 및 육성, 재정 및 세제 지원, 지역 산업 기반 조성, 규제 완화 및 기업 지원, 일자리 창출 및 인력 양성의 다섯 가지 핵심 분야를 중심으로 추진되고 있다. 특히, 공공기관 이전, 특화산업 육성, 인프라 확충, 규제 완화, 일자리 창출 등 산업적 측면에서 지역균형발전을 촉진하고 있으며, 이를 통해 지역별 맞춤형 성장 모델을 구축하고 있다. 이러한 정책들은 지속적인 개선과 지원을 통해 지역 경제의 지속 가능한 성장을 견인하고자 한다.

| 2.4 | 공간적 측면의 균형발전 법제도

지역균형발전 정책은 수도권과 비수도권 간의 불균형을 해소하고, 지역의 자립적 성장 기반을 마련하는 것을 목표로 한다. 이를 실현하기 위해 국가는 법적·제도적 장치를 마련하여 지역별 특성에 맞는 발전 전략을 추진하고 있다. 이러한 내용을 공간적 차원에서 보면 크게 국토의 기능적 재편(공간구조 개편), 지역 거점 육성 및 분산, 산업 및 경제구조 분산, 정주 여건 개선 및 인구 분산이라는 네 가지 측면에서 추진되고 있다.

첫째, 국토의 기능적 재편(공간구조 개편)이다. 수도권과 비수도권 간의 기능을 조정하고 국토를 광역생활권 단위로 개편하는 정책이 시행되고 있는데, 다음과 같다.

- **광역생활권 체계 구축**: 「지방분권균형발전법」에 따라 국가는 균형발전 전략을 수립하고, 광역생활권 개념을 도입하여 지역별 맞춤형 발전 전략을 추진한다. 이는 행정·재정적 자율성을 확대하고, 지방정부의 권한을 강화하는 데 중점을 둔다.
- **수도권 집중 억제**: 「수도권정비계획법」에 따라 수도권을 과밀억제권역, 성장관리권역, 자연보전권역으로 구분하여 지역별 차등적인 개발 규제를 시행한다. 이를 통해 수도권 내 과밀화를 방지하고, 비수도권으로의 인

구 및 산업 분산을 유도한다.

- **초광역 협력 사업 추진**: 정부는 「지방분권균형발전법」에 따라 광역경제권을 조성하고, 대도시와 중소도시 간 기능을 상호보완하는 방향으로 공간구조를 재편하고 있다. 예를 들어, 부산·울산·경남을 하나의 초광역 경제권으로 설정하여 공동 인프라 구축 및 산업 협력을 유도하고 있다.

둘째, 지역 거점 육성 및 분산이다. 지역별 경제 중심지를 육성하고, 공공기관 및 연구개발 거점을 지방으로 분산하는 정책이 추진되고 있는데, 다음과 같다.

- **혁신도시 및 기업도시 조성**: 「혁신도시법」과 「기업도시법」을 기반으로, 공공기관 및 민간기업의 지방 이전을 촉진하고, 이를 중심으로 산업 클러스터를 조성한다. 대표적으로, 강원 원주 혁신도시는 의료기기 산업을 중심으로 발전하고 있으며, 충남 태안 기업도시는 관광·레저 중심으로 개발되고 있다.
- **광역경제권 개발 지원**: 「지방분권균형발전법」에 따라 국가 차원의 전략적 지역 거점을 육성하기 위해 광역경제권 개발을 지원한다. 대표적인 사례로 대구·경북 경제권의 자동차·기계부품산업 육성, 호남권의 농생명·친환경 산업 육성이 있다.
- **균형발전 거점 도시 육성**: 「지역개발지원법」에 따라 지방 중소도시의 경쟁력을 강화하기 위해 전략적 거점 도시를 육성하는 사업이 추진되고 있다. 예를 들어, 전남 목포는 해양관광 거점으로 개발되고 있으며, 충남 내포 신도시는 친환경 스마트도시로 조성되고 있다.

셋째, 산업 및 경제구조 분산이다. 산업의 수도권 집중을 해소하고 지역별 특화 산업을 육성하는 정책이 추진되고 있는데, 다음과 같은 내용이 있다.

- **기업의 지방 이전 촉진**: 「지방분권균형발전법」에 따라 기업의 지방 이전을 촉진하기 위한 세제 혜택과 보조금 지원이 이루어지고 있다. 예를 들어, 지방 이전 기업에 대해 법인세 감면, 취득세 면제 등의 인센티브가 제공된다.
- **국가혁신클러스터 조성**: 「지방분권균형발전법」을 기반으로 지역별 특화

산업을 육성하는 국가혁신클러스터가 조성되고 있다. 대표적으로, 대전·세종·충청권은 바이오·헬스 산업을, 경남 창원은 기계·조선 산업을 육성하고 있다.

- **디지털·그린 뉴딜 추진**: '지역균형뉴딜 추진 전략'에 따라 각 지역의 특성에 맞춘 신재생에너지, 스마트팜, 첨단 제조업 등이 지방에 도입되고 있으며, 지역 경제 활성화를 위한 미래 성장동력 산업이 집중 육성되고 있다.

넷째, 정주 여건 개선 및 인구 분산이다. 지방의 생활 환경을 개선하고 수도권 인구 집중을 완화하기 위한 정책이 추진되고 있는데, 구체적으로는 다음과 같다.

- **생활 SOC 확충**: 「지방분권균형발전법」을 기반으로 지방 정주 여건을 개선하기 위해 교육, 의료, 교통 등 생활 SOC(사회간접자본)를 확충하고 있다. 대표적으로, 충북 제천은 의료 서비스 강화를 위한 종합병원 및 응급센터 구축이 추진되고 있다.
- **혁신도시 정주 환경 개선**: 「혁신도시법」에 따라 혁신도시 내 교육, 문화, 의료 시설을 확충하여 정주 환경을 개선하고 있으며, 나주 혁신도시 내 교육·문화 복합타운 조성이 대표적인 사례이다.
- **인구 감소 지역 지원**: 「인구감소지역법」에 따라 지방소멸 대응을 위한 기금이 조성되고 있으며, 청년·기업 유입을 위한 주거 지원 및 창업 지원 사업이 추진되고 있다. 예를 들어, 경북 의성군은 귀농·귀촌 활성화를 위해 주거 지원 및 창업 보조금 지원을 확대하고 있다.

이와 같이 한국의 균형발전 정책은 공간적 차원에서 국토의 기능적 재편, 지역 거점 육성 및 분산, 산업 및 경제구조 분산, 정주 여건 개선 및 인구 분산의 네 가지 핵심 전략을 중심으로 추진되고 있다. 특히, 수도권과 비수도권 간의 기능적 조정을 통해 국토 공간구조를 효율적으로 재편하고, 지역별 맞춤형 발전 전략을 통해 지속 가능한 균형발전을 실현하는 방향으로 변화하고 있다. 앞으로 균형발전 정책은 초광역 협력 모델을 강화하고, 지역 특화산업과 혁신클러스터를 중심으로 한 공간적 발전 전략을 지속적으로 추진해 나갈 것으로 예상된다.

제 3 절 지방시대종합계획

우리나라에서 지역균형발전을 위한 계획과 이들 계획 수립에 대한 법적 기반을 제공하는 법률들은 다양하다. 현행 법률 중 가장 대표적인 법률인 「지방분권균형발전법」을 비롯하여 「수도권정비계획법」, 「혁신도시법」, 「신행정수도 후속대책을 위한 연기·공주지역 행정중심복합도시 건설을 위한 특별법」, 「기업도시개발 특별법」, 「인구감소지역 지원 특별법」, 「규제자유특구 및 지역특화발전특구에 관한 규제 특례법」 등 많은 법률들이 있고, 이에 근거하여 다양한 계획들이 수립되고 있다. 본 절에서는 지역균형발전에 가장 대표적인 법률인 「지방분권균형발전법」과 이에 근거한 지방시대종합계획을 중심으로 서술하고자 한다.

| 3.1 | 지방시대종합계획 개요

1. 「지방분권균형발전법」과 입법 목적

우리나라에서 법률적 기반을 통하여 추진하는 지역 간 균형발전은 1982년 제정된 「수도권정비계획법」과 2004년 4월 1일 시행된 「국가균형발전 특별법」(이하 「국가균형발전법」)을 중심으로 추진되었다고 할 수 있다. 특히 「국가균형발전법」에 근거하여 우리나라는 2004년 '1차 국가균형발전 5개년계획(계획기간: 2004~2008)'을 수립하여 집행하였고, 제2차와 3차 계획은 '지역발전 5개년계획'으로 수립·집행하였다. 2018년에 수립된 '제4차 국가균형발전 5개년계획(2018~2022)'은 국가균형발전이라는 명칭으로 다시 변경하였는데, 정책의 3대 가치를 분권, 포용, 혁신을 반영하고 구현하는 것으로 지역 주도의 분권형 균형발전 추진, 국가균형발전체계의 발전적 복원, 지역 주도의 자립적 성장 기반 마련을 목표로 수립하였다. 2023년에는 「지방분권 및 지방행정체제개편에 관한 특별법」(이하 「지방분권법」)과 「국가균형발전법」이 통합하여 제정된 「지방분권균형발전법」에 근거하여 지방분권과 균형발전을 포괄하는 '제1차 지방시대종합계획(2023~2027)'을 수립하게 되었다.

지방자치·분권을 목표로 2013년 제정된 「지방분권법」과 「국가균형발전법」

은 각각 지역 균형발전과 지방자치·분권을 목표로 했으나, 개별적으로 운영되면서 정책의 통합성과 효율성에 한계가 있었다. 따라서 두 법을 통합하여 중앙과 지방의 역할을 재정립하고 협력체계를 강화하여, 지역이 주도하는 발전을 체계적으로 지원하기 위한 법률의 필요성이 제기되어 「지방분권균형발전법」을 제정하게 되었다. 이와 같이 「지방분권균형발전법」에 따라 수립된 '제1차 지방시대 종합계획(2023~2027)'은 국가균형발전이라는 명칭을 지방시대 종합계획으로 변경하고 '지방분권', '교육개혁', '혁신성장', '특화발전', '생활복지'라는 5대 전략 22개의 핵심과제를 중심으로 추진하고 있다.

「지방분권균형발전법」으로 통합한 목적은 첫째, 지방자치분권의 강화이다. 지방정부의 자율성과 책임을 확대하여 지역 특성에 맞는 정책을 수립하고 실행할 수 있도록 지원한다. 둘째, 지역균형발전 촉진이다. 지역 간 격차를 해소하고, 전국이 고르게 발전할 수 있도록 다양한 지원과 제도를 마련한다. 셋째, 지방주도의 성장 기반 마련이다. 중앙정부 주도에서 벗어나 지역 주도 발전체계를 구축하는 것이다. 넷째, 효율적인 법·제도 정비이다. 이를 통하여 중복되거나 비효율적인 제도를 통합하여 정책 추진력을 높이고자 하였다.

「지방분권균형발전법」은 다음과 같은 주요 내용을 포함하고 있다.

- **지방시대종합계획 수립**: 중앙정부는 10년 단위의 종합계획을 수립하고, 필요시 5년마다 수정하여 지역 발전의 중장기적 비전을 제시
- **자치분권을 위한 제도 개선**: 지방정부의 사무, 재정, 조직에 대한 권한을 확대하고, 지방세 비율을 높여 재정 자립도를 강화. 또한, 주민 참여를 확대하여 지방의회의 역할을 강화
- **지역균형발전 추진**: 국가 균형발전 사업을 재편하여 지역 특성에 맞는 발전 전략을 추진하고, 지방 기업 및 지역 경제 활성화를 위한 재정 및 세제지원을 강화
- **지방소멸 대응 및 인구유입 정책**: 지방 청년의 정착을 지원하고, 정주 여건을 개선하며, 지방대학과 지역 산업 간의 연계를 강화하여 인구 유입을 촉진

이러한 내용을 통해 「지방분권균형발전법」은 지방정부의 자율성과 책임을

강화하고, 지역 간의 균형발전을 도모하여 국가 전체의 지속 가능한 성장을 추구하고 있다.

| 3.2 | 지방시대종합계획의 주요 내용 및 수립 절차

'지방시대 종합계획'은 「지방분권균형발전법」(제2장 지방시대 종합계획 등)에 따라 수립되는 5년 단위의 중기(中期) 법정계획으로 지방자치분권 및 지역균형발전을 아우르는 통합 계획으로서 지방정부와 중앙정부, 지방시대위원회가 함께 수립하는 범정부 계획이라고 할 수 있다. '지방시대 종합계획'에서 수립하는 사항은 법 제6조제3항, '시·도 지방시대계획'은 법 제7조제2항, 초광역권발전계획의 수립 사항은 법 제9조제2항에 열거되어 있는데, 중앙행정기관에서 수립하는 부문별 계획은 구체적으로 열거되어 있지는 않다.

'지방시대 종합계획'은 '시·도 지방시대 계획'과 중앙행정기관의 '부문별 계획', 초광역권을 설정한 지방자치단체의 '초광역권발전계획'을 반영하여 수립하는 계획(제6조제2항)으로 정부의 정책간 일관성 유지를 위해 '국가재정운용계획', '국토계획', '저출산·고령사회기본계획', '국가탄소중립 녹색성장 기본계획' 등과 연계하여 수립한다(제6조제4항). 이때 '시·도 지방시대 계획'과 '초광역권발전계획'은 시·도 지방시대 위원회의 심의·의결을 거쳐 수립된다. 이때 수립하는 시도 및 중앙정부, 초광역권 지자체는 '시·도 지방시대 계획'과 '부문별 계획', '초광역권발전계획' 5년 단위의 중장기 계획과 이를 구체적으로 실행하기 위한 시행계획도 같이 수립한다.

「지방분권균형발전법」 제6조(지방시대 종합계획의 수립) 제3항

③ 지방시대 종합계획에는 다음 각 호의 사항이 포함되어야 한다.

1. 지방자치분권 및 지역균형발전의 기본방향 및 추진목표
2. 제3장에 따른 지역균형발전시책 및 지방자치분권 과제의 추진 등에 관한 사항
3. 제5장에 따른 지역균형발전특별회계의 운용에 관한 사항
4. 그 밖에 지방자치분권 및 지역균형발전을 위하여 필요한 사항

「지방분권균형발전법」 제7조(시·도 지방시대 계획 및 시행계획의 수립) 제2항

> ② 시 · 도 계획에는 다음 각 호의 사항이 포함되어야 한다.
> 1. 시 · 도별 지방자치분권 및 지역균형발전의 기본방향 및 추진목표
> 2. 시 · 도별 현황과 여건분석에 관한 사항
> 3. 제3장에 따른 지역균형발전시책 및 지방자치분권 과제의 추진 등에 관한 사항
> 4. 그 밖에 시 · 도의 지방자치분권 및 지역균형발전을 위하여 필요한 사항

「지방분권균형발전법」 제9조(초광역권발전계획 및 시행계획의 수립) 제2항

> ② 초광역권발전계획에는 다음 각 호의 사항이 포함되어야 한다.
> 1. 초광역권의 범위 및 발전목표에 관한 사항
> 2. 초광역권의 현황과 여건분석에 관한 사항
> 3. 제14조에 따른 초광역권산업의 육성 또는 제30조에 따른 초광역협력사업의 추진에 관한 사항
> 4. 투자재원의 조달에 관한 사항
> 5. 그 밖에 초광역권 발전을 위하여 필요한 사항

지방시대종합계획의 구체적인 수립절차는 <그림 5-2>와 같다. 먼저 시·도지사는 지역의 특성과 발전 목표를 반영한 시·도지방시대계획을 수립하고 시도 지방시대위원회의 심의의결을 거치고, 중앙행정기관의 장은 소관 분야의 정책 방향과 추진 과제를 담은 부문별 계획을 수립한다. 초광역권을 설정한 지방자치단체장은 권역별 협력을 통한 발전 전략을 담은 초광역권발전계획을 수립하고 시·도지방시대위원회의 심의·의결을 받게 된다. 지방시대위원회는 이 3개의 계획을 수렴하여 지방시대종합계획을 작성하여 지방시대위원회의 심의·의결을 받게 된다. 지방시대위원회의 심의·의결을 받은 종합계획은 국무회의의 심의와 대통령의 승인을 통해 확정하고, 국회에 보고하는 지방시대 정책의 최상위 계획이 된다.

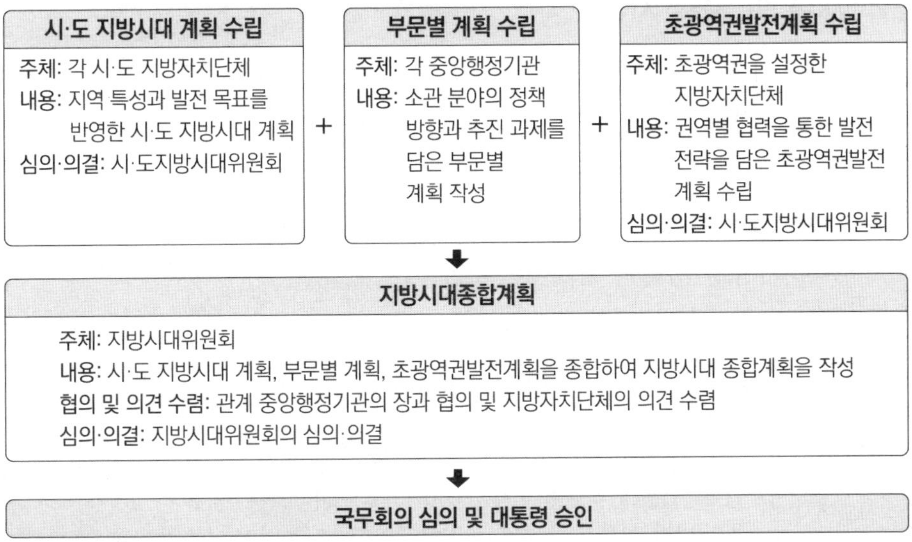

그림 5-2 **지방시대종합계획 수립절차**

| 3.3 | 기회발전특구

「지방분권균형발전법」에 지역 발전을 촉진하기 위해 기회발전특구가 지정된다. 이 특구는 수도권에 집중된 산업과 인구를 지방으로 유도하여 지역 경제 활성화와 균형발전을 도모하는 것을 목적으로 한다. 기회발전특구로 지정되면 각종 인센티브가 제공되는데, 제공되는 주요 인센티브로는 세제지원, 재정 및 금융지원, 규제특례, 정주여건 개선 등이 있다.

1. 세제 지원

- **소득세 및 법인세 감면**: 특구 내에서 창업하거나 사업장을 신설하는 기업에 대해 5년간 100% 면제, 이후 2년간 50% 감면
- **취득세 및 재산세 감면**: 수도권 기업이 특구로 이전할 경우, 취득세 100% 면제, 재산세는 5년간 100% 면제 후 추가 5년간 50% 감면
- **개발부담금 감면**: 특구 내에서의 개발에 대해 개발부담금 100% 감면

2. 재정 및 금융 지원

- **지방투자촉진 보조금**: 특구에 투자하는 기업에 대해 보조금 지원 비율을 5%p 상향하고, 기업당 국비 지원 한도를 100억 원에서 200억 원으로 증액
- **기회발전특구 펀드 조성**: 민간 자본을 활용한 펀드를 조성하여 특구 내 투자 기업에 저리의 융자 및 재정 지원

표 5-1 시·도별 제1차 기회발전특구 지정 현황

지정 지역	지정 내용
부산광역시	• 금융기업들의 수도권 본사 이전이 이루어지는 동구 · 남구 등 2개 지역에 총 22.7만평 지정
대구광역시	• 데이터센터, 이차전지, 전기차 부품 등의 기업이 유치된 수성구, 달성군, 북구 등 3개 지역에 총 82.7만평 지정
대전광역시	• 바이오, 방산 기업들이 유치된 유성구 등 2개 지역에 총 60.3만평 지정
경상남도	• 해상풍력 하부구조물 생산공장 투자가 예정된 고성에 47.6만평 지정
경상북도	• 이차전지 · 바이오 · 반도체 등 첨단산업을 중심으로 구미 · 안동 · 포항 · 상주 등에 총 152만평 지정
전라남도	• 이차전지, 해상풍력, LNG터미널 및 수소산업, 데이터센터, 문화콘텐츠산업 등의 기업들이 유치된 광양 · 여수 · 목포 · 해남 · 순천 등에 총 125.1만평 지정
전라북도	• 탄소섬유, 동물용 의약품, 특장차 등 기업들이 유치된 전주 · 익산 · 정읍 · 김제 등 4개 지역에 총 88.5만평 지정
제주도	• 우주항공분야 기업이 유치된 서귀포에 9.1만평 지정

3. 규제 특례

- **규제혁신 3종 세트 적용**: 특구 내에서는 신속확인, 실증특례, 임시허가 등의 규제 완화 조치가 적용되어 기업 활동 지원
- **지방자치단체의 규제 특례 설계 권한 부여**: 각 시·도가 직접 규제 특례를 설계하여 신청하고, 지방시대위원회의 심의·의결을 통해 해당 특례 부여

4. 정주 여건 개선

- **주거 지원**: 특구 내 기업 근로자를 대상으로 민영주택 특별공급 혜택이 제공되며, 중소기업 공동 직장어린이집 설치 시 우대 지원
- **교육 및 복지 시설 지원**: 초·중·고등학교 설립 지원 등을 통해 근로자와 그 가족의 정주 여건 개선

이러한 인센티브를 통하여 기회발전특구는 기업의 지방 이전과 투자를 촉진하고, 지역 경제 활성화와 균형발전을 도모하고자 하고 있다.

| 3.4 | 균형발전을 위한 회계

1. 균형발전특별회계

「지방분권균형발전법」에서는 지역 간 불균형을 해소하고, 지역 특성에 맞는 자립적 발전을 도모하기 위해 지역균형발전특별회계를 설치·운영하고 있다. 이 특별회계는 다양한 지역 발전 사업을 효율적으로 지원하기 위한 재정적 기반으로, 지역자율계정, 지역지원계정, 제주특별자치도계정 및 세종특별자치시계정으로 구분된다.

지역자율계정: 지방자치단체가 지역 특성에 맞는 자율적인 발전계획을 수립하고 실행할 수 있도록 지원하는 계정으로 지역의 창의적이고 특화된 사업, 주민 생활 향상 프로젝트 등을 포함한다.

지역지원계정: 중앙정부가 주도하는 지역 균형발전 사업을 효과적으로 추진하기 위해 마련되었는데, 국가 전략에 따른 대규모 인프라 구축, 지역 간 연계 사업, 공공기관 이전 등 광역적 차원의 프로젝트를 포함한다.

제주특별자치도계정: 제주특별자치도의 특수한 행정·지리적 여건을 반영하여, 지역발전을 촉진하기 위한 계정으로 제주도의 환경보전, 관광 인프라 강화, 국제자유도시 조성 등 특화된 사업을 지원한다.

세종특별자치시계정: 세종특별자치시의 행정 중심 기능과 지속 가능한 발전을 지원하기위한 계정으로 행정 인프라 확충, 정주 여건 개선, 스마트도시 구축 등 세종시의 특성을 반영한 사업을 포함한다.

이러한 계정들은 지역의 자율성과 특수성을 고려하여 재원을 배분함으로써, 지역 주도의 균형발전을 촉진하는 데 핵심적인 역할을 수행하고 있다. 계정별 특징은 다음과 같다.

표 5-2 국가균형발전특별회계 계정별 특징

<table>
<tr><th colspan="2">구분</th><th>지역자율계정</th><th>지역지원계정</th><th>제주특별자치도
계정</th><th>세종특별자치시
계정</th></tr>
<tr><td colspan="2">공간적 범위</td><td colspan="2">전국 지자체
(세종특별시, 제주특별자치도
제외)</td><td>제주특별자치도</td><td>세종특별자치시</td></tr>
<tr><td rowspan="3">지자체
자율
편성사업[3]</td><td>시 · 도</td><td rowspan="2">O</td><td rowspan="2">X</td><td rowspan="2">O
* 시 · 군 · 구
기반구축사업
등 포함</td><td rowspan="2">O
* 시 · 군 · 구
기반구축사업
등 포함</td></tr>
<tr><td>시 · 군 · 구</td></tr>
<tr><td>기타</td><td>-</td><td>특별지방행정
기관이관사무
수행경비</td><td>특별지방행정
기관이관사무
수행경비</td><td>-</td></tr>
<tr><td colspan="2">부처직접편성사업</td><td>X</td><td>O</td><td>O</td><td>O</td></tr>
</table>

2. 포괄보조금

「지방분권균형발전법」에서는 지역 발전을 촉진하기 위해 지역자율계정의 세출예산을 편성할 때 지자체별로 세출예산의 용도를 포괄적으로 정한 보조금(포괄보조금)으로 편성하여 지원하는 포괄보조금 제도를 도입하고 있다. 이 제도는 중앙정부가 지방자치단체에 재정을 지원할 때, 특정 용도로 사용해야 하는 개별보조금과 달리, 지방자치단체가 지역의 특성과 필요에 따라 자율적으로 사용할 수 있도록 지원하는 방식이다.

포괄보조금의 주요 특징은 크게 자율성의 확대, 책임성의 강화, 효율성의 증대라는 특징을 가지고 있다.

---

3) 지역자율계정의 경우 각 지자체의 지출한도 내에서, 세종특별자치시와 제주특별자치도계정의 경우 사업군별 지출한도 내에서 자율편성한다는 차이가 있다.

첫째, 자율성의 확대인데, 지방자치단체는 포괄보조금을 활용하여 지역 실정에 맞는 다양한 사업을 계획하고 실행할 수 있다. 이를 통해 중앙정부의 일률적인 지침에 따르기보다, 지역 주민의 요구와 우선순위에 부합하는 정책을 추진할 수 있다.

둘째, 책임성 강화이다. 자율적인 재정 운용과 함께, 지방자치단체는 포괄보조금의 사용에 대한 투명한 회계 관리와 성과 평가를 통해 책임성을 높여야 한다. 이를 위해 중앙정부는 일정한 가이드라인을 제공하고, 지방자치단체는 이에 따라 예산 집행 결과를 보고하게 된다.

셋째, 효율성 증대이다. 포괄보조금은 지방자치단체가 중복되거나 불필요한 행정절차를 줄이고, 신속하게 재정을 집행할 수 있도록 도와준다. 이는 지역발전 사업의 효율성을 높이고, 주민들에게 실질적인 혜택을 제공하는 데 기여한다.

이러한 포괄보조금 제도는 지방자치단체의 재정적 자율성을 보장하고, 지역 특성에 맞는 발전을 도모하기 위한 중요한 수단으로 활용되고 있다.

제 6 장

도시계획 관련 법제도

제 1 절 근대 도시계획 제도의 성립

| 1.1 | 근대 도시계획 제도의 성립

근대적 의미의 도시계획은 산업혁명과 함께 도시화로 인한 도시문제가 처음으로 나타난 영국에서 도시문제의 해결 방안을 모색하는 과정에서 출발하였다. 1765년 와트의 증기기관 발명이 기폭제가 되어 18세기 중반 영국에서부터 시작된 산업혁명은 기계적 장치로부터 동력을 얻음으로써 공업 생산 과정에서 수작업으로부터 기계적 작업으로 이행되고, 수공업에서 공장 방식으로 전환되는 것을 의미한다. 공업화로 많은 농촌 인구가 도시로 이주하였으며 도시인구는 폭발적으로 증가하였다. 도시지역은 교통 기관이 발달하지 못한 상황에서 중소공장들이 도시 속에 무질서하게 들어서고 주택은 공장에 인접하여 기존 건물들 사이로 비집고 들어서서 세워졌기 때문에 일조 및 통풍이 충분치 못한 밀집 시가지가 형성되었다. 공장 굴뚝으로부터는 석탄을 태운 연기가 내뿜어졌고, 공장폐수는 가정오수와 더불어 저지대에 고여 비위생적이고 악취가 나는 도시문제를 만들어 냈다. 산업혁명은 단순히 도시공간의 물리적 도시문제뿐만 아니라, 노동자들은 휴식도 극히 제한된 상태에서 장시간의 노동을 강요당하는 사회문제도 나타났다.

이처럼 산업혁명은 생산방식의 변화에 따른 경제구조의 혁명적 변화뿐만 아니라 정치 구조도 크게 바꾸어 놓는 결과를 가져왔다. 왕족과 귀족 지배 체제가 무너지고, 신흥 부르주아 계급에 의해 선거법도 개정되었다. 이러한 활약은 영국에서 인권이 유린되던 노동자 계급의 성년 남성들이 하나로 모여 선거권을 요구한 차티스트 운동을 벌어지게 했다. 이렇게 일련의 규제가 폐지되면서 점차 자유주의적 경제체제로 변하였다.

근대 자본주의의 발달과 산업혁명 이후 나타난 도시문제와 사회문제 해결을 위한 세 가지 큰 흐름을 주목할 필요[1]가 있다. 첫째, 도시계획에 대한 자유로운 발상에 따른 이상적 도시계획(ideal city planning)에 대한 제안들이 있었다. 이들 중 초기의 일부 제안들은 기존 질서의 모순이나 병폐의 원인을 사유재산제도에 있다고 보고 생산수단의 공유와 소비생활의 공동화로서 이상사회를 전제로 제안되기도 하였다. 그런데 이는 현실사회와 이상사회와의 관계가 단절되어 있다는 점과 이상사회의 실현은 전적으로 계몽된 유산자(有産者)나 지식인의 실천과 행동에서 구해지고 있다는 점에서 공상적 사회주의(utopian socialism)라고도 불리었다. 둘째, 당시의 사회문제와 도시문제의 근원은 자본주의 그 자체에 있다고 하여 사회체제를 바꾸어야 한다는 흐름으로 마르크스(Marx, K.), 엥겔스(Engels, F.)를 창시자로 하는 과학적 사회주의 흐름이다. 이들은 공상적 사회주의자와 같이 감정에 입각하여 이상적 미래 사회를 인간·이성·정의·일반의 해방으로서 구성하지 않고, 역사적 현실인 자본주의의 운동법칙을 과학적으로 파악하며 이 현실운동 그 자체가 사회주의 사회의 건설을 필요로 한다고 주장한 사상가이다. 이들은 스스로가 자기들의 사상을 전대의 생시몽(Saint Simon), 푸리에(Charles Fourier), 오웬(Robert Owen) 등이 '공상적'인 것에 대비하여 '과학적'인 것으로 본 것이다. 셋째, 행정 및 제도로서의 도시계획의 변천으로, 행정과 제도의 변화를 통하여 사회문제와 도시문제를 해결하

1) 영국의 명예혁명(1688), 미국의 독립혁명(1776), 프랑스의 시민혁명(1789) 등 시대적 상황으로 인하여 중세에서 근대국가로 국가의 형태 및 개념이 변경되고 발전되고 있었으며, 1787년 미국헌법, 1791년 프랑스 헌법(법치주의, 국민주권, 기본권 보장, 대의제, 권력분립)이 제정됨에 따라 입헌주의가 형성되고 국가 간섭을 최소화하는 자유주의가 대두되는 정치사회적 환경이 조성되어 있었다. 그리고 경제적으로는 아담 스미스의 국부론(1766), 봉건경제에서 화폐경제를 바탕으로 한 유통경제 및 자유방임적 경제와 재산권, 자유경제를 바탕으로 한 자본주의가 태동하게 되었다. 철학적으로는 이성적 합리주의 실증주의적 학문이 주류를 이루던 시대였다.

고자 한 노력이다. 이러한 세 가지 흐름 중 자본주의 국가의 도시 및 우리나라 도시의 계획에 영향을 미친 흐름은 첫 번째와 세 번째의 흐름으로 이 두 흐름이 서로 영향을 미치면서 도시계획의 발전을 이끌었다.

이 중 세 번째 흐름은 근대 도시계획 제도의 형성을 주도하였다. 1830년부터 1832년까지 영국에서는 대규모 전염병이 발생하여 많은 사람들이 죽는 사태가 발생하였는데, 이로 인해 1839년 영국의 도시 전역에 걸쳐 위생 상태에 대한 조사가 이루어졌다. 그 결과 유해물 제거와 질병의 예방을 위하여 과밀거주, 오수 구덩이 화장실 등 비위생적 주택을 확인할 수 있는 세계 최초의 도시계획과 관련된 법률인 공중보건법(Public Health Act)이 1848년 제정되었다.

1830년대 전염병으로 많은 사람들이 죽자 노동자 계급의 사회적 조건을 개선해야 한다고 주장하였던 샤프트베리경(Lord Shaftesbury)의 노력에 의해 노동자를 위한 주택건설 또는 주택구입자금을 빌려주는 권한을 지방정부에 주는 노동자계급숙사법(Labouring Classes Lodging Houses Act, 일명 Shaftesbury's Act)이 1851년 제정되었다. 이 법은 위생법에서 주거법으로 한 단계 진전하게 되었다. 이후 주거법의 개정으로 주택의 관리는 소유자의 의무로 하고, 의무를 다하지 않는 경우는 공공에 강제적 개선책임을 부과하기도 하였다. 그리고 개별 주택뿐만 아니라 지구(地區)전체를 대상으로 개량할 수 있다는 생각에서 불량지구개량(slum clearance)이 가능하도록 하였다. 이후 하워드의 전원도시, 패트릭 게데스 등의 제안의 영향으로 인해 주거법에서 도시계획을 내포한 법정 도시계획으로의 전환점이 되는 주거 및 도시계획법(Housing, Town Planning Act)이 1909년에 제정되었다. 이후 1925년에는 주거법에서 분리하여 도시계획법(Town Planning Act)이 독립된 법률로 형성되었고, 1932년에는 지방계획과 개념을 도입한 도시농촌계획법(Town & Country Planning Act)으로 현대적 도시계획 체계를 갖추게 되었다.

독일에서는 19세기 중반이후 산업혁명에 따른 도시인구 급증에 따른 도시의 외연적 확산과 난개발 방지를 위한 용도지역제 도입 및 지역제 건축법 제정이 필요하다고 한 라인하드 바우메스터(Reinhard Baumeister)주장[2]에 따라

2) Reinhard Baumeister, "기술·경제적·건축규제 관점에서의 도시확장(Town extensions:

1891년 프랑크푸르트의 아디케스(Franz Adickes) 시장이 주도하여 1891년 지역제 건축법(Zonenbauordnung)을 최초로 제정하여 용도지역계획(Bauzonenplan)을 수립하였다. 이후 1900년대에 접어들어 프러시아 대다수 도시에서 지역제를 채택하게 되었다.

1902년, 세계 최초로 환지방식의 도시개발사업을 가능하게 하는 아디케스법(Lex Adickes)이 제정되었다. 이 법에 따라 시행되는 토지구획정리사업은 사업 시행 전의 권리관계를 변경하지 않은 채, 토지의 교환·분합 등 환지방식을 활용하는 개발 방식이다. 이 방식의 도시개발은 도시개발 사업비를 충당하기 위해 체비지와 공공용지에 해당하는 일정 면적을 토지소유자가 정해진 비율로 부담하도록 함으로써, 공공재원의 추가적 투입이 없어도 공공용지를 확보할 수 있는 장점이 있다. 이로 인해 도시재정이 충분하지 않은 상황에서 무분별한 시가지 확산을 억제하고, 새로 조성되는 시가지에 필요한 공공용지를 사전에 확보하는 데 기여하였다.

| 1.2 | 우리나라 도시계획 제도의 성립

1934년 6월 우리나라는 최초의 근대적 도시계획법령인 「조선시가지계획령」이 제정되었다. 「조선시가지계획령」은 당시 일본에서 시행되고 있던 「도시계획법」과 「시가지 건축물법」을 통합하고, 조선의 통치와 산업적 지위에 필요한 사항들을 추가하여, 1933년 초안을 완성하고 1년여의 심의를 거쳐 1934년 6월에 마침내 제정되었다.

일본이 「조선시가지계획령」을 제정한 주된 목적은 함경북도 나진에 계획적 신시가지를 조성하여 우리나라를 만주 진출의 병참기지로 삼기 위해서였다. 그러다 보니 일본 국내에서 기성 도시의 내부구조 개조를 위하여 1919년 제정된 「도시계획법」과는 달리 시가지 확장과 신시가지 형성에 중점을 두었다. 즉, 우리나라에서 특별한 도시문제가 있어 해결을 위한 것이 아니라, 일본이 자신들의 식민지로 경영하기 위해 1932년부터 진행된 나진토지구획정리사업의 개

---

their links with technical and economic concerns and with building regulations))", 1876, p.87

발가치를 상승시켜 사업을 원활히 추진하려는 의도였다. 그러나 어찌되었건 「조선시가지계획령」의 제정은 조선에서 도로 개량의 범위를 넘어설 수 없었던 시구개정과는 질적으로 다른 차원의 종합적 도시계획이 가능해졌음을 의미한다. 「조선시가지계획령」이 제정에 따라 1936년에는 서울도시계획구역을 고시하고, 1939년에는 도시계획구역내에 주거, 상업, 공업지역을 지정하여서 우리나라 최초로 지역지구제가 실시되는 등 근대적 도시계획이 수립될 수 있었다.

이후 1945년 광복, 1948년 대한민국 정부가 수립된 이후에도 「조선시가지계획령」이 그대로 적용되다가 1961년 「구법령 정리에 관한 특별조치법」[3]의 시행에 따라 1962년 「도시계획법」이 제정되었다. 이 「도시계획법」 제정은 우리나라 도시계획사에 하나의 전환점을 이룬다. 이 법에서는 「조선시가지계획령」에 포함된 내용 중 건축사항은 「건축법」(1962년 제정)으로 분리하고, 도시계획과 토지구획정리사업 부문은 이 법률로 규정하였다. 그리고 도시계획구역 안의 용도지역에 녹지지역을 추가하여 주거·상업·공업·녹지지역의 용도지역과 풍치·미관·방화·교육·위생 및 공지지구의 용도지구를 지정할 수 있도록 하였다. 그리고 계획의 일부를 지방장관에게 위임하며, 중앙도시계획위원회 설치 조항도 신설하였다.

이와 함께 1963년에는 「국토건설종합계획법」을 제정함으로써 국토건설종합계획을 전국건설종합계획, 특정지역건설종합계획, 도건설종합계획과 군건설종합계획)의 4종으로 구분하고 국토계획의 상호 관계를 명확히 하였다. 이후 1966년 「도시계획법」에서 「토지구획정리사업법」을 분리 제정하였으며, 「도시계획법」에서는 1967년에 중복조항을 삭제하였다. 1971년에는 「도시계획법」을 전면 개정하면서 도시의 무질서한 확산(Urban Sprawl) 방지를 위해 개발제한구

---

3) 이 법(법률 제659호)은 1961년 7월 15일 제정되고, 전문 5조로 구성된 법률로 제정 즉시 시행하였다. 주 내용은 제1조에서 구법령에 대해 정의(단기 4281(서기 1948년)년 7월 16일 이전에 시행된 법령으로서 헌법 제100조의 규정에 의하여 그 효력이 존속되고 있는 구법령)하고, 제2조에서는 정리 시한(단기 4294년(서기 1961년) 12월 31일까지 정리하여 이를 헌법의 규정에 의한 법률 또는 명령으로 대치하여야 한다)을 정하였다. 이때까지 "정리되지 아니한 구법령은 단기 4295년(서기 1962년) 1월 20일로써 폐지한 것으로 간주한다"고 규정하여 도시계획법 및 건축법 등 많은 법률들이 1962년 1월 20일 새로이 제정되어 즉시 시행하게 되었다.

역, 특정시설제한구역, 도시개발예정구역 등 구역제 신설, 공익시설에 대한 도시계획시설 세분 및 추가, 불량지구 개념을 재개발 사업으로 전환하고 시행절차를 규정하게 되었다.

국토의 종합적 관리를 위하여 1972년 「국토이용관리법」, 1973년 「산업기지개발촉진법」, 1976년 「도시재개발법」을 제정하였으며, 1976년에는 「도시계획법」을 개정하여 용도지구에 아파트지구와 재개발지구를 신설하였다. 그리고 1981년 「도시계획법」 개정때에는 우리나라 도시계획에 커다란 변화를 담은 개정 내용이 있었다. 그 주요 내용은 첫째, 도시계획을 장기적이고 일관되게 관리하기 위하여 20년 후를 목표연도로 하는 장기적이고 종합적인 도시기본계획 수립을 의무화하고, 시장·군수는 이에 부합하게 도시관리계획을 입안하도록 하였다. 둘째, 도시기본계획 수립 과정에서 공청회를 의무화하는 등 계획과정에서 주민참여제도를 신설하고 지방도시계획위원회에 도시계획 상임기획단을 설치할 수 있도록 하였다. 셋째, 시간지역제(time zoning) 개념이 도입된 시가화조정구역 제도를 도입하였다. 1991년에는 광역화·지방자치의 실시 등 시대적 여건을 반영하여 「도시계획법」 개정이 이루어졌는데, 광역계획, 상세계획제도의 도입과 함께 도시계획 권한의 지방위임제도[4]를 도입되었다.

그리고 2002년에는 「국토건설종합계획법」은 「국토기본법」으로, 「국토이용관리법」과 「도시계획법」은 통합하여 「국토계획법」을 제정하였다. 이를 통해 비도시지역 난개발 문제 대처와 21세기 새로운 국토 패러다임에 대응한 새로운 공간계획 체계를 확립하여 현재에 이르고 있다.

4) 건설교통부장관이 도시기본계획을 승인할 때 미리 관계 지방의회의 의견을 듣도록 하고 절차도 보완하였다.

제 2 절 「국토계획법」에 의한 도시계획

| 2.1 | 「국토계획법」에 의한 도시계획 체계

앞서 언급한 바와 같이 우리나라 국토·도시의 공간계획 체계는 「국토기본법」에 의하여 국토계획-초광역계획-도종합계획-시군종합계획(도시계획)의 4층제로 구성되어 있다. 그리고 시·군종합계획은 「국토계획법」에 의해 실제 운영이 이루어지고 있는데, 「국토계획법」에 의한 도시계획체계는 광역도시계획-도시기본계획-도시관리계획으로 구성되어 있다. 도시관리계획 중 지구단위계획은 도시의 일부 지역인 지구차원의 계획으로 「국토계획법」에 의한 공간적 위계에 따른 계획은 4층제로 구분된다.

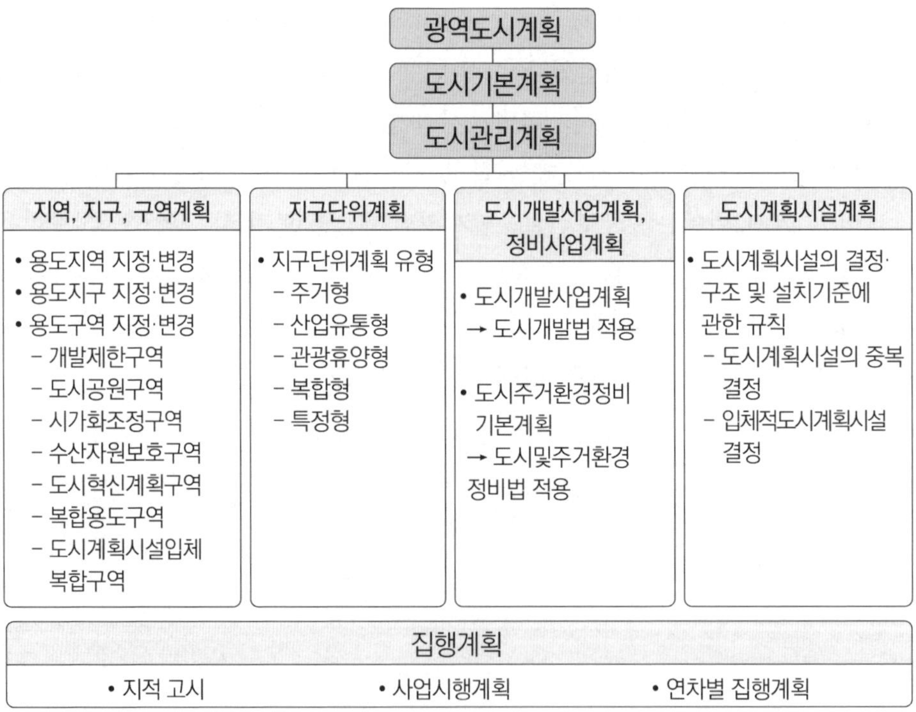

그림 6-1 「국토계획법」에 의한 도시계획체계

1. 광역도시계획

「국토계획법」 제2조에서 광역도시계획은 “인접한 2 이상의 특별시·광역시·시 또는 군의 관할구역을 단위로 지정한 광역계획권의 장기발전방향을 제시하는 계획”으로 정의하고 있다. 그리고 동법 제10조에서 ‘둘 이상의 시군(특·광역시 포함)의 공간구조 및 기능을 상호 연계시키고 환경을 보전하며 광역시설을 체계적으로 정비하기 위하여 필요한 경우’ 광역도시계획권을 지정할 수 있다. 광역도시계획은 대도시권이 광역화됨에 따라 관할 행정구역을 대상으로 하는 도시계획만으로는 한계가 있기 때문에 광역적 성장관리와 공간구조 및 기능의 상호연계, 환경보전을 위하여 체계적으로 정비할 필요가 있을 때 별도의 광역계획권을 지정하여 계획을 수립한다.

광역도시계획은 국토종합계획이나 부문별 계획, 광역권개발계획이나 수도권정비계획 등 지역계획의 하위계획이 되며, 이러한 상위계획과 조화를 이루어야 한다. 광역계획은 광역계획권 차원에서 20년 단위의 지침적 장기 발전방향과 전략을 제시하는 도시계획체계상 최상위계획으로 광역계획권 내 도시기본계획 및 도시관리계획의 지침 역할을 한다. 또한 광역도시계획은 시·군별 기능분담, 환경보전, 광역시설과 함께 광역계획권 내에서 현안이 되는 특정부문 중심으로 계획을 수립할 수 있다. 그리고 광역도시계획이 도시기본계획 수립내용을 모두 포함할 경우, 광역계획권 내 해당 시·군은 도시기본계획을 수립하지 아니할 수 있다.

광역도시계획의 수립은 광역계획권의 공간범위에 따라 절차가 이원화되어 있다. 첫째, 광역계획권이 둘 이상의 광역시·도의 관할구역에 걸쳐 있는 경우에는 광역계획권 지정(국토부장관) → 기초조사 → 공청회 개최 → 관계지자체(의회) 의견청취 → 광역도시계획안수립(관할 시·도지사 공동)입안 → 승인신청(수립권자 → 국토부장관) → 중앙도시계획위원회 심의 → 승인 → 공고열람의 과정을 거쳐 수립된다. 둘째, 광역계획권이 도의 관할구역에 속해 있는 경우에는 광역계획권 지정(도지사) → 기초조사 → 공청회 개최 → 관계지자체(의회) 의견청취 → 광역도시계획안 수립(관할 시장·군수 공동) → 승인신청(수립권자 → 도지사) → 도 지방도시계획위원회 심의 → 승인 → 공고열람의 과정을 거쳐 수립된다.

표 6-1 광역도시계획권 지정 현황(2022.12월 기준)

계획권	면적(㎢)	인구(명)	해당 도시	비고
수도권	11,868.8	26,023,283	서울, 인천, 경기도(경기도 28시 3군 포함, 30시 3군)	
부산권	1,719.3	4,242,779	부산, 양산, 김해 (3시)	
대구권	4,974.0	3,007,795	대구, 경산, 영천, 칠곡, 고령, 성주, 군위, 청도 (3시 5군)	
광주권	2,999.5	1,719,766	광주, 나주, 장성, 담양, 화순, 함평 (2시 4군)	
대전권	4,659.2	2,195,972	대전, 공주, 논산, 연기, 금산, 옥천, 청원, 청주 (4시 4군)	
창원권	1,629.1	1,632,961	창원, 김해, 함안 (2시 1군)	
광양만권	1,887.3	708,729	여수, 순천, 광양(3개시)	육지부 면적
전주권	2,477.0	1,372,741	전주, 군산, 익산, 김제, 전주(4시1군)	
청주권	3,376.5	1,132,281	청주, 청원, 보은, 진천, 괴산, 음성, 증평(1시6군)	
전남서남권	3,650.8	546,713	목포, 해남, 영암, 무안, 완도, 진도, 신안(1시 6군)	
제주권	1,850.2	676,759	제주도	
내포신도시권	3,539.9	679,796	서산, 당진, 보령, 홍성, 예산, 태안(3시 3군)	
행복도시권	12,193.2	4759,576	대전, 세종, 충청권 22개시 · 군	

자료: 국토교통부[도시정책관], 2023 도시업무편람, 국토교통부, 2023. 6

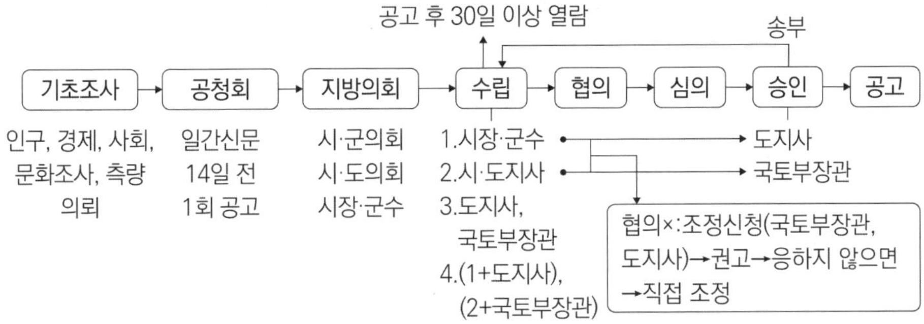

그림 6-2 **광역도시계획 수립 절차**

2023년 현재 우리나라는 수도권, 부산권, 대구권, 광주권, 대전권, 행정중심복합도시권, 창원권, 광양만권, 전주권, 청주권, 전남 서남권, 제주권, 내포신도시권 등 13개 권역에 광역도시계획권이 지정되어 있는데, 그 현황은 <표 6-1>과 같다. 여기서 행정중심복합도시권 광역도시계획은 「국토계획법」이 아닌 「행복도시법」에 따라 수립한다.

2. 도시기본계획

1) 도시기본계획 제도의 성립

우리나라에서 도시기본계획은 1981년 3월 「도시계획법」이 개정되면서 도입되었다. 이 시기는 도시계획의 수립권자인 시장과 군수를 중앙에서 임명하던 시기였다. 시장과 군수는 전임시장이 수립해 놓은 도시계획을 집행하는 것은 자신의 업적으로 좋은 평가를 받지 못하기 때문에 새로운 도시계획의 수립을 통하여 중앙으로부터 좋은 평가를 받고자 했다. 당시 시장과 군수의 재임 기간이 1, 2년에 불과하였다는 점을 감안하면 도시계획은 수립하여 발표됨과 동시에 변경 절차에 착수해야 하는 상황이 되기 일쑤였다. 이로 인해 많은 도시계획 전문가와 행정가들 사이에서 도시계획의 일관성 확보가 필요하다는 주장에 공감대가 형성되어 있었다. 전두환정권 출범 초기 '국가보위비상대책위원회'[5]라는 조직에 참여하였던 일부 전문가에 의해 '도시기본계획과 공청회' 등

5) 이 위원회는 헌법개정(1980년 5월 17일 5.17쿠데타를 계기로 개정 헌법이 1980년 10월 27일 공포됨)으로 제10대 국회가 해산되면서 그 명칭이 국가보위입법회의로 변경되고, 11대

주요 도시계획 제도가 포함된 「도시계획법」 개정이 결실을 맺게 되었다. 이후 도시기본계획은 시장과 군수가 도시(재정비)계획(현재 도시관리계획) 변경을 구속함으로써 도시계획의 일관성 유지에 기여하여 우리나라 도시를 계획적으로 관리하는 데 상당한 기여를 해왔다고 볼 수 있다.

도시기본계획 제도를 처음 도입한 1981년 「도시계획법」은 제10조의2에서 우리나라 모든 시군은 도시계획구역을 대상으로 20년을 단위로 의무적으로 도시기본계획을 수립하고, 5년마다 정비해야 한다고 정했다. 이후 2000년 「도시계획법」 전면 개정을 통해, 종전에는 제10조의2 단일 조문에 규정되던 도시기본계획 관련 사항이 6개 조로 구성된 제2장으로 독립하였다. 이로써 계획체계 전반의 법제적 균형이 확립되었다고 평가할 수 있다. 모든 시군이 의무적으로 수립해야 했던 도시기본계획은 이 개정에서 수립대상지역을 특·광역시와 시로 규정함으로써 군지역은 수립하지 않아도 되었다[6]. 또한 종전까지는 도시계획구역에 대해 도시기본계획을 수립하던 것을 관할 행정구역 전체에 대해서 수립하게 되는 변화도 있었다. 이처럼 도시기본계획이 관할 행정구역 내 비시가화 지역을 계획구역으로 포함하게 됨으로써 종전의 시가화 지역만을 대상으로 할 때의 상세성을 기대할 수 없고, 또 그럴 필요도 없게 되었다. 도시의 장기적 발전을 위한 기본적인 틀과 정책 방향만을 정하는 내용적 원칙에 충실하면 되게 되었다.

2002년에는 「도시계획법」과 「국토이용관리계획법」을 통합하여 제정한 「국토계획법」에 따라 도시기본계획의 수립대상지역은 다시 변화가 생겼다. 제18조에서 다시 모든 시군은 도시기본계획을 수립하여야 한다고 규정하였으며, 단서조항에서 "시 또는 군의 위치, 인구의 규모, 인구감소율 등을 고려하여 대통령령으로 정하는 시 또는 군은 도시·군기본계획을 수립하지 아니할 수 있

국회가 구성됨으로써 1981년 4월 10일 해제될 때까지 존속되었다. 도시기본계획이 도입된 1981년 3월 30일 개정 공포된 「도시계획법」 개정은 국가보위입법회의에서 의결되었다.

6) 「도시계획법」 제6조 1항에서 도시기본계획의 수립권자와 수립대상지역을 "특별시장·광역시장 또는 시장은 관할구역에 대하여 도시기본계획을 수립하여야 한다. 다만, 광역도시계획이 수립되어 있는 경우와 대통령령이 정하는 시의 경우에는 그러하지 아니하다."라고 규정하고 있고, 2항에서는 "군수는 필요하다고 인정되는 때에는 관할구역에 대하여 도시기본계획을 수립할 수 있다. 이 경우 미리 건설교통부장관과 협의하여야 한다."라고 규정하였다.

다.”고 규정하였으며, 동법 시행령 제14조에서 수립하지 않아도 되는 지역으로 “비수도권 지역이면서 광역시와 경계를 같이 하고 있지 않은 10만 이하의 시 군”으로 정하였다[7]. 이에 따라 수도권은 군 지역도 의무적으로 도시기본계획을 수립해야 하고, 시라도 비수도권 지역의 광역시에 인접하지 않은 지역은 수립하지 않아도 되게 되었다. 이는 쇠퇴하고 인구가 감소하는 지자체에서 굳이 큰 비용을 들여서 시가화예정용지를 지정하는 내용이 중심이 되는 도시기본계획이 필요하냐는 비판에 따른 것으로 보인다.

2009년 2월 「국토계획법」의 개정에 따라 도시기본계획의 승인권자에도 변화가 생겼다. 이전까지는 모든 도시기본계획은 중앙(당시 국토해양부)의 승인을 받아야 했는데, 지방자치시대를 맞아 중앙정부의 권한을 지방으로 이양하면서 도시기본계획의 승인 권한을 광역지자체로 이양하게 되었다. 이에 따라 특·광역시 및 자치도는 수립한 계획에 대하여 지방도시계획위원회를 거쳐 스스로 확정할 수 있게 되었으며, 일반 시군의 도시기본계획은 원칙적으로 도지사에게 승인 권한이 이양되었다.

이처럼 도시기본계획은 20년을 목표로 하는 장기계획이며, 종합계획으로 지속가능한 국토관리를 위해서는 경제·산업, 주택, 교통·기반시설, 환경·에너지, 사회·문화·복지 등 각 분야에서 수립한 부문별 정책 및 계획 등이 서로 조화를 이루어야 한다. 또한 도시기본계획은 공간구성에 관한 정책계획·전략계획의 성격을 동시에 가져야 하며, 이를 위해 해당 시·군의 공간적 정책목표와 이를 달성하기 위한 이용·개발과 보전에 관한 전략 또는 정책적 우선순위를 기술하여야 한다.

---

7) 「국토계획법 시행령」 제14조에서 규정하고 있는데, 다음과 같다.
법 제18조제1항 단서에서 “대통령령이 정하는 시 또는 군”이라 함은 다음 각 호의 1에 해당하는 시 또는 군을 말한다.
1. 「수도권정비계획법」 제2조제1호의 규정에 의한 수도권(이하 “수도권”이라 한다)에 속하지 아니하고 광역시와 경계를 같이하지 아니한 시 또는 군으로서 인구 10만명 이하인 시 또는 군
2. 관할구역 전부에 대하여 광역도시계획이 수립되어 있는 시 또는 군으로서 당해 광역도시계획에 법 제19조제1항 각호의 사항이 모두 포함되어 있는 시 또는 군

2) 도시기본계획의 의의

「국토계획법」 제2조제2호에서 도시계획은 도시기본계획과 도시관리계획으로 구분하고 있다. 「국토계획법」 제2조제3호에서 도시기본계획은 "특별시·광역시·특별자치시·특별자치도·시 또는 군의 관할구역 및 생활권에 대하여 기본적인 공간구조와 장기발전방향을 제시하는 종합계획으로서 도시·군관리계획 수립의 지침이 되는 계획을 말한다."로 정의하고 있다. 도시계획은 종전과 달리 도시지역, 비도시지역 구분 없이 수립되며, 관할 행정구역에 대하여 다른 법률에 의한 토지의 이용·개발 및 보전에 관한 계획의 기본이 된다(「국토계획법」 제4조제1항). 또한 관할 지방자치단체의 장은 다른 법률에 의한 환경·교통·수도·하수도·주택 등에 관한 부문별 계획을 수립하는 때에는 도시기본계획의 내용과 부합되게 하여야 한다(「국토계획법」 제4조제3항).

도시기본계획수립지침에 의하면 도시기본계획은 다음과 같은 의의를 가진다고 규정하고 있다(도시기본계획수립지침 제1장 총칙 제2절 도시기본계획의 의의).

첫째, 도시·군기본계획은 국토의 한정된 자원을 효율적이고 합리적으로 활용하여 주민의 삶의 질을 향상시키고, 특별시·광역시·시·군(이하 '시·군')을 환경적으로 건전하고 지속가능하게 발전시킬 수 있는 정책방향을 제시함과 동시에 장기적으로 시·군이 공간적으로 발전하여야 할 구조적 틀을 제시하는 종합계획이다.

둘째, (지속가능성) 도시·군기본계획을 수립하는 목적은 궁극적으로 국토의 이용·개발과 보전을 위한 국토관리의 지속가능성을 담보하는 데 있다. 이를 위하여 국토계획평가를 계획 입안 시부터 충실히 시행하여야 한다.

셋째, (환경·경제·사회의 통합적 접근) 도시·군기본계획은 지속가능한 국토관리를 위해 국토의 이용·개발과 보전에 있어 환경, 경제, 사회적 측면의 세 가지 영향을 통합적이고 균형있게 고려하여야 하며 환경적, 경제적, 사회적 이해관계를 공간적 차원에서 종합, 조정하는 역할을 담당하여야 한다.

넷째, (환경적 측면) 환경적 측면에서 지속가능한 국토관리를 추구하기 위해 도시·군기본계획은 도시의 급속한 성장과 외연적 확산에 따른 자연환경의 훼손과 대기·수질·토양 등의 오염발생을 사전적으로 방지하는 역할을 담당하여야 하며, 기후변화와 지구온난화에도 적극 대응하여 에너지와 자원을 절약하는 공간구조를 형성하고 신재생에너지의 사용을 촉진하여 탄소배출량을 저감하는 데 주력하여야 한다.

다섯째, (경제적 측면) 지속가능한 국토관리는 경제발전과 함께 이루어져야 한다. 이를 위해 도시·군기본계획은 지역의 고용 창출을 위한 물리적 기반을 조성함으로써 기업에게 다양한 비즈니스 기회를 제공하는 한편, 지역민의 거주성을 제고하여 지역 상권을 활성화하는 등 도시재생과 지역경제의 활성화를 도모하여야 한다. 나아가 도시경쟁력을 제고하기 위한 각종 기반시설을 확충하고, 산업구조 변화에 유연하게 대응할 수 있는 토지이용체계를 구축하여야 한다. 이와 함께 자원이용의 경제적 효율성을 추구하여 비용효과적인 도시개발을 지향함으로써 개발과 보존의 조화를 이루면서 저탄소 녹색성장을 달성하여야 한다.

여섯째, (사회적 측면) 지속가능한 개발을 위해 도시·군기본계획은 지역사회의 다양한 이해관계를 충분하게 수렴, 반영함으로써 사회적 형평성을 제고하는 한편, 사회적 갈등을 줄이고 통합을 이루는 사회적 자본의 증진에 기여하여야 한다. 이를 위해 도시·군기본계획은 저소득층, 노약자, 장애인 등 사회적 약자가 경제적, 신체적 이유 등으로 주거권과 이동성을 비롯하여 주민으로서의 기본적인 활동에 제약을 받지 않도록 저렴한 주택과 대중교통을 공급하고, 교육·의료·복지시설 등 커뮤니티 시설을 확충하는 데 주력하여야 한다. 이와 함께 지역 고유의 특성에 기초하여 각 지역사회의 문화적 다양성을 제고함으로써 도시환경의 획일성을 탈피하고 지역사회의 정체성을 확립하는 데 힘써야 한다.

이상과 같이 도시기본계획은 한정된 토지자원을 효율적으로 활용하여 주민의 삶을 향상시키고 시·군의 건전하고 지속가능한 발전을 위하여 정책방향이나 공간적 구조적 틀을 제시하는 종합계획으로서, 지속가능성을 바탕으로 환경적 측면, 경제적 측면, 사회적 측면의 통합적 접근을 통해 수립되는 계획이다.

3) 도시기본계획의 성격

도시기본계획은 국토종합계획, 도종합계획, 광역도시계획 등 상위계획의 내용을 수용하고, 하위계획인 도시관리계획에 대한 지침 역할을 수행해야 한다. 앞서 언급한 「국토계획법」은 제2조 3호에서 도시기본계획에 대한 정의는 도시기본계획의 성격을 잘 나타내 주고 있는데, 핵심 키워드는 '기본적', '장기성', '종합성' 그리고 '지침성'이다.

핵심 키워드에 의한 도시기본계획의 특징과 위상을 보면 다음과 같다. 첫째, '기본적'이라 함은 계획기간 동안 변하면 안 되는 사항 즉, 아주 본질적인 사항(공간구조 등)을 다룬다는 것을 의미한다.

둘째, '장기성'이라는 것은 단기적 문제에 집중하기보다는 기본사항에 대해 장기적으로 추진해야 할 계획과제를 다루라는 것이다. 다만, 현행 「국토계획법」에서는 장기라는 기간을 언급하였으나, 몇 년으로 할 것인지에 대해서는 현행 「국토계획법」에서는 규정하지 않고 있다. 도시기본계획이 도입될 당시인 「도시계획법」에서는 20년을 단위로 수립한다고 조항이 있었으나, 이 조항은 「국토계획법」으로 통합되면서 빠지게 되었다. 이는 지방자치의 시대를 맞아 종전의 20년을 단위로 수립한다고 규정을 법령에서 명시하기에는 적절하지 않다고 판단한 것으로 생각된다[8]. 다만, 도시기본계획을 5년마다 그 타당성을 재검토하고 정비하도록 하는 규정은[9] 그대로 남아 있다.

셋째, '종합성'이란 도시기본계획에서 수립해야 할 내용을 말한다. 계획의 방향·목표에 관한 사항에서부터, 공간구조, 생활권의 설정, 인구배분, 용도별 토지이용과 개발·환경, 기반시설, 재정 및 재원조달계획, 공원·녹지·경관, 기후변화와 에너지, 방재·방범에 대한 사항을 망라하고 있다.

넷째, '지침성'이라 함은 정의에서 언급하였듯이 하위계획인 도시관리계획의 지침 역할을 하도록 하고 있다. 이와 아울러 「국토계획법」 제4조제4항에서

---

8) 도시기본계획 수립지침 2-2-1에서 계획기간을 "계획수립시점으로부터 20년을 기준으로 하되, 연도의 끝자리는 0 또는 5년으로 한다."라고 규정하고 있다.

9) 「국토계획법」 제28조 1항에서 "특별시장·광역시장·특별자치시장·특별자치도지사·시장 또는 군수는 5년마다 관할 구역의 도시·군기본계획에 대하여 그 타당성 여부를 전반적으로 재검토하여 정비하여야 한다."라고 규정하고 있다.

는 "특별시장·광역시장·특별자치시장·특별자치도지사·시장 또는 군수가 관할 구역에 대하여 다른 법률에 따른 환경·교통·수도·하수도·주택 등에 관한 부문별 계획을 수립할 때에는 도시·군기본계획의 내용에 부합되게 하여야 한다." 라고 명시하여 타 법률에 따라 수립하는 부문별 계획에 우선하는 상위계획으로서의 위상을 부여하고 있다.

한편, 도시기본계획수립지침에 의하면 도시기본계획은 다음과 같은 지위와 성격을 가진다고 규정하고 있다(도시기본계획수립지침 제1장 총칙 제3절 지위와 성격).

먼저 도시기본계획의 지위로서, "국토종합계획, 초광역권계획, 도종합계획, 광역도시계획 등 상위계획의 내용을 수용하여 시·군이 지향하여야 할 바람직한 미래상을 제시하고, 정책계획과 전략계획을 실현할 수 있는 도시·군관리계획의 지침적 계획으로서의 위상을 갖는다. 따라서, 다른 법률에 의해 수립하는 각 부문별 계획이나 지침 등은 시·군의 가장 상위계획인 도시·군기본계획을 따라야 한다."라고 규정하고 있다.

다음 도시기본계획의 성격으로서 아래와 같은 여섯 가지를 규정하고 있다.

첫째, 종합계획으로서, 지속가능한 국토관리를 위해서는 경제·산업, 주택, 교통·기반시설, 환경·에너지, 사회·문화·복지 등 각 분야에서 수립한 부문별 정책 및 계획 등이 서로 조화를 이루어야 한다. 도시·군기본계획은 부문별 정책과 계획 등의 환경적, 경제적, 사회적 영향을 통합적이고 균형있게 조정·보완하여, 이를 공간적 차원에서 지속가능한 국토관리를 위한 정책과 전략으로 구체화하여야 한다.

둘째, 정책계획 및 전략계획으로서, 도시·군기본계획은 공간구성에 관한 정책계획 또는 전략계획의 성격을 동시에 가져야 한다. 공간구성에 관한 정책계획은 자치단체의 국토이용·개발과 보전에 관한 '정책을 계획하는 것'을 의미하며, 전략계획은 자치단체가 이의 실현을 위해 행정역량을 선택적으로 집중해야 할 전략을 수립하는 것을 의미한다. 도시·군기본계획은 해당 시·군의 발전을 위한 공간적 정책 목표와 이를 달성하기 위한 국토이용·개발과 보전에 관한 전략 또는 정책적 우선순위를 기술하여야 한다.

셋째, 특정주제 중심의 계획으로서, 도시·군기본계획은 공간구성에 관한 정책 목표 및 전략 또는 정책적 우선순위에 따라 계획 과제 또는 특정주제를 발굴, 제시하고, 이를 중심으로 계획을 수립할 수 있다.

넷째, 계획 내용의 다양성으로서, 도시·군기본계획은 도시 고유의 특성에 따라 다양한 계획 과제 또는 특정주제를 중심으로 그 내용을 다양하게 구성할 수 있다.

다섯째, 계획 내용의 유연성으로서, 도시·군기본계획은 정책계획 또는 전략계획으로서 공간계획의 유연성을 충분히 확보하여야 한다. 따라서, 계획구역 내 각 지역별로 입지와 토지이용의 원칙과 기준 등을 기술하거나 개념도 수준의 도면으로 표현함으로써 도시·군관리계획(지구단위계획 포함) 차원에서 구체적인 상황과 여건에 따라 탄력적으로 조정할 수 있는 여지를 남겨두어야 한다.

여섯째, 최상위 공간계획으로서, 도시·군기본계획은 공간구조 및 입지와 토지이용에 관한 한 부문별 정책이나 계획 등에 우선한다. 즉, 도시·군기본계획은 각 분야의 부문별 정책과 계획 등을 공간구조 및 입지와 토지이용을 통해 통합·조정하는 역할을 수행하여야 하며, 부문별 정책이나 계획 등에 따라 개별적으로 입지나 토지이용이 변경되어서는 아니된다.

이상 도시기본계획의 성격을 통해 "도시기본계획은 시·군의 최상위계획으로서 도시관리계획의 지침적 계획으로서의 위상을 가지며, 다른 법률에 의해 수립하는 각 부문별 계획이나 지침 등은 도시기본계획을 따라야 한다."라고 규정하고 있다.

도시기본계획은 시민들에게 직접적인 법적 구속력은 없지만, 하위계획(도시관리계획) 수립 시 반드시 도시기본계획을 반영해야 해야 하기 때문에 시장·군수를 구속하여 지속 가능한 도시 개발을 위한 핵심적인 역할을 하는 계획이다. 도시기본계획은 계획체계 상 국가 및 지자체의 정책 방향과 일관성을 유지하는 역할을 하며, 도시의 장기적 발전 방향을 설정하는 종합계획으로 토지이용, 교통, 환경, 산업 등의 정책 방향을 제시하는 계획이다.

도시기본계획의 수립은 ① 기본계획 수립 착수(시장·군수) → ② 기본구상 및 기초조사(인구·경제·환경 분석) → ③ 주민 및 관계 기관 의견 수렴 → ④ 광역도시계획 및 국토계획과의 조정 → ⑤ 도시계획위원회 심의 → ⑥ 승인 및 확정 특·광역시장(도지사 또는 국토교통부 장관) → ⑦ 공고 및 시행 과정을 거친다.

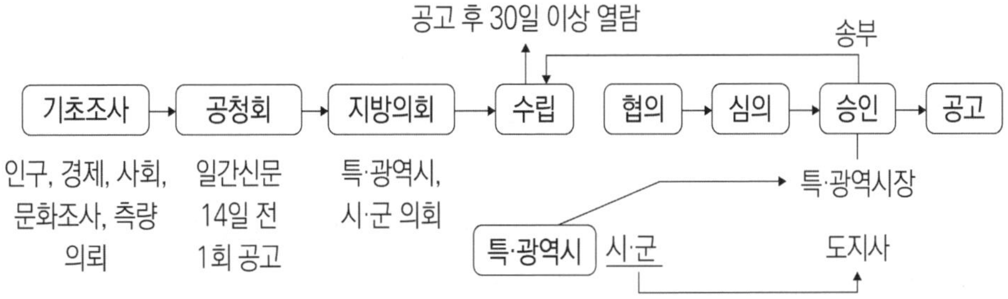

그림 6-3 도시기본계획 수립 절차

「국토계획법」 제19조제1항에 따른 도시기본계획의 내용은 아래와 같다.

1. 지역적 특성 및 계획의 방향·목표에 관한 사항
2. 공간구조 및 인구의 배분에 관한 사항

2의2. 생활권의 설정과 생활권역별 개발·정비 및 보전 등에 관한 사항

3. 토지의 이용 및 개발에 관한 사항
4. 토지의 용도별 수요 및 공급에 관한 사항
5. 환경의 보전 및 관리에 관한 사항
6. 기반시설에 관한 사항
7. 공원·녹지에 관한 사항
8. 경관에 관한 사항

8의2. 기후변화 대응 및 에너지절약에 관한 사항

8의3. 방재·방범 등 안전에 관한 사항

9. 제2호부터 제8호까지, 제8호의2 및 제8호의3에 규정된 사항의 단계별 추진에 관한 사항
10. 그 밖에 대통령령으로 정하는 사항으로 다음을 포함한다.
   가. 도심 및 주거환경의 정비·보전에 관한 사항
   나. 다른 법률에 따라 도시기본계획에 반영되어야 하는 사항
   다. 도시기본계획의 시행을 위하여 필요한 재원조달에 관한 사항

라. 그 밖에 「국토계획법」 제22조의2제1항에 따른 도시기본계획 승인권자가 필요하다고 인정하는 사항

한편, 「국토계획법」 제20조제2항에 따라 도시기본계획을 수립·변경하거나, 동법 제27조제3항에 따라 도시관리계획 입안을 위해 기초조사를 하는 경우 국토교통부장관이 정하는 바에 따라 실시하는 토지의 토양, 입지, 활용가능성 등 토지의 적성에 대한 평가와 재해 취약성에 관한 분석을 포함하여야 한다. 이에 대한 적성평가와 취약성 분석을 위하여 필요한 방법·절차 및 그 밖에 필요한 사항에 대해서는 「토지의 적성평가에 관한 지침」과 「도시 기후변화 재해취약성 분석 및 활용에 관한 지침」에 규정되어 있다.

표 6-2 도시기본계획과 도시관리계획 내용 비교

구분	도시기본계획	도시관리계획
법적 근거	「국토계획법」 제18조	「국토계획법」 제30조
계획 성격	상위 계획(지침 역할)	하위 계획(구체적 실행 계획)
계획 기간	20년(장기적)	10년(중 · 단기적)
수립 주체	특별시 · 광역시 · 시 · 군	특별시 · 광역시 · 시 · 군
계획 구속력	시장 · 군수	시민, 사업시행자
내용	도시발전방향, 공간구조 설정 등	용도지역 · 지구 · 구역 지정, 지구단위계획, 기반시설 계획 등

3. 도시관리계획

도시관리계획은 "시·군의 제반기능이 조화를 이루고 주민이 편안하고 안전하게 생활할 수 있도록 하면서 당해 시·군의 지속가능한 발전을 도모하기 위하여 수립하는 법정계획이고 광역도시계획 및 도시기본계획에서 제시된 시·군의 장기적인 발전방향을 공간에 구체화하고 실현시키는 중기계획"[10]이라

10) 서울특별시 도시계획국 도시계획상임기획단, 『2016 알기 쉬운 도시계획용어집』, 2016. 12, p.103

할 수 있다.「국토계획법」 제2조제4호에서 도시관리계획은 “도시관리계획이란 시 또는 군의 개발·정비 및 보전을 위하여 수립하는 토지이용, 교통, 환경, 경관, 안전, 산업, 정보통신, 보건, 복지, 안보, 문화 등에 관한 다음 각 목의 계획”을 말하며, 다음과 같은 세부 계획으로 규정하고 있다.

가. 용도지역·용도지구의 지정 또는 변경에 관한 계획

나. 개발제한구역, 도시자연공원구역, 시가화조정구역(市街化調整區域), 수산자원보호구역의 지정 또는 변경에 관한 계획

다. 기반시설의 설치·정비 또는 개량에 관한 계획

라. 도시개발사업이나 정비사업에 관한 계획

마. 지구단위계획구역의 지정 또는 변경에 관한 계획과 지구단위계획

사. 도시혁신구역의 지정 또는 변경에 관한 계획과 도시혁신계획

아. 복합용도구역의 지정 또는 변경에 관한 계획과 복합용도계획

자. 도시·군계획시설입체복합구역의 지정 또는 변경에 관한 계획

이처럼 도시관리계획은 당해 시·군의 지속가능한 발전을 도모하기 위하여 10년 단위로 수립하는 법정계획으로 5년마다 재검토하는 계획이며, 상위계획에서 제시된 장기적인 발전방향을 공간에 구체화하고 실현시키는 중기계획으로 단계적으로 집행할 수 있도록 물적으로 표현하는 계획이다. 도시관리계획수립지침(도시관리계획수립지침 제1편 총칙 제3장 도시관리계획의 지위와 성격)에 의하면 도시관리계획의 성격을 다음 세 가지로 규정하고 있다. “첫째, 시·군의 제반 기능이 조화를 이루고 주민이 편안하고 안전하게 생활하면서 당해 시·군의 지속가능한 발전을 도모하기 위하여 수립하는 법정계획, 둘째, 광역도시계획 및 도시기본계획에서 제시된 시·군의 장기적인 발전방향을 공간에 구체화하고 실현시키는 중기계획, 셋째, 용도지역·용도지구·용도구역에 관한 계획, 기반시설에 관한 계획, 도시개발사업 또는 정비사업에 관한 계획, 지구단위계획 등을 일관된 체계로 종합화하여 단계적으로 집행할 수 있도록 물적으로 표현하는 계획”으로 설정하고 있다.

이상과 같이, 도시관리계획은 그 내용이 시민들의 일상생활에 직접적인 영향을 미치는 구속적 법정계획으로서, 도시기본계획의 내용을 비교적 짧은 기

간 내에 실현해 나가는 중기계획이자 물적 표현계획이라 할 수 있다. 따라서 시·군의 도시계획을 실질적으로 주도하는 핵심 계획으로 기능한다.

원칙적으로 도시관리계획은 「국토계획법」 제24조에 따라 시장(특별시장·광역시장·특별자치시장·특별자치도지사) 또는 군수가 입안하지만, 인접한 지역이 포함되는 경우에는 공동으로 수립할 수도 있다. 이외 둘 이상의 시군에 걸쳐 지정되는 용도지역·지구 또는 구역의 지정, 둘 이상 시군에 걸쳐진 사업 또는 도지사가 직접 수립하는 계획의 경우 도지사가 수립할 수 있으며, 국가계획이나, 둘 이상 시도에 걸친 용도지역·지구 또는 구역의 지정, 둘 이상 시도에 걸쳐진 사업, 시장·군수가 기한까지 국토교통부장관의 도시·군관리계획 조정 요구에 따라 도시·군관리계획을 정비하지 아니하는 경우 국토교통부장관이 입안할 수 있다.

입안권자에 따른 도시관리계획의 수립 절차가 다소 상이한데, 시장·군수·구청장이 입안한 경우(시·도지사, 50만이상 시장 결정)와 시·도지사가 입안하는 경우 그리고 시·도지사가 입안하는 경우 수립과정은 다음 <그림 6-4>와 같다.

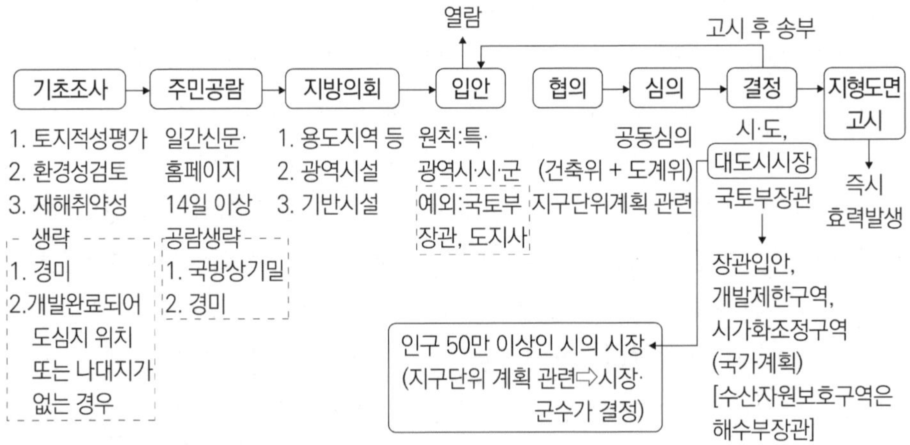

그림 6-4 도시관리계획수립 절차

「국토계획법」 이외 다른 법률에 의하여 토지이용에 관한 지역·지구·구역 등을 지정하고자 하는 때에는 당해 지역·지구·구역 등의 지정 목적이 「국토계획법」에 의한 용도지역·용도지구 및 용도구역의 지정 목적에 부합되어야 한다. 그러나 용도지역지구제에 의한 일반규제는 해당지구의 개별성을 무시한 개별 건물 단위의 획일적 제어 수단이기 때문에 보다 적극적이고 바람직한 물리적 환경을 창출해 내기가 매우 곤란하다. 따라서 지구단위계획으로 그 지구가 갖는 개성을 충분히 활용하고 체계화함으로써 도시와 건축 사이를 매개해주고 지구차원에서 계획적인 제어가 필요하다.

도시관리계획은 도시기본계획을 실행하기 위한 프로그램으로서의 개발관리계획과 그에 따른 실행계획이 아니라 지구단위계획을 제외하면 건축적 개발 제어와 면적 개발 정비사업, 도시기반시설 설치라는 계획의 실현수단을 정하는 일에 그치고 있다. 그리고 도시관리계획의 원칙적 입안권자는 시장·군수(특별시장, 광역시장, 특별자치도지사, 특별자치시장 포함)이지만, 주민(이해관계자를 포함)도 기반시설의 설치·정비 또는 개량에 관한 사항, 지구단위계획구역의 지정 및 변경과 지구단위계획의 수립 및 변경에 관한 사항, 용도지구의 지정 및 변경에 대한 사항[11] 등에 대해서 압안권자에게 도시관리계획의 입안을 제안할 수 있게 하였다.

---

11) 다음 용도지구의 지정 및 변경에 관한 사항에 해당한다.
   가. 개발진흥지구 중 공업기능 또는 유통물류기능 등을 집중적으로 개발·정비하기 위한 개발진흥지구로서 대통령령으로 정하는 개발진흥지구
   나. 제37조에 따라 지정된 용도지구 중 해당 용도지구에 따른 건축물이나 그 밖의 시설의 용도·종류 및 규모 등의 제한을 지구단위계획으로 대체하기 위한 용도지구
   이 외에도 도시·군계획시설입체복합구역의 지정 및 변경과 도시·군계획시설입체복합구역의 건축제한·건폐율·용적률·높이 등에 관한 사항에 대해서도 입안을 제안할 수 있다.

| 2.2 | 「국토계획법」에 의한 도시관리계획 내용

1. 용도지역 · 용도지구 · 용도구역

1) 용도지역

용도지역은 전 국토를 대상으로 개발과 보전의 균형 속에서 적정한 용도로 이용하기 위해, 국토를 특정한 목적에 따라 구분하여 개발을 유도하거나 제한하는 제도이다. 용도지역의 법적 정의는 "토지의 이용 및 건축물의 용도, 건폐율, 용적률, 높이 등을 제한함으로써 토지를 경제적·효율적으로 이용하고 공공복리의 증진을 도모하기 위하여 서로 중복되지 아니하게 도시·군관리계획으로 결정하는 지역"(「국토계획법」 제2조제15호)으로 규정하고 있다. 「국토계획법」 및 시행령에 의한 용도지역의 종류 및 건폐율과 용적률에 대한 규제 내용은 다음 <표 6-3>과 같다.

2) 용도지구

용도지구는 동일한 기준에 의해 보편적으로 적용되고 있는 용도지역의 한계를 극복하기 위해 지정하는 것으로서 용도지역의 제한을 강화하거나 완화함으로써 용도지역의 기능을 증진시키고 미관·경관·안전 등을 도모하기 위하여 결정하는 지역이다. 구체적으로는 용도지구에 대한 정의는 「국토계획법」 제2조제15호에서 "토지의 이용 및 건축물의 용도·건폐율·용적률·높이 등에 대한 용도지역의 제한을 강화하거나 완화하여 적용함으로써 용도지역의 기능을 증진시키고 경관·안전 등을 도모하기 위하여 도시·군관리계획으로 결정하는 지역을 말한다."고 규정하고 있다.

「국토계획법」 제37조제1항에서 용도지구의 종류는 도시내 지역별 기능이나 특성에 따라 경관지구, 고도지구, 방화지구, 방재지구, 보호지구, 취락지구, 개발진흥지구, 특정용도제한지구, 복합용도지구, 그 밖에 대통령령에서 정하는 지구 등 10개가 있다. 용도지구는 용도지역과는 달리 토지마다 반드시 지정하여야 하는 것은 아니다. 「국토계획법 시행령」 제31조제2항에서 경관지구, 방재지구, 보호지구, 취락지구 및 개발진흥지구는 지역 실정에 맞게 시·도조례로 세분하여 용도지구 명칭 및 지정목적, 행위제한 사항 등을 정하여 도시·군관리계획으로 결정할 수 있으며, 동조제3항에서는 경관지구를 추가적으로 세분하거나 특정용도제한지구를 세분하여 지정할 수 있다고 규정하고 있다. 시·도 조례로 용도지구를 신설할 수 있으나, 당해 용도지역·용도구역의 행위제한을 완화하는 용도지구를 신설할 수는 없고, 행위제한을 강화하는 용도지구 신설만 허용하고 있다. 용도지구는 2이상의 지구를 중복하여 지정할 수 있으며, 방재지구는 의무화(시·도지사, 대도시시장)하여 해당 방재지구의 재해 저감대책을 포함한다.

3) 용도구역

용도구역이란 「국토계획법」 제2조제15호에서 "토지의 이용 및 건축물의 용도·건폐율·용적률·높이 등에 대한 용도지역 및 용도지구의 제한을 강화하거나 완화하여 따로 정함으로써 시가지의 무질서한 확산방지, 계획적이고 단계적인 토지이용의 도모, 혁신적이고 복합적인 토지활용의 촉진, 토지이용의 종합적 조정·관리 등을 위하여 도시·군관리계획으로 결정하는 지역"으로 규정하고 있다. 이와 같은 용도구역은 비교적 면적으로 넓게 지정하고 있는데, 개발제한구역, 도시자연공원구역, 시가화조정구역, 수산자원보호구역의 4개 구역과 2024년 새로이 추가된 도시혁신구역, 복합용도구역, 도시·군계획시설 입체복합구역이 있다.

개발제한구역은 국토교통부장관이, 수산자원보호구역은 해양수산부장관이 직접 결정하고 관리하며 시가화조정구역, 도시자연공원구역은 시도지사가 지정하고 변경한다. 도시혁신구역, 복합용도구역은 주변 지역과의 조화를 위하여 용도구역 지정 위치 및 용도구역에 대한 계획 그리고 용도구역을 지정함에 따라 인근 지역의 주거·교통·기반시설 등에 미치는 영향 등을 포함하는 공간재구조화계획을 통하여 도시혁신계획과 복합용도계획을 수립하여야 한다.

표 6-3 「국토계획법」상 용도지역의 구분, 지정목적 및 건축제한

용도지역(법률)		세분(시행령)	지 정 목 적	건폐율	용적율
도시지역	주거지역	제1종전용주거	• 단독주택 중심의 양호한 주거환경 보호	50	50~100
		제2종전용주거	• 공동주택 중심의 양호한 주거환경 보호	50	100~150
		제1종일반주거	• 저층주택 중심의 주거환경 조성	60	100~200
		제2종일반주거	• 중층주택 중심의 주거환경 조성	60	150~250
		제3종일반주거	• 중고층주택 중심의 주거환경 조성	50	200~300
		준주거	• 주거기능에 상업 및 업무기능 보완	70	200~500
	상업지역	중심상업	• 도심·부도심의 상업·업무기능 확충	90	400~1,500
		일반상업	• 일반적인 상업 및 업무기능 담당	80	300~1,300
		근린상업	• 근린지역의 일용품 및 서비스 공급	70	200~900
		유통상업	• 도시내 및 지역간 유통기능의 증진	80	200~1,100
	공업지역	전용공업	• 중화학공업, 공해성 공업 등을 수용	70	150~300
		일반공업	• 환경을 저해하지 아니하는 공업의 배치	70	200~350
		준공업	• 경공업 수용 및 주·상·업무기능의 보완	70	200~400
	녹지지역	보전녹지	• 도시의 자연환경·경관·산림 및 녹지공간 보전	20	50~80
		생산녹지	• 농업적 생산을 위하여 개발을 유보	20	50~100
		자연녹지	• 보전할 필요가 있는 지역으로 제한적 개발허용	20	50~100
관리지역	보전관리		• 보전이 필요하나 자연환경보전지역으로 지정이 곤란한 경우	40	50~100
	생산관리		• 농·임·어업 생산을 위해 필요하나, 농림지역으로 지정이 곤란한 경우	20	50~80
	계획관리		• 도시지역 편입이 예상되어 계획·체계적 관리 필요	20	50~80
농림지역			• 농림업의 진흥과 산림의 보전을 위하여 필요	20	50~80
자연환경보전지역			• 자연환경 등의 보전과 수산자원의 보호·육성	20	50~80

※건폐율 및 용적율의 구체적인 상한 범위는 도시계획 조례로 정함

표 6-4 「국토계획법」상 용도지구의 종류 및 지정목적

지 구 명		지 정 목 적
경관지구	자연경관지구	자연경관의 보호 또는 도시의 자연풍치 유지
	시가지경관지구	주거지역의 양호한 환경조성과 시가지의 경관보호
	특화경관지구	수변, 문화재적 보존가치가 있는 건축물 주변의 경관보호
고도지구		도시환경과 경관보호, 과밀방지를 위해 최고한도를 정함
방화지구		화재의 위험을 예방
방재지구	시가지방재지구	건축물 · 인구가 밀집되어 있는 지역으로서 시설 개선 등을 통하여 재해 예방이 필요한 지구
	자연방재지구	토지의 이용도가 낮은 해안변, 하천변, 급경사지 주변 등의 지역으로서 건축 제한 등을 통하여 재해 예방이 필요한 지구
보호지구	역사문화환경 보호지구	문화재와 문화적으로 보존가치가 큰 지역의 보호 · 보존
	중요시설물 보호지구	중요시설물의 보호와 기능 유지 및 증진
	생태계보호지구	동식물서식처 등 생태적 보존가치가 큰 지역의 보호 · 보존
취락지구	자연취락지구	녹지지역 등의 취락을 정비하기 위한 지구
	집단취락지구	개발제한구역안의 취락을 정비하기 위한 지구
개발진흥지구	주거개발진흥지구	주거기능을 중심으로 개발 · 정비
	산업 · 유통개발진흥지구	공업 및 유통 · 물류기능을 중심으로 개발 · 정비
	관광 · 휴양개발진흥지구	관광 · 휴양기능을 중심으로 개발 · 정비
	복합개발진흥지구	위의 2가지 이상의 기능을 중심으로 개발 · 정비
	특정개발진흥지구	위의 기능 외의 기능을 중심으로 특정 목적을 위하여 개발 · 정비
특정용도제한지구		주거기능, 청소년 보호 등을 목적으로 특정시설입지를 제한
복합용도지구		토지이용, 개발수요 등을 고려하여 복합적 토지이용 도모

표 6-5 용도구역의 구분 및 지정 목적

구 역 명	지 정 목 적
개발제한구역	• 도시의 무질서한 확산을 방지하고 도시 주변의 자연환경을 보전하여 도시민의 건전한 생활환경을 확보하기 위하여 도시의 개발을 제한할 필요가 있거나 보안상 도시의 개발을 제한할 필요가 있는 지역
시가화조정구역	• 도시지역과 그 주변지역의 무질서한 시가화를 방지하고 계획적·단계적인 개발을 도모하기 위하여 일정한 기간 동안 시가화를 유보할 필요가 있는 지역
수산자원보호구역	• 수산자원의 보호·육성을 위하여 필요한 공유수면이나 인접 지역
도시자연공원구역	• 도시의 자연환경 및 경관을 보호하고 도시민에게 건전한 여가·휴식공간을 제공하기 위하여 도시지역 안에서 식생이 양호한 산지(山地)의 개발을 제한할 필요가 있는 지역
도시혁신구역	• 창의적이고 혁신적인 도시공간의 개발을 목적으로 공간재구조화계획으로 토지의 이용 및 건축물의 용도·건폐율·용적률·높이 등의 제한에 관한 사항을 따로 정하는 구역
복합용도구역	• 주거·상업·산업·교육·문화·의료 등 다양한 도시기능이 융복합된 공간의 조성을 목적으로 공간재구조화계획으로 건축물의 용도별 구성비율 및 건폐율·용적률·높이 등의 제한에 관한 사항을 따로 정하는 구역

4) 공간재구조화계획

공간재구조화계획이란 「국토계획법」 제2조제5의4호에서 정의하고 있는 바와 같이 "토지의 이용 및 건축물이나 그 밖의 시설의 용도·건폐율·용적률·높이 등을 완화하는 용도구역의 효율적이고 계획적인 관리를 위하여 수립하는 계획"이다. 특별시장·광역시장·특별자치시장·특별자치도지사·시장 또는 군수(이하 시장 또는 군수)는 도시혁신구역, 복합용도구역, 도시·군계획시설입체복합구역(도시혁신계획과 복합용도계획을 포함한 경우)을 지정하는 경우 해당 용도구역에 대한 계획을 수립하기 위하여 공간재구조화계획을 입안하여야 한다. 이외에도 도시의 경쟁력 향상, 특화발전 및 지역 균형발전 등을 위하여 필요한 때에는 관할 시장 또는 군수의 요청에 따라 국토교통부장관도 공간재구조화계획을 입안할 수 있다(법 제35조의2제3항).

공간재구조화계획 입안은 도시관리계획을 준용하며, 공간재구조화계획을 입안할 때에는 공간재구조화계획도서(계획도와 계획조서) 및 이를 보조하는 계획설명서를 작성하여야 한다. 공간재구조화계획은 시장 또는 군수가 입안(시장 또는 군수의 요청 시 국토교통부장관 입안 가능)하고 국토교통부장관이 결정한다. 그리고 주민(이해관계자 포함)도 도시혁신계획구역과 복합용도구역 지정을 위하여 공간재구조화계획 입안권자에게 공간재구조화계획의 입안을 제안(공간재구조화계획도서와 계획설명서를 첨부)할 수 있도록 하고 있다.

공간재구조화계획에는 다음 사항을 포함하여야 한다(법 제35조의4 및 시행령 제29조의3 및 수립지침 제4조).

- 용도구역 지정 위치 및 용도구역에 대한 계획 등에 관한 사항
- 공간재구조화계획의 범위 설정에 관한 사항
- 공간재구조화계획 기본구상 및 토지이용계획
- 구역 내의 도시·군기본계획 변경 및 도시·군관리계획 결정·변경에 관한 사항
- 구역 외의 지역에 대한 주거·교통·기반시설 등에 미치는 영향 및 이에 대한 관리방안
- 환경관리계획 또는 경관계획
- 계획의 목적, 배경
- 기초조사, 현황조사, 상위계획 및 관련 계획
- 그 밖에 공간재구조화계획의 입안에 필요한 사항으로서 도시·군계획조례로 정하는 사항

2. 지구단위계획

1) 지구단위계획의 개념 및 성격

「국토계획법」 제2조제5호에서 지구단위계획[12]은 "도시계획 수립 대상지역의 일부에 대하여 토지이용을 합리화하고 그 기능을 증진시키며 미관을 개선하고 양호한 환경을 확보하며, 그 지역을 체계적·계획적으로 관리하기 위하여 수립하는 도시관리계획"으로 규정하고 있다. 지구단위계획은 일반적으로 도시계획과 건축계획의 중간적 단계의 계획으로서 도시계획을 기존 시가지의 특정지역에 적용하여 구체화하기 위한 제도라고 할 수 있다.

지구단위계획구역 및 지구단위계획은 도시·군관리계획으로 결정하며(「국토계획법」 제50조), 광역도시계획과 도시·군기본계획 등의 상위계획, 도시·군관리계획 및 수도권정비계획 등 관련 계획의 내용과 취지를 반영하여야 한다(지구단위계획수립지침 1-3-1)고 규정하고 있다.

용도지역·지구와 도시·군계획시설 등을 정하는 일반적인 다른 도시·군관리계획과는 달리 지구단위계획은 도시공간의 일부에 대해서만 수립하고 다른 도시·군계획에서 정할 수 없는 사항, 예컨대, 건폐율, 용적율, 건축물용도, 건축선, 건축물의 형태, 색채 등도 정할 수 있어서 다른 도시·군관리계획보다 구체화된 공간계획이다. 또한 필지·가구·획지 별로 계획에서 정한 내용에 의해 다양하게 건축행위를 제어하여 지역의 토지이용계획과 건축계획이 서로 환류를 통해 조화를 이루게 하는 입체적 계획이다. 그리고 실제 이용 측면에서 중요

---

12) 지구단위계획과 유사한 제도로 먼저 입법화된 제도로 '도시설계'를 들 수 있는데, '도시설계'가 제도화된 것은 1980년 건축법 제8조제2항에 "도심부내의 건축물에 관한 특례규정" 신설에 따른 '도시설계'라고 볼 수 있다. 이후 1991년 「건축법」 개정시 '도시설계'제도는 하나의 장(章)으로 체계화하여 그 근거를 강화함과 동시에 기존 도시설계 제도의 한계를 보완하기 위해 1991년 12월에는 「도시계획법」의 개정을 통해 '상세계획' 제도가 도입되었다. 도시설계가 주로 건축물의 규제에 관한 것이라면 상세계획은 지역·지구의 지정 및 변경, 도시계획시설의 배치와 규모 등 도시계획적 사항까지 다룰 수 있게 하는 것이었다. 1990년대를 거쳐 공존했던 두 제도는 상이한 근거법에 의해 제도화되었음에도 불구하고 대상지역과 규모, 지정목적, 제어요소, 수립절차 등 제도 운영과 계획내용 측면에서는 별다른 큰 차이가 없어 제도의 이원화에 따른 혼란과 불편을 지적하는 목소리가 점차 커지게 되었다. 그리고 지구단위계획이라는 새로운 제도로 통합되면서 2000년 「도시계획법」 개정에 따라 건축법에서 도시설계는 삭제되었다.

하게 검토되는 사항으로, 당해 구역을 체계적·계획적으로 개발·관리하기 위하여 건축물 그 밖의 시설의 용도·종류 및 규모 등에 대한 제한을 완화하거나 건폐율 또는 용적률을 완화하여 수립하는 인센티브계획이라 할 수 있다.

2) 지구단위계획구역의 지정

도시지역과 비도시지역 별로 지정 목적의 구분이 가능하다. 도시지역은 토지이용을 합리화·구체화하고 도시의 기능·미관을 증진시키기 위하여 도시기반시설 및 건축물 등을 정비하고 가로 경관을 조성하기 위하여 수립하는 계획이다. 그리고 비도시지역은 계획관리지역이나 개발진흥지구를 체계적·계획적으로 개발하거나 관리하기 위하여 용도지역의 건축물, 그 밖의 시설의 용도·종류 및 규모 등에 대한 제한을 완화하거나 건폐율 또는 용적률을 완화하여 수립하는 계획이다.

도시지역에서 지구단위계획구역 지정 대상지역은 사실상 도시지역 대부분이 지정 가능할 만큼 다양한 데 반해, 비도시지역은 시가화예정용지인 계획관리지역과 개발진흥지구 중심으로 지정 가능토록 하였다. 한편, 비도시지역의 지구단위계획구역으로 지정하려는 경우, 다음의 요건을 충족할 경우 지구단위계획구역으로 지정이 가능하다.

- **계획관리지역**: 기본적으로 계획관리지역은 지구단위계획구역 지정이 가능하다.
- **50% 이상이 계획관리지역인 혼합 용도지역**: 지구단위계획구역 면적 중 50% 이상이 계획관리지역이고, 나머지가 생산관리지역 또는 보전관리지역인 경우에는 보전관리지역의 포함 면적에 따라 제한을 받는다. 보전관리지역의 허용 면적은 지구단위계획구역 전체 면적에 따라 10~20% 이내로 제한되며, 환경훼손 방지를 위해 보전지역은 가급적 공원이나 녹지로 계획해야 한다.
- **개발진흥지구 내 지역**: 계획관리지역 내 개발진흥지구, 산업유통개발진흥지구 또는 복합개발진흥지구(단, 주거기능은 포함하지 않을 것), 그리고 도시지역 외의 관광휴양개발진흥지구가 이에 해당한다.
- **용도지구를 폐지하고 지구단위계획으로 대체하려는 지역**: 도시지역 외 지역에서도 기존 용도지구를 폐지하고, 그 기능을 지구단위계획으로 대체하고자 할 경우 지정이 가능하다.

표 6-6 지구단위계획구역 지정 대상지역

<table>
<tr><th colspan="2">구분</th><th>구역 지정 대상</th></tr>
<tr><td rowspan="5">도시
지역</td><td>용도지구의 취지를 개별 건축물에 구체적으로 반영하고자 하는 구역</td><td>• 「국토계획법」 제37조에 따라 지정된 경관지구 · 고도지구 · 방화지구 · 방재지구 · 보호지구 · 취락지구 · 개발진흥지구 · 특정용도제한지구 등</td></tr>
<tr><td>당초의 개발사업 취지와 내용을 살려 계획적인 관리가 되도록 하기 위한 구역</td><td>① 「도시개발법」 제3조에 따라 지정된 도시개발구역
② 「도시정비법」 제4조에 따라 지정된 정비구역
③ 「택지개발촉진법」 제3조에 따라 지정된 택지개발지구
④ 「주택법」 제16종에 따라 지정된 대지조성사업지구
⑤ 「산업입지법」 제2조제8호의 산업단지와 제12호의 준산업단지
⑥ 「관광진흥법」 제52조에 따라 지정된 관광단지 · 같은법 제70조에 따라 지정된 관광특구</td></tr>
<tr><td>도시형태와 기능의 재정립, 특정기능의 강화 또는 완화, 난개발 방지를 위한 구역</td><td>① 기반시설부담구역
② 개발제한구역 · 도시자연공원구역 · 시가화조정구역 또는 공원에서 해제되는 구역, 녹지지역에서 주거 · 상업 · 공업지역으로 변경되는 구역과 새로이 도시지역으로 편입되는 구역 중 계획적 개발 또는 관리가 필요한 지역
③ 시범도시
④ 「국토계획법」 제63조에 따라 고시된 개발행위허가 제한지역
⑤ 지하 및 공중공간을 효율적으로 개발하고자 하는 지역
⑥ 용도지역의 지정변경에 관한 도시 · 입안하기 위하여 열람공고된 지역
⑦ 재건축사업에 의하여 공동주택을 건축하는 지역
⑧ 지구단위계획구역으로 지정하고자 하는 토지와 접하여 공공시설을 설치하고자 하는 자연녹지지역
⑨ 그 밖에 양호한 환경의 확보 또는 기능 및 미관의 증진 등을 위하여 필요한 지역으로서 도시 · 군계획조례가 정하는 지역</td></tr>
<tr><td>준주거지역, 준공업지역 및 상업지역 중 중심지 육성이 필요한 지역</td><td>① 역세권, 고속버스 및 시외버스 터미널, 간선도로의 교차지 등 양호한 기반시설을 갖추고 있어 대중교통 이용이 용이한 지역
② 역세권의 체계적 · 계획적 개발이 필요한 지역
③ 세 개 이상의 노선이 교차하는 대중교통 결절지로 부터 1㎞ 이내에 위치한 지역
④ 역세권개발구역, 고밀복합형 재정비촉진지구로 지정된 지역</td></tr>
<tr><td>5천㎡ 이상의 유휴토지 또는 교정시설, 군사시설 등 이전부지</td><td>① 대규모 시설의 이전에 따라 도시기능의 재배치 및 정비 필요지역
② 토지의 활용 잠재력이 높고 지역거점 육성이 필요한 지역
③ 지역경제 활성화와 고용창출의 효과가 클 것으로 예상되는 지역</td></tr>
<tr><td>비
도시
지역</td><td colspan="2">① 계획관리지역
② 개발진흥지구
③ 용도지구를 폐지하고 그 용도지구에서의 행위제한 등을 지구단위계획으로 대체하려는 지역</td></tr>
</table>

3) 지구단위계획구역의 유형

지구단위계획구역의 지정목적, 중심기능, 해당 용도지역의 특성과 도시의 관리정책, 도시공간구상 등을 종합적으로 고려하여 기존시가지의 정비·관리·보전 또는 신시가지의 개발, 복합용도개발, 유휴토지 및 이전적지개발, 비시가지 관리개발, 용도지구대체 등으로 그 목적을 분명히 한다. 도시지역에서 지정되는 지구단위계획의 유형은 다음 <표6-7>과 같다.

표 6-7 도시지역 내 지구단위계획구역 지정 유형

구역 유형	내 용
기존시가지 정비	기존 시가지에서 도시기능을 상실하거나 낙후된 지역을 정비하는 등 도시재생을 추진하고자 하는 경우
기존시가지의 관리	도시성장 및 발전에 따라 그 기능을 재정립할 필요가 있는 곳으로서 도로 등 기반시설을 재정비하거나 기반시설과 건축계획을 연계시키고자 하는 경우
기존시가지 보전	도시형태와 기능을 현재의 상태로 유지 · 정비하는 것이 바람직한 곳으로 개발보다는 유지관리에 초점을 두고자 하는 경우
신시가지의 개발	도시 안에서 상업 등 특정기능을 강화하거나 도시팽창에 따라 기존 도시의 기능을 흡수 · 보완하는 새로운 시가지를 개발하고자 하는 경우
복합용도개발	도시지역내 복합적인 토지이용의 증진을 목표로 공공의 목적에 부합하고, 낙후된 도심의 기능회복과 도시균형발전을 위해 중심지 육성이 필요한 지역으로 복합용도개발을 통한 거점적 역할을 수행하여 주변지역에 긍정적 파급효과를 미칠 수 있도록 하고자 하는 경우
유휴토지 및 이전적지개발	도시지역내 유휴토지 및 교정시설, 군사시설 등의 이전 · 재배치에 따른 도시기능의 쇠퇴를 방지하고 도시재생 등을 위해 기능의 재배치가 필요한 지역으로 유휴토지 및 이전부지의 체계적인 관리를 통하여 그 기능을 증진시키고자 하는 경우
비시가지 관리개발	녹지지역의 체계적 관리 및 개발(체육시설의 설치 등)을 통하여 그 기능을 증진시키고자 하는 경우
용도지구대체	기존 용도지구를 폐지하고 그 용도지구에서의 건축물이나 그 밖의 용도 · 종류 및 규모 등의 제한을 대체하고자 하는 경우
복합구역	위 지정목적 중 2 이상의 목적을 복합하여 달성하고자 하는 경우

도시지역 외 지역에 지정하는 지구단위계획구역은 당해 구역의 중심 기능에 따라 주거·산업유통·관광휴양·복합기능 등으로 구분한다. 도시지역 외에서 지정되는 지구단위계획의 유형은 다음 <표6-8>과 같다.

표 6-8 도시지역 외 지역 지구단위계획구역 지정 유형

구역 유형	내 용
주거형 지구단위계획구역	주민의 집단적 생활근거지로 이용되고 있거나 이용될 지역으로서 계획적인 개발이 필요한 경우
산업유통형 지구단위계획구역	농공단지, 공장, 물류시설, 물류단지, 집배송시설, 대규모 점포 등 시설 설치를 위하여 계획적인 개발이 필요한 경우
관광휴양형 지구단위계획구역	관광시설, 체육시설, 농어촌관광휴양단지사업, 관광농원사업 등의 입지를 위하여 계획적인 개발이 필요한 경우
특정 지구단위계획구역	위에 해당하지 아니하고 도시·군계획시설로 설치할 수 없는 시설로 시장·군수가 지역의 발전을 위하여 필요하다고 인정하는 경우
복합형 지구단위계획구역	위 네가지 유형 중 2개 이상을 동시에 지정하는 경우

4) 지구단위계획의 주요 내용

지구단위계획은 도시의 계획적이고 효율적인 관리를 위해 수립되며, 토지이용, 기반시설, 건축계획 등을 포괄한다. 이 계획에는 법적으로 반드시 포함되어야 하는 기반시설 계획과 건축에 관한 계획이 있으며, 그 외에도 다양한 항목들이 포함될 수 있다.

먼저, 용도지역과 용도지구의 세분 및 변경은 도시계획 내 일관성과 조화를 유지하기 위한 핵심 요소이다. 지구단위계획을 통해 주거, 상업, 공업, 녹지지역 간 용도지역 변경은 원칙적으로 불가능하나, 세분화된 범위 내에서의 변경은 허용된다. 특히, 복합개발이나 유휴지 개발과 같은 특수한 경우에는 용도지역 간 변경도 가능하며, 이때는 도시·군기본계획과의 연계성, 교통 및 기반시설 여건 등을 함께 고려해야 한다.

기반시설계획은 해당 구역의 인구 및 이용 특성을 반영하여 도로, 상하수도,

전기 등 필수시설의 적정 용량을 산정하고, 공공과 민간의 역할 분담을 명확히 하여 실행력을 높인다. 광역기반시설은 제외되며, 도시·군관리계획과 연계하여 계획하는 것이 원칙이다. 장기미집행시설이 발생하지 않도록 계획 단계에서 실현 가능성을 고려하여야 하며, 계획 후 5년 내 설치가 권장된다.

가구 및 획지계획은 토지이용의 효율성과 교통 접근성을 고려하여 설계된다. 가구 길이가 지나치게 길 경우에는 보행자 전용 도로를 설치하고, 건축물의 용도에 맞는 적정 규모로 획지를 나눈다. 경사 지형에서는 계단식 배치를 고려하며, 획지의 분할이나 합병은 제한될 수 있다.

건축물의 용도는 구역의 특성과 계획 목표에 맞춰 적절하게 지정되어야 하며, 불필요한 제한보다는 권장용도를 통해 유도하는 방식이 바람직하다. 특히 보행 활성화를 위한 1층 전면 용도나 지하공간 활용계획 등도 적극적으로 고려된다.

건축물의 규모는 건폐율, 용적률, 높이 등을 토지 조건과 연계하여 계획하며, 경관과 조화를 이루도록 한다. 높이는 층수와 병행하여 지정할 수 있으며, 스카이라인 형성 및 주변 환경과의 조화를 함께 고려한다.

배치와 외관계획에서는 건축선, 벽면 지정선 등의 도입을 통해 경관의 통일성과 보행환경의 질을 높인다. 건축물의 형태나 색채는 지역 이미지와 조화를 이루도록 하며, 지붕이나 옥상 공간은 녹지공간 확보 측면에서 활용 가능하다.

공원 및 녹지는 단절되지 않는 녹지축 형성을 기본으로 하며, 보행 네트워크와의 연계성, 조경의 통일성을 고려하여 계획된다. 또한, 대지 내 공지를 활용한 공공통로나 공원과의 연결성 확보도 중요하다.

환경관리계획은 생태민감지역의 보존, 절토 최소화, 소음·오염 저감 방안 등을 포함한다. 경관계획은 하천, 도로, 녹지 등 주요 공간 요소들과 연계하여 통합적으로 수립되어야 하며, 도시의 장소성과 일체감을 높이는 방향으로 설정된다.

마지막으로 교통처리계획은 예상되는 교통량에 기반하여 도로망을 구성하고, 중심축 및 보행동선 체계를 함께 설정한다. 차량과 보행자의 동선을 분리하고, 필요 시 입체구역을 지정하여 도로와 건축물을 입체적으로 계획하는 방식도 활용할 수 있다. 차량 진출입은 간선도로의 특정구역에서 제한될 수 있으며, 보행 중심의 환경 조성을 위한 설계도 함께 고려된다.

5) 주요 행위 제한의 완화

지구단위계획은 도시계획적 목표 달성을 위해 개별 필지에 대해 보다 세밀한 용도와 행위제한을 설정하거나 완화할 수 있는 제도이다. 특히 도시지역 내에서는 법정 용도지역이나 지구에서 허용되지 않는 건축물이라도 지구단위계획을 통해 예외적으로 허용하거나, 공공기여(공공시설 제공 등)를 조건으로 건폐율·용적률·건축물 높이 등을 완화할 수 있도록 하고 있다.

- **용도지역 불허 용도의 예외적 허용(수립지침 3-2-1)**: 도시지역 내 지구단위계획구역에서는 해당 용도지역에서 원칙적으로 불허된 용도라도, 같은 대분류(주거, 상업, 공업, 녹지) 안에서 조례가 허용한 건축물에 한해 허용 가능 예시: 제2종전용주거지역에서 제3종일반주거지역 건축물 허용
- **공공시설 등 부지 제공 시 건폐율·용적률·높이 완화(3-2-2 ~ 3-2-2-5)**: 공공시설부지로 일부 제공(기부채납 등) 시, 제공면적 비율에 따라 건폐율·용적률·높이 완화 가능
  - 공식에 의한 계산:
    - ·건폐율 = 기존 건폐율 × [1 + 제공면적/대지면적]
    - ·용적률 = 기존 용적률 × [1 + 1.5 × 가중치 × 제공면적 / 제공 후 대지면적]
    - ·높이 = 기존 제한 높이 × [1 + 제공면적/원래 대지면적]
  - 설치비용으로 대체 제공(3-2-2-1), 반환금 활용(3-2-2-4), 문화유산 보존 목적 제공(3-2-2-5)도 완화 대상
- **공개공지(공개공간) 초과 설치 시 완화(3-2-3)**: 공개공지 면적이 법정 의무면적을 초과하면, 추가 면적의 50% 비율만큼 용적률과 높이 완화 가능
- **높이 제한 시 건폐율 완화 허용(3-2-4)**: 지구단위계획으로 높이 제한을 강화할 경우, 건폐율은 법정 최대한도까지 완화 가능
- **특정 목적 지구에서 주차장 기준 완화(3-2-5)**: 한옥마을 보존 또는 차 없는 거리 조성 등은 주차장 설치기준 최대 100% 완화 가능
- **개발진흥지구 등에서 용적률·높이 완화(3-2-6~3-2-7)**: 개발진흥지구 또는 공동개발 시, 기존 용적률의 120%까지 완화 가능, 높이는 법정 제한의

120% 이내 완화 가능

- **완화 적용 제외 지역 명시(3-2-8)**: 개발제한구역, 녹지지역 등이나 고용적률 용도지역으로 변경된 경우 완화 적용 제외
- **도시지역 외 지구단위계획 완화 기준(3-2-9)**: 주거형, 산업유통형, 관광휴양형, 복합형 등 유형별로 도시지역 기준을 준용하되, 일부 주거유형(아파트 등)은 제한
- **완화의 최대 한도(3-2-10)**: 건폐율은 기존의 150%, 용적률은 기존의 200%가 한도, 도시지역 외에서는 공공시설 제공 여부와 관계없이 위 기준까지 완화 가능
- **지구단위계획에 반영 필수(3-2-11)**: 지구단위계획에 명시되지 않은 완화내용은 건축허가 단계에서 별도 인정 불가

5) 수립절차

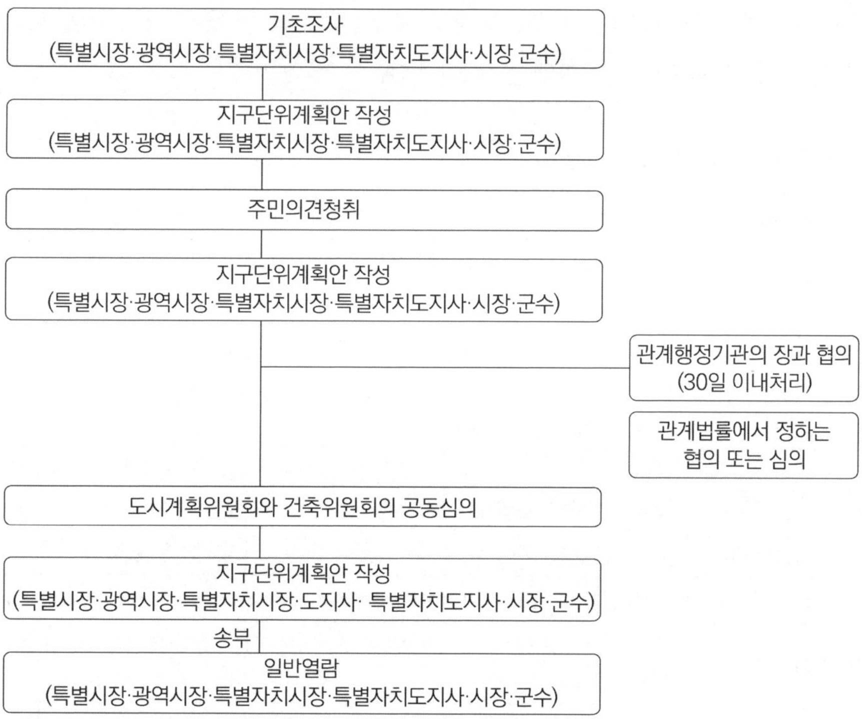

그림 6-5 지구단위계획의 입안 및 결정 절차

지구단위계획의 입안 및 결정절차는 「도시·군관리계획수립지침」의 도시·군관리계획 입안 및 결정절차에 따른다. 지구단위계획의 입안 및 결정절차는 <그림 6-5>와 같다.

3. 도시 · 군계획시설

도시는 많은 인구가 거주하며 공동생활을 영위하는 공간으로, 이러한 생활을 가능하게 하기 위해서는 도로, 상하수도, 학교, 시장 등 다양한 기반시설이 필수적이다. 이와 같은 인간 정주를 위한 물리적 시설을 총칭하여 기반시설(「국토계획법」 제2조제6호 및 같은 법 시행령 제2조에서 규정)이라고 하며, 이 중 「국토계획법」에 따라 도시·군관리계획으로 결정된 시설을 도시·군계획시설이라 한다.

기반시설은 우리나라 최초의 도시계획 관련 법령인 1934년 「조선시가지계획령」에서 23개 시설로 처음 제시되었으며, 이후 1962년 「도시계획법」에서는 28개로, 2025년 기준으로는 7개의 분류 46개 시설로 확대되었다. 이러한 변화는 도시기능의 다변화와 복잡화, 그리고 주민 생활의 변화에 따라 기반시설의 범위가 점차 확장되어 온 과정을 보여준다.

표 6-9 도시·군계획시설 종류

구 분	시설
교통시설(8개)	도로, 철도, 항만, 공항, 주차장, 자동차정류장, 궤도, 차량 검사 및 면허시설
공간시설(5개)	광장, 공원, 녹지, 유원지, 공공공지
유통 · 공급시설(9개)	유통업무설비, 수도 · 전기 · 가스 · 열 공급설비, 방송 · 통신시설, 공동구, 시장, 유류저장 및 송유설비
공공 · 문화체육시설(8개)	학교, 공공청사, 문화시설, 공공필요성이 인정되는 체육시설, 연구시설, 사회복지시설, 청소년수련시설
방재시설(8개)	하천, 유수지, 저수지, 방화 · 방풍 · 방수 · 사방 · 방조 설비
보건위생시설(3개)	장사시설, 도축장, 종합의료시설
환경기초시설(5개)	하수도, 폐기물처리 및 재활용시설, 빗물저장 및 이용시설, 수질오염방지시설, 폐차장

자료: 「국토계획법」 제2조제6호 및 시행령 제2조

도시·군계획시설은 도시의 구조와 기능을 원활하게 유지하고, 주민의 생활 환경을 질적으로 개선하기 위해 설치되는 시설로서, 도시·군관리계획으로 결정된 시점부터는 법적인 구속력을 가지게 된다. 이에 따라 해당 부지에는 일정한 행위제한이 부과되며, 그 시설의 종류, 위치, 면적 등 구체적인 내용은 「도시·군계획시설의 결정·구조 및 설치기준에 관한 규칙」에 근거하여 결정된다. 특히 건축물인 시설로서 해당 지역의 공간 이용에 상당한 영향을 미치는 경우에는 건폐율, 용적률, 건축물의 높이와 범위 등도 함께 결정되어야 한다.

도시·군계획시설의 설치 사업은 일반적으로 관할 시장(특별시장, 광역시장, 특별자치시장, 특별자치도지사 포함)이나 군수가 주체가 되며, 경우에 따라 시장·군수로부터 시행자로 지정된 자나, 국가사업인 경우에는 국토교통부장관 또는 그 장관이 지정한 자가 사업을 시행할 수 있다. 원칙적으로 이들 시행자가 시설 설치에 필요한 비용을 부담하지만, 필요에 따라 지방자치단체나 공공시설 관리자가 일부 재원을 분담할 수 있도록 되어 있다.

한편, 「국토계획법」은 도시·군계획시설 외에도 광역시설과 공공시설의 개념을 규정하고 있다. 광역시설이란 둘 이상의 특별시·광역시·도 또는 시·군의 행정구역에 걸치거나 공동으로 이용하는 기반시설로서, 광역적인 정비체계를 필요로 하는 시설이다. 이에 해당하는 예로는 광역도로, 광역상수도, 광역하수도, 광역철도 등이 있다.

표 6-10 광역시설 종류

구분	광역시설
걸쳐있는 시설	• 도로, 철도, 광장, 녹지, 수도 · 전기 · 가스 · 열 공급설비, 방송 · 통신시설, 공동구, 유류저장 및 송유설비, 하천, 하수도(하수종말처리시설은 제외)
공동으로 이용하는 시설	• 항만, 공항, 자동차정류장, 공원, 유원지, 유통업무설비, 문화시설, 공공필요성이 인정되는 체육시설, 사회복지시설, 공공직업훈련시설, 청소년수련시설, 유수지, 장사시설, 도축장, 하수도(하수종말처리시설은 제외), 폐기물처리 및 재활용시설, 수질오염방지시설, 폐차장

표 6-11 도시기반시설의 종류 및 구분

대분류	중분류	광역시설	공공시설	도시계획 결정 필요시설
교통시설(8)	도로	○	○	●
	철도	○	○	●
	항만	○	○	●
	공항	○	○	●
	주차장		△	◉
	자동차정류장	○		◉
	궤도			◉
	차량검사 및 면허시설			
공간시설(5)	광장	○	○	◉
	공원	○	○	●
	녹지	○	○	●
	유원지	○		●
	공공공지		○	
유통공급 시설(9)	유통업무설비	○		●
	수도공급설비	○	○	●
	전기공급설비	○		◉
	가스공급설비	○		●
	열공급설비	○		
	방송 · 통신시설	○		
	공동구	○	○	●
	시장			
	유류저장 및 송유설비	○		◉

자료: 한국도시계획가협회, 도시계획이론과 실제, 기문당, 2021. 2, p.292

대분류	중분류	광역시설	공공시설	도시계획 결정 필요시설
공공문화 체육시설 (8)	학교			●
	공공청사			
	문화시설	○		
	체육시설	△		
	연구시설			
	사회복지시설	○		
	공공직업훈련시설	○		
	청소년수련시설	○		
방재시설 (8)	하천	○	○	●
	유수지	○	○	●
	저수지			
	방화설비		○	
	방풍설비		○	
	방수설비		○	
	사방설비		○	
	방조설비		○	
보건위생 시설(3)	장사시설	○	△	●
	도축장	○		●
	종합의료시설			
환경기초 시설(5)	하수도	○	○	●
	폐기물처리 및 재활용시설	○		●
	빗물저장 및 이용시설			
	수질오염방지시설	○		●
	폐차장	○		

주: ○ 해당시설, △ 일부 해당시설, ● 모든 지역에 적용, ⊙ 도시지역 또는 지구단위계획구역에만 적용

표 6-12 도시기반시설 관련 법률

도시·계획시설 (46)		관 련 법
교통시설 (8)	도로	도로법, 도시교통정비 촉진법, 농어촌도로 정비법, 자전거 이용 활성화에 관한 법률, 한국도로공사법
	철도	철도의 건설 및 철도시설 유지관리에 관한 법률, 도시철도법, 국가철도공단법, 한국철도공사법
	항만	항만법, 어촌 · 어항법, 마리나 항만의 조성 및 관리 등에 관한 법률
	공항	공항시설법
	주차장	주차장법
	자동차정류장	여객자동차 운수사업법, 물류시설의 개발 및 운영에 관한 법률, 화물자동차 운수사업법
	궤도	궤도운송법
	차량검사 및 면허시설	자동차관리법
공간시설 (5)	광장	-
	공원	도시공원 및 녹지 등에 관한 법률
	녹지	도시공원 및 녹지 등에 관한 법률
	유원지	관광진흥법
	공공공지	-
유통공급시설 (9)	유통업무설비	유통산업발전법, 자동차관리법, 물류시설의 개발 및 운영에 관한 법률, 축산물위생처리법, 농수산물 유통 및 가격안정에 관한 법률
	수도공급설비	수도법
	전기공급설비	전기사업법, 신에너지 및 재생에너지 개발 · 이용 · 보급 촉진법
	가스공급설비	고압가스 안전관리법, 도시가스사업법, 액화석유가스의 안전관리 및 사업법
	열공급설비	집단에너지사업법
	방송 · 통신시설	전기통신사업법, 전파법, 방송법
	공동구	소방시설 설치 및 관리에 관한 법률
	시장	유통산업발전법, 농수산물 유통 및 가격안정에 관한 법률, 축산법
	유류저장 및 송유설비	석유 및 석유대체연료 사업법, 송유관 안전관리법, 위험물안전관리법

공공 문화 체육 시설 (8)	학교	유아교육법, 초 · 중등교육법, 고등교육법, 학교복합시설 설치 및 운영 · 관리에 관한 법률
	공공청사	-
	문화시설	공연법, 박물관 및 미술관 진흥법, 지방문화원진흥법, 문화예술진흥법, 문화산업진흥 기본법, 과학관의 설립 · 운영 및 육성에 관한 법률
	체육시설	체육시설의 설치 · 이용에 관한 법률
	연구시설	-
	사회복지시설	사회복지사업법
	공공직업훈련시설	국민 평생 직업능력 개발법
	청소년수련시설	청소년활동 진흥법
방재 시설 (8)	하천	하천법, 소하천정비법
	유수지	-
	저수지	하천법, 댐 건설 · 관리 및 주변 지역지원 등에 관한 법률
	방화설비	소방시설 설치 및 관리에 관한 법률
	방풍설비	-
	방수설비	-
	사방설비	사방사업법
	방조설비	항만법, 어촌 · 어항법, 방조제 관리법
보건 위생 시설 (3)	장사시설	장사 등에 관한 법률
	도축장	축산물위생관리법
	종합의료시설	-
환경 기초 시설 (5)	하수도	하수도법
	폐기물처리 및 재활용시설	폐기물관리법, 자원의 절약과 재활용 촉진에 관한 법률, 건설폐기물의 재활용 촉진에 관한 법률
	빗물저장 및 이용시설	-
	수질오염방지시설	물환경보전법, 하수도법
	폐차장	자동차관리법

자료: 국토교통부(국토의 계획 및 이용에 관한 법률 해설집, 2018) 내용을 참조하여 2025.8 기준으로 재정리

공공시설은 국가나 지방자치단체가 설치한 시설로서, 지역 주민에게 편의를 제공하고 누구나 자유롭게 이용할 수 있는 시설을 의미한다. 「국토계획법」 제2조제13호 및 시행령 제4조에서는 항만, 공항, 광장, 녹지, 하천, 유수지, 공공공지, 공동구 등 15개의 시설을 공공시설로 규정하고 있으며, 여기에 더해 주차장, 저수지, 공공필요성이 인정되는 체육시설 중 운동장, 장사시설(화장장, 공동묘지, 봉안시설) 등 총 19개 시설이 포함된다. 또한 「스마트도시 조성 및 산업 진흥 등에 관한 법률」에 따른 스마트도시기반시설도 공공시설의 일종으로 규정된다.

4. 개발행위허가

1) 개발행위허가 제도의 개요

개발행위허가 제도는 개발과 보전을 조화되게 유도하여 국토의 지속가능성을 제고시키고, 토지에 대한 재산권 행사를 보장하여 토지의 경제적 이용과 환경적 보전의 조화를 도모하기 위하여 도입된 제도이다. 「국토계획법」 제56조제1항은 개발행위에 대한 일반적인 금지를 규정하고 있으며, 이를 해제하기 위해서는 행정청의 개발행위허가를 받아야 한다. 이는 개발권이 토지소유권의 일부가 아니라, 국가로부터 허여(許與)된 권리[13]임을 전제하고 있다. 따라서 토지소유자는 개발권을 본질적으로 보유하는 것이 아니라 허가를 통해 부여받게 된다. 이와 같은 개발권의 분리는 토지이용의 공공성과 국토의 효율적 이용을 증대하기 위한 정책적 장치로 이해된다.

개발허가는 단순히 금지를 해제하여 소유자에게 권리를 돌려주는 것이 아니라, 공익을 극대화하고 국토의 효율적 이용을 촉진하는 행정적 수단이다. 따라서 개발행위의 허가 곧 국토이용에 대한 공적 판단의 결과이며, 이 과정에서 개발권은 공공의 목적을 위해 제한되거나 인정된다.

개발허가는 「국토계획법」 제58조에서 정한 기준을 충족해야 하며, 일정 규모 이상의 개발행위는 도시계획위원회의 심의를 거쳐야 한다(제59조). 또한 개발행위에 따라 기반시설 확보, 환경오염 방지, 경관 유지, 조경 등에 관한 조치

13) 곽윤직, 민법주해, 박영사, 1992, 제V권(물권2), p.55

가 조건으로 부가될 수 있다(제57조제4항). 개발허가관청은 특별한 사유가 없으면 신청 접수 후 15일 이내에 허가 또는 불허 처분을 해야 하며, 지체 없이 허가증 발급 또는 불허 사유를 서면 통보해야 한다(제57조제2항, 제3항).

개발권자는 개발에 필요한 토지의 사용권원을 확보해야 하며, 이를 확보하지 못하면 이미 받은 허가도 효력을 발생하지 않는다. 그러나 공공 필요에 따른 개발행위를 위해 국가는 수용 또는 사용권 확보를 강제할 수 있는 제도를 마련하고 있다. 이와 같은 제도는 토지이용의 공익성과 효율성을 실현하기 위한 법적 장치로 작용한다.

개발행위허가제는 2000년 「도시계획법」 전면 개정을 통해 도입되었고, 2002년 「국토계획법」 제정 이후 도시지역 외 비도시지역까지 확대 적용되었다. 이는 전국토의 무분별한 개발을 방지하고, 체계적인 국토관리를 유도하기 위한 조치였다. 기존 「도시계획법」 하의 개발행위 제한은 기준이 모호하고 포괄적이었으나, 허가 대상 행위와 기준, 절차를 명확히 규정하면서 개발과 보전의 균형을 제도적으로 확보하게 되었다.

개발행위허가는 각 지방자치단체가 「국토계획법」과 국토부의 「개발행위허가 운영지침」에 따라 구체적으로 조례화하여 운영한다. 이에 따라 개발계획의 적정성, 기반시설 확보 여부, 주변 환경과의 조화 등을 고려하여 허가 여부를 결정함으로써 계획적 국토이용이 가능하게 된다. 또한 허가를 받은 자에 대하여 이행보증금을 예치하게 하는 등, 제도적 안정성 확보에도 노력하고 있다.

2) 개발행위허가 대상

「국토계획법」 제56조에서 규정하고 있는 개발행위허가의 대상은 아래와 같이 5가지 유형으로 구분할 수 있다.

- 건축물의 건축 또는 공작물의 설치
- 토지의 형질변경
- 토석채취
- 토지분할(건축물이 없는 경우에 한함)
- 녹지지역·관리지역 및 자연환경보전지역 안에서의 울타리 안이 아닌 토지에 1월 이상 물건을 쌓아놓는 행위

도시지역 및 계획관리지역 안의 산림에서 임도의 설치와 사방사업은 각각 「산림자원의 조성 및 관리에 관한 법률」과 「사방사업법」의 규정에 따르며, 보전관리지역·생산관리지역·농림지역·자연환경보전지역 내 산림에서의 농업·임업·어업을 목적으로 하는 토지형질변경 및 토석채취는 「산지관리법」의 규정을 따른다.

3) 개발행위허가 규모

개발행위허가 규모는 「국토계획법 시행령」 제55조에서 규정하고 있는데 그 규모는 다음과 같다.

- 도시지역
  - 주거·상업·자연녹지·생산녹지지역: 1만㎡ 미만
  - 공업지역: 3만㎡ 미만
  - 보전녹지지역: 5천㎡ 미만
- 관리지역: 3만㎡ 미만
- 농림지역: 3만㎡ 미만
- 자연환경보전지역: 5천㎡ 미만

관리지역 및 농림지역에 대하여는 상기 면적 범위에서 「도시·군계획 조례」로 면적을 따로 정할 수 있으며, 개발행위허가의 대상인 토지가 2 이상의 용도지역에 걸치는 경우에는 각각의 용도지역에 위치하는 토지 부분에 대하여 각각의 용도지역의 규정을 적용한다.

위의 기준에도 불구하고 다음에 해당하는 경우에는 위에서 정한 면적 제한을 적용하지 않는다.

- 지구단위계획으로 정한 가구 및 획지의 범위 안에서 이루어지는 형질변경으로 관련된 기반시설이 기설치되었거나 형질변경과 기반시설의 설치가 동시에 이루어지는 경우
- 해당 개발행위가 「농어촌정비법」에 따른 농어촌정비사업으로 이루어지는 경우
- 해당 개발행위가 「국방·군사시설 사업에 관한 법률」에 따른 국방·군사시설사업으로 이루어지는 경우

- 초지조성, 농지조성, 영림 또는 토석채취를 위한 경우
- 해당 개발행위가 다음의 어느 하나에 해당하는 경우로서 시·도 도시계획위원회 또는 대도시 도시계획위원회 심의를 거친 경우
  - 하나의 필지에 건축물을 건축하거나 공작물을 설치하기 위한 토지의 형질변경
  - 하나 이상의 필지에 하나의 용도에 사용되는 건축물을 건축하거나 공작물을 설치하기 위한 토지의 형질변경
- 폐염전을 「어업허가 및 신고 등에 관한 규칙」에 따른 수조식 양식어업 및 축제식 양식어업을 위한 양식시설로 변경하는 경우
- 관리지역에서 1993년 12월 31일 이전에 설치된 공장의 증설로서 「국토계획법 시행규칙」 제10조제2호에 해당하는 경우

4) 개발행위허가의 기준

개발행위허가의 기준은 「국토계획법」 제58조제1항에서 규정하고 있는데, 다음과 같다.

- 용도지역별 특성을 고려하여 개발행위의 규모에 적합할 것
- 도시·군관리계획 및 성장관리계획의 내용에 어긋나지 아니할 것
- 도시·군계획사업의 시행에 지장이 없을 것
- 주변 지역의 토지이용실태 또는 토지이용계획, 건축물의 높이, 토지의 경사도, 수목의 상태, 물의 배수, 하천·호소·습지의 배수 등 주변환경이나 경관과 조화를 이룰 것
- 해당 개발행위에 따른 기반시설의 설치나 그에 필요한 용지의 확보계획이 적절할 것

개발행위허가에 대한 세부 기준은 「국토계획법 시행령」 제56조에 의한 별표 1의2와 「개발행위허가운영지침」을 참조하면 된다. 개발행위허가 절차는 다음과 같다.

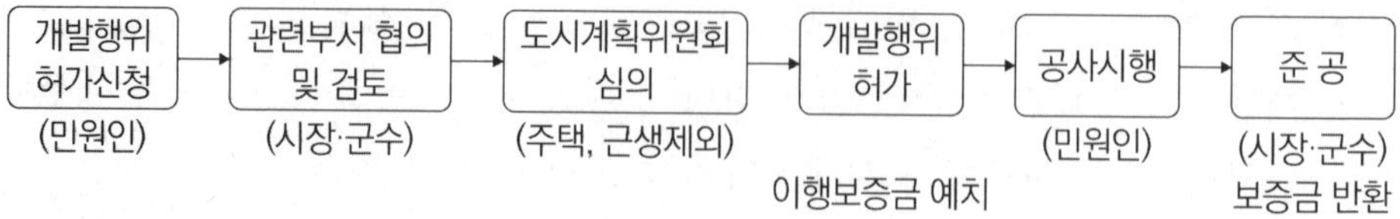

그림 6-6 **개발행위허가 절차**

5. 성장관리계획

1) 성장관리계획 제도의 개요

「국토계획법」 제75조의3에 의한 성장관리계획 제도는 개발 압력이 높은 지역에 대해 기반 시설의 설치 변경 건축물의 용도 등에 관한 방향을 미리 설정하여 계획적인 개발을 유도하는 제도이다. 성장관리계획의 수립 여부는 지자체의 재량이며, 성장관리계획이 수립되면 성장관리계획구역에서 개발행위 및 건축물의 용도변경은 계획에 적합한 개발행위만 허용하고 있다. 단 2024년 1월 26일부터 개정되는 「국토계획법 시행령」 제70조제12에 따라 계획관리지역 내 성장관리계획 미수립시 공장 및 제조업소의 입지 또는 허가가 제한된다(부칙제3조).

성장관리계획제도는 비시가화지역 중에서 개발압력이 높아 난개발이 예상되는 지역에 대해 체계적인 개발과 관리를 유도하고자 2014년 「국토계획법」을 개정하면서 개발행위허가를 규정한 제58조에 성장관리방안이 규정되면서 도입되었다. 이후 2021년 「국토계획법」 개정시 개발행위의 허가 등을 규정한 제5장에 '제3절 성장관리계획'을 신설하고 '제75조의2 성장관리계획구역의 지정 등', '제75조의2 성장관리계획의 수립 등', '제75조의4 성장관리계획구역에서의 개발행위 등'을 규정하면서 보다 체계화되었다.

2) 성장관리계획 대상지역

성장관리계획구역의 지정 대상지역은 녹지지역, 관리지역, 농림지역 및 자연환경보전지역 중 개발압력이 높은 지역인데 구체적으로는 다음과 같다(「국토계획법」 제75조의2, 「국토계획법 시행령」 제70조의13).

1. 개발수요가 많아 무질서한 개발이 진행되고 있거나 진행될 것으로 예상

되는 지역

2. 주변의 토지이용이나 교통여건 변화 등으로 향후 시가화가 예상되는 지역
3. 주변 지역과 연계하여 체계적인 관리가 필요한 지역
4. 「토지이용규제 기본법」 제2조제1호에 따른 지역·지구 등의 변경으로 토지이용에 대한 행위제한이 완화되는 지역
5. 그 밖에 난개발의 방지와 체계적인 관리가 필요한 지역으로서, ① 인구감소 또는 경제성장 정체 등으로 압축적이고 효율적인 도시성장관리가 필요한 지역, ② 공장 등과 입지 분리 등을 통해 쾌적한 주거환경 조성이 필요한 지역, ③ 그 밖에 난개발의 방지와 체계적인 관리가 필요한 지역으로서 도시·군계획조례로 정하는 지역

3) 성장관리계획 수립 내용

시장·군수가 성장관리계획구역을 지정할 때에는 다음 사항 중 성장관리계획구역의 지정 목적을 이루는 데 필요한 사항을 포함하여 성장관리계획을 수립하여야 한다(「국토계획법」 제75조의3, 「국토계획법 시행령」 제70조의14).

1. 도로, 공원 등 기반시설의 배치와 규모에 관한 사항
2. 건축물의 용도제한, 건축물의 건폐율 또는 용적률
3. 건축물의 배치, 형태, 색채 및 높이
4. 환경관리 및 경관계획
5. 그 밖에 난개발의 방지와 체계적인 관리에 필요한 사항으로서 ① 성장관리계획구역 내 토지개발·이용, 기반시설, 생활환경 등의 현황 및 문제점 ② 그 밖에 난개발의 방지와 체계적인 관리에 필요한 사항으로서 도시·군계획조례로 정하는 사항

4) 인센티브 및 수립 절차

성장관리계획구역 내에서 성장관리계획에 따른 인센티브는 개발밀도의 확대, 허용용도의 확대 그리고 개발행위허가시 도시계획위원회 심의를 면제하는 것으로 구분된다.

구분	계획관리지역	자연녹지지역	생산녹지지역	생산관리지역	농림지역
건폐율(%)	40 → 50	20 → 30			
용적률(%)	100 → 125	100		80	

성장관리계획의 수립은 기초조사 → 성장관리계획 입안 → 주민 및 지방의회 의견 청취 → 관계 기관 협의 → 도시계획위원회 심의 → 결정 및 고시의 절차의 과정을 거친다.

| 2.3 | 타법에 의한 도시계획

1. 도시개발 및 정비사업을 위한 도시관리계획

국토 및 도시공간의 효율적인 이용을 위한 국토종합계획, 도종합계획, 시군종합계획은 「국토기본법」에 근거하고 있으며, 「국토기본법」에 기초하여 도시계획 등과 같이 여러 가지 국토의 이용·개발 및 보전 등을 위한 계획의 수립 및 집행 등에 관하여 필요한 사항을 정하고 있는 법이 「국토계획법」이다. 그러나 이 두 법률만으로는 국토 및 도시공간에서 나타나는 다양한 개발 요구 및 보전을 위한 사항을 모두 규정할 수는 없다. 특히, 도시개발사업계획과 도시정비사업계획은 「국토계획법」상 도시관리계획이지만, 주거 안정과 산업 및 경제발전을 위한 개발수요에 대응하기 위하여 「도시개발법」(구 「토지구획정리사업법」 포함), 「주택법」, 「도시정비법」 등의 법률을 제정하고 필요에 따라 개정하면서 개발수요에 대응해 왔다.

우리나라 근대 도시계획의 출발이 된 1934년 「조선시가지계획령」의 제정이 토지구획정리사업 시행이 주된 목적이 되었을 만큼 도시개발사업은 우리나라 도시계획법에서 중요한 부분이었다. 이후 1962년 제정된 우리나라 최초 「도시계획법」 제2조의 도시계획의 정의에서 도시계획구역 내에서 '토지구획정리', '일단의 주택지경영', '일단의 공업용지조성' 또는 '일단의 불량지구 개량'에 관한 시설의 계획을 포함하였다.

1966년에는 「토지구획정리사업법」을 제정하면서, 1967년 「도시계획법」에서 토지구획정리사업 내용을 삭제하였다. 1971년 「도시계획법」 개정시 제3장 도시계획사업의 시행을 추가하면서 제2절에 도시재개발사업, 제3절에 도시개발예정구역의 조성사업 내용을 추가하면서 신개발사업과 재개발사업의 구체적 규정을 포함하게 되었다.

이후 1976년에는 「도시재개발법」이 제정되면서 1977년 개정된 「도시계획법」에서 제3장제2절의 재개발사업에 대한 내용을 삭제하게 되었다. 이후 「도시계획법」에서 '일단의 주택지조성사업', '시가지조성사업', '일단의 공업용지조성사업'이라는 명칭으로 도시개발사업을 시행하였으나, 2000년 「토지구획정리사업법」의 토지구획정리사업과 통합하여 「도시개발법」을 제정하여 운용하고 있다. 그리고 「도시재개발법」과 「도시저소득주민의 주거환경개선을 위한 임시조치법」을 통합하고, 「주택법」의 재건축사업을 추가하여 「도시정비법」을 2002년 제정하여 2003년부터 시행하고 있다.

현행 「국토계획법」 제2조제4호에서 도시개발사업계획과 도시정비사업계획도 도시관리계획에 해당되는 계획으로 규정하고 있지만, 실질적인 사업계획 수립과 시행에 있어서는 「도시개발법」과 「도시정비법」이라는 개별 법률을 통해 별도로 규율하고 있는데 그 이유는 다음과 같다.

즉, 「국토계획법」 제2조제4호에서 도시관리계획에 대하여 "도시의 개발·정비 및 보전을 위하여 수립하는 토지이용, 교통, 환경, 경관, 안전, 산업, 정보통신, 보건, 복지, 안보, 문화 등에 관한 계획"으로 정의되어 있다. 이처럼 도시관리계획이 도시공간의 종합적 이용 및 개발 방향을 설정하는 계획 성격을 가지기 때문에 도시개발사업이나 도시정비사업을 시행하려면 도시관리계획에 반영되어 있어야 하고, 그렇기 때문에 도시개발계획이나 도시정비사업계획은 도시관리계획의 일부로 포함된다.

그러나 도시개발사업과 도시정비사업은 일반적인 도시관리계획과는 달리 특수한 절차, 권리관계, 비용분담 문제 등을 종합적으로 다루기 위해서는 「국토계획법」의 일반 규정만으로는 부족하므로, 각각 「도시개발법」과 「도시정비법」으로 특례 및 구체적 기준을 규정하고 있는 것이다. 즉, 이러한 사업은 국민의 재산권과 거주이전권, 생활권에 큰 영향을 미치는 사업이므로, 보다 명확하고 정밀한 절차적 기준이 필요하다. 따라서 헌법상 법률유보의 원칙 및 적법절차의 원칙을 충족시키기 위해서도 개별법으로 규정할 필요가 있다.

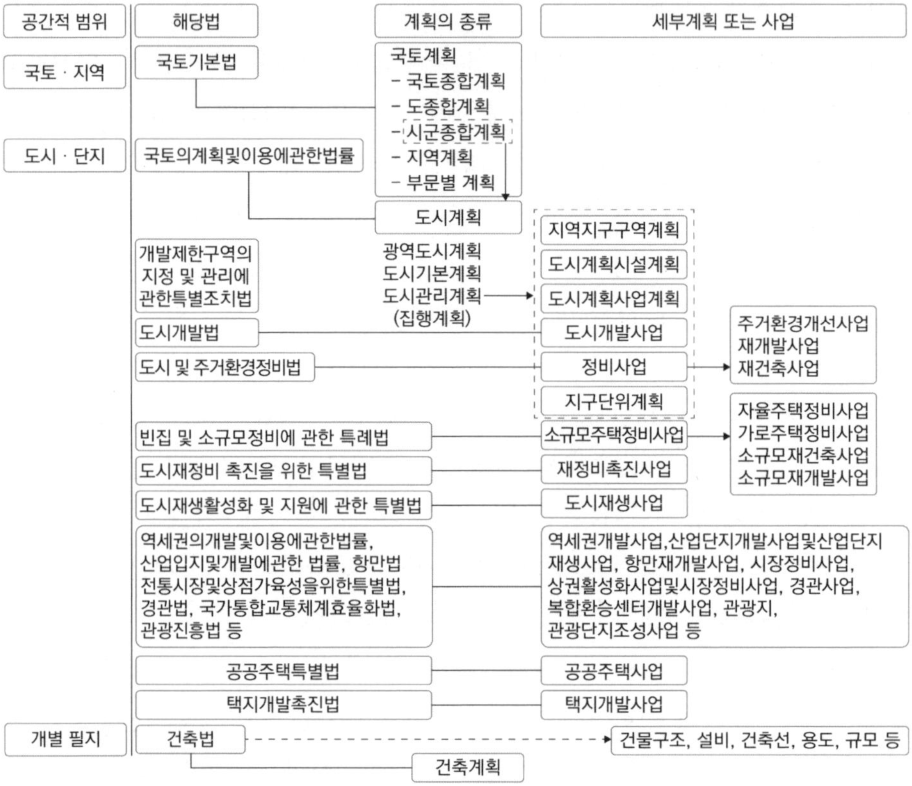

그림 6-7 국토·도시공간 상 주요 계획 및 사업, 그리고 근거 법률

이와 같이 도시개발사업계획과 도시정비사업계획도 「국토계획법」 제2조제4호에서 도시관리계획에 해당되는 계획이지만, 실제 사업의 복잡성과 국민 권리에 미치는 영향 등을 감안할 때, 단일한 「국토계획법」 체계로는 실무적, 법적 한계가 있다. 이로 인해 개별법(「도시개발법」, 「도시정비법」)에서 구체적인 절차, 권리보호 장치, 시행주체, 자금조달 방식 등을 세부적으로 규정하여 운영하는 것이다.

2. 타법에 의한 도시기본계획 및 도시관리계획 의제

「국토계획법」에 근거하여 수립한 도시기본계획 및 도시관리계획은 수립과 변경을 위해서는 많은 시간이 필요하다. 우리나라 고도성장기에는 필요한 산업용지 및 주거용지를 신속하게 공급하기 위해 도시기본계획 및 도시관리계획을 의제하여 신속한 계획 결정이 필요하기도 했다.

실제 다음과 같은 입법목적의 달성을 위하여 도시기본계획을 의제하는 다양한 유형의 특별법이 양산되었다. 첫째, 하나의 행정절차로 관련 인·허가 사항을 일괄·처리하고자 하는 경우와 둘째, 창구를 일원화하여 여러 가지 인·허가를 신청하는 부서를 하나로 지정하여 그 부서에서 신청서를 접수하여 행정절차를 마무리할 때 그리고 셋째, 여러 법률에 의한 인·허가 등을 행정계획에 집중시켜 개별적인 행정절차를 이행하지 않더라도 관계 행정기관 협의만으로 인·허가 의제 법률의 법률적 효과를 거둘 수 있는 집중효과를 필요로 할 때 그러하였다.

국토계획 및 도시계획과 관련하여 특별법에 근거한 계획 간 체계성에 대하여 「국토기본법」 및 「국토계획법」에서는 '다른 법률과의 관계'에 대한 규정을 두고 있다. 「국토기본법」 제8조에서는 "이 법에 의한 국토종합계획은 다른 법령에 의하여 수립되는 국토에 관한 계획에 우선하여 그 기본이 된다. 다만, 군사에 관한 계획에 대하여서는 그러하지 아니하다."고 규정하여 다른 법령에 의한 계획과의 관계를 명확하게 규정하고 있다.

한편 「국토계획법」 제4조제1항에서 "도시계획은 특별시·광역시·시 또는 군의 관할구역에서 수립되는 다른 법률에 따른 토지의 이용·개발 및 보전에 관한 계획의 기본이 된다."라고 규정하고 있으며, 동법 제8조제1항에서는 "중앙행정기관의 장이나 지방자치단체의 장은 다른 법률에 따라 토지이용에 관한 지역·지구·구역 또는 구획 등을 지정하려면 그 구역 등의 지정목적이 이 법에 따른 용도지역·용도지구 및 용도구역의 지정목적에 부합되도록 하여야 한다."라고 규정하고 있어 국토계획 관련 특별법에 따른 개발계획 등에 비하여 상위의 지위를 가지는 것으로 이해된다.

그러나 일반법보다 특별법이 우선하기 때문에 일반법인 「국토계획법」에 근거한 계획에 비해 특별법에 의한 계획이 상위계획으로 인정된다. 도시기본계획의 내용을 의제하고 있는 특별법과 그 내용들을 살펴보면 다음과 같다. 「기업도시개발특별법」 제11조에서는 "국토교통부장관이 기업도시 개발계획을 고시한 때에는 도시기본계획의 수립 또는 변경과 이에 관한 국토교통부장관의 승인이 있은 것으로 본다"고 규정하면서 시·군 지역에서 개발구역이 지정되는 경우에는 개발구역 외의 지역에 대한 도시기본계획 변경안을 마련하여 당해 시·군에 제출한 경우에 한하여 도시기본계획을 의제하고 있다. 이는 「택지개발촉진법」, 「공공주택특별법」, 「경제자유구역의 지정 및 운영에 관한 특별법」, 「혁신도시법」, 「주한미군 공여구역주변지역 등 지원특별법」, 「산업단지 인·허가 절차 간소화를 위한 특례법」[14] 등에 의해 수립된 계획들도 원칙적으로 도시기본계획을 의제하고 있다.

한편, 무분별한 개발행위에 대응하고 국토를 보전하기 위하여 「농지법」, 「산지법」 및 「산지관리법」 등의 법률을 제정하여 필요한 규제의 근거를 제공해 왔다. 그리고 무분별한 지역·지구의 신설을 규제하기 위하여 「토지이용규제기본법」도 두고 있는데, 이 법에 따라 지역·지구 등에 신설에 대한 심의를 철저히 하여 토지이용을 규제하는 새로운 지역·지구가 난립하는 것을 제한하고, 기지정되어 운영되고 있는 지역·지구에 대해서도 운영 실태를 점검하고 평가할 수 있도록 토지이용규제평가단을 운영할 수 있도록 하고 있다.

---

14) 이 법은 특례법으로 어떤 법률에서 규정하고 있는 내용에 대하여 특례를 규정함을 목적으로 제정된 법률을 뜻하는 것으로 특별법과는 다른 지위를 가지고 있다.

제 7 장

도시개발 관련 법제도

제 1 절 도시개발의 개념과 분류

| 1.1 | 개발의 개념과 도시개발

'도시개발'은 인간의 생활과 경제활동의 무대가 되는 '도시'라는 공간과, 그 공간을 변화시켜 활용 가치를 높이는 '개발'이라는 행위가 결합된 복합적 개념이다. 이 중 '개발'은 단순히 물리적 공간을 변화시키는 것을 넘어서, 인간의 생활환경을 보다 적합하게 조성하기 위해 자연 상태의 토지나 자원을 인위적으로 변화시키는 행위를 의미한다. 이는 물리적 변화뿐만 아니라 제도적·행정적 조치를 포함한 종합적 개념으로 이해된다.

이러한 개발 개념이 도시라는 인공적 공간에 적용될 때, 우리는 이를 '도시개발'이라 부른다. 도시는 주거, 산업, 상업, 교통, 위생, 통신 등 다양한 사회기능이 유기적으로 통합된 생활공간이며, 도시개발은 이러한 공간을 새롭게 조성하거나 정비하는 일련의 활동을 포함한다. 구체적으로는 신도시 조성, 도시 확장, 낙후된 시가지의 재개발·정비 등이 이에 해당된다.

역사적으로 도시개발은 인류 문명의 진전과 함께 발전해 왔다. 농업혁명과 도시혁명 이후 도시가 본격적으로 형성되었고, 산업혁명을 거치며 급격한 도시화가 이루어졌다. 이에 따라 도시문제의 해결, 기능 향상, 그리고 환경보전과 사회적 형평을 고려한 '지속가능한 도시개발'의 필요성이 대두되었다. 오늘날 도시개발은 단지 물리적 공간 조성에 그치지 않고, 삶의 질 향상과 공공복리 증진이라는 사회적 목표를 아우르는 공공적 성격을 가진다.

도시개발은 그 정의에 있어 일반적 개념과 법적 개념으로 나눌 수 있다.

일반적으로 도시개발은 신도시 건설이나 기존 시가지의 확장 등과 같이 인구 및 산업 수요에 대응하여 도시공간을 새롭게 조정하거나 확장하는 일련의 행위를 의미한다. 개념적으로는 도시적 기능이 미비한 자연지역을 도시공간으로 전환하는 '신규 조성'과, 기능이 쇠퇴하거나 불량한 기존 도시를 개선하는 '재정비'로 구분된다.

법적으로는 「국토계획법」을 통해 도시계획사업과 그 외의 비도시계획사업으로 구분된다. 도시계획사업에는 도시개발사업과 도시정비사업이 있으며, 이는 도시관리계획을 통해 관리된다. 반면, 소규모 개발행위는 도시관리계획으로 관리되지 않지만, 개발행위허가제를 통해 일정한 규제를 받는다. 개발행위란 건축, 토지형질변경, 토지분할, 토석 채취, 물건 적치 등의 행위로 국토계획법상 허가 대상으로 규정되어 있다.

개발행위허가제는 2000년 「도시계획법」 개정을 통해 본격 도입되었으며, 2002년 제정된 국토계획법에 따라 전국적으로 확대 적용되었다. 이는 도시계획구역 내에서만 적용되던 개발규제를 국토 전체로 확대한 것으로, 무분별한 개발을 방지하고 계획적인 도시조성을 유도하는 데 목적이 있다.

한편, 도시관리계획에 해당되는 도시개발사업과 정비사업은 각각 「도시개발법」과 「도시정비법」에 근거를 두고 있다. 도시개발사업은 「도시개발법」에서 "주거, 상업, 문화, 복지 등 다양한 기능이 조화된 단지나 시가지를 계획적으로 조성하기 위해 시행하는 사업"으로 도시개발에 대한 정의를 하고 있다. 정비사업에 대하여 「도시정비법」에서는 주거환경개선사업, 재개발사업, 재건축사업에 대하여 정비사업으로 정의하고 있다(사업별 구체적인 정의는 '제8장 도시정비사업과 법제도' 참고).

도시개발은 공공계획 체계 하에서 이루어지며, 도시관리계획 등 상위계획과의 정합성을 갖추고 적법한 절차에 따라 추진되어야 한다. 그러나 특정 목적을 지닌 개발사업의 경우, 예외적으로 도시관리계획의 변경 없이도 시행이 가능하도록 특별법 및 촉진법에 의한 비도시계획사업이 존재한다. 이들은 계획의 승인을 통해 도시계획사업으로 의제되며, 「기업도시개발특별법」, 「산업입지법」, 「경제자유구역법」, 「관광진흥법」 등에 따라 다양하게 시행되고 있다.

요컨대, 도시개발은 인구·산업의 수요에 대응하여 도시공간을 계획적·제도적으로 조성하거나 개선하는 행위이며, 단순한 공간 변화 이상의 의미를 지닌다. 오늘날에는 지속가능한 도시 조성과 도시문제 해결이라는 공공적 가치 실현을 위한 주요 수단으로 자리 잡고 있다.

| 1.2 | 도시개발과 공공정책

도시개발은 외형적으로는 민간의 자율적 행위처럼 보이지만, 실제로는 공공성이 강하게 내포된 공적 활동으로 간주된다. 이는 개발의 주체가 주로 국가나 지방자치단체이며, 개발행위는 일정한 법적 절차와 허가를 통해 이루어진다는 점에서 확인할 수 있다.

도시개발이란 단순히 특정 공간에 시설물과 건축물을 짓는 물리적 활동에 그치는 것이 아니라, 법령에 근거한 계획과 제도적 조치를 포함하는 종합적이고 체계적인 공공개발 행위로, 도시기능의 창출과 확장, 그리고 공공복리의 증진을 목적으로 한다. 이처럼 도시개발은 도시의 지속가능한 성장과 환경적·사회적 균형을 도모하는 중요한 공공정책 수단으로 작용한다.

1. 공공개입의 형태

공공은 도시개발 과정에서 다양한 방식으로 개입하며, 이는 단순한 행정 조치를 넘어 권리 보장, 규제, 재정 지원 등 다방면에 걸쳐 있다. 우선, 토지나 건물에 대한 권리관계를 공부(公簿)를 통해 확인하고 보장함으로써 개발의 기본 전제가 되는 재산권의 명확성을 확보한다. 이는 개발이익의 귀속 주체를 명확히 하여 투자 안정성을 높이는 중요한 기반이다. 최근에는 지하권이나 공중권 등 수직공간에 대한 재산권 논의가 본격화되면서 도시개발의 공간적 영역이 지표면을 넘어 확장되고 있다.

또한, 공공은 토지이용에 대한 각종 규제를 통해 개발의 방향과 속도를 조절하며, 도시기반시설과 공공편익시설의 공급을 통해 개발을 유도하기도 한다. 직접적인 도시개발사업(예: 택지개발, 공업단지 조성, 공공주택 공급)에도 참여하며, 민간 개발자의 진입 자격 제한, 거래행위 규제, 분양가나 임대료의 가격 통제, 개발부담금 부과 등을 통해 개발이익을 조정하고 재분배하는 역할도 수행한다.

정부의 조세정책 또한 도시개발에 영향을 준다. 예를 들어, 토지보다는 건물에 세금을 중과할 경우 건축행위가 억제되고, 반대로 건물세 부담이 적을 경우 건축이 촉진된다. 이와 더불어 개발사업에는 막대한 자본이 소요되므로, 정부의 금융시장 규제는 자본 조달 방식과 비용(이자율)에 영향을 미쳐 개발의 실현 가능성을 좌우하기도 한다.

2. 토지이용규제와 도시개발

도시개발에 있어 가장 직접적인 공공규제 수단은 토지이용규제이며, 이는 지역지구제(zoning)나 지구단위계획 등의 제도를 통해 구체화된다. 이러한 규제의 핵심 논거 중 하나는 토지의 입지적 고정성과 위치적 유일성이라는 특성에서 기인하는 외부효과의 조절이다.

예컨대, 주택 옆에 공장이 들어서면 발생하는 소음, 진동, 매연 등은 주택 거주자에게 부정적 영향을 끼치며, 이는 대표적인 부의 외부효과다. 이러한 시장실패를 방지하기 위해 정부는 공장과 주택이 입지할 수 있는 지역을 미리 구분하여 사전적 규제를 가한다. 심지어 동일한 주거지역 내에서도, 단독주택 옆에 대형 고층 아파트가 들어설 경우 일조권, 조망권, 프라이버시 침해 등의 문제뿐 아니라 기반시설 과부하, 경관 훼손 등의 부작용이 발생할 수 있어, 이에 대해서도 용적률, 층수 등의 밀도 규제가 가해진다.

반대로, 긍정적인 외부효과를 유도하기 위해 일정 비율의 공원을 주거지역에 배치하거나, 녹지를 지정하는 등의 규제도 활용된다. 아울러 최근에는 환경보전이 중요한 의제로 떠오르면서, 자연환경의 불가역성을 고려한 규제 필요성도 강조된다. 개발로 한 번 파괴된 생태계는 원상회복이 어려우므로, 개발 여부를 결정할 때는 미래 세대의 선택권까지 고려하는 신중한 접근이 필요하다. 이처럼 특정 지역의 개발을 유보하거나 제한하는 규제는 세대 간 형평성을 확보하고 지속가능한 개발을 추구하기 위한 정책적 판단이라 할 수 있다.

3. 선계획 후개발

도시개발의 바람직한 방향을 모색함에 있어, '선계획, 후개발'의 원칙은 중요한 기준이 된다. 무계획적이고 무질서한 개발, 이른바 '난개발'은 경관 파괴, 기반시설 과부하, 환경 훼손 등 다양한 부정적 외부효과를 수반한다. 이는 사적 이익만을 고려한 개발행위가 기반시설 용량이나 지역적 특성을 무시하고 이루어질 때 빈번히 나타난다. 특히, 이러한 개발이 소규모로 분산되고 중복되면 지역 전체의 도시구조와 기능에 심각한 영향을 줄 수 있다.

이러한 문제를 방지하기 위해, 도시개발의 목적, 강도(밀도), 개발 시점, 공공시설 설치계획 및 비용분담 방안 등을 사전에 체계적으로 계획하여, 개발의 외부효과를 최소화하고 도시의 지속가능한 발전을 도모하는 것이 중요하다. 이러한 접근은 마치 그림을 그릴 때 전체 구도와 구상을 먼저 설정하는 것과 같으며, '계획 없는 개발은 허용하지 않는다'는 무계획·무개발 원칙은 개발정책의 핵심 철학으로 작용한다.

| 1.3 | 도시개발 종류와 개발방식

개발방식이란 개발사업을 시행하는 방식을 의미하는 것으로서 개발사업 시행 주체, 토지의 취득방식, 개발할 토지의 용도, 개발사업의 법적 근거 등의 기준에 따라 여러 가지 유형으로 분류할 수 있으며, 이러한 개발방식에 따라 다양한 유형의 도시개발이 존재하게 된다. 여기에서는 도시개발방식에 어떤 유형이 있는지 살펴보기로 한다.

도시개발방식이란 도시개발사업을 어떤 방식으로 추진하느냐에 대한 기준이며, 이는 사업의 시행 주체, 토지의 취득 방식, 개발 용도, 그리고 법적 근거 등에 따라 구분될 수 있다. 이러한 방식의 차이는 곧 개발사업의 추진 구조, 재원 조달 방법, 개발 목적의 실현 방식 등에 영향을 주며, 도시개발의 실행력을 결정짓는 핵심 요소로 작용한다. 다음에서는 도시개발방식의 분류기준에 따라 대표적인 유형들을 살펴본다.

표 7-1 개발 방식의 유형

개발주체	토지취득방식	토지의 용도	법적 근거
공공개발 민간개발 민관합동개발 제3섹터개발	전면매수방식 환지방식 혼용방식 신탁개발방식	택지개발 산업용지개발 관광용지개발 유통단지개발 복합단지개발	「도시개발법」 「도시 및 주거환경정비법」 「주택법」 「공공주택특별법」 「산업입지 및 개발에 관한 법률」 기타 도시개발 관련 법률

1. 시행주체에 따른 개발방식

도시개발은 단순한 물리적 공간의 변화를 넘어, 도시나 지역사회의 미래 방향성과 정책 목표를 구현해 나가는 포괄적인 과정이다. 이 과정의 중심에는 '개발주체'가 있다. 개발주체란 도시개발 사업의 책임과 권한을 가지고 사업을 실질적으로 이끌어가는 개인이나 단체를 의미하며, 사업의 구상부터 실행, 관리에 이르기까지 전 과정을 주도한다. 일반적으로 개발사업의 시행자와 동일시되나, 단순히 공사를 수행하는 시공자와는 명확히 구분된다.

개발주체는 개발의 전반적인 비전을 수립하고, 전략과 기획을 통해 사업을 구체화하며, 토지를 확보하고 공공시설을 공급하며, 사업재원을 조달 및 관리한다. 또한 관련 당사자 간의 이해관계를 조정하면서 도시의 성장과 정비를 실현하는 중추적 역할을 수행한다. 이러한 개발주체는 사업의 성격과 조직구성 방식에 따라 일시적으로 구성되는 '한시기구'와 지속적인 개발을 위한 '상설기구'로 나눌 수 있다. 예를 들어, 신도시 건설과 같은 국가적 과제를 빠르게 수행하기 위해 설립되었다가 사업 완료 후 해산되는 기구는 한시기구에 속하며, 반면 공공기관이나 민간 건설업체들이 지속적으로 협력하여 개발과 관리까지 포괄하는 경우는 상설기구로서의 성격을 띤다.

이러한 개발주체는 도시개발사업 추진 방식에 따라 정부주도형, 민간주도형, 정부-민간 공동주도형의 세 가지 유형으로 구분할 수 있다.

1) 정부주도형 개발

정부주도형은 중앙정부, 지방자치단체 또는 공공기관이 도시개발의 중심 주체가 되어 계획을 수립하고 사업을 수행하는 방식이다. 이 방식은 주로 신도시 조성, 대규모 주택단지 개발, 낙후지역 정비, 도시 외곽 확산 방지 등과 같은 정책적 목표를 달성하기 위해 강력한 공적 개입이 필요한 경우에 활용된다.

정부주도형은 국가가 계획을 총괄하고 자원을 집중하여 단기간에 도시문제를 해결할 수 있는 장점이 있으며, 통일된 정책 방향 아래에서 사업을 일관되게 추진할 수 있다는 특징을 가진다. 실제로 우리나라를 비롯한 영국, 프랑스, 일본 등의 신도시 개발에서 이 방식이 널리 활용되었고, 우리나라 수도권 1, 2기 신도시들은 대부분 이러한 방식으로 개발되었다.

2) 민간주도형 개발

민간주도형은 도시개발 사업 전반을 민간 부문이 독립적으로 수행하는 방식이다. 토지소유자(또는 토지소유자 조합), 민간 디벨로퍼, 민간투자자가 주체가 되어 토지 확보, 계획 수립, 재원조달, 건설 및 분양 등 모든 개발 과정을 주도한다.

이 방식은 공공의 재정 부담을 줄이고 민간의 창의성과 경영효율성을 발휘할 수 있는 장점이 있지만, 도시정책의 공공성이나 사회적 형평성 확보에는 한계가 있다. 정부의 도시계획이나 인프라 공급 등 정책목표가 민간의 이윤추구와 충돌할 가능성도 존재한다. 이를 보완하기 위한 대안으로 '제3섹터' 방식이 활용되기도 한다. 이는 정부(제1섹터)와 민간(제2섹터)의 공동 출자로 설립된 혼합형 개발기구로서, 공공성과 민간의 효율성을 동시에 확보하는 것을 목적으로 한다. 공공의 토지공급, 규제완화, 주민협의 지원 등과 민간의 투자와 경영을 접목하여, 대규모 개발의 효율성과 공공성을 동시에 도모할 수 있다는 장점을 가진다.

3) 정부-민간 공동주도형 개발

이 방식은 공공과 민간이 역할을 분담하여 협력하는 개발모델이다. 중앙정부나 지방정부는 도시개발의 기본계획을 수립하고 전체적인 방향성을 제시하며, 민간 부문은 자본과 기술, 사업수행 역량을 바탕으로 실질적인 개발을 담당한다. 예를 들어, 공공은 개발정책 설정과 기반시설 정비를 책임지고, 민간은 주택 건설 및 분양을 수행하게 된다. 이 방식은 특히 재개발이나 토지구획정리사업처럼 주민과 민간의 참여가 필수적인 사업에서 유리하며, 공공이 시행하는 공영개발에 민간의 자본과 전문성을 결합시켜 신속하고 효율적인 개발을 유도하는 데 효과적이다.

2. 토지취득방식에 따른 개발방식

도시개발사업은 토지를 어떻게 확보하느냐에 따라 다양한 방식으로 나뉘며, 이는 개발의 절차, 주체, 주민참여방식, 개발이익의 귀속 등에 큰 영향을 미친다. 토지취득방식에 따른 개발방식은 크게 환지방식, 수용·사용방식[1] 및 전면매수방식, 혼용방식, 그리고 신탁개발방식으로 구분된다.

먼저 환지방식은 개발사업이 완료된 후, 정비된 토지 중 일부를 공공용지로 확보하고 나머지 토지를 원래의 소유자에게 되돌려 주는 방식이다. 이는 강제적인 수용없이 토지소유자의 동의를 바탕으로 이루어지기 때문에, 주민 참여를 유도하고 사회적 갈등을 최소화하는 데 유리하다. 환지방식은 '토지구획정리사업'의 핵심방식으로 활용되며, 기존의 토지를 계획적으로 분할하고 배분하여 도시의 기능과 경관을 정비하는 데 목적이 있다. 환지사업의 핵심은 사업계획에 따른 공공시설 배치와 가구(街區) 정비, 종전 토지에 대한 환지계획 수립 및 지정, 기존 건축물의 이전, 그리고 환지처분을 통한 권리관계의 확정이다. 이 과정에서 종전의 공공시설용지는 환지에서 제외되며, 신규 공공시설용지는 환지처분을 통해 해당 관리자에게 귀속된다.

한편, 수용·사용방식과 전면매수방식은 「토지보상법」에 따라 개발사업자가 사업지구의 토지를 강제로 수용하거나 계약을 통해 전면적으로 매수한 후 개발을 추진하는 방식이다. 이러한 방식은 '공영개발'이라는 형태로 대표되며,

1) 수용은 재산권 자체를 취득하는 것이고, 사용은 그 재산권의 사용권만 취득하는 점에서 차이가 있다. 수용·사용은 공공필요를 위한 적법한 행정작용으로 인해 재산권을 박탈하거나 중대한 제한을 가하는 것이므로 법률에 근거가 있어야 하고 정당한 보상이 전제되어야 가능하다(헌법 제23조제3항).

주로 국가나 지방자치단체 등 공공기관이 주체가 되어 시행된다. 공영개발은 토지이용의 계획성과 효율성을 높이고, 개발이익의 사유화를 방지하여 공공복리를 증진시키는 데 목적이 있다. 개발된 토지는 주택지로 조성되어 임대하거나 분양되며, 경우에 따라 공공주택이 건설되어 공급되기도 한다. 최근에는 이러한 공영개발 방식이 민간에게도 개방되어, 공공과 민간이 협력하는 다양한 형태로 진화하고 있다.

혼용방식은 위에서 설명한 수용·사용방식과 환지방식을 하나의 개발구역 안에서 함께 적용하는 방식이다. 즉, 어떤 구역은 환지로 처리하고, 다른 구역은 수용 또는 매수 방식으로 개발하는 것이다. 이 방식은 지역적 특성과 토지소유자의 의사를 동시에 반영할 수 있어, 보다 유연하고 현실적인 개발계획 수립이 가능하다는 장점이 있다.

마지막으로, 신탁개발방식은 「자본시장과 금융투자업에 관한 법률」 및 「신탁법」에 기반하여 운영되는 민간개발 방식이다. 이 방식은 전문 신탁회사가 토지소유자로부터 소유권을 이전받아 해당 토지를 개발하고, 이후 분양 또는 임대를 통해 얻은 수익을 다시 신탁자에게 돌려주는 방식이다. 이는 민간의 전문성과 자본을 활용하면서도, 토지소유자가 개발 수익을 간접적으로 확보하는 방법으로 활용된다. 특히 복잡한 이해관계가 얽힌 지역이나 도시재생사업 등에서 효과적으로 적용될 수 있는 방식이다.

이처럼 토지취득방식에 따른 도시개발방식은 각기 다른 법률 체계와 사업 구조를 기반으로 하며, 사업 대상지의 특성과 주민의 협조 정도, 개발목적에 따라 적절한 방식이 선택된다. 환지방식은 주민 협조와 장기적 안정성을, 수용·사용 및 전면매수방식은 강력한 추진력을, 혼용방식은 유연성을, 신탁개발방식은 민간의 전문성과 수익성을 각각 강점으로 가진다. 도시개발의 성패는 이러한 방식들 간의 적절한 조합과 실행력에 달려 있다.

3. 개발 용도에 따른 개발방식

도시개발은 그 개발 목적과 이용 용도에 따라 다양한 방식으로 구분할 수 있다. 일반적으로는 택지개발, 산업용지개발, 관광용지개발, 유통단지개발, 개발촉진지구개발, 그리고 복합단지개발 등의 유형으로 나뉜다. 이러한 개발방식은 각기 다른 사회적 수요와 경제적 목적에 따라 도시공간을 계획적으로 형성해 나가는 수단이다.

1) 택지개발

택지개발은 도시 내 주거, 상업, 업무용 건축물의 건축을 위한 용지를 조성하는 것을 주된 목적으로 한다. 특히 주거 기능 확보가 주요 목표로 설정되는 경우가 많으며, 신도시 개발이나 도시확장, 주택난 해소 등을 위한 핵심 개발 방식으로 활용된다. 공공이 주도하는 공공택지개발과 민간 주도의 민간택지개발로 나뉠 수 있으며, 「공공주택특별법」 및 「택지개발촉진법」 등이 법적 근거가 된다.

2) 산업용지개발

산업용지개발은 제조업 및 산업 활동의 원활한 수행을 위해 공장을 설치할 수 있는 용지를 조성하는 방식이다. 주로 산업단지 형성의 형태로 나타나며, 지역경제 활성화, 고용 창출, 균형발전을 위한 수단으로 추진된다. 「산업입지법」이 대표적인 근거법으로, 국가산업단지, 일반산업단지, 도시첨단산업단지 등으로 세분화된다.

3) 관광용지개발

관광용지개발은 지역의 자연·문화자원을 활용하여 관광시설을 설치하고, 관광수요에 부응하는 공간을 창출하기 위한 개발방식이다. 주로 리조트, 숙박시설, 테마파크, 휴양단지 등이 조성되며, 지역브랜드 제고와 경제적 파급효과를 노린다. 관련 법령으로는 「관광진흥법」이 있으며, 관광단지 및 관광특구 지정제도가 활용된다.

4) 유통단지개발

유통단지개발은 물류·유통 기능의 집적을 통해 효율적인 유통 시스템을 구축하기 위한 개발방식이다. 주요 시설로는 도매시장, 물류센터, 지원시설용지 등이 포함되며, 도시 외곽이나 주요 교통망 인접지에 입지하는 경우가 많다. 이 개발은 유통체계의 현대화와 물류비 절감을 목표로 하며, 「유통산업발전법」 등이 관련된다.

5) 복합단지개발

복합단지개발은 다양한 기능이 하나의 단지 내에 통합적으로 조성되는 개발 방식으로, 주거, 산업, 연구, 교육, 유통, 관광, 문화시설, 기반시설 등 여러 기능이 집약된다. 이는 도시 내 자족 기능 확보와 생활권의 자율성을 강화하기 위한 전략으로 채택되며, 대규모 복합도시 개발에 주로 활용된다. 기업도시, 혁신도시와 같은 사례들이 대표적이다.

이 중에서도 택지개발과 산업용지 개발은 국민 생활과 가장 밀접한 관련을 갖고 있으며, 실제 도시개발사업 중 가장 높은 비중을 차지하고 있다. 이들은 주택 수요 충족 및 산업 인프라 제공이라는 실질적인 삶의 기반을 조성하는 데 기여하고 있으며, 정책적으로도 중점 지원 대상이 되는 분야이다.

| 1.4 | 도시개발과 근거법

도시개발사업에서 '시행자'는 해당 사업을 실질적으로 추진하는 책임 주체로서, 도시개발의 주체에 해당한다. 이에 반해 개발대상지는 사업이 실제로 이루어지는 공간으로, 개발의 객체로 간주된다. 도시개발은 아직 개발되지 않은 미개발지를 대상으로 신도시 형태로 이루어지기도 하고, 기존 도시지역을 대상지로 하여 도시개발 목적에 부합하도록 재개발 방식으로 진행되기도 한다.

이러한 개발대상지는 각기 다른 지리적 위치, 자연환경, 인구구성, 토지소유 관계 및 개발 현황 등을 가지고 있기 때문에, 동일한 방식이나 제도가 일률적으로 적용되기 어렵고, 각기 다른 법제도와 규제가 요구된다. 도시개발은 기본적으로 법과 제도에 기반하여 운영되는 행정행위이므로, 관련 법령과 규제는 개발의 방향과 형태에 결정적인 영향을 미친다.

우리나라의 도시개발 관련 법제는 오랜기간 동안 경제성장과 주택공급 확대를 우선시하는 성장지향적 기조에 따라 형성되어 왔다. 과거에는 도시의 외연적 확대와 주거·산업 인프라 공급을 중심으로 개발이 진행되었으나, 최근에는 개발 수요가 일정 부분 충족되었고, 지속가능한 도시개발이라는 새로운 가치가 등장함에 따라 도시개발의 방향도 근본적으로 변화하고 있다. 즉, 지금은 단순히 신규 개발 중심의 '개발의 시대'에서 벗어나, 기존 도시공간의 효율적 관리와 질적 향상을 중시하는 '관리의 시대'로, 공급자 중심의 정책에서 수요자 중심의 정책으로 전환이 요구되고 있다. 이러한 흐름 속에서 도시개발은 기존의 양적 개발 중심의 전략에서 벗어나, 도시의 기능과 삶의 질을 함께 고려하는 질적 개발로의 전환이 이루어져야 한다는 사회적 공감대가 형성되고 있다.

우리나라에서 시행되는 도시개발사업은 크게 도시계획사업과 비도시계획사업으로 구분된다. 도시계획사업은 「국토계획법」, 「도시개발법」, 「도시정비법」 등에 따라 시행되며, 도시계획시설사업, 도시개발사업, 정비사업 등으로 나뉜다. 정비사업은 다시 주거환경개선사업, 재개발사업, 재건축사업으로 세분화된다.

반면, 비도시계획사업은 「공공주택특별법」, 「택지개발촉진법」, 「산업입지법」, 「주택법」 등 개별 법률에 따라 운영되며, 공공주택사업, 택지개발사업, 산업단지개발사업, 유통단지개발사업, 주택건설사업, 개발촉진지구개발사업, 복합단지개발사업 등 다양한 유형으로 구성되어 있다.

특히 「도시개발법」은 도시개발사업을 '도시개발구역에서 주거, 상업, 유통, 정보통신, 생태, 문화, 보건 및 복지 기능을 갖춘 단지 또는 시가지를 조성하기 위한 계획적 사업'으로 정의하고 있다. 이처럼 도시개발은 단순한 물리적 개발을 넘어서, 도시공간에 대한 시간적 수요 변화에 대응하고, 도시의 발전을 계획적이고 체계적으로 유도함으로써 쾌적한 환경 조성과 공공복리의 증진을 추구하는 공공적 행위라 할 수 있다.

한편, 비도시계획사업으로 분류되는 각종 개발사업들은 특별법이나 촉진법의 법적 근거에 따라 시행되며, 도시관리계획의 수립이나 변경 없이도 추진될 수 있다. 이는 특정 목적에 부합하는 개발을 신속히 추진할 수 있게 해주며, 관계 법령에 따라 개발계획이 승인될 경우 도시계획사업으로 간주되기도 한다.

특별법 및 촉진법 등에 근거한 개발사업은 비도시계획사업으로 <표 7-2>에서 보는 바와 같이 매우 다양하다. 일반적으로 도시개발은 사적인 개발과 달리 공공계획 체계 내에서 이루어지며, 도시관리계획 등 상위계획과의 정합성을 확보하고 정해진 절차에 따라 허가를 받아야 사업을 수행할 수 있다. 그러나 특정 목적을 가진 도시개발사업의 경우, 도시관리계획의 변경 절차를 수반할 경우 시간적·절차적 제약으로 인해 사업의 적기 추진이 어려울 수 있다. 이러한 경우에는 해당 법률의 제정 목적에 따라 도시관리계획 변경 없이 개발사업을 시행할 수 있도록 허용된다. 이러한 사업들은 비록 도시계획사업으로 직접 분류되지는 않지만, 관계 법령에 따라 개발계획이 승인되면 도시계획사업으로 의제(擬制)되는 것이 일반적인 절차이다.

도시개발은 외형적으로는 민간의 자율적 행위처럼 보이기도 하나, 실제로는 공공성을 전제로 한 행정계획의 일환으로 국가나 지방자치단체가 주체가 되어 수행하는 경우가 일반적이다. 즉, 도시개발은 법령에 근거한 체계적 절차를 통해 도시기능을 창출하거나 확장하는 계획적이고 종합적인 공공개발 활동으로, 단순한 사적 이익을 넘어 공공복리와 지속가능한 도시성장의 실현을 목표로 한다.

표 7-2 사업 시행 근거법에 따른 개발사업

구분	관련법	법령연혁	개발사업 유형	비고
도시계획 사업	「도시계획법」	1962.01.20. 제정 2003.11.30. 폐지	- 일단의 주택지조성사업 - 시가지조성사업 - 일단의 공업용지조성사업	- 「도시개발법」에 흡수
도시계획 사업	「토지구획 정리 사업법」	1966.08.03. 제정 2001.01.28. 폐지	- 토지구획정리사업	- 「도시개발법」에 흡수
도시계획 사업	「도시 재개발법」	1976.12.31. 제정 2002.12.30. 폐지	- 도심재개발사업 - 주택재개발사업 - 공장재개발사업	- 「도시 및 주거환경정비법」에 흡수
도시계획 사업	「국토의 계획 및 이용에 관한 법률」	2002.02.04. 제정 2003.01.01. 시행	- 도시계획시설사업 - 개발행위허가	- 「국토이용관리법」 - 「도시계획법」
도시계획 사업	「도시개발법」	2000.01.28. 제정 2000.07.01 시행	- 도시개발사업 (수용 · 사용방식, 환지방식, 혼용방식)	- 도시계획법상 사업 - 토지구획정리사업
도시계획 사업	「도시 및 주거환경 정비법」	2002.12.30. 제정 2003.07.01. 시행	- 주거환경개선사업 - 재개발사업 - 재건축사업	- 「도시 저소득주민의 주거환경 개선을 위한 임시조치법」 - 「도시재개발법」 - 「주택건설촉진법」의 재건축 관련 규정
비도시 계획사업 (특별법 및 촉진법에 의한 개발사업)	「국민임대 주택특별법」	2003.12.31. 제정 2004.07.01. 시행	- 국민임대주택건설 사업	- 「공공주택특별법」으로 개정
비도시 계획사업 (특별법 및 촉진법에 의한 개발사업)	「공공주택 특별법」	2015.07.24. 타법개정 2016.01.25. 시행	- 공공주택사업	- 「국민임대주택법」에서 「보금자리법」을 거쳐 「공공주택특별법」으로 개정
비도시 계획사업 (특별법 및 촉진법에 의한 개발사업)	「택지개발 촉진법」	1980.12.31. 제정 1981.01.01. 시행	- 택지개발사업	
비도시 계획사업 (특별법 및 촉진법에 의한 개발사업)	「주택건설 촉진법」	1972.12.30. 제정 1973.01.15. 시행	- 주택건설사업	- 「공영주택법」 폐지 후 제정
비도시 계획사업 (특별법 및 촉진법에 의한 개발사업)	「주택법」	2003.05.29. 타법개정 2003.11.30. 시행	- 주택건설사업 - 대지조성사업	
비도시 계획사업 (특별법 및 촉진법에 의한 개발사업)	「도시재정비 촉진을 위한 특별법」	2005.12.30. 제정 2006.07.01. 시행	- 재정비촉진사업	

「산업입지 및 개발에 관한 법률」	1990.01.13. 제정 1991.01.14. 시행	- 국가산업단지 - 일반산업단지 - 도시첨단산업단지 - 농공단지	- 1996년 1월 개정시 공업단지를 산업단지로 개칭
「역세권 개발 및 이용에 관한 법률」	2010.04.15. 제정 2010.10.16. 시행	- 역세권개발사업	
「유통단지 개발촉진법」	1995.12.29. 제정 1996.06.30. 시행	- 유통단지개발사업	- 「물류시설의 개발 및 운영에 관한 법률」로 개정
「물류시설의 개발 및 운영에 관한 법률」	2007.08.03. 타법개정 2008.02.04. 시행	- 물류단지개발(일반물류단지, 도시첨단물류단지)	- 「유통단지개발촉진법」에서 개정
「규제자유 특구 및 지역특화 발전특구에 관한 규제특례법」	2004.03.22. 제정 2004.09.23. 시행	- 지역특화발전특구 계획 - 지역특화사업	
「기업도시 개발특별법」	2004.12.31. 제정 2005.05.01. 시행	- 기업도시개발사업	
「혁신도시 특별법」	2007.01.11. 제정 2007.02.12. 시행	- 혁신도시건설사업	- 「공공기관 지방이전에 따른 혁신도시 건설 및 지원에 관한 특별법」에서 개칭
「행복도시법」	2005.03.18. 제정 2005.05.19. 시행	- 행복도시건설사업	
「경제자유 구역의 지정 및 운영에 관한 법률」	2002.12.30. 제정 2003.07.01. 시행	- 경제자유구역개발사업	
「관광진흥법」	1986.12.31. 타법개정 1987.07.01. 시행	- 관광단지	- 「관광사업법」(1976.12월 제정)을 1986년 전부개정하면서 관광단지 개발 포함
「지역개발 및 지원에 관한 법률」	2014.06.03. 제정 2015.01.01. 시행	- 지역개발사업	

제 2 절 「도시개발법」에 의한 도시개발사업

| 2.1 | 「도시개발법」의 개요

1. 「도시개발법」 제정 취지와 목적

우리나라의 도시개발은 1960년대 제정된 「도시계획법」과 「토지구획정리사업법」을 기반으로 본격적인 법적 틀을 갖추며 추진되었다. 이후 1970년대와 80년대를 거치면서 급격한 산업화와 도시화로 인해 주택지와 공장용지의 수요가 증가하여 보다 신속한 대응이 필요한 상황이 되었고, 이에 따라 「택지개발촉진법」과 「주택건설촉진법」 같은 특별법들이 제정되어 대규모 개발사업이 활발히 진행되었다.

이러한 특별법 기반의 개발방식은 단기간에 대규모 택지를 공급하는 데에는 성과를 보였으나, 동시에 여러 가지 구조적인 문제를 노출하였다. 첫째, 획일적인 수용 방식은 주민의 재산권을 과도하게 제한하여 사회적 갈등을 야기하였다. 둘째, 주택공급 중심의 개발은 기반시설, 교통, 환경에 대한 고려가 부족하여 도시의 난개발, 교통 혼잡, 환경오염 등의 문제를 초래하였다. 셋째, 도시개발 관련 법률 간 기능이 중복되고 절차가 복잡해 행정 비효율성과 혼선을 가져왔으며, 일반법과 특별법 간 권한 충돌도 빈번하게 발생하였다. 이에 이러한 문제들을 해결하고 보다 체계적이고 통합적인 도시개발 체계를 구축하고자 2000년 7월 「도시개발법」이 제정되었다.

「도시개발법」의 가장 중요한 제정 취지는 기존에 분산되어 있던 도시개발 관련 법률, 특히 「도시계획법」상의 도시개발사업(시가지 조성사업, 일단의 주택지 조성사업, 일단의 공업용지조성사업)과 「토지구획정리사업법」상 '토지구획정리사업'을 통합하고, 주택지·산업용지뿐만 아니라 유통, 관광, 문화 등 다양한 목적의 단지 개발을 하나의 법 체계 내에서 추진할 수 있도록 하는 데 있다. 이를 통해 복합적 기능을 갖춘 자족형 도시 조성이 가능해졌으며, 단일 기능 중심이 아닌 계획적·종합적인 도시개발이 가능해졌다.

또한 「도시개발법」은 각 중앙행정기관이 별도의 특별법 없이도 정책 목적에 부합하는 도시개발사업을 추진할 수 있게 하였다. 예를 들어 문화관광부는 관광단지를, 교육부는 연구단지를, 환경부는 생태도시를 「도시개발법」을 통해 조성할 수 있도록 하였다. 이와 더불어 민간의 창의성과 자본을 활용하기 위하여 민간법인이나 조합, 민관합동법인 등도 도시개발사업의 시행자가 될 수 있는 제도적 장치도 마련되었다. 민간이 도시개발구역 지정을 제안할 수 있도록 하였으며, 필요한 경우 제한적인 토지수용권도 부여할 수 있도록 하였다. 토지 취득 방식도 수용·사용 방식, 환지 방식, 혼용 방식 등 다양하게 선택할 수 있게 함으로써 사업의 유연성과 현실성을 높였다.

「도시개발법」은 재정적 안정성 확보를 위해 다양한 재원 조달 장치도 마련하였다. 토지보상을 위한 토지상환채권 발행, 지방자치단체의 도시개발채권 발행, 도시개발특별회계 설치, 국공유지의 유상 임대 등이 가능하게 되어 재정부담을 분산하고 사업의 안정적 수행이 가능해졌다. 또한 난개발을 방지하고 계획적 개발을 유도하기 위한 장치도 포함되었다. 도시 외 지역의 무분별한 난개발을 방지하기 위해 30만㎡ 이상의 면적에 대해서만 도시개발구역 지정이 가능하도록 하였고, 지구단위계획 수립을 의무화하여 기반시설 확보와 계획적 개발을 유도하였다.

이러한 「도시개발법」의 도입은 특별법 중심의 개별 사업 방식이 가진 한계를 극복하고, 공공과 민간이 협력하여 계획적이고 효율적인 도시개발을 수행할 수 있도록 하는 제도적 전환점이 되었다. 이를 통해 다양한 기능을 갖춘 도시 조성과 국토의 균형 있는 발전이 가능해졌으며, 도시정책의 핵심적인 법적 기반으로 기능하고 있다.

그러나 현실적으로는 민간사업자의 수익성이 높은 수도권에 사업이 집중되며 지역 간 불균형이 심화되고, 일부 제도 개선이 실제 현장에서는 실효를 거두지 못하는 한계도 존재한다. 그럼에도 불구하고 「도시개발법」은 기존 도시개발사업의 비효율성을 극복하고, 도시개발을 하나의 통합적 법체계 하에 운영할 수 있게 한 점에서 중요한 의의를 가진다.

2. 도시개발사업과 관련 도시계획

- **광역도시계획 및 도시기본계획과 도시개발계획과의 관계**: 국토계획법에 의한 광역도시계획 또는 도시기본계획이 수립되어 있는 지역에 대하여 개발계획을 수립하고자 하는 때에는 개발계획의 내용이 당해 광역도시계획 또는 도시기본계획에 부합되도록 하여야 한다(「도시개발법」 제5조제2항).
- **도시관리계획과 도시개발사업**: 도시개발사업에 관한 계획은 도시관리계획의 하나(국토계획법 제2조제4호제라목)로 정의하고 있으며, 「도시개발법」은 태생적으로 국토계획법 도시계획사업에 관한 부분과 토지구획정리사업법을 통합·보완하여 제정되었음으로 도시관리계획과 상호 보완적 성격을 갖는다.
- **지구단위계획과 도시개발사업**: 시행자는 도시개발사업에 관한 실시계획을 작성하여야 한다. 이 경우 실시계획에는 지구단위계획이 포함되어야 한다(「도시개발법」 제17조제1항). 그리고 도시개발구역이 지정·고시된 경우 지구단위계획구역 결정고시가 있는 것으로 보며, 실시계획 수립시 지구단위계획을 포함하여야 하고, 실시계획의 작성·고시가 있을때에는 지구단위계획의 결정 고시가 있는 것으로 본다.
- 도시개발사업 실시계획을 고시한 경우 그 고시된 내용 중 국토계획법에 따라 도시관리계획(지구단위계획을 포함한다)으로 결정하여야 하는 사항은 도시관리계획이 결정되어 고시된 것으로 본다. 이 경우 종전에 도시관리계획으로 결정된 사항 중 고시 내용에 저촉되는 사항은 고시된 내용으로 변경된 것으로 본다(「도시개발법」 제18조제2항). 「도시개발법」 제17조제1항 후단의 규정에 의한 지구단위계획은 국토계획법 제52조제4항의 규정에 의한 지구단위계획의 수립기준에 따라 작성하여야 한다(「도시개발법」시행령 제28조제2항).

3. 「도시개발법」의 특징 및 주요 내용

- **다양한 사업유형**: 주거, 상업, 산업, 유통, 정보통신, 생태, 문화, 보건 및 복지 등의 기능이 있는 '단지' 또는 '시가지'를 조성하기 위하여 시행하

는 사업(법 제2조제1항제2호)을 말함[2)]

- **사업 가능지역**: 국토의 모든 지역(도심내·외)에서 시행 가능
- **사업방식**: 수용 또는 사용방식, 환지방식, 혼용방식 등(법 제21조제1항)
- **다양한 사업 시행자**: 공공, 민간, 토지소유자, 조합, 공동출자법인 등(법 제11조)
- **지자체의 자율성 부여**: 중앙정부의 개입 없이 사업시행 가능(법 제3조 및 제11조)

| 2.2 | 도시개발사업의 시행방식

「도시개발법」에 의한 사업시행방식은 토지취득방법에 따라 '수용 또는 사용방식'과 '환지방식', '혼용방식'으로 분류할 수 있다(제21조 및 시행령 43조). '수용 또는 사용방식'은 「토지보상법」을 근거로 시행자가 토지를 협의매수 또는 수용하는 방식이다. '수용 또는 사용방식'의 사업 시행자는 대부분이 공공기관이며, 환지방식사업은 토지소유권의 변동이 없이 사업을 시행하는 방식으로 민간, 즉 토지소유자 또는 소유자 조합 등이 대부분 시행주체가 된다.

1. 수용 또는 사용방식

도시개발사업을 「도시개발법」 제22조에 의한 수용 또는 사용에 따라 시행하는 방식은 개발에 필요한 토지를 일괄적으로 확보하여 도시기반을 조성하는 방식으로, '전면매수방식'이라고도 불린다. 이 방식은 「택지개발촉진법」상 공영개발방식과 유사한 구조를 지닌다. 개발의 효율성과 신속성을 중시하는 대규모 도시개발사업에서 주로 활용되며, 사업 시행자는 국가, 지방자치단체, 지방공사와 같은 공공기관뿐만 아니라, 토지소유자, 조합, 수도권 외 이전 법인, 공동출자법인, 일반건설업자 및 신탁회사와 같은 민간 주체도 될 수 있다.

2) 여기서 '단지조성사업'은 도시관리계획 등 상위계획에 주거, 상업, 공업 등의 단일용도가 부여된 용도지역을 개발하는 사업을 말하며, '시가지조성사업'은 광역도시계획, 도시기본계획에 반영되어 행정·산업·관광·주거·유통·문화 등 복합기능의 대부분 갖추거나, 일부를 갖춘 자족적 시가지로 개발하는 사업을 말한다(이원식 이주하, 도시개발사업 실무개론, 백산출판사, 2004, p.24).

이 방식의 특징 중 하나는 토지 확보 방식의 강제성에 있다. 국가나 지방자치단체 등 공공 주체는 토지소유자의 동의를 받지 않고도 수용 또는 사용이 가능하지만, 민간 시행자가 수용 또는 사용방식을 적용하려면 일정한 요건을 충족해야 한다. 구체적으로는 개발대상 토지면적의 3분의 2 이상을 소유하고 있어야 하며, 전체 토지소유자 수의 절반 이상으로부터 동의를 받아야 한다. 이는 공공의 권한과 민간의 참여 가능성 사이의 균형을 고려한 법적 요건이라 할 수 있다.

법률적으로는 「토지보상법」을 준용하며, 토지의 세목이 고시되면 사업인정이 있는 것으로 간주하여 이후의 보상계획 수립, 협의 절차, 보상 이행 등 일련의 행정절차를 신속하게 진행할 수 있게 된다. 이는 토지수용 절차의 법적 안정성을 보장함과 동시에 개발 일정의 예측 가능성을 높이는 데 기여한다.

수용 또는 사용방식은 사업기간이 비교적 짧고, 기반시설의 확보가 용이하다는 점이 장점이다. 또한 전면적인 토지 확보가 가능하므로 개별 소유자와의 협의를 거치며 발생할 수 있는 지연을 방지할 수 있고, 공공시설이나 기반시설을 통일된 계획 하에 배치할 수 있어 계획적인 도시개발이 가능하다. 또한 개발이 완료된 후에는 분양이나 공급을 통해 공공재정 회수도 가능하다.

그러나 강제적인 수용 절차를 수반하는 만큼 토지소유자의 재산권 침해에 대한 반발이 크고, 그에 따른 사회적 갈등이 발생할 수 있다. 또한 초기 단계에서 전면적인 토지매입과 보상에 따른 막대한 재정 지출이 발생하기 때문에, 민간개발보다는 재정 여건이 탄탄한 국가나 지자체 등 공공기관에서 주로 활용하게 된다. 일반적으로 민간 시행자는 리스크가 크고 자본부담이 크기 때문에, 환지방식이나 혼용방식을 선호하는 경우가 많다.

이와 같이 수용 또는 사용방식은 도시의 구조적 개선, 주거지 공급, 공공시설 확충 등 공익적 목적의 달성에는 매우 효과적인 방식이지만, 절차의 투명성 확보, 공정한 보상, 토지소유자와의 충분한 협의가 전제되지 않으면 갈등을 초래할 수 있는 개발 방식이다. 따라서 이 방식은 공공성이 인정되는 경우에 한해 적절하게 사용되어야 하며, 그 실행에 있어서는 법률적 정당성과 사회적 수용성 확보가 함께 뒷받침되어야 할 것이다.

2. 환지방식

환지방식의 도시개발사업은 대지로서의 효용을 증진하고 공공시설을 정비하기 위해 토지를 재조정하는 방식이다. 이 방식은 토지의 교환, 분할, 구획변경, 지목 또는 형질의 변경, 공공시설의 설치 및 변경이 필요한 경우에 활용되며, 특히 사업대상 지역의 지가가 인접 지역에 비해 현저히 높아 수용방식으로는 사업 추진이 어려운 경우에 효과적으로 적용된다.

이 방식에서는 토지의 소유권이 유지된다. 즉, 등기부등본에 명시된 자를 법적 토지소유자로 보며, 토지의 위치와 면적은 지적도나 임야도, 토지대장 또는 임야대장의 지번, 지목, 면적을 기준으로 삼는다. 도시개발사업 시행자는 이러한 법적 공부(公簿)에 따른 권리관계를 존중한 채, 각 토지의 위치, 지적, 토질, 이용상황 및 환경 등을 종합적으로 고려하여 개발 이후의 토지이용계획에 따라 적절한 환지(換地)를 실시하게 된다. 그리고 사업 시행에 필요한 비용은 전적으로 사업지구 내 토지소유자들이 부담하게 되며, 이는 감보(減補) 방식, 즉 토지소유자가 자신의 토지 일부를 사업비로 제공하거나 금전으로 납부함으로써 이루어진다.

환지방식의 가장 큰 장점은 토지수용 방식에서 흔히 발생하는 재산권 침해와 이에 따른 사회적 갈등을 피할 수 있다는 점이다. 토지소유자가 소유권을 유지한 상태로 사업에 참여함으로써 법적 안정성이 보장되고, 개발로 인한 이익이 다시 소유자에게 환원되므로 자발적인 협조를 이끌어내기 용이하다. 또한 사업시행자는 수용 비용을 들이지 않고도 상대적으로 적은 비용으로 도시개발을 진행할 수 있다는 점에서 재정적 부담을 줄일 수 있다.

환지의 위치와 면적을 결정하는 방식은 면적식, 평가식, 절충식 등 세 가지로 구분된다. 먼저, 면적식은 종전 토지의 위치와 면적을 기준으로 환지 위치를 정하고, 도로 폭원에 따라 면적을 조정하는 방식이다. 둘째, 평가식은 환지 전후의 토지가치를 평가한 금액을 기준으로 환지를 교부하는 방식으로, 보다 형평성 있는 토지 재분배가 가능하다. 셋째, 절충식은 면적식과 평가식의 장점을 조합한 방식으로, 면적식을 중심으로 평가식을 가미하거나 평가식을 중심으로 면적식을 일부 반영하는 식으로 탄력적으로 적용된다.

환지사업이 완료되면, 환지처분에 따라 등기 절차가 진행된다. 도시개발지구 또는 개별 공구 단위로 동일한 등기신청서를 통해 토지의 표시를 확정하고, 등기부상의 지번, 지목, 면적 등을 새로운 정보로 변경하는 표시변경등기를 실시한다. 이 과정에서 도시개발로 인해 발생한 건물 구조의 변경, 면적 증감, 철거 등에 대해서도 건물의 표시변경등기나 말소등기가 병행된다. 이와 같은 환지처분에 따른 등기절차는 취득세가 면제되며, 등기신청은 시행자가 직접 촉탁등기 방식으로 신청할 수 있다.

입체환지의 경우, 시행자가 토지 및 기존 임차권에 대해 건물이나 해당 건물이 위치한 토지의 공유지분을 부여한 경우 이에 대한 등기도 함께 진행된다. 한편, 환지등기를 할 수 없는 경우도 존재한다. 예컨대, 동일 소유자가 여러 필지의 종전 토지에 대해 복수 필지로 환지를 받은 경우나, 공유토지를 각자 단독소유 형태로 환지받은 경우에는 등기 절차에 제한이 발생한다.

이처럼 환지방식은 도시개발을 추진하는 데 있어 토지소유자의 권리 보장, 비용 부담의 분산, 분쟁의 최소화, 개발이익의 공유라는 점에서 매우 유용한 방식으로, 특히 주민 참여와 협력이 중요한 도시재생과 도시 내 미개발지 정비에 적합한 개발수단이라 할 수 있다.

3. 혼용방식

혼용방식에 의한 도시개발사업이란, 하나의 도시개발사업지구 내에서 수용·사용방식과 환지방식을 함께 적용하여 시행하는 방식이다. 이는 지구 전체를 일괄적으로 수용하거나 환지하는 단일 방식의 한계를 극복하고, 지역 여건이나 토지소유자의 다양한 요구를 반영하여 유연하게 개발을 추진하고자 할 때 활용된다.

혼용방식이 적용되는 경우, 개발사업의 시행지구를 분할하지 않고 사업을 통합적으로 운영하면서, 일부 지역은 환지방식을, 다른 일부는 수용 또는 사용방식을 적용하는 구조를 가진다. 이러한 방식은 특히 기존의 정착민이 많고, 원주민의 이주를 최소화할 필요가 있는 지역에서 활용도가 높다.

혼용방식으로 도시개발을 시행할 경우, 전체 사업지구에 대해 환지방식의 규정을 적용한다. 이는 사업지구를 분할하지 않고 일괄 개발함에 따라, 토지소유자의 권리를 최대한 보장하면서도 기반시설 설치와 공공용지 확보에 필요한 체비지를 조달하기 위함이다.

또한, 이 방식에서는 환지 대상 토지의 기준도 명확히 설정된다. 공청회 또는 주민공람 공고일 현재 지목이 '대(垈)'로 되어 있는 토지 중 소유자가 환지를 원하는 경우 이를 환지대상으로 삼는다. 다만, 개발사업이 산업용지 또는 이를 포함한 복합용도로 추진되는 경우에는, 지목이 '공장용지'인 토지 중에서 계획상 유치업종이거나 입주기준에 부합하는 공장이 존재하는 토지도 환지대상에 포함할 수 있다.

환지방식을 적용할 경우, 평균 토지부담률 산정 또한 구체적인 기준에 따라 이루어진다. 특히 구역을 분할하지 않고 시행하는 경우에는, 환지할 토지를 다른자리환지 방식으로 한 곳에 통합하여 정하며, 주거용지의 경우 '1가구 1필지'를 기준으로 하고 그 면적은 최대 660㎡ 이내로 제한된다. 기반시설 비용부담에 있어서는, 상하수도 및 진입도로 등 구역 외 기반시설에 대해서는 전체 사업지구의 인구비율에 따라 비용을 분담하도록 하여 공공성과 형평성을 동시에 확보한다.

이와 같은 혼용방식은 도시개발사업의 효율성과 유연성을 높이며, 지역 특성과 이해관계자의 요구를 균형 있게 반영할 수 있는 실행 가능성이 높은 방식으로 평가된다.

표 7-3 도시개발사업 시행방식 별 특성

구분	수용 또는 사용방식	환지방식	혼용방식
개요	택지의 집단적인 조성 및 공급을 위하여 전면 매수 및 조성 후 분양	해당 토지의 지가가 주변 보다 높거나 대지의 효용증진을 위해 시행하는 방식	동일사업시행자가 매수 방식과 환지방식을 사용하여 시행하는 사업 방식
시행자	국가 및 지자체, 정부투자기관, 지방공사, 토지소유자 또는 조합, 수도권이외 지역이전법인, 도시개발공동법인	토지소유자 또는 조합, 지자체, 한국토지주택공사, 지방공사, 신탁회사	국가 및 지자체, 정부투자기관, 지방공사, 토지소유자 또는 조합, 수도권이외 지역이전법인, 도시개발공동법인
토지취득 방식	구역 전체를 수용·사용하여 공공이 소유	구역 전체를 환지로 재조정하여 원소유자에게 배분	동일 개발구역 내에서 일부는 환지, 일부는 수용 또는 사용방식을 병행
토지소유자의 참여	참여 없음(전면 보상)	전면 참여(환지로 개발 후 토지 소유 유지)	일부 참여(환지 대상자)
공공 부담	보상비용 과다 발생	체비지를 통한 비용 충당	혼합됨(체비지+보상비 병행)
토지소유자 재정착 가능성	불가능(전면 이주)	전면 가능(원위치 또는 다른 자리 환지)	부분 가능
계획 유연성	높음(공공 단독 계획 가능)	낮음(소유자 권리제한으로 제약 있음)	높음(지구 내 맞춤형 개발 가능)
사업시행의 난이도	중간(보상 중심)	높음(환지 협의 복잡)	높음(이해관계자 조정 필요)
법적 근거	「도시개발법」 제22~27조	「도시개발법」 제28~49조	「도시개발법」 제22~49조
장점	- 초기민원예상, 전체민원은 최소화 - 전면매수방식에 의한 시행으로 기반시설확보가 용이 - 조성 후 분양을 통한 수익기대 - 토지매수후의 사업기간이 상대적으로 빠름	- 최소한의 사업비 투입으로 공공시설을 확보 - 체비지매각대금을 통하여 사업비부담의 경감 - 기존시설부지 최대 반영	- 토지소유자의 권리보호 - 초기투자비용 저감 - 개발이익의 형평적 분배
단점	- 전면매수에 따른 토지소유주의 반발 증대 - 이주대책마련의 어려움 - 초기투자비가 큼 - 무리한 기반시설 부담	- 토지주의 요구에 의한토지이용계획의 비효율성 - 사업기간의 장기화 - 개발이익의 사유화 - 기반시설의 미비	- 사업시행의 복잡함 - 경험 부족

| 2.3 | 도시개발사업 절차

도시개발사업은 크게 구역지정 및 개발계획수립단계, 실시계획단계, 사업시행단계로 구분할 수 있다.

1. 구역지정 및 개발계획수립단계

1) 기초조사단계

도시개발사업의 시행자 또는 시행자가 되고자 하는 자는 도시개발구역을 지정하거나 도시개발구역의 지정을 요청 또는 제안하고자 하는 때에는 도시개발구역으로 지정될 구역안의 토지, 건축물, 공작물 기타 필요한 사항에 관하여 대통령령이 정하는 바에 따라 조사를 하거나 측량을 할 수 있다(법 제6조제1항). 법 제6조제1항에 따라 시행자 또는 시행자가 되려는 자가 조사·측량할 수 있는 사항은 다음과 같다(시행령 제10조제1항). 그리고 조사를 함에 있어 그 조사할 사항에 관하여 다른 법령의 규정에 의하여 조사·측량한 자료가 있는 경우에는 이를 활용할 수 있다(시행령 제10조제2항).

1. 도시 또는 도시개발구역으로 지정하려는 지역과 생활권이 같은 지역의 인구변동 상황 및 추이
2. 도시개발구역의 인구, 토지이용, 지장물 및 각종 개발사업 현황
3. 주변 지역의 교통 현황
4. 풍수해, 산사태, 지반 붕괴, 그 밖의 재해의 발생빈도 및 현황
5. 도시·군기본계획·광역도시계획 등 상위계획에 관한 사항
6. 그 밖에 국토교통부령으로 정하는 사항(1. 문화재 분포 현황, 2. 공원 및 녹지 분포 현황, 3. 환경성검토서 작성에 필요한 환경 현황)

법 제6조제1항에 따라 조사나 측량을 하려는 자는 관계 행정기관, 지방자치단체, 「공공기관의 운영에 관한 법률」에 따른 공공기관, 정부출연기관, 그 밖의 관계 기관의 장에게 필요한 자료의 제출을 요청할 수 있고, 자료 제출을 요청받은 기관의 장은 특별한 사유가 없으면 요청에 따라야 한다(법 제6조제2항).

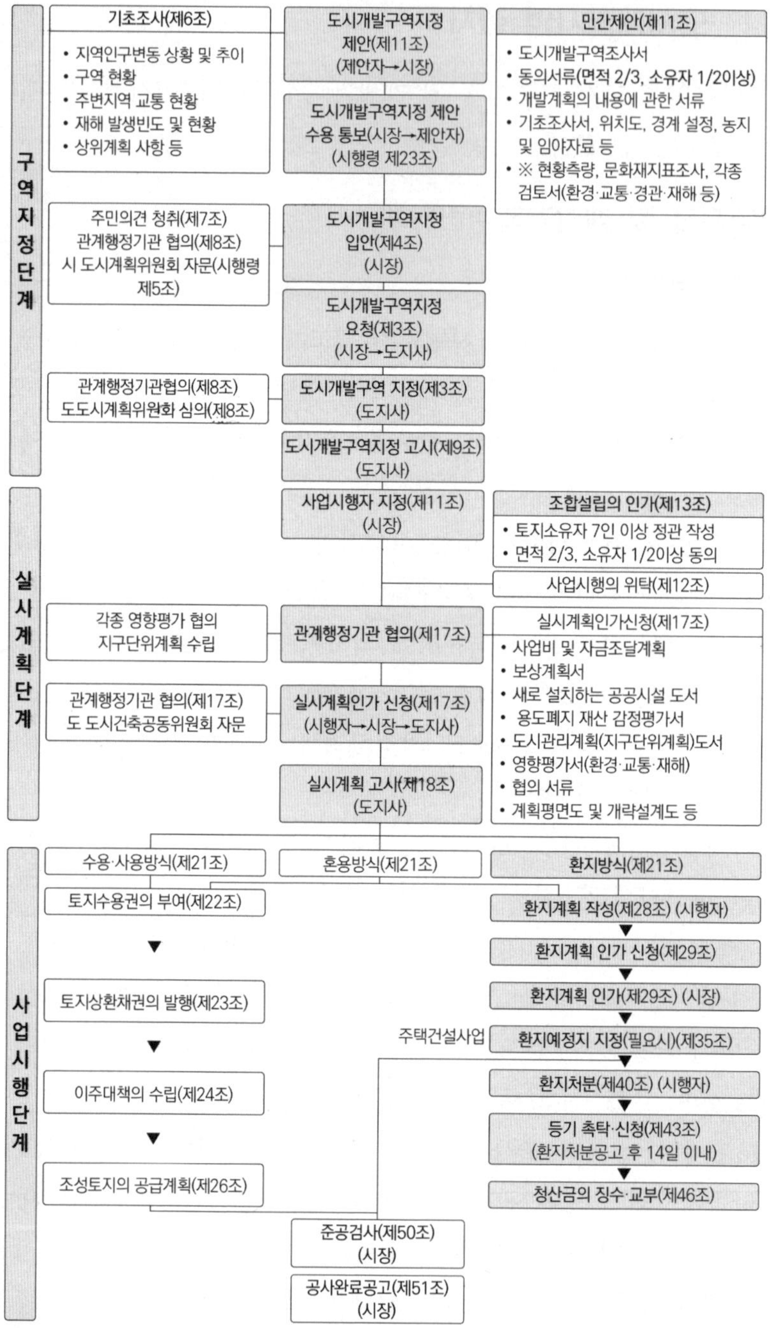

그림 7-1 도시개발사업 절차

2) 도시개발구역 지정

'도시개발구역'이라 함은 도시개발사업을 시행하기 위하여 도시개발구역의 지정 절차와 요건 등에 의하여 지정·고시된 구역을 말하며(법 제2조제1항1호), 계획적인 도시개발이 필요하다고 인정되는 때에 지정할 수 있다(법 제3조제1항). 도시개발구역의 지정 대상은 도시지역과 도시지역 외 지역으로 구분되는데, 도시개발구역으로 지정할 수 있는 규모는 <표 7-4>와 같다(시행령 제2조제1항). 표에서 보는 바와 같이 도시지역에서는 국토계획법 제56조의 규정에 의한 개발행위허가 대상 면적 이상으로 하고, 도시지역 외에서는 소규모 개발에 따른 학교 등 도시기반시설의 부족 문제를 방지하기 위하여 최소한 초등학교 1개소 정도가 필요한 규모의 세대를 수용할 수 있는 면적으로 규정하고 있다. 이와 같이 규모의 하한을 정한 것은 규모 있는 개발을 유도함으로써 기반시설 확보를 용이하게 하고, 체계적이고 계획적인 개발을 통하여 난개발을 방지하기 위함이다.

도시개발구역 지정 기준은 구역 지정 대상 외 지역이나 보전용지가 개발구역에 불가피하게 포함될 경우 도시·군관리계획의 변경을 선행 또는 병행하여 추진한다(도시개발업무지침 1-2-3). 다른 법률에 의하여 개발행위가 제한되는 지역은 개발구역에서 제외한다. 지구단위계획구역으로 지정된 지역으로 지정권자가 인정하는 경우 시행령에서 정하는 기준 면적 이하라도 지정 가능하다.

- **도시개발구역 경계설정기준**: 용도지역·지구·구역 등의 경계, 도시·군계획시설사업의 구역경계, 하천, 구거, 옹벽, 급경사지 등 지형·지세, 기타 토지이용상황, 토양 및 지질, 자연경관, 환경적·생태적 요소 및 재해위험요인(도시개발업무지침 1-3-2)
- **도시개발구역지정권자**: 도시개발구역은 도시개발사업을 시행하기 위하여 법 제3조 및 제9조의 규정에 의하여 지정·고시된 구역으로 원칙적으로 시·도지사, 대도시 시장이 직권으로 지정하거나, 시장·군수·구청장의 요청을 받아 지정하도록 하되, 국가가 도시개발사업을 시행하는 경우에는 국토교통부장관이 도시개발구역을 지정
- **도시개발구역의 분할 및 결합**: 도시개발구역을 지정하는 자는 도시개발사

업의 효율적인 추진과 도시의 경관 보호 등을 위하여 필요하다고 인정하는 경우에는 도시개발구역을 둘 이상의 사업시행지구로 분할(분할 후 각 사업시행지구의 면적이 각각 1만 제곱미터 이상인 경우(시행령 제5조의2 제1항))하거나 서로 떨어진 둘 이상의 지역을 결합(결합개발 방식으로 도시개발사업을 시행하려는 경우에는 서로 떨어진 지역별로 토지소유자의 동의를 받아야 한다(시행령 제5조의2 제1항))하여 하나의 도시개발구역으로 지정할 수 있다(법 제3조의2 제3항).

표 7-4 도시개발구역의 지정대상 지역 및 규모

<table>
<tr><td rowspan="4">도시지역</td><td>주거지역 및 상업지역</td><td>1만㎡ 이상</td></tr>
<tr><td>공업지역</td><td>3만㎡ 이상</td></tr>
<tr><td>자연녹지지역</td><td>1만㎡ 이상</td></tr>
<tr><td>생산녹지지역(30%이하)</td><td>1만㎡ 이상</td></tr>
<tr><td>도시지역 외</td><td colspan="2">• 30만㎡ 이상
• 공동주택 중 아파트 또는 연립주택 건설계획이 포함되는 다음의 10만㎡ 이상
- 도시개발구역에 초등학교 용지를 확보(도시개발구역 내 또는 도시개발구역으로부터 통학이 가능한 거리에 학생을 수용가능)하여 관할 교육청과 협의한 경우
- 도시개발구역에서 「도로법」 제12조부터 제15조까지의 규정에 해당하는 도로 또는 국토교통부령으로 정하는 도로와 연결되거나 4차로 이상의 도로를 설치하는 경우</td></tr>
<tr><td>자연·생산 녹지지역 및 도시지역 외 지역</td><td colspan="2">• 광역도시계획 또는 도시·군기본계획에 의하여 개발이 가능한 지역에서만 국토교통부장관이 정하는 기준에 의거하여 지정한다.
• 단, 광역도시계획 및 도시·군기본계획이 수립되지 아니한 지역인 경우 자연녹지지역 및 계획관리지역에서만 도시개발구역으로 지정한다.</td></tr>
<tr><td colspan="3">• 취락지구 또는 개발진흥지구, 지구단위계획구역 지정된 지역, 국토교통부장관이 국가균형발전을 위하여 관계 중앙행정기관의 장과 협의하여 도시개발구역으로 지정하고자 하는 지역(자연환경보전지역 제외)의 어느 하나에 지정권자가 계획적인 도시개발이 필요하다고 인정하는 지역은 위 제한규정 적용에서 제외한다.</td></tr>
</table>

3) 개발계획 수립 및 변경

도시개발구역 지정권자가 도시개발구역을 지정하고자 할 때 도시개발사업에 대한 개발계획을 수립하여야 하지만, 자연녹지지역, 생산녹지지역 및 비도시지역 등에 도시개발구역을 지정하는 경우에는 구역 지정 후 개발계획의 수립이 가능하다(법 제4조제1항). 지정권자는 직접 또는 관계중앙행정기관의 장 또는 시장·군수·구청장의 요청을 받아 개발계획을 변경할 수 있다(법 제4조제3항).

환지방식 개발사업에서 개발계획을 수립시 환지방식이 적용되는 지역의 토지면적의 3분의 2 이상에 해당하는 토지소유자, 토지소유자 총수의 2분의 1 이상의 동의를 얻어야 한다(법 제4조제4항).

도시개발계획에 포함될 내용은 법 제5조 및 시행령 제8조, 시행규칙 제9조에 따른다. 다만, 국토계획법에 의한 광역도시계획 또는 도시기본계획이 수립되어 있는 지역에 개발계획을 수립하고자 하는 때에는 개발계획의 내용이 당해 광역도시계획 또는 도시기본계획에 부합되도록 하여야 한다(법 제5조제2항).

도시개발구역 지정은 ① 기초조사 및 구역지정 제안 → ② 시·군·구 도시계획위원회 자문 및 도시개발구역 지정 제안 통보 → ③ 공람 및 공청회 → ④ 시·도 도시계획위원회 심의 → ⑤ 도시개발구역의 지정 및 고시의 절차를 따른다.

① 기초조사 및 구역지정 제안: 도시개발사업의 시행자나 시행자가 되려는 자는 도시개발구역을 지정하거나 도시개발구역의 지정을 요청 또는 제안하려고 할 때 내 토지, 건축물, 공작물, 주거 및 생활실태, 주택수요, 그 밖에 필요한 사항에 관하여 조사하거나 측량할 수 있다. 도시개발구역의 토지소유자(수용 또는 사용의 방식으로 제안하는 경우 도시개발구역의 국공유지를 제외한 토지면적의 3분의 2 이상을 사용할 수 있는 대통령령령으로 정하는 권원을 가지고 2분의 1 이상을 소유한 자를 말한다) 등은 특별자치도지사·시장·군수 또는 구청장에게 도시개발구역의 지정을 제안할 수 있다. 토지소유자 등이 도시개발구역의 지정을 제안하려는 경우에는 대상 구역 토지면적의 3분의 2 이상에 해당하는 토지소유자(지상권자를 포함)의 동의를 받아야 한다.

법 제5조	시행령 제8조 및 시행규칙 제9조
• 도시개발구역의 명칭 · 위치 및 면적 • 도시개발구역의 지정 목적과 도시개발사업의 시행기간 • 도시개발구역을 둘 이상의 사업시행지구로 분할하거나 서로 떨어진 둘 이상의 지역을 하나의 구역으로 결합하여 도시개발사업을 시행하는 경우에는 그 분할이나 결합에 관한 사항 • 도시개발사업의 시행자에 관한 사항 • 도시개발사업의 시행방식 • 인구수용계획(분양주택 및 임대주택으로 구분한 주택별 수용계획을 포함) • 토지이용계획 • 원형지로 공급될 대상 토지 및 개발 방향 • 교통처리계획 • 환경보전계획 • 보건의료시설 및 복지시설의 설치계획 • 도로, 상하수도 등 주요 기반시설의 설치계획 • 재원조달계획 • 도시개발구역 밖의 지역에 기반시설을 설치하여야 하는 경우에는 그 시설의 설치에 필요한 비용의 부담 계획 • 수용(收用) 또는 사용의 대상이 되는 토지 · 건축물 또는 토지에 정착한 물건과 이에 관한 소유권 외의 권리, 광업권, 어업권, 양식업권, 물의 사용에 관한 권리가 있는 경우에는 그 세부목록 • 임대주택건설계획 등 세입자 등의 주거 및 생활 안정 대책 • 순환개발 등 단계적 사업추진이 필요한 경우 사업추진 계획 등에 관한 사항	• 학교시설계획 • 국가유산 보호계획 • 초고속 정보통신망계획 • 공동구 등 지하매설물계획 • 존치하는 기존 건축물 및 공작물 등에 관한 계획 • 산업의 유치업종 및 배치계획 • 도시개발구역 밖의 지역에서 도시개발구역의 이용에 제공되는 기반시설의 설치가 필요한 경우 도시개발구역 밖의 기반시설계획에 관한 사항 • 집단에너지 공급계획 • 전시장 · 공연장 등의 문화시설계획 • 어린이집계획 • 저탄소 녹색도시 조성을 위한 계획 • 용적률 및 수용인구 등에 관한 개발밀도계획 • 도시 · 군관리계획의 수립 또는 변경에 관한 사항 • 노인복지시설계획 • 방재계획(防災計劃) • 범죄예방계획

② 시·군·구 도시계획위원회 자문 및 도시개발구역 지정 제안 통보: 도시개발구역의 지정을 제안하려는 자는 도시개발구역지정제안서를 국토교통부장관, 특별자치도지사, 시장·군수 또는 구청장에게 제출하여야 한다. 도시개발구역 지정을 제안하려는 지역이 둘 이상의 시·군 또는 구의 행정구역에 걸쳐 있는 경우, 포함된 면적이 가장 큰 행정구역의 시장·군수 또는 구청장에게 서류를 제출한다. 도시개발구역지정의 제안을 받은 국토교통부장관·특별자치도지사·시장·군수 또는 구청장은 제안 내용의 수용 여부를 1개월 이내에 제안자에게 통보하여야 한다. 다만, 관계 기관과의 협의가 지연되는 등 불가피한 사유가 있는 경우에는 1개월 이내의 범위에서 통보기간을 연장할 수 있다. 도시개발구역지정의 제안 내용 수용 여부에 대하여 시·군·구 도시계획위원회 자문을 득할 수 있다.

③ 공람 및 공청회: 도시개발구역지정 관계서류의 사본을 14일 이상 일반인이 열람 할 수 있도록 전국 또는 해당 지방을 주된 보급지역으로 하는 2 이상의 일간신문과 해당 시·군 또는 구의 인터넷 홈페이지에 공고하도록 되어있으며, 열람기간 중 제출된 의견은 개발계획에 반영하도록 하여야 한다. 다만, 도시개발구역의 면적이 10만 제곱미터 미만인 경우에는 일간신문에 공고하지 아니하고 공보와 해당 시·군 또는 구의 인터넷 홈페이지에 공고할 수 있다. 국토교통부 또는 시·도지사가 도시개발구역을 지정하고자 하거나 시장·군수 또는 구청장이 도시개발구역의 지정을 요청하고자 하는 때에는 공청회를 열어 주민 및 관계전문가 등으로부터 의견을 청취하여야 하며, 공청회에서 제시된 의견이 타당하다고 인정되는 때에는 이를 반영하여야 한다.

공청회를 개최하고자 하는 때에는 전국 또는 당해 도시개발구역이 있는 지역을 주된 보급지역으로 하는 일간신문과 해당 시·군 또는 구의 인터넷 홈페이지에 공청회 개최예정일 14일 전까지 1회 이상 공고하여야 하며, 시행지구 안의 모든 읍·면 및 동사무소의 게시판에 이를 게시하여야 한다. 단, 도시개발사업을 시행하고자 하는 구역의 면적이 100만㎡ 미만인 경우에는 공청회 개최를 아니하고 공람에 의하여 의견을 받을 수 있다. 공청회가 국토교통부장관, 시·도지사, 시장·군수 또는 구청장이 책임질 수 없는 사유로 2회에 걸쳐 개최되지 못하거나 개최는 되었으나 정상적으로 진행되지 못한 경우에는 공청회를 생략 할 수 있으며, 이 경우 주민의 의견을 듣도록 하여야 한다.

④ 시·도 도시계획위원회 심의: 지정권자는 도시개발구역을 지정하거나 개발계획을 변경하고자 하는 때에는 관계행정기관의 장과 협의한 후 중앙도시계획위원회(개발면적 100만㎡ 이상) 또는 시·도 도시계획위원회나 대도시도시계획위원회의 심의를 거쳐야 한다. 단, 지구단위계획에 따라 도시개발사업을 시행하기 위하여 도시개발구역을 지정하는 경우에는 중앙도시계획위원회 또는 시·도 도시계획위원회나 대도시도시계획위원회의 심의를 거치지 않는다.

⑤ 도시개발구역의 지정 및 고시: 도시개발구역을 지정하거나 개발계획을 수립한 경우 이를 관보나 공보에 고시하고, 대도시 시장인 지정권자는 관계서류를 일반에게 공람시켜야 한다. 대도시 시장이 아닌 지정권자는 해당 도시개발구역을 관할하는 시장(대도시 시장은 제외한다)·군수 또는 구청장에게 관계 서류의 사본을 보내야 하며, 지정권자인 특별자치도지사와 관계 서류를 송부받은 시장(대도시 시장은 제외한다)·군수 또는 구청장은 해당 관계 서류를 일반인에게 공람시켜야 한다. 시·도지사 또는 대도시 시장이 도시개발구역을 지정·고시한 경우에는 국토교통부장관에게 그 내용을 통보하여야 한다.

이렇게 하여 도시개발구역이 지정·고시된 경우, 해당 도시개발구역은 「국토계획법」에 따른 도시지역과 대통령령으로 정하는 지구단위계획구역으로 결정되어 고시된 것으로 본다.

2. 실시계획 단계

1) 시행자

도시개발구역지정과 개발계획이 승인되면 결정고시를 하게 된다. 다음으로 실시설계단계로 넘어가게 되는데, 이때 지정권자가 시행자를 지정하게 된다. 도시개발사업의 시행자는 국가나 지방자치단체, 공공기관, 정부출연기관, 지방공사, 도시개발구역의 토지소유자 및 토지소유자가 설립한 조합(도시개발사업의 전부를 환지 방식으로 시행하는 경우에만 해당)이나, 토목공사 면허를 가진 자, 법인 등[3] 민간도 참여할 수 있도록 하였다. 다만, 도시개발구역의 전부를 환지 방식

으로 시행하는 경우에는 토지소유자나 토지소유자가 설립한 조합을 시행자로 지정[4]한다(법 제11조).[5]

2) 조합의 설립

조합은 법인으로 하며(법 제15조제1항), 조합의 설립인가를 받은 조합의 대표자는 설립인가를 받은 날부터 30일 이내에 주된 사무소의 소재지에서 설립등기를 하여야 한다(법 제15조제2항, 시행령 제32조). 조합을 설립하고자 하는 때에는 도시개발구역안의 토지소유자 7인 이상이 정관을 작성하여 지정권자에게 조합설립의 인가를 받아야 하며[6], 조합이 인가를 받은 사항을 변경하고자 하는 때에는 지정권자로부터 변경인가를 받아야 한다(법 제13조제1항, 제2항). 다만, 주된 사무소의 소재지 변경, 공고 방법의 변경은 신고로 가능(시행령 제30조)하다.

조합의 조합원[7]은 도시개발구역의 토지소유자로 하며, 조합의 임원은 그 조

3) 과밀억제권역에서 수도권 외의 지역으로 이전하는 법인 중 대통령으로 정하는 요건에 해당하는 법인, 「주택법」 제4조에 따라 등록한 도시개발사업을 시행할 능력이 있다고 인정되는 자, 「건설산업기본법」에 따른 토목공사업 또는 토목건축공사업의 면허를 받는 등 개발계획에 맞게 도시개발사업을 시행할 능력이 있다고 인정되는 자, 「부동산개발업의 관리 및 육성에 관한 법률」 제4조제1항에 따라 등록한 부동산개발업자, 「부동산투자회사법」에 따라 설립된 자, 도시개발사업을 시행할 목적으로 출자에 참여하여 설립한 법인 등이 해당된다.

4) 다음 각 호의 어느 하나에 해당하는 사유가 있으면 지방자치단체나 한국토지주택공사, 지방공사 등을 시행자로 지정할 수 있다. 이 경우 도시개발사업을 시행하는 자가 시·도지사 또는 대도시 시장인 경우 국토교통부장관이 지정한다(법 제11조제2항, 시행령 제20조).
   1. 토지소유자나 조합이 계획 수립·고시후 1년 이내(지정권자가 시행자 지정 신청기간의 연장이 불가피하다고 인정하여 6개월의 범위에서 연장한 경우에는 그 연장된 기간)에 시행자 지정을 신청하지 아니한 경우 또는 지정권자가 신청된 내용이 위법하거나 부당하다고 인정한 경우
   2. 지방자치단체의 장이 집행하는 공공시설에 관한 사업과 병행하여 시행할 필요가 있다고 인정한 경우
   3. 도시개발구역의 국공유지를 제외한 토지면적의 2분의 1 이상에 해당하는 토지소유자 및 토지소유자 총수의 2분의 1 이상이 지방자치단체등의 시행에 동의한 경우

5) 구체적인 내용은 「도시개발법」 제11조를 참조하기 바람

6) 조합설립인가 신청시 해당 도시개발구역의 토지면적의 3분의 2 이상에 해당하는 토지소유자와 그 구역의 토지소유자 총수의 2분의 1 이상의 동의를 받아야 한다(법 제13조제3항).

7) 조합원의 권리 및 의무는 다음과 같다.
   - 보유토지의 면적과 관계없는 평등한 의결권. 다만, 다른 조합원으로부터 해당 도시개발

합의 다른 임원이나 직원을 겸할 수 없다. 공유토지는 공유자의 동의를 받은 대표공유자 1명만 의결권이 있으며, 「집합건물의 소유 및 관리에 관한 법률」에 따른 구분소유자는 구분소유자별로 의결권이 있다. 다만, 공람·공고일 후에 「집합건물의 소유 및 관리에 관한 법률」에 따른 구분소유권을 분할하여 구분소유권을 취득한 자는 의결권이 없다(시행령 제32조제3항).

3) 실시계획 수립 및 인가

시행자는 당해 도시개발사업에 관한 실시계획을 작성하여야 한다. 이 경우 실시계획에는 지구단위계획이 포함되어야 한다(법 제17조제1항, 시행령 제38조). 실시계획에는 사업시행에 필요한 설계도서·자금계획 및 시행기간, 지구단위계획, 기타 관련서류를 명시하거나 첨부하여야 한다(법 제17조제5항). 시행자가 실시계획의 인가를 받으려는 경우 실시계획 인가신청서에 관련 서류를 첨부하여 시장·군수 또는 구청장을 거쳐 지정권자에게 제출하여야 한다.

실시계획 인가 절차: 시행자(지정권자가 시행자인 경우 제외)는 작성된 실시계획에 관하여 지정권자의 인가를 받아야 한다(법 제17조제2항). 국토교통부장관 또는 시·도지사가 시행자인 경우를 제외하고 도시개발사업의 시행자가 실시계획의 인가를 받고자 하는 경우에는 실시계획인가신청서와 관계 행정기관의 장과 협의에 필요한 서류 등을 시장·군수 또는 구청장을 거쳐 지정권자에게 제출하여야 한다(법 제17조제2항, 시행령 제39조). 이때, 국토교통부장관이 지정권자인 경우는 시·도지사의 의견을, 시·도지사가 지정권자인 경우는 시장·군수 또는 구청장의 의견을 미리 들어야 한다(법 제17조제3항).

실시계획 고시: 지정권자가 실시계획을 작성하거나 인가한 경우에는 이를 관보나 공보에 고시하고 시행자에게 관계 서류의 사본을 송부하며, 대도시 시장인 지정권자는 일반에게 관계 서류를 공람시켜야 하고, 대도시 시장이 아닌 지정권자는 해당 도시개발구역을 관할하는 시장·군수 또는 구청장에게 관계

구역에 그가 가지고 있는 토지소유권 전부를 이전 받은 조합원은 정관으로 정하는 바에 따라 본래의 의결권과는 별도로 그 토지소유권을 이전한 조합원의 의결권을 승계할 수 있다.

- 정관에서 정한 조합의 운영 및 도시개발사업의 시행에 필요한 경비의 부담
- 그 밖에 정관에서 정하는 권리 및 의무

서류의 사본을 보내야 한다. 이 경우 지정권자인 특별자치도지사와 본문에 따라 관계 서류를 받은 시장·군수 또는 구청장은 이를 일반인에게 공람시켜야 한다(법 제18조제1항, 시행령 제40조제1항).

실시계획을 고시한 경우 그 고시된 내용 중 국토계획법에 따라 도시관리계획으로 결정하여야 하는 사항은 도시관리계획이 결정되어 고시된 것으로 본다(법 제18조제2항). 도시관리계획으로 결정·고시된 사항에 대한 국토계획법 제32조의 도시관리계획에 관한 지형도면의 고시에 관하여는 제9조제4항을 준용한다.

다른 법률의 관련 인허가 등의 의제: 실시계획의 작성 또는 인가시 지정권자가 당해 실시계획에 대한 다른 법령에 의한 허가·승인·심사·인가·신고·면허·등록·협의·지정·해제 또는 처분 등에 관하여 관계행정기관의 장과 협의한 사항에 대하여는 당해 인·허가 등을 받은 것으로 보며, 실시계획의 고시가 있는 때에는 관계 법률에 의한 인·허가 등의 고시 또는 공고가 있는 것으로 본다(법 제19조). 인·허가등의 의제를 받으려는 자는 실시계획의 인가를 신청하는 때에 해당 법률로 정하는 관계 서류를 함께 제출하여야 한다(법 제19조제2항). 지정권자는 실시계획을 작성하거나 인가할 때 그 내용에 의제사항이 있으면 미리 관계 행정기관의 장과 협의하여야 한다. 이 경우 관계 행정기관의 장은 협의 요청을 받은 날부터 20일내에 의견을 제출하여야 하며, 그 기간 내에 의견을 제출하지 아니하면 협의한 것으로 본다(법 제19조제3항, 시행령 제41조).

3. 사업시행단계(수용 또는 사용방식)

1) 시행자 지정

수용 및 사용방식에 의한 사업 시행자는 토지소유자의 총수 2분의 1 이상의 동의를 얻어야 하고, 사업대상 토지면적의 3분의 2 이상을 소유하여야 한다(법 제22조제1항). 이 조건을 만족하는 경우, 사업의 추진을 위해 나머지는 수용 또는 사용할 수 있다. 이때 토지의 매수 등에 장시간이 소요되므로 「도시개발법」과 「토지보상법」을 준용하여 시행한다(법 제22조제2항).

2) 토지상환채권의 발행 및 이주대책

수용 또는 사용방식에 의한 도시개발사업의 경우 토지매수 비용이 전체사업비의 약 70-80%를 차지할 정도로 막대한 자금이 소요된다. 이렇게 막대한 초기자금이 소요되므로 시행자에게 자금조달은 과도한 부담이라고 할 수 있다. 도로나 항만과 같은 사회기반시설의 건설에는 민자유치나 프로젝트파이낸싱과 같은 기법을 사용하기도 하지만, 수용 또는 사용방식에서는 토지상환채권을 발행할 수 있다(법 제23조제1항). 이 제도는 시행자에게 토지매수가액에 상당하는 토지상환채권을 발행하여 토지소유자에게 지급하고, 사업시행 후에 조성된 토지로 상환하는 방식인데, 시행자가 토지상환채권을 발행하려면 토지상환채권의 시행자의 명칭, 토지상환채권의 발행총액, 토지상환채권의 이율, 토지상환채권의 발행가액 및 발행시기, 상환대상지역 또는 상환대상토지의 용도, 토지가격의 추산방법 등을 포함한 발행계획을 작성하여 미리 지정권자의 승인을 받아야 한다(법 제23조제1항 시행령 제47조). 이렇게 되면 시행자는 채권을 담보로 금융기관에서 대출을 받아 사업을 시행할 수 있고, 지금 부담을 줄일 수 있으며, 원토지소유자를 재정착시킬 수 있는 장점도 있다. 한편 「토지보상법」이 정하는 바에 따라 도시개발사업에 필요한 토지를 제공함으로써 생활의 근거를 상실하게 된 자들을 위해 시행자는 이주대책을 수립하여 시행하여야 한다(법 제24조).

3) 조성 토지 공급계획 및 분양

시행자는 조성 토지 등을 공급하려고 할 때에는 조성 토지 등의 공급계획을 작성하여야 하며, 지정권자가 아닌 시행자는 작성한 조성 토지등의 공급 계획에 대하여 지정권자의 승인을 받아야 한다. 조성토지등의 공급 계획을 변경하려는 경우에도 또한 같다(법 제26조제1항). 지정권자가 조성 토지 등의 공급 계획을 작성하거나 승인하는 경우 국토교통부장관이 지정권자이면 시·도지사 또는 대도시 시장의 의견을, 시·도지사가 지정권자이면 시장·군수 또는 구청장의 의견을 미리 들어야 한다(법 제26조제2항).

시행자가 조성토지 등의 공급계획을 승인받으려는 경우에는 작성한 조성토지 등의 공급 계획을 시장·군수 또는 구청장을 거쳐 지정권자에게 제출해야 한다. 다만, 국토교통부장관·특별자치도지사 또는 대도시 시장이 지정권자인 경우에는 지정권자에게 직접 제출할 수 있다(시행령 제55조의3).

시행자는 도시를 자연친화적으로 개발하거나 복합적·입체적으로 개발하기 위하여 필요한 경우에는 대통령령으로 정하는 절차에 따라 미리 지정권자의 승인을 받아 다음 각 호의 어느 하나에 해당하는 자에게 원형지를 공급하여 개발하게 할 수 있다. 이 경우 공급될 수 있는 원형지의 면적은 도시개발구역 전체 토지 면적의 3분의 1 이내로 한정한다(법 제25조제1항).

조성토지의 공급방법은 조성토지 등의 공급 계획에 따라 조성토지 등을 공급해야 한다. 이 경우 시행자는 국토계획법에 따른 기반시설의 원활한 설치를 위하여 필요하면 공급대상자의 자격을 제한하거나 공급조건을 부여할 수 있다(시행령 제57조제1항). 조성토지 등의 공급은 경쟁입찰의 방법에 따르는데, 국민주택규모 이하의 주택건설용지, 공공택지, 330㎡이하 단독주택용지 및 공장용지에 대하여는 추첨할 수 있다(시행령 제57조제2항 및 제3항).

4. 사업시행단계(환지방식)

1) 환지계획

환지방식으로 도시개발사업을 시행할 때는 원칙적으로 토지소유자 또는 조합이 시행자가 된다. 앞서 언급한 바와 같이 일정한 사유가 있을 경우 지방자치단체, 한국토지주택공사 등도 시행자가 될 수 있다(법 제11조). 사업 시행자는 도시개발사업의 전부 또는 일부를 환지 방식으로 시행하려면 환지계획을 수립해야 하는데, 환지설계(종전의 토지를 어디에, 얼마만큼, 어떤 형태로 바꿔주겠다는 내용을 담은 것), 필지별 환지명세(구역내 환지로 줄 대상 토지의 소유자와 면적 등을 기재한 것), 필지별 및 권리별 청산대상 토지명세, 체비지(사업에 필요한 경비를 충당하기 위해 환지로 정하지 않고 남겨둔 토지) 또는 보류지(보류지를 체비지와 공공용지를 포함하는 개념으로 정의) 명세 등과 환지설계도 등이 포함되어야 한다(법 제28조제1항, 시행규칙 제26조).

환지설계의 방법은 평가식(사업시행 전후 토지의 평가액에 비례하여 환지), 면적식(시행전 토지면적 및 위치 기준으로 환지), 절충식을 적용할 수 있다. 시행자는 토지 면적의 규모를 조정할 특별한 필요가 있으면 면적이 작은 토지는 과소(過小) 토지가 되지 아니하도록 면적을 늘려 환지를 정하거나 환지 대상에서 제외할 수 있고, 면적이 넓은 토지는 그 면적을 줄여서 환지를 정할 수 있다(법 제31조). 이때 과소규모의 기준은 건축법 제80조의 대지분할 기준을 적용하는데, 주거지역의 경우 60㎡이상, 상업지역은 150㎡이상 등으로 하여야 한다. 이 규정은 과소대지의 개발에 따른 주거환경 악화를 방지하기 위한 조치이다. 그리고 환지는 종전토지 위치에 교부하는 것을 원칙(제자리 환지)이며, 종전토지의 위치에 환지를 지정할 수 없을 때에는 종전토지 위치에서 가까운 곳에 비슷한 조건의 위치에 환지를 지정하여야 한다.

환지 시 환지방식 적용 사업면적에서 보류지의 면적이 차지하는 비율을 계산할 수 있는데, 이를 부담률이라고 한다. 이 용어는 기존의 토지구획정리사업에서는 감보율이라고 했으나, 「도시개발법」에서 부담률로 사용하고 있다. 필지별로 부담률을 계산하고 전 필지를 대상으로 평균 부담율을 계산할 수 있게 된다. 한편, 부담률이 높을수록 환지 시 원래 소유하던 면적보다 적게 돌려받게 되므로 부담률은 이해당사자들의 첨예한 관심사가 될 수 있다. 환지계획구역에서 평균부담률은 50%를 넘지 못하도록 되어 있다. 다만, 지정권자가 당해 구역의 특성을 고려하여 60%까지 설정하는 것이 가능하며, 환지계획구역의 토지소유자 총수의 3분의 2 이상이 동의하면 60%를 초과할 수 있도록 유연한 운영규정을 두고 있다(시행규칙 제29조제2항).

2) 철거작업 및 기반시설개발사업

시행자는 환지 예정지를 지정하거나 종전의 토지에 관한 사용 또는 수익을 정지시키는 경우나 국토계획법 제2조의 기반시설의 변경·폐지에 관한 공사를 시행하는 경우 필요하면 도시개발구역에 있는 건축물과 공작물 등의 장애물을 이전하거나 제거할 수 있다(법 제38조제1항). 환지 예정지의 지정이나 사용 또는 수익의 정지처분으로 이를 사용하거나 수익할 수 있는 자가 없게 된 토지 또는 해당 부분은 환지 예정지의 지정일이나 사용 또는 수익의 정지처분이 있은 날부터 환지처분을 공고한 날까지 시행자가 관리한다(법 제39조).

도시개발사업의 공사를 끝낸 때에는 공사완료 보고서를 작성하여 지정권자의 준공검사를 받아야 하며, 지정권자는 공사완료 보고서를 받으면 지체 없이 준공검사를 하여야 한다(법 제50조).

3) 환지처분 및 청산

환지계획이 작성되면, 공람을 거처 환지계획을 확정·공고한다. 개발단계에서는 철거작업과 기반시설에 대한 조성공사가 이루어진다. 환지처분은 공사완료 후 확정측량을 실시하고 공사완료 공고를 한 후 시행 전 토지의 각 필지 및 소유권, 소유권 이외의 권리 등을 확정측량 결과로 변경하고, 환지 예정지의 면적과 확정측량 결과의 면적 차이로 발생하는 과부족 면적을 평가금액으로 정산하는 것을 말한다. 즉, 환지단계에서는 개발된 토지로 환지하지나 권리면적과 환지면적과의 차이를 현금으로 정산하는 청산 작업이 이루어지는데, 이를 환지처분이라고 한다(법 제40조).

환지처분의 결과 이익을 받은 사람(증환지)으로부터는 더 받은 이익을 징수하고, 손실을 입은 사람(감환지 또는 환지 불지정)에게는 부족액 또는 완전손실액을 금전으로 교부하여 정산하게 된다. 이어서 등기가 이루어지고 사업이 완료된다(법 제41조).

| 2.4 | 기타 사항

1. 비용부담

도시개발사업에 필요한 비용은 이 법이나 다른 법률에 특별한 규정이 있는 경우 외에는 시행자가 부담한다(법 제54조). 도시개발구역의 시설 설치는 도로와 상하수도시설의 설치는 지방자치단체, 전기시설·가스공급시설 또는 지역난방시설의 설치는 해당 지역에 전기·가스 또는 난방을 공급하는 자, 통신시설의 설치는 해당 지역에 통신서비스를 제공하는 자 등의 구분에 따른다. 시설의 설치비용은 그 설치의무자가 이를 부담한다. 다만, 도시개발구역 안의 전기시설을 사업시행자가 지중선로로 설치할 것을 요청하는 경우에는 전기를 공급하는 자와 지중에 설치할 것을 요청하는 자가 각각 2분의 1의 비율로 그 설치비용을 부담(전부 환지 방식으로 도시개발사업을 시행하는 경우에는 전기시설을 공급하는 자가 3분의 2, 지중에 설치할 것을 요청하는 자가 3분의 1의 비율로 부담한다)한다(법 제54조).

지정권자가 시행자인 경우 그 시행자는 그가 시행한 도시개발사업으로 이익을 얻는 시·도 또는 시·군·구가 있으면 대통령령으로 정하는 바에 따라 그 도시개발사업에 든 비용의 일부를 그 이익을 얻는 시·도 또는 시·군·구에 부담시킬 수 있다. 시장·군수 또는 구청장은 그가 시행한 도시개발사업으로 이익을 얻는 다른 지방자치단체가 있으면 대통령령으로 정하는 바에 따라 그 도시개발사업에 든 비용의 일부를 그 이익을 얻는 다른 지방자치단체와 협의하여 그 지방자치단체에 부담시킬 수 있다(법 제54조).

기반시설을 도시개발구역 밖의 지역에 설치하는 경우 지정권자는 비용 부담 계획이 포함된 개발계획에 따라 시행자에게 이를 설치하게 하거나 그 설치 비용을 부담하게 할 수 있다(법 제58조제1항).

2. 도시개발특별회계 및 도시개발 채권발행

도시개발사업을 촉진하고 도시계획시설사업의 설치지원 등을 위하여 시·도지사 또는 시장·군수는 지방자치단체에 도시개발특별회계를 설치할 수 있다(법 제60조). 특별회계는 도시개발사업의 시행자에 대한 공사비의 보조 및 융자, 도시계획시설사업에 관한 보조 및 융자, 지방자치단체가 시행하는 대통령령으로 정하는 도시계획시설사업에 드는 비용, 도시개발채권의 원리금 상환, 도시개발구역의 지정, 계획수립 및 제도발전을 위한 조사·연구비, 차입금의 원리금 상환, 특별회계의 조성·운용 및 관리를 위한 경비 등의 용도로 사용한다(법 제61조).

도시개발사업 또는 도시계획시설사업에 필요한 자금을 조달하기 위하여 지방자치단체의 장은 도시개발채권을 발행할 수 있다(법 제62조). 수용 또는 사용방식으로 시행하는 도시개발사업의 경우 국가, 지자체, 공사 및 공단과 공사의 도급계약을 체결하는 자, 제1호에 해당하는 시행자 외에 도시개발사업을 시행하는 자, 국토계획법 제56조에 의한 형질변경으로 개발행위허가를 받은 자 등은 도시개발채권을 매입하여야 한다(법 제63조).

제 8 장

도시정비사업과 법제도

제 1 절 도시정비사업의 필요성과 유형

| 1.1 | 도시정비사업의 개념 및 필요성

도시는 살아 있는 유기체와 같아서 성장과 발전, 쇠퇴의 과정이라는 신진대사를 거치게 된다. 도시가 형성되고 도시화가 일정 수준에 이르게 되면, 대부분의 도시에서 공통적으로 기성시가지의 노후화로 인한 다양한 문제가 나타난다. 즉, 도시의 신진대사 과정에서 물리적 안전성 저하, 기반시설 부족 및 노후화, 열악한 주거환경과 같은 다양한 도시문제가 발생하는데, 도시문제를 해결하고 신진대사 과정을 원활히 하기 위해서는 계획적인 정비가 필수적이다. 특히 도시기반시설의 부족과 노후불량주택문제는 도시의 기능과 시민 삶의 질을 저하시키는 주요 요인으로 작용한다. 이러한 상황 속에서 시민들은 보다 쾌적하고 안전한 주거환경을 요구하게 되었고, 이에 부응하기 위한 수단으로 기성시가지의 체계적인 정비가 필요하다는 인식이 확산되었다.

우리나라도 1960년대 이후 산업화와 도시화가 빠르게 진행되면서 도시기반시설의 공급 부족, 기성시가지의 과밀화와 불량 주거지의 형성, 도시공간의 무질서한 확산 등의 문제가 발생하게 되었다. 이러한 도시문제는 단순한 물리적 노후에 그치지 않고, 주거 환경의 악화, 사회적 기능의 약화, 지역 간 불균형과 같은 복합적 문제로 이어지며 도시 전체의 삶의 질을 저하시키는 요인이 된다. 실제로 많은 기성시가지에서는 도로, 상하수도, 공원 등 도시기반시설이 계획적으로 공급되지 않았거나 장기간 보수되지 않아 주민들의 생활에 불편을 초래하고 있으며, 노후한 건축물은 화재나 붕괴 위험을 높이고 있다. 아울러, 범죄 발생 가능성 증가, 공동체의 해체, 지역 간 격차 심화 등 다양한 사회문제를 유발하고 있다.

이러한 문제 해결을 위한 대응책으로 등장한 것이 도시정비사업이다. 도시정비사업은 단순히 낡은 건물을 철거하고 재건축하는 것을 넘어서, 도시의 공간구조를 재편하고 기능을 회복하며 지속가능한 환경을 조성하기 위한 계획적이고 종합적인 도시재구조화 행위로 정의된다. 도시를 하나의 유기체로 바라보며, 노후화된 영역을 선별하여 물리적·기능적·사회적으로 갱신함으로써 도시 전체의 건강성과 활력을 회복하려는 것이다.

정비사업은 그 추진 과정이 복잡하고 장기적인 특성을 지닌다. 계획수립부터 조합 구성, 시공, 청산에 이르기까지 여러 단계를 거쳐야 하며, 각 단계마다 법적·행정적 전문성과 이해관계자의 협력이 요구된다. 보통 10년 이상의 시간이 소요되기도 하며, 이에 따라 사업을 안정적이고 효율적으로 진행하기 위해서는 관련 법령에 대한 깊은 이해가 필수적이다.

정비사업의 구체적인 유형에는 재개발사업, 재건축사업, 주거환경개선사업 등이 있으며, 이들 사업은 단순히 물리적 환경개선뿐만 아니라 주거복지 향상, 안전 확보, 공동체 회복 등 사회적 기능을 동시에 수행하고 있다. 따라서 도시정비사업은 단지 낙후지역을 개선하는 데 그치지 않고, 도시의 경쟁력을 높이고, 지역 간 균형을 이루며, 공공성을 회복하는 수단으로 기능한다.

나아가 도시정비사업은 현대 도시가 직면한 구조적 변화, 예컨대 고령화, 인구 감소, 기후위기 등에도 적극적으로 대응할 수 있는 중요한 전략으로 주목받고 있다. 이러한 환경 속에서 정비사업은 도시 기능을 단기적으로 개선하는 것뿐만 아니라, 장기적인 도시 생존과 지속가능성을 확보하기 위한 제도적 기반으로 작동해야 한다.

최근에는 전면 철거 중심의 정비방식에서 탈피하여, 지역의 자산과 기억, 주민의 삶을 존중하는 점진적·보전적 접근이 강조되고 있다. 이는 도시정비가 단순한 개발사업이 아니라, 도시의 정체성과 공동체 가치를 회복하는 인간 중심의 도시관리 철학으로 변화하고 있음을 보여준다. 이와 같이 도시정비사업은 물리적 환경개선을 넘어 사회적 가치와 공공성을 아우르는 도시정책의 핵심 도구이며, 지속가능하고 균형 잡힌 도시발전을 위한 필수적인 수단으로 자리매김하고 있다.

정비사업은 낙후된 지역의 재생을 넘어 도시 전체의 경쟁력을 높이고, 시민의 삶의 질을 향상시키며, 공공성과 사회적 가치를 실현하는 핵심적인 도시정책 수단이다. 앞으로도 도시정비사업은 단순한 주거환경 개선을 넘어, 지속가능하고 균형 잡힌 도시발전을 위한 중심축으로서 그 역할과 중요성이 더욱 커질 것이다. 이러한 측면에서 본 장에서는 「도시정비법」이 담고 있는 제도적 특성과 정비사업의 유형, 정비사업의 집행을 위한 기준과 절차, 그리고 그 의미를 체계적으로 고찰하고자 한다.

| 1.2 | 우리나라 도시정비사업의 연혁

우리나라는 도시화 초기부터 도시의 노후화와 주거환경 악화에 효과적으로 대응하기 위해, 시대적 사회 요구와 정책적 판단에 따라 다양한 정비사업 제도를 도입해 왔다. 이러한 정비사업은 주거환경개선사업, 재개발사업, 재건축사업으로 대별할 수 있는데, 각 사업은 제정 시기와 정책 목적에 따라 도시문제에 대응하는 방식이 상이하다.

정비사업 제도는 변화하는 도시환경에 유연하게 대응하고, 양호한 주거환경 조성과 도시 기능의 회복을 도모하기 위한 법적 기반으로 작용해 왔다. 그러나 2000년대 초까지는 정비사업이 목적별로 개별 법률에 의존하여 추진되었기 때문에, 제도 간 중복과 행정적 비효율이 지적되었다.

이에 따라 2002년, 기존의 「주거환경개선 임시조치법」, 「도시재개발법」, 「주택건설촉진법」 내 재건축 관련 조항 등을 통합하여 「도시정비법」이 제정되었다. 이 법은 정비사업 전반을 하나의 통합된 법체계 안에서 일원적으로 관리할 수 있도록 하여, 제도적 정합성과 실행 효율성을 높이고자 하였다.

1. 주거환경개선사업의 연혁

1989년 「도시 저소득 주민의 주거환경 개선을 위한 임시조치법」(「주거환경개선법」) 제정을 시작으로, 노후불량주택 밀집지역에서의 대규모 강제 철거 방식에 대한 비판과 주민 주도의 자력개선 필요성이 반영되었다. 이 법은 10년간의 한시법으로 시행되었는데, 「건축법」 및 「도시계획법」 등의 건축기준 및 지역실정에 맞는 특례를 인정해 줌으로써 저소득 주민의 자발적인 주거환경 개선을 지원하기 위해 제정되었다.

1997년에는 주택공급 대상을 확대해 사업성을 높였고, 1999년 말 법의 효력이 만료되면서 사업기간이 5년 연장되었다. 이후 2002년 「도시정비법」 제정으로 기존 법은 폐지되고, 주거환경개선사업은 정비사업의 한 유형으로 통합되었다.

표 8-1 주거환경개선사업(주거환경개선법 중심)

시기	주요 내용	특징	비고
'89. 4. 1	• 10년 한시법인 「주거환경개선법」 제정 • 저소득층 밀집 노후주택 지역을 주민 주도의 주택 개량/건설로 개선 • 기존 재개발 중심 방식의 한계를 보완 • 건축법·도시계획법 등 기준 완화, 특례 부여	도시저소득층의 자조적 개선 지원	법 제정
'97.12.12	• 주택공급 대상 확대: 당해 지구 거주자 및 타 지구 거주자에게 우선 공급후, 잔여주택은 일반분양 허용 • 사업 활성화 목적	공급 대상 유연화로 실효성 강화	법 개정
'99.12.28	• 시행기간 5년 연장 (→ 2004.12.31.) • 지속적 사업 추진 기반 마련	원래 1999년 종료 예정	법 개정
'02.12.30	• 「도시 및 주거환경정비법」 제정으로 정비사업으로 통합 • 「주거환경개선 임시조치법」 폐지	통합법 체계로 전환	법 폐지
'17. 2. 8	• 주거환경개선사업, 주거환경관리사업 → 주거환경개선사업	「도시 및 주거환경정비법」 개정	

자료: 국토해양부, 도시 및 주거환경정비사업 여행, 국토해양부, 2010. 4, p.11 재정리

2. 재개발사업의 흐름

앞서 언급한 바와 같이 1960년대 후반부터 급격한 도시화가 진행되었지만, 이에 필요한 도시기반시설이 충분히 갖춰지지 못한 채 인구가 집중되면서 무허가 불량주택지역이 도시 곳곳에 형성되었다. 이러한 불량지역의 정비를 위해 1973년 「주택개량촉진에 관한 임시조치법」이 제정되었다. 이 법은 "주택개량을 촉진하기 위하여 「도시계획법」에 의한 재개발사업에 관한 특례를 규정함으로써 도시의 건전한 발전과 공공복리의 증진에 기여함"을 목적으로 하였다. 이 법의 제정을 계기로 우리나라 재개발사업은 시대적 여건과 정책적 방향에 따라 자력재개발, 차관재개발, 위탁재개발, 합동재개발 방식으로 변화해왔다. 각 방식은 당대의 한계를 극복하기 위한 시도로 도입되었으며, 그 과정에서 새로운 문제를 노정하기도 하였다.

1970년대 초에 도입된 자력재개발방식은 지방자치단체가 사업시행자가 되어 도로, 상하수도 등 기반시설 설치와 행정적 지원을 담당하고, 주민이 스스로 자금을 부담하여 자신의 주택을 개량하는 방식이었다. 이 방식은 1960년대 급속한 도시화에 따라 형성된 무허가 주택 밀집지역을 양성화하기 위한 목적으로 도입되었으며, 토지구획정리방식으로 지역을 정비하고자 하였다. 그러나 주민의 경제력에 따라 개량 여부가 달라져 저소득층의 경우 사업 참여가 어려웠고, 이로 인해 일부 구역은 오히려 개발이 정체되거나 주거환경이 악화되는 결과를 낳았다.

이러한 자력재개발의 한계를 보완하기 위해 1970년대 중반부터는 미국 등 외국으로부터 차관(AID 등)을 도입하여 시행하는 차관재개발 방식이 도입되었다. 이는 주택난 해소와 도시빈민의 주거 개선을 위한 대안으로, 서울시 등 공공기관이 외자사업을 유치하고 주거환경을 개선하는 방향으로 운영되었다. 그러나 차관에 대한 환율 변동 리스크와 외국 기관의 주거 기준이 한국의 실정과 부합하지 않는 점, 그리고 주민의 자율성과 계획 일관성이 저하된다는 비판이 제기되었다.

표 8-2 재개발 방식의 변화

사업방식	개요	도입 시기 및 배경	한계 및 변화 요인
자력재개발	주민이 자체적으로 자금을 조달하여 시행	1970년대 초 • 도시 내 무허가 주택지 증가에 대응 • 정부 재정 부족 상황에서 주민 자율 정비 유도	• 주민 자금력 부족 • 기반시설 설치에 한계 → 공공 개입 필요성 제기
차관재개발	외국의 차관 (AID 등)을 유치하여 시행	1970년대 중반 • 주택난 해소 및 도시빈민 주거 개선을 위해 미국 등으로부터 외자 도입 • 서울특별시가 중심이 되어 시행	• 환율 변동 리스크 • 외국 기관의 영향력 증가 • 도시적 맥락과 부조화 사례 발생
위탁재개발	공공기관(서울시, 대한주택공사 등)이 자금과 시행을 위탁받아 시행	1970년대 후반 • 도시 정비능력이 부족한 주민을 대신해 공공이 시행 • 형식상 조합방식이지만 실질은 공영개발	• 주민 참여 저조 • 재정적 부담 가중 • 토지수용 등에 대한 민원 증가
합동재개발	토지등소유자가 조합을 구성하여 시행하고, 공공의 인허가 및 건설사가 시공에 참여하는 방식	1980년대 중반이후 • 민간자본을 활용한 재정비 촉진 목적 • 공공은 인허가 중심, 민간은 자금·시공 주도	• 수익 중심 개발로 공공성 약화 • 조합원 부담 가중 → 2000년대 이후 제도 정비 필요성 증가

이후 1970년대 후반부터는 정비 역량이 부족한 주민을 대신해 서울시나 대한주택공사 같은 공공기관이 사업시행자로서 직접 시행하거나 위탁을 받아 수행하는 위탁재개발 방식으로 전환되었다. 형식상으로는 조합 방식이나 실질적으로는 공공이 시행을 주도한 공영개발에 가까운 형태였다. 이 방식은 정비 효과를 단기간에 높일 수 있는 장점이 있었지만, 주민의 참여가 저조했고, 토지수용 과정에서 갈등과 민원이 빈번히 발생하여 사업 추진에 어려움을 겪었다.

1980년대 중반 이후부터는 조합 방식과 민간 자본의 결합을 통해 공공기관의 인허가를 바탕으로 조합(토지등소유자)이 구성되고, 건설회사가 시공자로 참여하는 합동재개발 방식이 도입되었다. 이는 조합과 민간 건설사가 공동으로 사업을 시행하는 형태로, 민간 자본을 활용하여 사업 추진 속도를 높이고 공공은 인허가와 행정지원을 담당하는 역할 분담이 이루어졌다. 이 방식은 사업 효율성과 자금 조달 측면에서는 장점이 있었지만, 수익성 중심의 사업으로 흐르면서 공공성 확보에 대한 우려와 조합원 간의 갈등, 사업비 증가 등의 문제가 함께 제기되었다.

우리나라 재개발사업은 자력재개발에서 시작하여 차관재개발, 위탁재개발을 거쳐 현재의 합동재개발 방식으로 발전해 왔으며, 이는 각 시기별 사회·경제적 여건에 대응하면서 제도적 보완과 정책 전환을 반복해 온 과정이라 할 수 있다. 현재 재개발사업은 공공성과 사업성 간의 균형, 주민 참여의 보장, 주거복지 향상이라는 과제를 안고 있다.

한편, 제도적으로 재개발사업은 1962년 「도시계획법」에 처음 포함된 이후, 1971년 「도시계획법」 개정을 통해 '도시재개발사업'이라는 명칭이 공식적으로 등장했다. 이후 1976년 「도시재개발법」이 제정되며, 기존 「도시계획법」에서 독립된 법적 체계를 갖추었다.

1980년대~1990년대에 걸쳐 사업시행자 확대, 수용권 부여, 조합 중심의 사업 추진, 토지소유자 동의 요건 강화 등 사업의 공공성과 추진력을 높이기 위한 법령 개정이 지속되었다. 특히 1995년 개정에서는 '주택재개발'이라는 용어를 사용하며 주택 중심의 사업으로 구체화되었고, 조합의 회계 및 분양 관련 기준도 대폭 정비되었다.

1990년대 후반에는 사업의 절차 간소화, 행정청의 지원 확대, 토지 수용권의 확대 적용 등으로 재개발사업의 추진 동력이 강화되었다. 이러한 흐름은 2002년 도정법 제정으로 이어졌고, 기존의 도시재개발법은 폐지되면서 재개발사업도 하나의 정비사업 유형으로 통합되었다.

표 8-3 재개발 사업 관련 주요 제도 변화

시기	법령명	주요 내용	비고
'62. 1. 20	도시계획법 제정	불량지구 개량을 도시계획사업에 포함	최초 정비사업 관련 규정 도입
'71. 1. 19	도시계획법 전문개정	'도시재개발사업' 명칭 등장 행정주도 개발 원칙	
'73. 3. 5	주택개량촉진에 관한 임시조치법	대통령 승인 하에 재개발구역 지정, 국공유지 무상귀속	
'76. 12. 31	도시계획법 개정	재개발 규정을 삭제하고 도시재개발법으로 분리	도시재개발법 제정
'76. 12. 31	도시재개발법 제정	재개발을 도심재개발 포함 포괄 정의, 조합 중심 사업 시행	
'81. 3. 31	도시재개발법 개정	재개발구역 분할 허용, 토지소유자 동의기준 강화	
'82. 12. 31	도시재개발법 개정	수용권 모든 시행자 확대, 도심재개발/주택개량재개발 구분	도시계획위원회가 심의 주체
'95. 12. 29	도시재개발법 개정	주택재개발로 용어 정비, 공장재개발 추가, 권한 일부 구청장에 이양	조합운영 · 회계관리 규정 신설
'97. 1. 13	도시재개발법 개정	공공시설 설치비용 일부 행정청 부담 근거 마련	비행정청 시행 시
'97. 12. 13	도시재개발법 개정	조합설립인가 등 취소 시 청문절차 의무화	
'99. 3. 31	도시재개발법 개정	권리변동 신고의무 폐지, 철거명령 규정 삭제	행정 절차 완화
'02. 12. 30	도시 및 주거환경정비법 제정 (도시정비법)	기존 개별법 통합(주거환경개선 · 재개발 · 재건축 등), 도심재개발 → 도시환경정비사업으로 명칭 변경	정비사업 법체계 일원화
'17. 2. 7	도시정비법 전면 개정	재개발 · 재건축 2유형으로 통합, 주거환경관리사업 등 일부는 빈집법으로 이관	6유형 → 3유형 축소
'17. 2. 8	빈집 및 소규모주택 정비 특례법 제정	자율주택정비 · 가로주택정비 · 소규모재건축 도입	소규모 정비사업 제도화
'21. 7. 20	빈집 및 소규모주택 정비 특례법 개정	역세권 · 준공업지역 대상 소규모재개발사업 도입	정비사업 다각화

자료: 국토해양부, 전게서, 2010. 4, pp.12~14 재정리

3. 재건축사업의 흐름

재건축사업은 주로 집합건물의 구조적 한계와 노후 공동주택의 교체 필요성에서 비롯되었다. 1984년 「집합건물법」 제정으로 법적 기반이 마련되었고, 1987년 「주택건설촉진법」 개정에서 재건축조합 설립에 대한 근거가 신설되었다.

1990년대 초중반에는 노후·불량주택의 범위와 기준이 법령을 통해 구체화되었고, 조합 구성요건과 사업계획 승인의 요건도 정비되었다. 특히 1997년 개정에서는 안전진단을 강화하고, 권리 보호 및 조합원 자격 제한 등을 통해 공공성과 형평성을 높였다.

1999년부터는 절차 간소화와 전매제한 폐지, 조합 구성요건의 완화 등을 통해 사업 추진 속도를 높였다. 그러나 2003년 주촉법이 주택법으로 전면 개정되면서 재건축 관련 조항은 삭제되고, 재건축사업은 2002년 「도시정비법」에 편입되어 정비사업의 하나로 재편되었다.

표 8-4 재건축 사업 관련 주요 제도 변화

연도	법령명	주요 내용	비고
'84. 4. 10	집합건물법 제정	아파트 등 집합건물의 전체 재건축 근거 마련	구분소유자 협의 필요성 반영
'87. 12. 4	주촉법 개정	재건축조합 결성 법적 근거 신설	재건축사업제도 출발점
'88. 6. 16	주촉법시행령 개정	노후주택 범위·안전진단 도입, 저당권 말소 의무화 등	조합설립 절차 구체화
'93. 2. 20	주촉법시행령 개정	단독주택 제외, 철거계획서 제출, 조합원 교체 제한	공동주택 중심 재건축 유도
'94. 1. 7	주촉법 개정	안전진단 관련 사항 법률로 이관	국토부령으로 위임
'94. 7. 30	주촉법시행령 개정	단독주택 재건축 가능, 소규모 조합 허용, 승인 요건 완화	조합원 가입 유연화
'97. 12. 13	주촉법 개정	회계감사제 도입, 안전진단 강화, 권리승계 명시	1세대 1주택 공급 제한 도입
'99. 2. 8	주촉법 개정	사전결정 폐지, 전매 제한 삭제, 결의요건 완화	절차 간소화 및 추진 용이성 강화
'99. 4. 30	주촉법시행령 개정	조합원 교체 요건 확대, 결의사항 서류 첨부 의무	조합규약 포함사항 구체화
'99. 12. 7	주촉법시행령 개정	소규모 주택도 재건축 가능, 조합원 10인 이상 가능	실질적 사업 활성화
'00. 1. 28	주촉법 개정	복리시설 포함 동 단위 재건축 가능	아파트단지 내 상가 포함 허용
'02. 12. 30	도시정비법 제정	재건축사업을 도정법으로 이전, 공공관리 방식 도입	사적 → 공적 사업으로 전환
'03. 5. 29	주촉법 전면 개정 → 주택법	주거복지 중심 전환, 재건축 조항 완전 삭제	리모델링 도입, 관리 강화
'12. 7. 31	도시정비법 시행령 개정	단독주택 재건축사업 폐지	
'17. 2. 8	도시정비법 개정	주택재건축사업 → 재건축사업	

자료: 국토해양부, 전게서, 2010. 4, pp.14~18 재정리

4. 통합과 정비: 「도시정비법」의 제정과 이후 변화

2002년 「도시정비법」 제정은 그동안 개별 법률에 따라 운영되던 주거환경개선사업, 재개발사업, 재건축사업 등을 하나의 정비체계로 통합하는 결정적 전환점이었다. 이 법은 선계획 후개발 원칙을 도입하고, 도시정비기본계획과 정비구역 지정, 관리처분계획 인가 등 통일된 절차를 제시하였다.

이후 2017년에는 소규모 주택 정비수요를 반영하여 「빈집 및 소규모주택 정비에 관한 특례법」이 제정되었고, 가로주택정비사업, 자율주택정비사업, 소규모재건축사업 등은 이 특례법에 따라 별도로 규율되기 시작했다. 같은 해 도정법도 전부 개정되어 정비사업 유형이 기존 6가지에서 주거환경개선사업, 재개발사업, 재건축사업의 3가지로 간소화되었다. 또한 2021년에는 빈집법 개정을 통해 역세권 및 준공업지역 내 소규모 재개발사업이 도입되며, 다양한 도시환경에 대응할 수 있는 유연한 정비체계가 구축되었다.

표 8-5 정비사업 유형의 변화

종 전		개 정
① 주거환경개선사업 ② 주거환경관리사업	⇨	① 주거환경개선사업 ※ 주거환경개선사업, 주거환경관리사업 통합
③ 주택재개발사업 ④ 도시환경정비사업	⇨	② 재개발사업 ※ 주택재개발사업, 도시환경정비사업 통합
⑤ 주택재건축사업	⇨	③ 재건축사업
⑥ 가로주택정비사업	⇨	「빈집 및 소규모주택 정비에 관한 특례법」의 소규모주택정비사업으로 이관

이와 같이, 정비사업은 단순한 공간개선 차원을 넘어 정책 환경의 변화, 도시문제의 진화, 주민 요구의 다양성을 반영하며 지속적으로 제도화되어 왔다. 현재는 도정법과 특례법을 양축으로 하여, 대규모 정비부터 소규모 주민참여형 정비까지 포괄하는 통합적 도시정비체계가 운영되고 있다.

| 1.3 | 도시정비사업의 유형

우리나라 도시정비사업은 「도시정비법」에 따라 주거환경개선사업, 재개발사업, 재건축사업으로 구분된다. 이들 사업은 각기 서로 다른 목적과 대상, 시행주체, 절차, 공급 기준 및 주민 동의 요건 등을 가지고 있으며, 해당 지역의 물리적 특성과 사회경제적 여건에 따라 적용된다.

1. 사업 대상

주거환경개선사업은 주로 도시 내 저소득층이 밀집한 노후·불량 주택지에 적용된다. 빈곤층의 주거안정을 목적으로 하며, 현지에서 주택을 개량하거나 필요한 경우 수용을 통해 정비를 시행한다.

재개발사업은 노후·불량 건축물이 밀집된 지역, 혹은 상업지역·공업지역 등 도시 기능의 쇠퇴가 나타나는 구역을 대상으로 시행되며, 주거뿐만 아니라 도시기능 개선도 함께 추구한다.

재건축사업은 구조적으로 안전성이 낮고 사용 연한이 경과된 공동주택을 대상으로 하며, 기존 아파트 단지를 철거하고 새롭게 건축하는 방식이다.

2. 시행자 및 시행 방식

주거환경개선사업은 대부분 공공이 주도하며, 시장·군수 또는 한국토지주택공사 등이 시행자가 된다. 현지개량 방식의 경우 토지등소유자 과반수 동의로 한국토지주택공사가 지정될 수 있으며, 공공은 기반시설을 정비하고 주민은 자력으로 주택을 개량하는 방식이다. 수용 또는 관리처분방식도 가능하다.

재개발사업은 조합 또는 토지등소유자가 단독으로 시행하거나, 공공(한국토지주택공사, 지자체 등)이 시행할 수 있다. 일정 요건 충족 시 민관 공동시행도

가능하다. 추진위원회를 구성하고 조합을 설립한 후 시공자를 선정하고 인허가를 받는 절차를 따른다. 단, 토지등소유자방식의 경우에는 추진위나 조합 없이도 사업시행인가를 받을 수 있다.

재건축사업은 조합이 주로 시행하며, 필요시 한국토지주택공사 등의 공공기관과 공동 시행도 가능하다. 조합설립과 시공자 선정, 사업시행계획 및 관리처분계획 인가 등의 절차를 거친다. 다만, 구분소유자 간 이해관계가 복잡하여 보다 높은 동의율이 요구된다.

3. 시행 절차

세 사업 모두 기본계획 수립, 정비계획 수립 및 구역 지정, 시행자 지정, 사업시행계획 인가, 보상 및 착공, 준공 및 이전 등 공통된 절차를 따르지만, 재개발과 재건축은 추진위원회 승인 및 조합설립 과정이 필수적이며, 재건축의 경우 안전진단 절차가 정비계획 수립 단계에서 반드시 포함된다.

4. 주택공급 및 규모 기준

주거환경개선사업과 재개발사업 모두 토지등소유자를 대상으로 주택이 공급되며, 세입자에게는 임대주택이 제공된다. 잔여분은 일반에 분양된다. 재건축사업은 세입자에 대한 직접 공급은 없고, 토지등소유자와 일반분양 대상자에게만 공급된다.

주택의 규모에 있어 국토교통부 고시 기준에 따라 주거환경개선사업은 전용 85㎡ 이하 주택이 전체의 90% 이상이어야 하며, 임대주택은 30% 이하로 제한된다. 재개발사업은 85㎡ 이하 주택이 80% 이상, 임대주택 비율은 15% 수준이다. 재건축사업은 85㎡ 이하가 60% 이상이며, 법적 상한용적률까지 허용되며, 완화용적률을 적용받기 위해서는 소형주택(60㎡ 이하)을 건설해야 한다.

5. 세입자 대책

주거환경개선사업과 재개발사업에서는 세입자를 위한 임대주택 공급과 주거이전비 지급이 의무화되어 있으나, 재건축사업에서는 이러한 세입자 대책이 법적으로 마련되어 있지 않다.

표 8-6 **도시정비사업의 비교**

구분	주거환경개선사업	재개발사업	재건축사업
대상	• 저소득자 집단 거주	• 노후·불량건축물 밀집 또는 상업·공업지역 등	• 공동주택
시행자	• 현지개량방식 : 시장·군수, LH등 * LH등 지정·시행 시 토지등소유자 과반수 동의 * 공공: 기반시설 정비 * 주민: 주택 개량 • 수용방식: 시장·군수, LH등 • 관리처분방식: 시장·군수, LH등	• 조합 (단독) 또는 토지등소유자 (단독) • LH등 (단독): 토지면적 1/2 이상 및 토지등소유자 2/3 이상 요구 시 등 • 조합+시장·군수, LH 등, 건설업자 등(공동)	• 조합 (단독) • LH등 (단독): 토지면적 1/2 이상 및 토지등소유자 2/3 이상 요구 시 등 • 조합+시장·군수, LH 등(공동)
시행 절차	• 기본계획 수립 → 정비계획 수립 및 구역 지정 → 시행자 지정 → 사업시행 인가 → 토지등 보상 → 착공 → 분양 → 준공 및 이전	• 기본계획 수립 → 정비계획 수립 및 구역 지정 → 추진위원회 승인 → 조합설립 → 시공자 선정 → 사업시행계획 인가 → 관리처분계획 인가 → 착공 → 분양 → 준공 및 이전 → 청산 및 해산 * 토지등소유자 방식: 추진위, 조합설립 없이 사업시행인가(사업시행인가 후 시공자 선정)	• 좌 동 * 재개발사업의 정비계획 수립 단계에 안전진단 절차 추가
공급 대상	• 토지등소유자 • 세입자: 임대주택 • 잔여분: 일반분양	• 토지등소유자 • 세입자: 임대주택 • 잔여분: 일반분양	• 토지등소유자 • 잔여분: 일반분양
주택 규모	• 국토부 고시 - 85㎡이하: 90% 이상 - 임대주택: 30% 이하 * 전체 임대주택 세대수 50%이하를 주거전용면적 40㎡이하로 건설	• 국토부 고시 - 85㎡ 이하: 80% 이상 - 임대주택: 15% * 전체 임대주택 세대수 30% 이상 또는 주택 전체 세대수의 5% 이상을 주거전용면적 40㎡이하로 건설	• 국토부 고시 - 85㎡ 이하: 60% 이상 • 법적상한용적률까지 허용(완화용적률 30~50% 소형주택(60㎡이하) 건설)

세입자 대책	• 세입자용 임대주택 건설·공급 • 주거이전비 지급	• 세입자용 임대주택 건설·공급 • 주거이전비 지급	-
주민 동의	• 토지등소유자 2/3 이상 + 세입자 세대수 과반수 • 토지등소유자 2/3 이상 (현지개량방식 등)	• 조합 시행 방식 - 추진위원회 : 토지등소유자 과반수 - 조합 : 토지등소유자 3/4이상 + 토지면적 1/2 이상 소유자 • 토지등소유자 방식 : 사업시행인가 신청 전 토지등소유자 3/4 이상 • LH등 시행 방식 - 주민대표회의 인가 : 토지등소유자 과반수 - 시행자 지정 : 토지등소유자 2/3이상 + 토지면적 1/2 이상 소유자	• 조합 시행 방식 - 추진위원회 : 토지등소유자의 과반수 - 조합 : 동별 구분소유자 2/3 이상 + 토지면적 1/2 이상 소유자 + 전체 구분소유자 3/4 및 토지면적 3/4이상 소유자 • LH등 시행 방식 - 주민대표회의 : 토지등소유자 과반수 - 시행자 지정 : 토지등소유자 2/3 이상 + 토지면적 1/2 이상 소유자
미동의자 토지	• 수용(시행인가 이후)	• 수용(시행인가 이후)	• 매도청구(조합설립 이후)

자료: 한국도시계획가협회 편, 도시계획 이론과 실제, 기문당, 2021. 2, pp.490-491

6. 주민 동의 요건

주거환경개선사업은 토지등소유자 2/3 이상과 세입자 세대수 과반수의 동의가 필요하다. 재개발사업은 조합 방식의 경우, 추진위원회는 토지등소유자 과반수, 조합설립은 3/4 이상의 동의가 필요하며, 토지면적 기준도 포함된다. 토지등소유자방식은 사업시행인가 전 3/4 이상의 동의를 받아야 하며, 공공시행방식도 세부 요건을 충족해야 한다.

재건축사업은 조합 방식의 경우, 동별 구분소유자 2/3 이상 및 전체 구분소유자 3/4 이상, 토지면적 기준도 충족해야 하며, 공공시행방식도 주민대표회의와 소유자 요건을 충족해야 한다.

7. 미동의자에 대한 조치

주거환경개선사업과 재개발사업에서는 사업시행인가 이후 미동의자의 토지를 수용할 수 있으며, 재건축사업에서는 조합설립 이후 매도청구권을 행사할 수 있다. 이와 같이, 세 사업 유형은 적용 대상, 공공성과 민간 참여 정도, 절차의 복잡성, 공급 방식, 세입자 보호 수준 등에 따라 뚜렷한 차이를 보인다. 각 정비사업은 도시의 특성과 주거환경 여건에 따라 선택적으로 적용하고 있다.

| 1.4 | 도시정비사업 및 유사 사업

1. 정비사업과 재정비촉진사업

도시의 노후·불량지역에서 시행하는 도시정비사업은 크게 「도시정비법」에 근거한 정비사업과 「도시재정비 촉진을 위한 특별법」(이하 「도시재정비법」)에 근거한 재정비촉진사업으로 구분해 볼 수 있다. 「도시정비법」에 따른 정비사업은 개별 정비구역의 주거환경 개선을 위한 소규모 개발 방식으로, 상대적으로 물리적 범위와 개발 목적이 제한적이다.

이에 비해 「도시재정비법」에 따른 재정비촉진사업은 생활권 단위의 종합적인 정비와 기반시설의 연계 확보, 도시기능의 복합화를 위한 광역적이고 전략적인 접근 방식을 채택하고 있다. 특히, 재정비촉진사업은 다수의 구역을 유기적으로 통합하여 정비할 수 있는 점에서 대도시 중심부와 같은 고밀지역이나 노후 도심지의 체계적 정비에 유용하게 활용되고 있다. 이 두 사업에 대하여 법적 근거, 사업 규모, 개발 방식, 적용 절차 등에 대하여 구체적으로 살펴보면 다음과 같다.

1) 법적 근거와 개발방식의 차이

정비사업은 「도시정비법」에 따라 수립되며, 노후·불량 주거지를 중심으로 한 소규모 블록 단위 개발에 적용된다. 반면 재정비촉진사업은 「도시재정비법」에 기반하여, 광역적 관점에서 생활권 단위의 종합적 정비와 기반시설 정비를 목표로 한다. 이로 인해 정비사업은 개별 구역의 물리적 개선에 초점을 맞추지만, 재정비촉진사업은 복수의 구역을 포괄하고 생활환경 전반의 재편에 집중한다.

2) 개발주체와 추진체계

정비사업은 지자체가 계획을 수립하고, 민간 조합 또는 공공기관이 이를 기반으로 사업을 시행한다. 반면 재정비촉진계획은 지자체가 촉진계획을 수립하고 고시한 후, 민간은 그 계획에 따라 각 개별 사업을 추진하게 된다. 특히 재정비촉진사업은 총괄계획가와 총괄사업관리자를 두어 계획의 일관성과 통합적 관리를 도모한다는 점에서 정비사업과 구분된다.

3) 개발형태 및 사업유형

정비사업은 주거환경개선사업, 재개발사업, 재건축사업 중 하나의 유형으로 정비구역 단위로 시행되며, 주택 중심의 개발이 주를 이룬다. 반면 재정비촉진사업은 하나의 촉진지구 내에 정비사업뿐만 아니라 도시개발사업, 시장정비사업, 도시계획시설사업 등 다양한 개발사업이 복합적으로 포함될 수 있다. 이로 인해 재정비촉진사업은 주거·상업·업무 등 기능이 혼합된 자족도시 조성이 가능하다.

표 8-7 정비사업과 재정비촉진사업의 비교

구 분	정비사업	재정비촉진사업
근거법률	도시 및 주거환경정비법	도시재정비 촉진을 위한 특별법
개발방식	소규모 블록별 개발	광역단위(생활권)별 선계획, 후개발
개발주체	• 지자체가 정비계획 수립 • 민간(조합)이 정비계획에 따라 개발계획 수립 후 사업시행	• 지자체가 촉진계획 수립 • 민간(조합)은 촉진계획 고시 후 사업 시행
개발형태	• 주택개발 위주	• 다양한 사업방식 혼용 (주거, 상업, 업무 등 복합 자족도시)
임대주택 (소형주택)	• 재개발사업: 전체 세대수의 15%(시행령 제9조) • 재건축사업: 추가용적률의 50%를 소형주택 건설(법 제54조)	• 정비사업 임대주택 의무비율 • 건축규제 완화로 증가하는 용적률의 75% 범위(기반시설 인센티브는 제외, 법 제31조)
비용지원	-	• 지방세 감면(문화시설, 종합병원 학원시설 등) • 기반시설 설치비용의 국고 지원
행위규제	• 정비구역 지정 고시일로부터 개발행위 제한(법 제19조)	• 촉진지구 지정 고시일로부터 개발행위 제한(법 제8조) • 토지거래 허가 등
계획총괄	-	• 총괄계획가(법 제9조)
사업관리	-	• 총괄사업관리자(법 제14조)
사업유형	• 정비구역별 다음의 개별 정비사업(법 제2조) - 주거환경개선사업 - 재개발사업 - 재건축사업 ※ 정비구역 내 1개의 사업 존재	• 재정비촉진지구 내 포함된 다음 사업(법 제2조) - 정비사업 - 도시개발사업, 시장정비사업 - 도시계획시설사업 ※ 촉진지구 내 여러 개의 개별 구역이 존재
시행절차	• 기본계획 → 정비계획 수립 및 구역 지정 → 조합인가 → 시공자 선정 → 사업시행인가 → 분양 → 공사 → 준공 및 이전	• 지구 지정 → 재정비촉진계획 수립 및 결정 → 개별법에 따른 절차 이행
특례사항	-	• 용도규제 완화(법 제19조) • 건폐율, 용적률 등 건축규제 완화(법 제19조) • 주택의 규모별 비율 완화(법 제20조) • 지방세 및 과밀부담금 감면(법 제22조, 제23조) • 교육환경개선 특례(법 제25조) 등

자료: 한국도시계획가협회 편, 전게서, 2021. 2, pp.493-494

4) 주택공급 및 임대주택 확보 기준

정비사업에서는 재개발사업의 경우 전체 세대수의 15%, 재건축사업의 경우 추가용적률의 50%를 소형주택으로 건설하도록 규정되어 있다. 반면 재정비촉진계획은 증가한 용적률의 75% 범위 내에서 소형 임대주택 건설을 의무화하며, 기반시설 인센티브로 인한 용적률 증가는 제외된다. 이는 재정비촉진계획이 공공기여와 주택공급의 균형을 보다 적극적으로 반영하고자 하는 정책적 의도를 보여준다.

5) 비용지원 및 규제 완화

정비계획에 따른 정비사업은 일반적인 도시계획 절차를 따르며 특별한 비용지원이나 세제 감면은 없다. 반면 재정비촉진사업은 기반시설 설치비용에 대한 국고 지원, 문화·복지·의료시설 등의 지방세 감면, 용도지역·용적률·건폐율 완화, 교육환경 개선 특례, 과밀부담금 감면 등 다양한 인센티브가 제공된다.

6) 행위 제한과 사업 절차

두 사업 모두 구역 지정 고시일 또는 촉진지구 지정 고시일부터 개발행위 제한이 적용되며, 필요 시 토지거래 허가구역으로 지정된다. 시행절차 측면에서 정비사업은 기본계획 수립 후 정비구역 지정, 추진위원회 구성, 조합설립, 사업시행계획 및 관리처분계획 인가 등 개별법 절차를 따르며, 재정비촉진사업은 지구 단위로 계획을 수립한 후 개별 사업이 해당 법률에 따라 각각 진행된다.

2. 정비사업과 도시재생사업

도시의 노후화에 대응하기 위한 사업으로 정비사업와 도시재생사업으로 구분해 볼 수 있다. 정비사업은 주로 주택 또는 기반시설의 물리적 정비를 중심으로 하는 반면, 도시재생사업은 자력기반이 없어 공공지원이 필요한 쇠퇴도시의 물리적 환경개선뿐만 아니라 주민이 주체가 되는 지역공동체를 활성화함으로써 경제적·사회적 동반성장을 도모하는 데 역점을 두고 있다.

정비사업과 도시재생사업은 모두 도시의 쇠퇴에 대응하기 위한 정책이지만, 정비사업은 개발과 이익 실현 중심의 공급자 시각, 도시재생은 공동체 기반의 수요자 중심 시각이라는 본질적 차이를 지닌다. 도시정비가 "헐고 새로 짓는 물리적 정비"에 가깝다면, 도시재생은 "함께 살며 고쳐가는 지역 회복"이라고 표현할 수 있다. 두 방식은 사업의 주체, 대상 지역, 추진 방식에서 근본적인 차이를 보이며, 각각이 지향하는 목적 또한 상이하다.

표 8-8 정비사업과 도시재생사업의 비교

구분	도시정비	도시재생
주체	• 토지 · 건물 소유자 중심 - 개발이익에 관심	• 거주자 중심의 지역공동체 - 자력기반 확보 및 지역활성화에 관심
대상	• 노후 · 불량 건축물 밀집지역 - 도시 및 주거환경정비법 시행령 별표1의 요건에 해당하는 지역	• 자력기반이 없어 공공의 지원이 필요한 쇠퇴지역 - 지방대도시 및 중소도시 포함
방식	• 물리적 환경정비 - 주로 주택 또는 기반시설	• 종합적 기능 개선 및 활성화 - 사회 · 경제 · 문화 · 물리환경 등

자료 : 한국도시계획가협회 편, 전게서, 2021. 2, p.494

1) 사업 주체의 차이

도시정비사업은 토지나 건물의 소유자 중심으로 이루어지는 개발 방식이다. 이들은 주로 재개발이나 재건축을 통해 개발이익의 실현에 관심을 두며, 조합을 구성해 사업을 추진한다. 반면 도시재생사업은 지역 거주자와 주민 공동체가 중심이 되며, 외부 자본보다는 지역 내부의 자생력 확보와 공동체 회복, 생활 기반의 회복과 강화를 목표로 한다. 개발보다는 지속 가능한 지역의 활성화에 방점을 둔다.

2) 대상 지역의 차이

도시정비는 주로 「도시정비법 시행령」 별표 1에 따라 지정된 노후·불량 건축물이 밀집한 지역을 대상으로 한다. 주거환경의 물리적 열악함이 기준이 되며, 도시 내 중심부 또는 고밀 주거지역이 대부분이다. 반면, 도시재생은 자력으로 회복이 어려운 쇠퇴지역, 즉, 경제·사회적 기반이 무너진 지역을 대상으로 한다. 이는 지방 대도시나 중소도시, 농촌지역까지 포함하며, 물리적 열악함

뿐 아니라 사회·경제적 침체까지 복합적으로 고려한다. 사업 대상의 범위가 물리적 환경을 넘어 지역의 전반적인 활력 저하까지 포괄한다는 점이 특징이다.

3) 추진 방식의 차이

도시정비는 노후 건축물의 철거 및 재건축, 기반시설 정비 등을 통해 물리적 환경의 개선에 중점을 둔다. 이 과정에서 사업의 실현 가능성을 확보하기 위해 높은 밀도의 개발과 민간 자본 유치가 이뤄진다.

반면 도시재생은 단순한 물리적 정비를 넘어서, 지역의 종합적 기능 회복과 활성화를 지향한다. 사회적 관계망 회복, 지역 경제 활성화, 문화 프로그램 도입, 커뮤니티 공간 조성 등 사회·경제·문화·물리적 측면이 통합적으로 작동하는 사업방식이다. 따라서 주민 참여와 지역의 자율성이 강조되며, 사업의 속도보다 지속가능성과 주민 삶의 질 향상이 중시된다.

제 2 절 「도시정비법」에 의한 정비사업

| 2.1 | 「도시정비법」의 개요

1. 「도시정비법」 제정 배경

1960년대 이후 급속한 산업화와 도시화 과정을 거치며 주택 부족 문제에 대응하기 위해 대단위 공동주택을 중심으로 한 신개발 사업을 통하여 주택을 대량 공급해 왔다. 이러한 정책적 노력의 결과, 수도권을 제외한 전국 평균 주택보급률은 100%가 넘을 정도로 주택의 양적 문제는 상당 부분 해소되었다[1]. 이에 따라 주택 정책의 접근 방향도 점차 양적 공급에서 질적 개선으로 전환을 요구받고 있다.

그러나 도시정비를 통한 주택공급은 신시가지 개발을 통한 주택 건설에 비

1) 2023년 현재 주택보급률은 전국 평균 102.5%로, 가구 수 대비 주택 수가 약간 초과하였다. 시도별로는 대전(96.4%)을 제외한 비수도권 시도지역은 108~113%로 높은 반면, 수도권은 96.8%로 상대적으로 낮다(통계청, 시도별 주택보급율).

해 체계적이고 계획적인 사전 준비가 부족하였다는 점에서 한계가 존재한다. 특히 재건축사업은 본래 노후·불량 주택의 개량을 목적으로 하나, 실제로는 재산가치 증대를 주된 목적으로 추진되는 경우가 많아 사업의 본래 취지가 왜곡되었다. 더불어 해당 아파트 단지의 문제로만 인식되어 도시 전체 관점에서의 종합적인 검토가 이루어지지 않았다.

재개발사업과 주거환경개선사업은 노후 주거지 개선에 일정 부분 기여했으나, 용적률 상향 등 과도한 건축기준 완화로 인해 오히려 주거환경을 돌이킬 수 없게 악화시켰다는 비판도 제기되고 있다. 이러한 문제들은 재건축, 재개발, 주거환경개선이라는 세 가지 유사한 정비사업이 각각 개별 법령에 따라 추진되면서 정책의 일관성이 부족하고, 사업 간 연계나 도시 전체에 대한 선계획 없이 단편적으로 진행되었기 때문이다. 그 결과 도시교통, 도시미관, 인프라 부족 등 다양한 도시문제가 발생하였다.

특히 재건축사업은 대도시의 주택공급에 중요한 역할을 하는 사업임에도 불구하고, 기존에는 「주택건설촉진법」 내 4개 조문만으로 운영되어 체계적인 계획 수립과 원활한 사업 추진에 한계를 드러냈다. 이로 인해 과도한 수주경쟁, 조합의 전문성 부족, 시공사와 조합 간 유착 등 각종 비리와 분쟁이 빈번히 발생하였으며, 설계변경으로 인한 조합원 부담 증가, 사업 지연, 시공사의 부도에 따른 조합원 피해 등 심각한 문제가 지속되었다.

이러한 구조적 문제를 개선하기 위해 정부는 2002년 12월 30일 기존의 「도시재개발법」, 「주거환경개선법」, 「주택건설촉진법」상의 재건축 관련 조항을 통합하여 「도시정비법」을 제정하였다. 이후 관련 시행령과 시행규칙이 제정되었으며, 동 법은 2003년 7월 1일부터 본격 시행되었다. 이를 통해 노후·불량 주거지 정비에 관한 법체계를 통합하고, 사업의 체계적이고 효율적인 추진을 도모하고자 하였다.

2. 「도시정비법」 제정에 따른 주요 개선 내용

1) 정비계획 수립 및 정비구역 지정의 체계화

도시정비사업의 체계적 추진을 위해 일정 규모 이상의 도시는 반드시 '도시·주거환경정비기본계획'을 수립해야 하며, 이 계획에는 재건축, 재개발, 주거환경개선사업 등이 시행될 구역의 개략적인 범위, 사업 추진 시기, 용적률 등이 포함되어야 한다. 이를 통해 과거와 같이 토지소유자 중심으로 개별적이고 산발적으로 이루어지던 정비사업들이 도시 전반의 계획 속에서 체계적으로 관리될 수 있도록 하였다.

또한 재개발사업과 주거환경개선사업, 그리고 일정 규모 이상인 재건축사업은 시·도지사가 도시계획결정 절차를 거쳐 정비구역으로 지정해야만 사업이 가능하도록 하였다. 이는 정비사업을 단순한 민간 주도의 개발행위에서 벗어나 공공 차원의 도시계획사업으로 전환하고자 하는 의도에서 비롯된 것이다.

2) 재건축사업의 사전평가제 도입

재건축사업에 있어서는 구청장이 안전진단의 실시 여부를 결정하되, 특별시장·광역시장 또는 도지사는 해당 지역의 경제성, 주택시장 동향, 도시계획 사항 등 지역 여건을 종합적으로 평가하여 사업 시행 시기를 조정할 수 있도록 하였다. 이처럼 공공이 재건축 시기를 사전에 조율할 수 있는 제도적 장치를 마련함으로써 주택시장의 안정과 도시계획의 연속성을 확보하려는 취지가 담겨 있다.

3) 추진위원회 및 조합설립 절차의 제도화

기존에는 자발적 모임 수준으로 운영되던 추진위원회도 제도화되었다. 추진위원회는 토지등소유자의 2분의 1 이상 동의를 받아야 하며, 구청장의 승인을 받아야 정식으로 구성될 수 있게 되었다. 이는 추진 주체 간 분쟁을 줄이고, 조합설립 이전 단계부터 사업 추진의 투명성과 합법성을 높이기 위한 조치이다.

또한 단독주택지라도 일정 규모 이상이고 정비기본계획에 포함되어 있는 경우에는 소유자의 5분의 4 이상 동의만으로 재건축을 허용하도록 하였으며, 상가 소유자의 반대로 인한 사업 지연을 방지하기 위해 상가를 존치하거나 리모델링하면서 주택만 별도로 재건축할 수 있도록 하였다. 이와 같은 세부적인 시행방안은 향후 시행령 등 하위 규정에서 구체화될 예정이다.

4) 시공사 선정 방식의 투명화

시공사 선정 방식에도 변화가 생겼다. 기존에는 조합과 시공사가 공동으로 사업을 시행하는 방식이 일반적이었지만, 개정된 법에서는 조합이 단독으로 사업을 시행하도록 하고, 시공사는 사업시행 인가 이후에 경쟁입찰 방식으로 선정하도록 하였다. 이를 통해 조합과 시공사 간의 유착 가능성을 차단하고 공정성을 높이고자 하였다. 아울러 시공사의 시공보증을 의무화하여 시공사 부도로 인해 조합원들이 입게 될 수 있는 피해를 사전에 방지하도록 하였다.

5) 정비사업전문관리업자 제도 도입

정비사업의 전문성과 효율성을 높이기 위해 '정비사업전문관리업자 제도'도 도입되었다. 이들은 조합설립, 사업성 검토, 정비계획 수립 등의 초기 업무를 전문적으로 지원하며, 비전문가에 의한 업무 미숙으로 인한 비용 낭비를 방지할 수 있도록 한다. 이 제도의 등록 요건은 시행령을 통해 별도로 정해질 예정이다.

6) 주민 동의 요건 강화 및 권리관계 명확화

주민 동의 요건도 강화되었다. 재개발사업의 경우 조합설립 및 사업시행 인가에 필요한 주민 동의율을 기존의 3분의 2에서 5분의 4로 상향 조정하였고, 재건축사업에서도 관리처분계획 인가를 의무화하여 소유자 간 권리관계를 명확히 하고 불필요한 공사비 증가를 방지할 수 있도록 하였다.

아울러 기존에 법인격 없이 운영되던 재건축조합은 법인으로 인정되어 각종 계약과 소송 등에 주체로서 참여할 수 있는 법적 지위를 확보하게 되었다. 이는 조합의 책임성과 신뢰성을 높이는 데 기여할 것으로 기대된다.

7) 주거환경개선사업 지원 확대

주거환경개선사업 또한 개선되었다. 국·공유지를 주민에게 매각할 경우 감정가의 80% 수준으로 매각할 수 있도록 하여 주민의 부담을 경감하였고, 지방자치단체가 세입자용 임대주택을 보다 쉽게 건설할 수 있도록 국·공유지의 장기임대제도를 도입하였다. 이를 통해 사업비를 절감하면서도 공공성을 높일 수 있게 되었다.

8) 경과규정 및 신·구법 적용

법령 시행에 따른 경과규정도 마련되었다. 도시·주거환경정비기본계획의 수립에는 상당한 시간이 소요될 것으로 예상되어, 법 시행 후 3년 이내에는 기본계획 수립 없이도 정비구역 지정이 가능하도록 하였다. 또한 기존 조합이 일정 요건을 충족하여 시공사를 선정한 경우에는 신법에 따른 시공사로 인정하고, 주택법에 따라 사업계획 승인을 받은 경우에는 종전 규정을 적용하도록 하였다. 다만, 승인받지 못한 경우에는 추진단계별로 신법에 따른 절차를 이행해야 한다.

| 2.2 | 도시 및 주거환경정비기본계획

1. 의의 및 성격

도시·주거환경정비기본계획(이하"기본계획"이라 함)은 특별시장, 광역시장 또는 시장이 10년 단위로 수립하여야 한다. 다만, 대도시(인구 50만 이상)가 아닌 경우 도지사가 기본계획의 수립이 필요하다고 인정하는 시를 제외하고는 기본계획을 수립하지 아니할 수 있다(법 제3조제1항). 특별시장, 광역시장 또는 시장은 5년마다 그 타당성 여부를 검토하여 그 결과를 기본계획에 반영해야 한다(법 제3조제2항).

도시기능의 보존·회복·정비 차원에서 정비구역별 정비사업의 방향과 지침을 정하여 무질서한 정비사업을 방지하고, 적정한 밀도로 주변 지역과 조화되는 개발을 유도하여 합리적인 토지이용과 쾌적한 도시환경의 조성 및 도시기능의 효율화를 도모한다(기본계획 수립 지침 제2절 기본계획의 의의).

정비계획의 상위계획으로 유형별 정비구역 지정대상과 정비방향을 설정하고, 정비기반시설 기준, 개발밀도 기준, 정비방법 등 정비사업의 기본원칙 및 개발지침을 제시한다(기본계획 수립 지침 제3절 기본계획의 지위와 성격).

표 8-9 도시·주거환경정비기본계획 개요

구분	내용
도입배경	• 정비사업의 종합적 · 체계적 추진 및 「선계획-후개발」 원칙에 입각한 도시 관리
성 격	• 정비사업의 기본방향과 목표 등을 규정한 지침 성격의 도시정비에 관한 종합계획 • 광역도시계획 및 도시기본계획의 하위계획, 도시관리계획의 상위 또는 정합성 유지, 정비계획의 상위계획
대상지역	• 인구 50만 이상의 시(인구 50만 미만의 시는 도지사가 필요하다고 인정한 시)
수립기간	• 10년 단위로 수립, 5년마다 타당성 검토
수립권자	• 특별시장, 광역시장, 특별자치시장, 특별자치도지사, 시장 ※ 인구 50만 미만의 시는 도지사의 승인 필요(「도시 및 주거환경정비법」 제4조 제1항)
내 용	• 정비사업의 기본방향, 계획기간, 인구 · 건축물 등 현황, 토지이용계획, 구역의 개략적 범위, 단계별 정비사업 추진계획, 건축물의 밀도에 관한 계획, 세입자에 대한 주거안정대책 등

자료: 국토해양부, 도시 및 주거환경정비사업 여행, 국토해양부, 2010. 4, p.29 재정리

2. 수립 절차 및 내용

기본계획을 수립하기 위한 절차는 법 제4조, 제6조, 제7조 및 시행령 제6조에서 규정하고 있는데, 이를 도식화하면 <그림 8-1>과 같다. 그리고 기본계획에 포함해야 할 내용에 대해서는 법 제5조 및 시행령 제5조에 규정하고 있다.

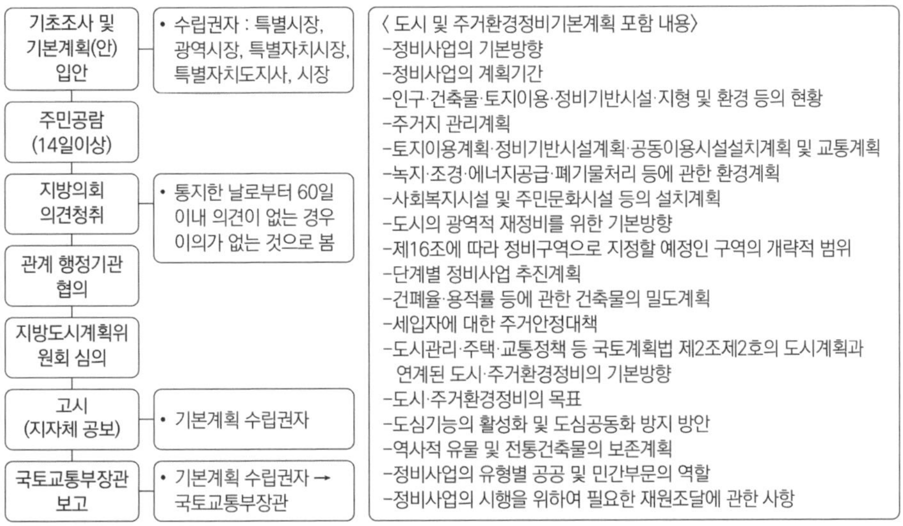

그림 8-1 도시 및 주거환경정비기본계획 수립 절차 및 수립 내용

| 2.3 | 정비구역 지정 및 정비계획 수립

1. 정비구역에 대한 정의 및 지정 절차

정비구역이란 정비사업을 계획적으로 시행하기 위하여 「도시정비법」 제16조[2]의 규정에 따라 지정·고시된 구역을 말한다(법 제2조제1호). 한편, 정비계획은 도시·주거환경정비기본계획에서 정한 범위 안에서 기반시설이 열악하고 노후·불량건축물이 밀집된 지역을 대상으로 당해 구역의 구체적인 정비계획을 결정하는 계획 또는 절차를 말한다.

2) 제16조(정비계획의 결정 및 정비구역의 지정·고시) ① 정비구역의 지정권자는 정비구역을 지정하거나 변경지정하려면 지방도시계획위원회의 심의를 거쳐야 한다. 다만, 제15조제3항에 따른 경미한 사항을 변경하는 경우에는 지방도시계획위원회의 심의를 거치지 아니할 수 있다.
② 정비구역의 지정권자는 정비구역을 지정하거나 정비계획을 결정한 때에는 정비계획을 포함한 정비구역 지정의 내용을 해당 지방자치단체의 공보에 고시하여야 한다. 이 경우 지형도면 고시 등에 대하여는 「토지이용규제 기본법」 제8조에 따른다.
③ 정비구역의 지정권자는 제2항에 따라 정비계획을 포함한 정비구역을 지정·고시한 때에는 국토교통부령으로 정하는 방법 및 절차에 따라 국토교통부장관에게 그 지정의 내용을 보고하여야 하며, 관계 서류를 일반인이 열람할 수 있도록 하여야 한다.

표 8-10 정비계획의 개요

성 격	• 정비사업 시행을 위한 구체적인 시행계획 • 도시 · 주거환경정비기본계획의 하위계획, 도시관리계획(지구단위계획)에 갈음(정합성)
지정요건	• 무허가 건축물 및 노후 · 불량건축물의 수, 호수밀도, 토지의 형상, 주민의 소득수준 등, 사업유형별 구체적인 지정요건은 시 · 도 조례에 위임 「도시정비법 시행령」 별표1)
수립권자 및 지정권자	• 계획 수립권자 : 시장 · 군수(자치구 구청장) • 구역 지정권자 : 시 · 도지사(대도시 시장은 직접 지정)
내 용	• 정비사업의 명칭, 구역 및 면적, 도시계획시설 설치계획, 공동이용시설 설치계획, 건축물의 주용도 · 건폐율 · 용적률 · 높이에 관한 계획, 환경보전 및 재난방지계획, 정비구역 주변의 교육환경 보호에 관한 계획, 세입자 주거대책, 정비사업시행 예정시기 등

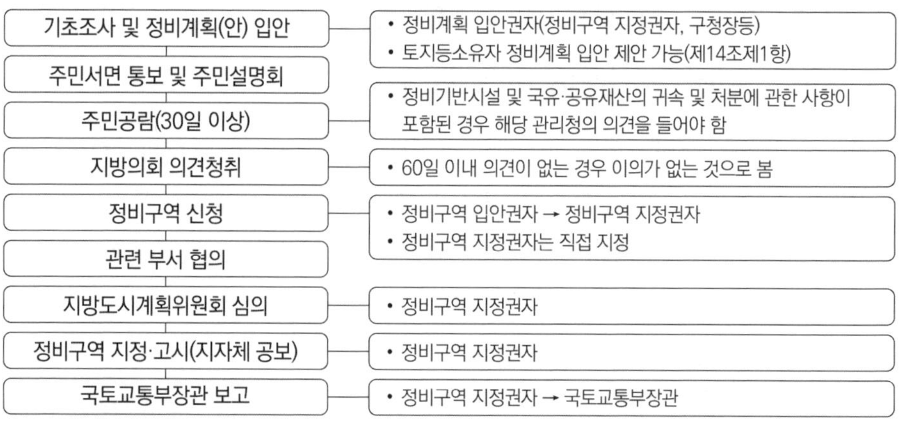

그림 8-2 정비구역 지정 절차

정비구역은 <그림 8-2>와 같이 법 제8조 및 시행령 제7조에 지정 요건을 충족하는 지역에 대하여 법 제13조의2~제16조의 규정에 따라 지정한다. 정비구역 지정권자는 정비구역 지정 요건에 해당하는 구역에 대하여 정비계획을 결정하여 정비구역을 지정할 수 있으며(법 제8조), 지정권자 외에도 토지등소유자가 정비계획의 입안권자에게 정비계획의 입안을 제안할 수 있다(법 제14조).

토지등소유자 또는 추진위원회는 정비계획의 입안권자에게 정비구역의 지정을 위한 정비계획의 입안을 요청할 수 있다(법 제13조의2제1항). 토지등소유자 또는 추진위원회는 정비계획의 입안권자에게 정비계획의 입안을 제안할 수 있다(법 제14조제1항).

정비구역의 지정 및 고시가 있은 날부터 당해 정비구역 안에서 건축물의 건축, 공작물의 설치, 토지의 형질변경, 토석의 채취, 토지분할, 물건을 쌓아놓는 행위, 죽목의 벌채 및 식재 등의 행위를 하고자 하는 경우는 시장·군수의 허가를 받아야 한다(법 제19조제1항 및 시행령 제15조제1항). 다만, 재해복구 또는 재난수습에 필요한 응급조치를 위한 행위 또는 기존 건축물의 붕괴 등 안전사고의 우려가 있는 경우 해당 건축물에 대한 안전조치를 위한 행위는 허가를 받지 아니하고 할 수 있으며(법 제19조제2항), 또한 ① 농림수산물의 생산에 직접 이용되는 것으로서 국토교통부령으로 정하는 간이공작물의 설치, ② 경작을 위한 토지의 형질변경, ③ 정비구역의 개발에 지장을 주지 아니하고 자연경관을 손상하지 아니하는 범위에서의 토석의 채취, ④ 정비구역에 존치하기로 결정된 대지에 물건을 쌓아놓는 행위, ⑤ 관상용 죽목의 임시식재(경작지에서의 임시식재는 제외한다) 등의 행위로서 국토계획법 제56조에 의한 개발행위허가 대상이 아닌 행위는 허가를 받지 않고 할 수 있다(시행령 제15조제3항).

2. 정비계획의 내용

정비계획은 정비구역 지정권자인 특별시장·광역시장·특별자치시장·특별자치도지사·시장 또는 군수가 직접 수립할 수 있다(법 제8조제4항). 다만, 자치구의 구청장 또는 광역시의 군수가 정비계획을 입안하게 되면 정비구역 지정권자인 특별시장·광역시장에게 정비구역 지정을 신청하여야 한다(법 제8조제5항). 정비계획은 다음 <표 8-11>의 사항을 포함하여야 한다(법 제9조). 구체적인 정비계획의 작성기준 및 작성방법은 국토교통부장관이 정하여 고시한다(법 제9조제4항).

표 8-11 **정비계획에 포함해야 할 내용**

- 정비사업의 명칭
- 정비구역 및 그 면적
- 도시계획시설의 설치에 관한 계획
- 공동이용시설 설치계획
- 건축물의 주용도 · 건폐율 · 용적률 · 높이에 관한 계획
- 정비구역 주변의 교육환경 보호에 관한 계획
- 환경보전 및 재난방지에 관한 계획
- 정비사업시행 예정시기
- 세입자 주거대책
- 정비사업을 통하여 「민간임대주택에 관한 특별법」 제2조제4호에 따른 공공지원민간임대주택을 공급하거나 같은 조 제11호에 따른 주택임대관리업자에게 임대할 목적으로 주택을 위탁하려는 경우 다음 각 목의 사항. 다만, 나목과 다목의 사항은 건설하는 주택 전체 세대수에서 공공지원민간임대주택 또는 임대할 목적으로 주택임대관리업자에게 위탁하려는 주택이 차지하는 비율이 20% 이상, 임대기간이 8년 이상의 범위 등에서 대통령령으로 정하는 요건에 해당하는 경우로 한정
  가. 공공지원민간임대주택 또는 임대관리 위탁주택에 관한 획지별 토지이용계획
  나. 주거 · 상업 · 업무 등의 기능을 결합하는 등 복합적인 토지이용을 증진시키기 위하여 필요한 건축물의 용도에 관한 계획
  다. 「국토의 계획 및 이용에 관한 법률」 제36조제1항제1호가목에 따른 주거지역을 세분 또는 변경하는 계획과 용적률에 관한 사항
  라. 그 밖에 공공지원민간임대주택 또는 임대관리 위탁주택의 원활한 공급을 위하여 대통령령으로 정하는 사항
- 「국토의 계획 및 이용에 관한 법률」 제52조제1항 각 호의 사항에 관한 계획
- 그 밖에 정비사업의 시행을 위하여 필요한 사항으로서 대통령령으로 정하는 사항

3. 재건축진단

1) 실시시기 및 대상

재건축사업의 추진과 관련하여, 시장·군수 등 행정청은 정비예정구역별 정비계획의 수립 시기가 도래한 시점부터 사업시행계획인가 전까지 반드시 재건축진단을 실시하여야 한다. 이는 「도시정비법」 제12조제1항에 따른 의무 사항이다. 재건축진단은 해당 지역의 건축물 노후도, 안전성, 경제성 등을 종합적으로 평가하여 재건축의 필요성과 타당성을 사전에 검토하는 절차로, 향후 정비계획 수립의 기초 자료가 된다.

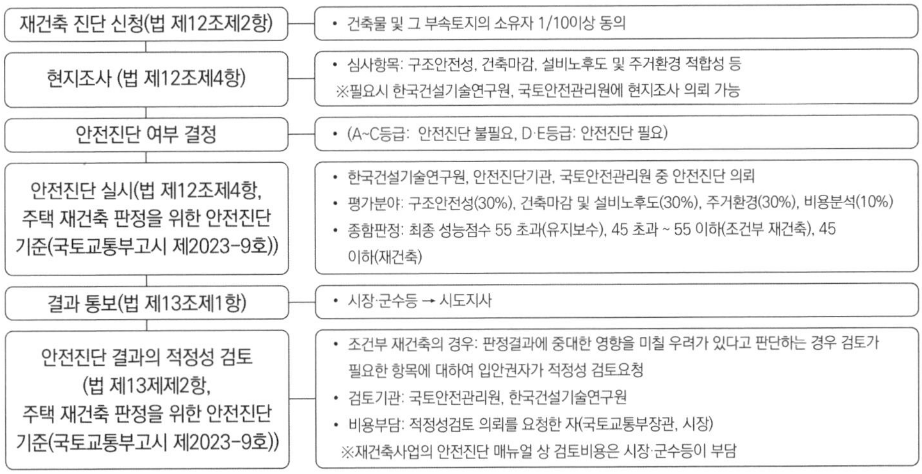

그림 8-3 재건축사업을 위한 재건축진단 절차

또한 다음과 같은 경우에는 건축물 및 그 부속토지의 소유자 등의 요청에 의해 재건축진단을 실시해야 한다. 이 경우 재건축진단에 드는 비용을 해당 재건축진단의 실시를 요청하는 자에게 부담하게 할 수 있다(법 제12조제2항).

첫째, 정비계획의 입안을 요청하려는 자가 입안 전에 정비예정구역 또는 사업예정구역 내 건축물 및 부속토지 소유자의 10분의 1 이상 동의를 받아 진단을 요청하는 경우이다.

둘째, 정비계획의 입안을 제안하려는 자가 입안 제안에 앞서 동일한 방식으로 동의를 받아 진단을 요청하는 경우도 포함된다.

셋째, 아직 정비예정구역으로 지정되지 않은 지역에서 재건축사업을 추진하고자 하는 경우에도, 사업예정구역 내 건축물 소유자의 10분의 1 이상 동의를 통해 진단을 요청할 수 있다.

넷째, 재건축사업을 시행하려는 건축물 소유자가 사업예정구역의 10분의 1 이상 동의를 받아 진단을 요청하는 경우에도 진단을 시행해야 한다.

다섯째, 이미 정비계획이 입안되어 주민 공람 절차를 마쳤거나, 정비구역으로 지정된 지역에서 재건축사업을 추진하고자 하는 경우 역시 해당 요건을 충족하면 진단 실시가 가능하다.

여섯째, 시장·군수 등의 승인을 받은 조합설립추진위원회나 사업시행자가 재건축진단을 요청한 경우에도 이에 따라야 한다.

이러한 규정은 재건축사업의 무분별한 추진을 방지하고, 노후화 상태와 정비 필요성에 대한 객관적 기준을 확보함으로써 공익성과 정당성을 확보하기 위한 제도적 장치라 할 수 있다.

| 2.4 | 정비사업의 시행

1. 사업의 시행방법

1) 사업유형에 따른 정비사업 분류

가. 주거환경개선사업

주거환경개선사업은 다음의 어느 하나에 해당하는 방법 또는 이를 혼용하는 방법으로 시행한다(법 제23조제1항).

- **현재개량방식**: 사업시행자가 정비구역에서 정비기반시설 및 공동이용시설을 새로 설치하거나 확대하고 토지등소유자가 스스로 주택을 보전·정비하거나 개량하는 방법
- **공동주택건설방식**: 사업시행자가 정비구역의 전부 또는 일부를 수용하여 주택을 건설한 후 토지등소유자에게 우선 공급하거나 대지를 토지등소유자 또는 토지등소유자 외의 자에게 공급하는 방법
- **환지방식**: 사업시행자가 「도시개발법」상 환지의 규정에 따라 환지로 공급하는 방법
- **관리처분방식**: 사업시행자가 정비구역에서 관리처분인가 받은 관리처분계획에 따라 주택 및 부대시설·복리시설을 건설하여 공급하는 방법

나. 재개발사업

재개발사업은 다음 두 가지 방법으로 시행한다(법 제23조제2항).

- 인가받은 관리처분계획에 따라 주택 및 부대·복리시설을 건설하여 공급하는 방법
- 「도시개발법」상 환지의 규정을 준용하여 환지로 공급하는 방법

다. 건축사업

재건축사업은 정비구역에서 관리처분인가 받은 관리처분계획에 따라 건축물을 건설하여 공급하는 방법으로 한다. 다만, 주택단지에 있지 아니하는 건축물의 경우에는 지형여건·주변의 환경으로 보아 사업 시행상 불가피한 경우로서 정비구역으로 보는 사업에 한정한다(법 제23조제3항).

건축물을 건설하여 공급하는 경우 주택, 부대시설 및 복리시설을 제외한 건축물(이하 이 문단에서 "공동주택 외 건축물"이라 한다)은 「국토계획법」에 따른 준주거지역 및 상업지역에서만 건설할 수 있다. 이 경우 공동주택 외 건축물의 연면적은 전체 건축물 연면적의 100분의 30 이하이어야 한다(법 제23조제4항).

2) 시행주체에 따른 분류

정비사업의 시행 방식은 시행 주체에 따라 조합시행과 공공시행 방식으로 구분되는데, 조합방식은 정비구역 지정고시 후 토지등소유자의 과반수 동의를 얻은 후 조합설립추진위원회를, 공공방식은 주민대표회의를 각각 구성하여 시장·군수의 승인을 얻어야 한다.

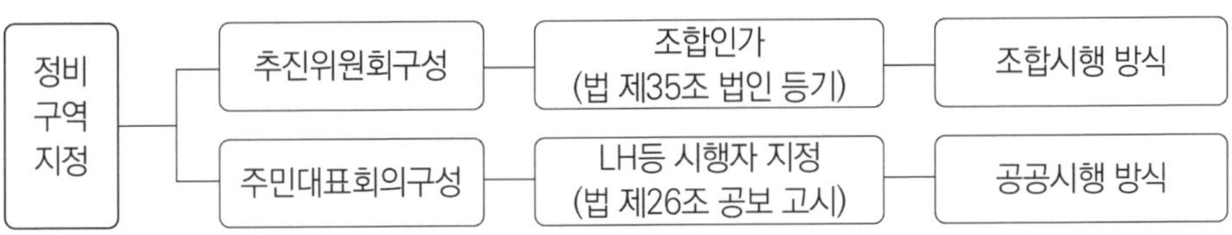

그림 8-4 시행주체에 따른 방식

2. 정비사업 시행자

정비사업 중 주거환경개선사업은 시장·군수 등이 직접 시행하거나, 토지주택공사 등 공공이 시행하며(법 제24조), 재개발사업은 조합 단독 또는 조합이 시장·군수등, 토지주택공사, 건설업자, 등록사업자, 신탁업자, 한국부동산원 등과 공동으로 시행한다. 재건축사업은 조합 단독 또는 조합이 공공과 공동으로 시행하며(법 제24조제1항제1호 및 시행령 제19조), 토지등소유자가 20인 미만인 경우에는 토지등소유자가 직접 시행할 수도 있다. 재건축사업은 조합이 시행하거나

표 8-12 **정비사업 시행자**

구 분	내 용
시장·군수	• 시장 · 군수는 법령에서 정하는 바에 따라 정비사업 유형별로 토지등소유자 및 세입자의 동의를 얻어 정비사업을 직접 시행할 수 있음
토지주택공사 등	• 주거환경개선사업의 경우 토지등소유자의 동의를 얻어 시장·군수의 지정에 의해 시행할 수 있음(법 제24조제1항) • 재개발사업, 재건축사업의 경우 천재지변 등 긴급한 정비사업과 순환정비방식 등을 시행할 필요가 있다고 인정되는 때에는 시장 · 군수의 지정에 의해 시행할 수 있음(법 제26조제1항)
정비사업조합	• 재개발사업, 재건축사업의 경우 토지등소유자로 구성된 조합이 이를 시행할 수 있음(법 제25조제1항 및 제2항) • 조합은 조합설립인가를 받은 날부터 30일 이내에 주된 사무소의 소재지에 등기함으로써 성립함(법 제38조제2항)
토지등소유자	• 재개발사업은 토지등소유자가 20인 미만인 경우 조합을 구성하지 아니하고 직접 시행할 수 있음(법 제25조제1항제2호)
공동사업시행자	1) 주거환경개선사업 • 시장 · 군수등은 공람공고일 현재 해당 정비예정구역의 토지 또는 건축물의 소유자 또는 지상권자의 3분의 2 이상의 동의와 세입자 세대수의 과반수의 동의(세입자의 세대수가 토지등소유자의 2분의 1 이하인 경우 세입자 동의절차를 거치지 아니할 수 있음)를 얻을 경우 토지주택공사등, 지방자치단체 등의 공동시행자로 건설업자, 등록사업자를 지정할 수 있음(법 제24조제2항 및 제3항) 2) 재개발사업 • 조합이 조합원의 과반수 동의를 받아 시장 · 군수등, 토지주택공사등, 건설업자, 등록사업자 또는 대통령령이 정하는 요건을 갖춘 자와 공동으로 시행할 수 있음(법 제25조제1항제1호, 시행령 제19조) • 토지등소유자가 20인 미만인 경우 토지등소유자가 토지등소유자의 과반수의 동의를 받아 시장 · 군수등, 토지주택공사등, 건설업자, 등록사업자 또는 대통령령으로 정하는 요건을 갖춘 자와 공동으로 시행할 수 있음(법 제25조제1항제2호 및 시행령 제19조) 3) 재건축사업 • 조합이 조합원의 과반수의 동의를 받아 시장 · 군수등, 토지주택공사등, 건설업자 또는 등록사업자와 공동으로 시행할 수 있음(법 제25조제2항)
공공시행자	• 재개발사업, 재건축사업의 경우 시장 · 군수는 다음 중 어느 하나에 해당하는 때에는 직접 정비사업을 시행하거나 토지주택공사등을 사업시행자로 지정하여 정비사업을 시행하게 할 수 있음(법 제26조제1항)

	▪ 천재지변, 그 밖의 불가피한 사유로 긴급하게 정비사업을 시행할 필요가 있다고 인정하는 때 ▪ 고시된 정비계획에서 정한 정비사업시행 예정일로부터 2년 이내에 사업시행계획인가를 신청하지 아니하거나 사업시행계획인가를 신청한 내용이 위법 또는 부당하다고 인정하는 때(재건축사업의 경우 제외) ▪ 추진위원회가 시장 · 군수등의 구성승인을 받은 날부터 3년 이내에 조합설립인가를 신청하지 아니하거나 조합이 조합설립인가를 받은 날부터 3년 이내에 사업시행계획인가를 신청하지 아니한 때 ▪ 지방자치단체의 장이 시행하는 도시 · 군계획사업과 병행하여 정비사업을 시행할 필요가 있다고 인정하는 때 ▪ 순환정비방식으로 정비사업을 시행할 필요가 있다고 인정하는 때 ▪ 사업시행계획인가가 취소된 때 ▪ 해당 정비구역의 국 · 공유지 면적 또는 국 · 공유지와 토지주택공사등이 소유한 토지를 합한 면적이 전체 토지면적의 2분의 1 이상으로서 토지등소유자의 과반수가 시장 · 군수등 또는 토지주택공사등을 사업시행자로 지정하는 것에 동의하는 때 ▪ 해당 정비구역의 토지면적 2분의 1 이상의 토지소유자와 토지등소유자의 3분의 2 이상에 해당하는 자가 시장 · 군수등 또는 토지주택공사등을 사업시행자로 지정할 것을 요청하는 때
지정 개발자	• 재개발사업, 재건축사업의 경우 다음 중 어느 하나에 해당하는 때에는 시장 · 군수가 토지등소유자 · 민관합동법인 · 신탁업자를 사업시행자로 지정하여 정비사업을 시행하게 할 수 있음(법 제27조제1항) ▪ 천재지변, 그 밖의 불가피한 사유로 인하여 긴급히 정비사업을 시행할 필요가 있다고 인정되는 때 ▪ 고시된 정비계획에서 정한 정비계획에서 정한 정비사업시부터 2년 이내에 사업시행계획인가를 신청하지 아니하거나 사업시행계획인가를 신청한 내용이 위법 또는 부당하다고 인정하는 때(재건축사업의 경우 제외) ▪ 재개발사업 및 재건축사업의 조합설립을 위한 동의요건 이상에 해당하는 자가 신탁업자를 사업시행자로 지정하는 것에 동의하는 때 ※ 지정개발자의 요건(시행령 제21조) - 정비구역의 토지 중 정비구역 전체 면적 대비 50퍼센트 이상의 토지를 소유한 자로서 토지등소유자의 50퍼센트 이상의 추천을 받은 자 - 민관합동법인(민간투자사업의 부대사업으로 시행하는 경우에만 해당)으로서 토지등소유자의 50퍼센트 이상의 추천을 받은 자 - 신탁업자로서 정비구역의 토지 중 정비구역 전체 면적 대비 3분의1 이상의 토지를 신탁받은 자

자료: 한국도시계획가협회 편, 전게서, 2021. 2, pp.498-500에서 재정리

조합이 조합원의 과반수의 동의를 받아 시장·군수등, 토지주택공사등, 건설업자 또는 등록사업자와 공동으로 시행할 수 있다(법 제24조제2항). 이와 함께 재개발사업과 재건축사업의 경우 공공시행자(법 제26조), 지정개발자(법 제27조)에 대해서도 규정하고 있는데, 그 내용은 다음 <표 8-12>에서 보는 바와 같다.

재개발사업, 재건축사업의 경우 시장·군수등은 ① 장기간 정비사업이 지연되거나 권리관계에 관한 분쟁 등으로 해당 조합 또는 토지등소유자가 시행하는 정비사업을 계속 추진하기 어렵다고 인정하는 때 또는 ② 토지등소유자(조합을 설립한 경우에는 조합원을 말한다)의 과반수 동의로 요청하는 경우 당해 조합 또는 토지등소유자를 대신하여 직접 정비사업을 시행하거나 토지주택공사등 또는 지정개발자로 하여금 당해 조합 또는 토지등소유자를 대신하여 정비사업을 시행하게 할 수 있다(법 제28조제1항).

정비사업을 대행하는 자는 사업시행자에게 청구할 수 있는 보수 또는 비용의 상환에 대한 권리로써 사업시행자에게 귀속될 대지 또는 건축물을 압류할 수 있다(법 제28조제2항). 정비사업을 대행하는 경우 시장·군수등은 사업대행개시결정을 한 경우에는 정비사업의 종류 및 명칭, 사업시행자의 성명 및 주소, 정비구역, 정비사업의 착수예정일 및 준공예정일(시행령 제20조제1항), 사업대행개시결정을 한 날, 사업대행자, 대행사항을 해당 지방자치단체의 공보등에 고시하고(시행령 제22조제1항), 토지등소유자 및 사업시행자에게 제1항에 따라 고시한 내용을 통지하여야 한다(시행령 제22조제2항). 기타 사업대행의 개시결정, 그 결정의 고시 및 효과, 사업대행자의 업무집행, 사업대행의 완료와 그 고시 등에 필요한 사항은 시행령 제22조 및 제23조로 정하고 있다.

3. 조합설립추진위원회

1) 제도의 도입 배경 및 성격

추진위원회란 정비사업의 초기 단계에 설립되어 조합설립의 승인을 얻기 전까지 정비사업 전반의 제반 업무를 준비하기 위해 구성되는 단체를 말한다. 추진위원회는 고유한 목적을 가지고 활동하게 되고, 추진위원회 운영규정 및 추진위원선임 등 단체로서의 주요 사항을 확정하여 활동하게 되므로 사실상

단체로서의 조직과 실체를 가진 비법인(非法人)사단(社團)에 해당한다.

추진위원회는 조합의 설립인가가 이루어지면 그 목적이 달성되며, 동시에 해산하게 되는 한시적 기구이다. 조합이 설립되면 「도시정비법」 제34조제3항에 따라 추진위원회가 행한 업무와 관련된 권리와 의무는 조합에게 포괄 승계된다. 추진위원회는 특별한 사정이 없는 한 '조합설립인가를 받을 때까지' 존립하게 된다.

종전에는 주민이 정비계획 수립과 상관없이 임의로 추진위원회를 구성·운영함에 따라 사업추진에 따른 이권 등으로 다수의 추진위원회가 난립하여 주민 간 분쟁과 부조리가 끊임없이 발생하였다. 이에 추진위원회 제도를 법제화하여 시장·군수의 승인을 얻어 추진위원회를 구성하도록 하고, 그 구성시기 및 절차, 업무범위 등을 명확히 하여 추진위원회의 난립을 방지하는 한편, 추진위원회 운영자금을 대여할 수 있도록 하고 있다.

- **추진위원회 구성 및 운영시기**: 추진위원회의 난립을 방지하기 위해 추진위원회는 정비구역 지정·고시된 지역을 대상으로 구성하거나(법 제31조제2항제1호), 정비구역 지정·고시되지 아니한 지역으로 기본계획을 수립하지 아니한 지역 또는 정비예정구역 및 단계별 정비사업 추진계획에 대한 사항을 생략한 지역으로서 시행령 제25조제1항으로 정하는 지역, 정비예정구역이 설정된 지역, 정비계획의 입안을 결정한 지역, 정비계획의 입안을 위하여 주민에게 공람한 지역(법 제31조제2항제1호)에 대해서 추진위원회를 구성할 수 있다.
- **위반시 처벌**: 시장·군수의 승인없이 추진위원회의 업무를 수행하는 자는 2년 이하 징역 또는 2천만원 이하의 벌금형으로 처벌(법 제137조제3호)
- **사업초기 자금(운영자금) 대여**: 추진위원회가 초기자금 마련을 위해 업체(정비업체, 건설업자 등)등과 결탁하여 이권에 개입하는 것을 방지하기 위해 정비기금에서 추진위원회의 운영자금을 대여할 수 있도록 함(법 제126조제3항제1호다목)

2) 추진위원회 구성, 기능 및 운영

추진위원회는 위원장 및 감사 각1명을 포함한 5명 이상의 위원으로 구성하며, 부위원장은 둘 수 있다. 위원의 수는 토지등소유자 1/10 이상으로 하되, 5명 이하인 경우에는 5명, 100명을 초과하는 경우에는 토지등소유자의 1/10의 범위에서 100명 이상으로 할 수 있다(법 제31조제2항, 제33조제1항, 운영규정 제2조).

그림 8-5 추진위원회 구성 및 업무수행 절차

추진위원회 승인신청 전에 운영규정을 작성하여 토지등소유자 과반수의 동의를 얻어야 한다. 운영규정은 국토교통부 「정비사업 조합설립추진위원회 운영규정」 제3조제2항에 따라 작성한다.

추진위원회는 정비사업전문관리업자의 선정 및 변경, 설계자의 선정 및 변경, 개략적인 정비사업 시행계획서의 작성, 조합설립인가를 받기 위한 준비 업무, 추진위원회 운영규정의 작성, 토지등소유자의 동의서의 접수, 조합의 설립을 위한 창립총회의 개최, 조합 정관의 초안 작성, 그 밖에 추진위원회 운영규정으로 정하는 업무 등을 수행한다(법 제32조 및 시행령 제26조).

추진위원회는 운영규정에 따라 운영하여야 하며, 관계 법령, 관련 행정기관의 처분을 준수하고 그 업무를 추진함에 있어 사업시행구역 안의 토지등소유자의 의견을 충분히 수렴하여야 한다. 또한, 추진위원회 설립 승인 후에 위원장 및 감사를 변경하려는 경우 시장·군수의 승인을 받아야 하며, 그 밖의 경우 시장·군수에게 신고하여야 한다.

4. 주민대표회의(주민대표기구)

1) 대상정비사업 및 구성시기

토지등소유자가 시장·군수등 또는 토지주택공사등의 사업시행을 원하는 경우 즉, 정비사업을 공공시행방식으로 추진하려는 경우 사업시행을 원활하게 하기 위하여 주민대표기구를 구성하여야 한다(법 제47조제1항).

구성시기는 조합방식의 추진위원회 구성시기와 동일하게 정비구역 지정·고시 후에 구성한다. 다만, 법 제26조제4항에 따라 협약등이 체결된 경우에는 정비구역 지정·고시 이전에 주민대표회의를 구성할 수 있다(법 제47조제1항).

2) 구성, 업무 및 운영

주민대표회의는 토지등소유자의 과반수의 동의를 받아 구성하며, 시장·군수등의 승인을 받아야 한다(법 제47조제3항). 주민대표회의는 위원장을 포함하여 5명 이상 25명 이하로 구성한다(법 제47조제2항).

주민대표회의의 구성에 동의한 자는 사업시행자의 지정에 동의한 것으로 본다. 다만, 사업시행자의 지정 요청 전에 시장·군수등 및 주민대표회의에 사업시행자의 지정에 대한 반대의 의사표시를 한 토지등소유자의 경우에는 그러하지 아니하다(법 제47조제4항).

주민대표회의 또는 세입자(상가세입자 포함)는 사업시행자가 다음 사항에 관하여 시행규정을 정하는 때에 의견을 제시할 수 있다. 이 경우 사업시행자는 주민대표회의 또는 세입자의 의견을 반영하기 위하여 노력하여야 한다(법 제47조제5항, 시행령 제45조제1항 및 제2항).

첫째, 건축물의 철거

둘째, 주민의 이주(세입자의 퇴거에 관한 사항을 포함한다)

셋째, 토지 및 건축물의 보상(세입자에 대한 주거이전비 등 보상에 관한 사항을 포함)

넷째, 정비사업비의 부담

다섯째, 세입자에 대한 임대주택의 공급 및 입주자격

여섯째, 관리처분계획 및 청산에 관한 사항(주거환경개선사업은 제외)

일곱째, 위의 첫째 ~ 넷째 및 여섯째의 변경에 관한 사항

열덟째, 시공자의 추천

시장·군수등 또는 토지주택공사등은 주민대표회의의 운영에 필요한 경비의 일부를 해당 정비사업비에서 지원할 수 있다(시행령 제45조제3항). 주민대표회의의 위원의 선출·교체 및 해임, 운영방법, 운영비용의 조달 그 밖에 주민대표회의의 운영에 필요한 사항은 주민대표회의가 정한다(시행령 제45조제4항).

5. 정비사업의 동의

정비사업을 추진하는 경우 사업시행자 지정(법 제24조 부터 제26조), 추진위원회 구성 및 조합의 설립(법 제31조부터 제35조), 주민대표회의 구성(법 제47조), 사업시행계획서 작성(법 제50조 및 제58조)등에서 토지등소유자의 동의가 필요한데, 그 산정기준(법 제36조, 시행령 제33조제1항)에 따라 산정한다. 정비사업의 추진 단계별 토지등소유자의 동의기준은 다음 <표 8-13>과 같다.

표 8-13 정비사업 유형별 추진단계 별 동의 기준

구 분	주거환경개선사업	재개발사업	재건축사업
추진위원회 또는 주민대표회의	• 토지등소유자 과반수	• 토지등소유자 과반수	• 토지등소유자 과반수
조합 설립	-	• 토지등소유자 3/4 이상 + 토지면적 1/2 이상 소유자 동의(법 제35조제2항)	• 동별 구분소유자 과반수 동의 + 주택단지 전체 구분소유자 3/4 이상 및 토지면적 3/4 이상의 소유자 동의(법 제35조제3항)
시행자 지정	• 토지등소유자(정비계획 공람공고일 현재)2/3이상 (현지개량방식 과반수) + 세입자 세대수 과반수(공고일 현재 3개월 이상 거주) * 사업시행여부에 대한 동의	• 조합(토지등소유자)과 LH등 공동시행 : 조합원(토지등소유자) 과반수 • LH등 단독시행 : 토지등소유자 2/3 이상 + 토지면적 1/2 이상 소유자	• 조합과 LH등 공동시행 : 조합원 과반수 • LH등 단독시행 : 토지등소유자 2/3 이상 + 토지면적 1/2 이상 소유자
사업시행계획 인가 신청	-	• 총회 조합원 과반수 의결 (공동시행 포함) • LH 단독시행 동의 불필요 • 토지등소유자 단독시행 시 토지등소유자 3/4 이상	• 총회 조합원 과반수 의결 (공동시행 포함) • LH 단독시행 동의 불필요
관리처분 계획인가	-	• 총회 조합원 과반수 의결	• 총회 조합원 과반수 의결

토지등소유자 동의(동의한 사항의 철회 또는 반대 의사표시 포함)는 서면동의서에 토지등소유자가 성명을 적고 지정을 날인하는 방법으로 하며, 주민등록증, 여권 등 신원을 확인할 수 있는 신분증명서 사본을 첨부하여야 한다. 토지등소유자가 해외에 장기체류하거나 법인인 경우 등 불가피한 사유가 있다고 시장·군수등이 인정하는 경우에는 토지등소유자의 인감도장을 찍은 서면동의서

에 해당 인감증명서를 첨부하는 방법으로 할 수 있다.

추진위원회의 구성 또는 조합의 설립에 동의한 자로부터 토지 또는 건축물을 취득한 자는 조합의 설립에 동의한 것으로 간주한다(시행령 제33조제1항제3호). 토지등소유자는 동의(동의가 의제되는 경우 포함)를 철회하거나 반대의 의사표시를 할 수 있는데, 그 동의 기준은 시행령 제33조제2항에 따른다.

6. 조합의 설립 등

1) 정비사업 조합의 개요

정비사업조합은 정비사업의 시행을 목적으로 추진위원회가 설립한 단체 즉, 정비사업구역안의 노후·불량주택을 철거하고 그 철거한 대지 위에 새로운 건축물을 건설하여 도시환경을 개선하고 주거생활의 질을 높이기 위한 목적으로 결성된 토지등소유자의 단체라 할 수 있으며 그 설립목적에 따라 재개발·재건축사업조합으로 구분된다. 시장·군수 또는 토지주택공사등이 아닌 자가 정비사업(주거환경개선사업과 토지등소유자가 직접 정비사업을 시행하는 재개발사업의 경우는 제외)을 시행하려는 경우에는 토지등소유자로 구성된 조합을 설립하여야 한다(법 제35조제1항).

조합은 「도시정비법」에 따라 법인격이 인정(법 제38조)되므로 공법상의 사단법인이며, 조합에 관하여는 「도시정비법」에 규정된 것을 제외하고는 민법 중 사단법인에 관한 규정을 준용한다(법 제49조).

2) 조합의 성립 및 권리와 의무

정비사업조합은 법인으로 하며, 조합설립인가를 받은 날로부터 30일 이내에 주된 사무소의 소재지에서 1)설립목적 및 설립인가일, 2)조합의 명칭 및 주된 사무소의 소재지, 3)임원의 성명 및 주소, 임원의 대표권을 제한하는 경우 그 내용, 4) 전문조합관리인을 선정한 경우에는 그 성명 및 주소 등을 등기함으로써 성립한다(법 제18조제1항 및 제2항, 시행령 제29조).

조합은 정비사업의 원칙적 시행자로서 정비사업에 관한 권리·의무의 주체가 된다. 따라서 조합은 설립목적의 범위 내에서 권리와 의무의 주체가 되며(민법 제34조), 목적 이외의 사업을 하거나 설립인가의 조건에 위반하거나 그 밖의 공익을 해하는 행위를 한 때에는 주무관청은 그 인가를 취소할 수 있고(민법 제38조), 목적범위 외의 행위로 인하여 타인에게 손해를 가한 때에는 그 사항의 의결에 찬성하거나 의결을 집행한 이사 및 그 밖의 대표자가 연대하여 배상책임을 부담한다(민법 제35조).

또한, 조합은 그 명칭 중에 "정비사업조합"이라는 문자를 사용하여야 한다(법 제38조제3항). 이는 조합명칭사용의 통일성을 강제하는 규정으로 유사명칭 사용으로 인한 피해를 방지하기 위한 것이다.

3) 조합설립인가

조합설립은 추진위원회 구성 → 추진위원회 승인 → 정관작성 및 주민동의 → 창립총회 → 인가신청 → 검토 및 인가 → 등기(인가일로부터 30일 이내) 및 통지·열람의 절차를 거치게 된다. 정비사업의 추진위원회가 조합을 설립하려는 경우 토지등소유자의 동의를 얻어야 하며, 설립인가신청서에 법 제35조제2항, 시행규칙 제8조 및 지자체 조례에서 정하는 서류를 첨부하여 정비사업을 시행하는 지역을 관할하는 시장·군수에게 조합설립인가를 신청하여야 한다(법 제35조제1항 및 제2항, 시행규칙 제8조 및 지자체 조례).

조합설립은 인가시 조합정관확인, 조합원 자격의 적정여부, 정비사업동의서 검토, 창립총회의 의사록 검토 및 필요시 현장확인을 거쳐 인가하게 된다. 이와 같은 제반 사항을 검토한 후 조합인가를 결정하고, 조합설립인가 대장에 기재 및 조합설립이 인가된다. 조합은 조합설립 인가를 받은 때에는 정관이 정하는 바에 따라 토지등소유자에게 그 내용을 통지하고, 이해관계인이 열람할 수 있도록 하여야 한다(시행령 제30조제4항).

설립인가는 인가받은 조합이 정비사업을 시행하는 경우 「주택법」 제54조를 적용함에 있어 같은 법 제2조제10호에 따른 사업주체로 보며, 조합설립인가일부터 같은 법 제4조에 따른 주택건설사업등의 등록을 한 것으로 의제(법 제35조제8항)의 효력을 가지게 된다.

4) 정비사업 조합원

정비사업(시장·군수 또는 토지주택공사등이 시행하는 정비사업은 제외) 조합원은 토지등소유자(재건축사업의 경우에는 사업에 동의한 자에 한함)로 하되, 공유의 경우[3] 대표하는 1인을 조합원으로 본다(법 제39조제1항). 다만, 지방분권균형발전법 제25조에 따른 공공기관지방이전 및 혁신도시 활성화를 위한 시책 등에 따라 이전하는 공공기관이 소유한 토지 또는 건축물을 양수한 경우 양수한 자(공유의 경우 대표자 1명을 말한다)를 조합원으로 본다(보다 구체적인 자격 조건은 법 제39조 및 시행령 제37조를 참조).

여기서 유의할 것은 재개발사업의 경우 조합을 설립하게 되면 설립 당시 사업시행구역 안에 있는 모든 토지 또는 건축물의 소유자 또는 그 지상권자는 당연히 조합원이 되므로 재개발사업에 동의하지 아니한 자도 조합원이 된다. 그러나 재건축사업에 있어서 재건축사업에 동의하지 아니한 토지등소유자는 조합원이 될 수 없다(법 제39조제1항). 위와 같은 결과는 조합원 제도가 강제가입제인지 여부에 따라 달라질 수 있다. 강제가입제란 일정한 영역의 토지등소유자를 조합원으로 간주하는 제도를 말하고, 임의가입제란 토지등소유자 중 정비사업에 동의한 자만 조합원으로 인정하는 제도이다.

5) 조합의 임원

조합의 임원은 조합의 의사결정, 업무집행 및 감독업무를 수행하는 사람들로 조합장, 이사, 감사가 있으며, 부조합장은 정관에 의해 이사 중에서 둘 수 있다. 이때 조합장은 조합원으로서 정비구역에 위치한 건축물 또는 토지를 5

---

3) 1. 토지 또는 건축물의 소유권과 지상권이 여러 명의 공유에 속하는 때
2. 여러 명의 토지등소유자가 1세대에 속하는 때. 이 경우 동일한 세대별 주민등록표상에 등재되어 있지 아니한 배우자 및 미혼인 19세 미만의 직계비속은 1세대로 보며, 1세대로 구성된 여러 명의 토지등소유자가 조합설립인가 후 세대를 분리하여 동일한 세대에 속하지 아니하는 때에도 이혼 및 19세 이상 자녀의 분가(세대별 주민등록을 달리하고, 실거주지를 분가한 경우로 한정한다)를 제외하고는 1세대로 본다.
3. 조합설립인가(조합설립인가 전에 제26조제1항 또는 제27조제1항제3호에 따라 토지주택공사등 또는 신탁업자를 사업시행자로 지정한 경우에는 사업시행자의 지정을 말한다. 이하 이 조에서 같다) 후 1명의 토지등소유자로부터 토지 또는 건축물의 소유권이나 지상권을 양수하여 여러 명이 소유하게 된 때

년 이상 소유하고 있으며, 정비구역에서 거주하고 있는 자로서 선임일 직전 3년 동안 정비구역에서 1년 이상 거주요건을 갖추어야 한다. 그리고 조합장은 선임일부터 관리처분계획인가를 받을 때까지는 해당 정비구역에서 거주하여야 한다(법 제41조제1항).

조합은 조합장 1명과 이사 및 감사를 임원으로 두고 이사와 감사의 수에 관하여 필요한사항은 시행령에서 정하는 범위에서 정관으로 정한다(법 제41조제1항 및 제2항). 조합에 두는 이사의 수는 3명 이상으로 하고, 감사의 수는 1명 이상 3명 이하로 한다. 다만, 토지등소유자의 수가 100명을 초과하는 경우에는 이사의 수를 5명 이상으로 한다(시행령 제40조).

조합 임원의 선출은 종전에는 총회에서 과반수 출석과 출석 조합원 과반수의 동의를 얻어 조합원 중에서 정관이 정하는 바에 따라 선임하도록 법률에 규정하였으나, 신속한 의사결정과 여건 변화에 탄력적으로 대응할 수 있도록 2009년 2월 6일 법률(법률 제9444호) 개정시 이 규정을 삭제하였다. 따라서 특별한 경우[4]를 제외하면, 조합 임원의 선임에 관한 사항은 정관이 정한 바에 따른다(법 제41조제5항).

조합 임원의 임기는 3년 이하의 범위에서 정관으로 정하되, 연임할 수 있다. 한편, 임원의 직무는 다음과 같다.

- **조합장**: 조합을 대표하고 조합의 사무를 총괄하며 총회와 대의원회의 의장이 된다(조합의 필요적 상설기관). 조합장 또는 이사가 자기를 위한 조합과의 계약이나 소송을 할 때에는 감사가 조합을 대표함(법 제42조제1항 및 제3항)
- **이사**: 이사는 정관이 정하는 바에 따라 조합장을 보좌하고, 이사회에 부의된 사항을 심의·의결하며, 조합의 사무를 분장함

4) 시장·군수등은 다음 각 호의 어느 하나에 해당하는 경우 시·도조례로 정하는 바에 따라 변호사·회계사·기술사 등으로서 대통령령으로 정하는 요건을 갖춘 자를 전문조합관리인으로 선정하여 조합임원의 업무를 대행하게 할 수 있다(법 제41조제5항).
 1. 조합임원이 사임, 해임, 임기만료, 그 밖에 불가피한 사유 등으로 직무를 수행할 수 없는 때부터 6개월 이상 선임되지 아니한 경우
 2. 총회에서 조합원 과반수의 출석과 출석 조합원 과반수의 동의로 전문조합관리인의 선정을 요청하는 경우

- **감사**: 감사는 조합의 사무 및 재산상태와 회계에 관한 사항을 감사함
- **임원겸직제한**: 조합임원은 같은 목적의 정비사업을 하는 다른 조합의 임원 또는 직원을 겸할 수 없음(법 제42조제4항)

6) 조합정관

정비사업을 추진하기 위해서는 조합의 운영, 결의방법, 조합원의 권리와 의무 등을 규정하는 문서가 필요한데, 이를 정관이라 한다. 정비사업의 추진위원회가 조합을 설립하려는 때에는 반드시 정관을 작성하여 시장·군수에게 제출하여야 한다. 정관은 조합 내부의 근본 규범으로서 구체적인 규정이 도시정비법 소정의 강행규정에 위배되지 않는 한 조합원을 구속한다. 정관의 기재사항은 법 제40조와 시행령 제38조에서 규정하고 있다.

7) 조합의 기관

조합의 기관으로는 조합원총회, 대의원회 등이 있으며, 「도시정비법」은 조합원총회와 대의원회에 대해서만 규정하고 이사회는 정관에서 기관으로 규정하고 있다.

조합원총회는 조합원 전원으로 구성되는 조합의 최고 의사결정기관이며, 필요적 기관이다. 조합에는 조합원 전원으로 구성하는 총회를 두어야 하며(법 제44조제1항), 총회는 일반적으로 창립총회, 정기총회, 임시총회로 구분되는데, 총회의 의결을 거쳐 법 제44조에 의한 총회와 병행하여 "온라인총회"를 개최[5] 할 수 있다(법 제44조의2). 총회 의결사항은 법 제45조에서 규정하고 있으니 참고하기 바란다.

조합원의 수가 100명 이상인 조합은 대의원회를 두어야 하며, 필요적 기관이다. 대의원회는 조합원의 1/10이상으로 하되, 조합원의 1/10이 100명을 넘는 경우에는 조합원의 1/10의 범위에서 100명 이상으로 구성할 수 있다(법 제46조제1항 및 제2항). 대의원회는 조합의 의사결정절차를 신속하게 하여 비용을 절감하기 위한 것이다. 대의원은 조합원 중에서 선출하는데(시행령 제44조제1

---

5) 다만, 「재난 및 안전관리 기본법」 제3조제1호에 따른 재난의 발생 등 시행령 제41조의3으로 정하는 사유가 발생하여 시장·군수등이 조합원의 직접 출석이 어렵다고 인정하는 경우에는 온라인총회를 단독으로 개최할 수 있다.

항), 조합장이 아닌 조합임원(조합장이 아닌 이사, 감사)은 대의원이 될 수 없다(법 제46조제3항). 대의원의 선임 및 해임에 관한 사항은 정관으로 정한다(시행령 제44조제2항).

대의원회는 조합장이 필요하다고 인정하는 때에 소집한다. 다만, 정관으로 정하는 바에 따라 소집청구가 있는 때 또는 대의원의 3분의 1 이상(정관으로 달리 정한 경우에는 그에 따른다)이 회의의 목적사항을 제시하여 청구하는 때에는 조합장은 해당일부터 14일 이내에 대의원회를 소집하여야 한다. 그 기간 내 정당한 이유없이 대의원회를 소집하지 아니한 때에는 감사가 지체없이 소집하여야 하며, 감사가 소집하지 아니할 때에는 소집을 청구한 대표가 미리 시장·군수의 승인을 얻어 이를 소집한다(시행령 제44조제4항 및 제5항).

대의원회 의결사항은 정관으로 정하며 총회의 의결사항 중 일부는 위임받아 총회의 권한을 대행할 수 있다. 총회의 권한을 위임받을 수 있는 사항과 없는 사항이 이 법에서 구분되어 있으므로(법 46조제4항 및 시행령 제43조) 이를 필히 준수하여야 한다. 대의원회는 총회의 의결사항 중 정관의 변경, 조합임원 및 대의원의 선임 및 해임에 관한 사항, 조합의 합병 또는 해산에 관한 사항, 법 제45조제2항에 따라 총회에 상정하여야 하는 사항을 제외하고는 총회의 권한을 대행할 수 있다.

7. 시공자의 선정 및 시공보증

1) 시공자 선정

조합은 조합설립 인가를 받은 후 조합총회에서 경쟁입찰 또는 수의계약(2회 이상 경쟁입찰이 유찰된 경우로 한정한다)의 방법으로 건설업자 또는 등록사업자를 시공자로 선정하여야 한다. 다만, 조합원 100인 이하의 정비사업은 조합총회에서 정관으로 정하는 바에 따라 선정할 수 있다(법 제29조제3항 및 시행령 제24조제3항).

20인 미만의 토지등소유자가 재개발사업을 직접 시행하는 경우에는 제1항에도 불구하고 사업시행계획인가를 받은 후 사업시행자인 토지등소유자가 자치적으로 정한 규약에 따라 건설업자 또는 등록사업자를 시공자로 선정하여야 한다(법 제29조제5항).

시장·군수등이 직접 정비사업을 시행하거나 토지주택공사등 또는 지정개발자를 사업시행자로 지정한 경우 사업시행자는 사업시행자 지정·고시 후 경쟁입찰 또는 수의계약의 방법으로 건설업자 또는 등록사업자를 시공자로 선정하여야 한다(법 제29조제6항). 이 경우 또는 주거환경개선사업의 사업시행자가 시공자를 선정하는 경우 주민대표회의 또는 토지등소유자 전체회의는 경쟁입찰 또는 수의계약(2회 이상 경쟁입찰이 유찰된 경우로 한정한다)의 방법으로 시공자를 추천할 수 있다(법 제29조제7항).

조합은 시공자 선정을 위한 입찰에 참가하는 건설업자 또는 등록사업자가 토지등소유자에게 시공에 관한 정보를 제공할 수 있도록 합동설명회를 2회 이상 개최하여야 한다(법 제29조제8항).

시공자선정 절차는 조합이 자체 작성한 시공자 선정입찰지침에 따라 조합설립인가 → 입찰공고(현장설명회 7일전) → 입찰자 등록 → 현장설명(조합현황, 대지현황, 사업개요, 참여조건, 계약방식, 입찰시 주의사항 등) → 사업제안서 제출·접수 → 사전심의(대의원회의 의결) → 조합원 총회(시공자 참여사업 설명회) → 시공자 선정 → 계약(선정후 3개월 이내 계약, 미계약시 선정 무효가능)의 절차를 거쳐서 시공자를 선정(시공자는 철거공사를 포함하여 계약)한다.

총회에서 시공자로 선정된 자는 조합과 공사계약을 체결하게 되는데, 이때 계약방식은 개발이익(총수입-총지출)의 배분방법에 따라 도급제와 지분제로 구분된다. 조합은 위의 2가지 중 조합원에게 유리한 방법으로 계약을 체결하여야 할 것이나, 실제 사업추진과정에서는 계약방식의 유형과 관계없이 추가정산금을 요구하는 사례가 많다.

2) 시공보증

조합이 정비사업의 시행을 위하여 시장·군수등 또는 토지주택공사등이 아닌 자를 시공자로 선정(공동사업시행자가 시공하는 경우 포함)한 경우 그 시공자는 공사의 시공보증(시공자가 공사의 계약상 의무를 이행하지 못하거나 의무이행을 하지 아니할 경우 보증기관에서 시공자를 대신하여 계약이행의무를 부담하거나 총 공사금액의 100분의 50 이하 100분의 30 이상의 범위에서 사업시행자가 정하는 금액을 납부할 것을 보증하는 것을 말한다)을 위하여 국토교통부령으로 정하는 기관의 시공보증서[6]를 조합에 제출하여야 한다(법 제82조, 시행령 제73조 및 시행규칙 제14조).

8. 사업시행인가

사업시행인가란 조합 등 사업시행자가 추진하고 있는 정비사업에 관한 일체의 내용(예컨대 토지이용계획, 주택이나 복리시설의 규모·배치와 배분기준, 정비기반시설의 설치계획 등)을 시장·군수가 최종적으로 확정하여 인가하는 행정절차(행정처분)를 말한다(법 제50조제1항). 사업시행인가가 고시됨으로써 사업시행자는 정비사업을 시행할 수 있는 지위 또는 권리를 부여받게 되고 토지보상법상 사업인정 및 그 고시가 있는 것으로 볼 뿐만 아니라 각종 개별법상 인·허가 등이 의제되는 등 이해관계인에게 직접적이고 구체적인 법적 효과를 발생시킨다(법 제57조).

사업시행자는 일부 건축물의 존치 또는 리모델링에 관한 내용이 포함된 사업시행계획서를 작성하여 사업시행인가의 신청을 할 수 있는데, 이 경우 시장·군수는 존치 또는 리모델링되는 건축물 및 건축물이 있는 토지가 주택법 및 건축법상의 다음의 건축 관련 기준에 적합하지 않더라도 대통령령이 정하는 기준에 따라 사업시행인가를 할 수 있다(법 제58조).

사업시행자가 사업시행계획인가를 받으면 사업시행자로의 지위 변경 및 사업시행계획의 확정, 다른 법률의 인·허가 등의 의제(정비사업 관련 개별법상의 각종 인가·허가·승인·신고·등록·협의·동의·심사 또는 해제(인·허가 등)가 있는 것으로 의제(법 제57조제1항), 토지보상법에 따른 사업인정 및 고시 의제, 분양신청기간 통지·공고 의무, 국·공유재산의 용도폐지 및 평가시점 기준 등의 효력이 발생한다.

---

6) 국토교통부령으로 정하는 기관의 시공보증서란 조합원에게 공급되는 주택에 대한 다음 각 호의 어느 하나에 해당하는 보증서를 말한다.
   1. 「건설산업기본법」에 따른 공제조합이 발행한 보증서
   2. 「주택도시기금법」에 따른 주택도시보증공사가 발행한 보증서
   3. 「은행법」 제2조제1항제2호에 따른 금융기관, 「한국산업은행법」에 따른 한국산업은행, 「한국수출입은행법」에 따른 한국수출입은행 또는 「중소기업은행법」에 따른 중소기업은행이 발행한 지급보증서
   4. 「보험업법」에 따른 보험사업자가 발행한 보증보험증권

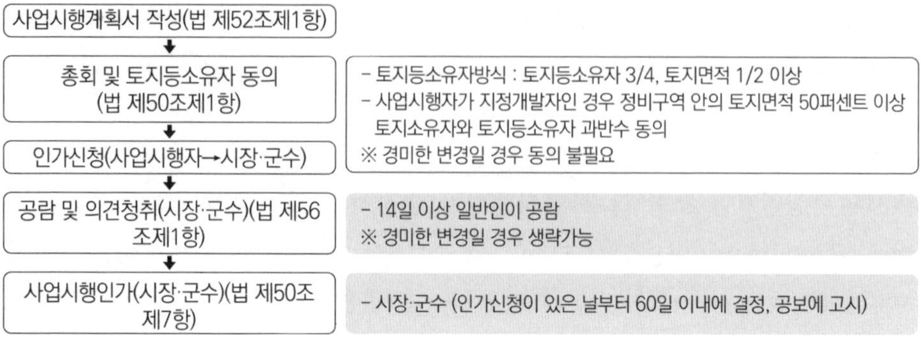

그림 8-6 사업시행인가 절차

9. 관리처분계획

1) 관리처분계획의 의의

관리처분계획은 정비사업을 통해 새롭게 조성된 토지와 건축물에 대해, 사업시행구역 내 기존의 토지나 건축물에 대한 소유권뿐 아니라 지상권, 전세권, 임차권, 저당권 등 소유권 이외의 권리들을 어떻게 이전하고 배분할지를 정하는 중요한 계획이다. 이는 단순한 물리적 개발 계획을 넘어서, 권리관계의 변환과 정산을 수반하는 법적·재정적 조정 절차이기도 하다.

이 계획은 사업완료 이후 분양처분이 이루어지기 전에 미리 정해지는 것으로, 손실보상이나 수용, 청산 등을 통해 기존 권리를 소멸시키거나 이행하고, 공공시설의 귀속 및 사업시행자에게 귀속된 재산의 처분 방식까지 포괄하는 관리와 처분에 관한 종합적인 내용을 담고 있다.

관리처분계획은 사업시행 인가 고시 이후 조합원이 출자한 재산의 가치를 어떻게 평가할지, 새로 건축되는 건물과 대지의 지분을 어떤 기준에 따라 배분할지, 그리고 그 결과 각 조합원이 부담하거나 환급받게 될 금액이 얼마인지를 명확히 하는 절차이다. 이러한 내용을 바탕으로 조합원은 자신이 최종적으로 취득하게 될 건축물 및 대지지분, 그리고 납부 또는 환급받을 금액을 구체적으로 파악할 수 있게 된다.

따라서 관리처분계획은 토지등소유자에게 있어 가장 민감하고 중대한 관심이 집중되는 절차이며, 이 단계의 적정성과 수용성은 해당 정비사업의 성공 여부를 결정짓는 핵심 요인이 된다. 정비사업의 모든 절차 중에서도 가장 실질적인 이해관계가 작용하는 단계로, 철저한 검토와 공정한 계획 수립이 요구된다.

2) 관리처분계획의 법적 성격

관리처분계획은 정비사업 시행자(주거환경개선사업은 제외)가 분양신청기간이 종료된 때에 기존 건축물을 철거하기 전에 분양신청 현황을 바탕으로 수립하고, 시장·군수 등의 인가를 받아 확정하는 계획으로(법 제74조제1항), 단순한 내부적 계획을 넘어 법적으로 강력한 효력을 가지는 행정처분의 성격을 지닌다. 특히 이는 종전 토지 및 건축물에 대한 소유권뿐 아니라 지상권, 전세권, 임차권 등 모든 권리에 영향을 미치므로, 해당 권리자에게 직접적이고 구체적인 권리변동을 발생시킨다.

관리처분계획이 인가·고시되면, 해당 구역 내 권리자들은 '이전고시일'까지 종전의 부동산을 더 이상 사용하거나 수익할 수 없게 되며(법 제81조제1항), 이후 새로이 조성된 토지와 건축물에 대한 권리가 부여된다. 이와 같은 법적 효과로 인해, 대법원은 관리처분계획을 토지등소유자에게 직접 법률상 지위를 변동시키는 행정처분으로 보고 있으며, 이에 대한 불복은 행정소송의 대상이 된다(대법원 2002.12.10. 선고 2001두6333 판결 참조).

아울러 관리처분계획은 정비기본계획, 정비계획, 사업시행계획 등과 함께 정비사업의 체계적 절차 속에서 수립되는 행정계획의 일환이기도 하다. 따라서 관리처분계획은 그 자체로 하나의 독립된 행정처분이면서, 동시에 정비사업 전체 흐름 속에서 이루어지는 행정계획적 성격을 아우르는 복합적 법적 성질을 갖는다.

이처럼 관리처분계획은 계획성과 처분성을 동시에 지닌 제도적 장치로서, 정비사업의 실질적 전환점이자 이해관계 조정의 핵심 수단이라 할 수 있다.

3) 관리처분계획 수립 절차

분양신청의 통지·공고 (법 제72조제1항)	- 사업시행자 → 토지등소유자(사업시행인가 고시후 120일 이내, 일간신문 공고)
↓	
분양신청 (법 제72조제2항)	- 토지등소유자 → 사업시행자(분양신청기간: 통지후 30~60일, 20일 범위 내 연장) ※ 분양신청을 하지 않은 자 및 철회 자의 조치: 권리에 대한 손실보상
↓	
분양설계 계획수립 (법 제74조제1항제1호)	- 사업시행자(분양신청기간 만료일을 기준으로 분양신청 현황을 기초로 하여 작성)
↓	
종전 및 분양예정자산의 평가 (도정법 제74조제2항)	- 주거환경개선·재개발사업: 시장·군수등이 선정·계약한 2 이상 감정평가법인의 평가금액을 산술평균 - 재건축사업: 시장·군수등이 선정·계약한 1인 이상의 감정평가법인과 조합총회의 의결로 선정·계약한 1인 이상의 감정평가법인의 평가금액을 산술평균 ※ 종전의 토지 또는 건축물 평가 시 가격시점 : 사업시행인가일 기준
↓	
관리처분계획 수립(법 제74조)	- 사업시행자(분양설계, 분양대상자 내역 등을 포함하여 수립)
↓	
조합총회 의결(법 제74조제3항)	- 총회개최 1개월전 분양대상자별 종후 자산가액의 추산액, 종전자산의 명세 및 가액, 정비사업비의 추산액 등을 각 조합원에게 문서로 통지
↓	
공람 및 의견청취 (법 제78조제1항)	- 사업시행자 → 토지등소유자(인가신청하기 전에 30일 이상, 공람기간·장소 등 공람사항 미리 통지) ※ 경미한 변경일 경우 생략
↓	
인가신청(법 제78조제1항)	- 사업시행자 → 시장·군수(분양신청기간 종료에서 건축물 철거전까지 인가)
↓	
인가 및 고시 (법 제78조제2항 및 제4항)	- 시장·군수 (인가신청이 있은 날부터 30일 이내에 결정, 공보에 고시)
↓	
통지(법 제78조제5항)	- 사업시행자 → 분양신청자

그림 8-7 관리처분계획 절차

4) 관리처분계획 인가의 효력

관리처분계획은 인가·고시됨으로써 법적 효력을 발생하며, 여러 측면에서 중요한 법률적 효과를 수반한다. 우선, 관리처분계획의 인가·고시가 이루어지면 종전의 토지나 건축물에 대한 사용과 수익이 제한된다. 구체적으로 소유자뿐만 아니라 지상권자, 전세권자, 임차권자 등 권리자는 이전고시가 있기 전까지는 종전의 토지나 건축물을 사용할 수 없으며, 이로 인한 수익 또한 제한된다. 다만, 사업시행자의 동의를 얻은 경우나 토지보상법에 따른 손실보상이 완료되지 않은 경우에는 예외로 인정된다(법 제81조제1항).

이처럼 관리처분계획은 인가·고시를 통해 그 내용이 법적으로 확정되며, 권리자들은 해당 계획에 따라 자신이 취득할 권리와 부담해야 할 의무가 구체적으로 결정된다. 즉, 이 계획은 토지등소유자에게 권리·의무를 확정하는 법률행위로 기능한다는 점에서, 단순한 내부 행정 절차를 넘어서는 실질적 효력을 갖는다.

또한, 관리처분계획의 인가 이후에는 종전 건축물의 철거가 가능해진다. 사업시행자는 원칙적으로 시장·군수 등의 허가를 얻은 경우를 제외하고는 관리처분계획의 인가를 받은 이후에 건축물을 철거해야 한다(법 제81조제2항). 이러한 규정은 기존 건축물의 사용 중지를 전제로 하여 새로운 정비사업의 착수와 물리적 실행을 가능하게 하는 기반을 제공한다.

이와 같이 관리처분계획은 단순한 권리 배분계획을 넘어, 권리의 제한과 확정, 철거의 법적 조건 등 정비사업의 실질적 진행에 있어 핵심적인 기능을 수행하는 법적 수단이다.

제 9 장

개발이익 환수제도

제 1 절 개발이익 환수의 개념

| 1.1 | 개발이익 환수의 개념 및 목적

1. 개발이익 환수의 개념

개발이익 환수제도는 일정한 개발행위나 도시계획의 변경, 용도지역 상향, 기반시설 확충, 토지이용규제 완화 등과 같은 공공의 정책 결정 또는 계획적 행위로 인해 특정 토지나 부동산의 가치가 비정상적으로 상승할 경우, 이로부터 발생하는 '초과이익(windfall gain)'의 일부를 국가나 지방자치단체가 환수하여 사회 전체를 위해 재투자하는 제도를 의미한다. 이때 개발이익은 토지소유자나 개발사업자의 자본 투자 또는 노력에 의해 발생한 정상적인 수익을 넘어서, 외부 환경 변화 또는 공공 결정에 의해 형성된 비자력적 초과가치를 말한다. 예를 들어, 대규모 신도시 개발, 지하철 연장, 도로 신설, 용적률 상향과 같은 공공정책의 시행으로 인해 해당 지역의 토지가치가 급등하는 경우, 이는 공공의 결정에 따른 이익이므로 이익의 일부 환수하여 사회 전체의 자산으로 전환하려는 제도적 장치가 필요하다.

토지는 인간이 인위적으로 생산하거나 확대할 수 없는 유한한 자원으로, 자연적 희소성과 공공성을 동시에 가진다. 그러나 자본주의 체제와 도시화의 심화는 토지를 투기적 대상이자 자산 축적 수단으로 만들었으며, 이로 인해 개발이익의 과도한 사유화는 사회적 불평등과 자산 양극화를 더욱 심화시켜 왔다. 이러한 문제의식 속에서 개발이익 환수제도는 토지의 공공성 회복과 도시공간의 공정한 재편을 위한 핵심 정책 수단으로 기능하게 되었다.

우리나라에서는 1980년대 후반, 고도성장과 도시개발 확산 속에 지가 급등, 개발 투기, 불로소득 집중이 심각한 사회문제로 대두되었고, 1989년 12월 「개발이익 환수에 관한 법률」(이하 개발이익환수법)을 제정하였다. 이는 특정 개발사업을 통해 사적으로 귀속된 초과이익을 개발부담금 형태로 환수하여 공공의 용도에 재배치하고자 한 최초의 종합적 시도였다. 이후 2006년 5월에는 「재건축초과이익 환수에 관한 법률」을 통해 재건축 사업에서의 초과이익도 개별적으로 환수하는 별도의 제도를 도입하였다.

한편, 개발이익 환수의 논의는 단지 부담금 징수에 머무르지 않고, 토지이용계획의 변경, 지구단위계획 수립, 용적률·건폐율 완화, 도시계획시설 해제, 재건축·재개발 등 정비사업으로 인한 가치상승 등 다양한 상황으로 확대되었다. 이에 발맞추어 2021년 1월 「국토계획법」에서는 공공기여 제도를 법제화하여, 도시계획 변경으로 인한 '계획이득(planning gain)'을 사전에 협의하거나 기부채납 등으로 환수할 수 있도록 하였다.

2. 개발이익 환수의 목적

개발이익 환수제도는 단순한 재정 확보 수단이 아니라, 공공성과 형평성, 지속가능성, 시장 안정성을 포괄하는 복합적인 정책 목적을 지닌다. 다음의 세 가지가 대표적인 환수 목적이다.

첫째, 공공이익의 환원과 사회적 형평성 실현이다.

개발이익은 대부분 공공의 계획적 결정이나 사회 전체의 변화에 따라 발생하는 외생적 이익이다. 예컨대, 국토교통부가 수도권에 광역철도를 신설하거나, 지자체가 특정 지역의 용도지역을 상향 조정하면 그 지역 토지가격은 소유자의 노력과 무관하게 급등할 수 있다. 이러한 비자력적 초과이익을 토지소유자 또는 개발자가 모두 사적으로 독점하게 될 경우, 사회적 불공정과 자산 편중을 야기하며, 나아가 시민의 세금으로 조성된 기반시설의 편익이 소수에게 귀속되는 구조를 만들어 낸다.

따라서 개발이익을 일정 부분 환수하여 사회 전체를 위한 재투자 재원으로 활용하는 것은 사회정의 실현이라는 점에서 정당성을 갖는다. 이는 헌법상 토지공개념과 조화를 이루며, 도시의 계획적 관리와 공공의 권리를 실현하는 중요한 정책 원리다.

둘째, 토지의 합리적 이용 유도 및 지속가능한 개발이다.

개발이익 환수는 단기 이익을 목적으로 하는 무분별한 개발을 억제하고, 계획적인 도시성장과 환경보전을 유도하는 수단이 된다. 예를 들어, 용적률 상향이나 지구단위계획 변경 등의 인센티브가 전면적으로 허용된다면, 민간 개발자는 이익 극대화를 위해 도시계획과 무관한 개발을 추진할 수 있다. 그러나 이로 인해 교통 혼잡, 기반시설 부족, 공공공간 부족, 환경훼손 등 다양한 도시문제가 발생할 수 있다.

개발이익 환수제도는 이러한 과잉 이윤동기를 제어함으로써, 개발을 공공이 정한 기준 내에서 수행하도록 유도한다. 특히 개발사업자가 발생한 이익 중 일부를 임대주택 건설, 공공시설부지 제공, 기반시설 설치 등 공공기여의 방식으로 반환하도록 함으로써, 민간의 개발이익을 도시 공동체 전체의 복지로 연결시킬 수 있다. 이는 단순한 억제가 아닌, 개발과 공공의 이익 균형을 도모하는 지속가능한 개발 체계의 구축을 의미한다.

셋째, 투기 억제 및 부동산 시장 안정화이다.

우리나라의 부동산 시장은 과거부터 투기성 자본 유입과 정보 비대칭성으로 인한 불균형을 반복해 왔다. 개발 가능성이 있는 지역의 정보를 선점한 일부 투기 세력이 대규모로 토지를 매입하고, 이후 개발로 인한 이익을 독점하는 현상은 대표적인 문제 사례다. 이는 주거비 상승, 서민 주거 불안정, 도시 공간의 양극화를 유발하며, 국민적 신뢰를 심각하게 훼손한다.

개발이익 환수제도는 이러한 투기 수요에 대한 선제적 억제 장치로 작용한다. 개발로 인해 발생하는 이익의 상당 부분이 공공에 귀속된다는 구조적 인식은, 단기 수익만을 노리는 투기 행위의 기대 수익을 낮추는 효과를 발휘하며, 이는 곧 부동산 시장의 안정성과 예측 가능성 확보로 이어진다.

| 1.2 | 정상지가 상승과 개발이익

앞서 언급한 바와 같이 개발이익은 개발사업의 시행이나 토지이용계획의 변경, 또는 사회적·경제적 요인 등에 의해 토지의 가격이 비정상적으로 상승함으로써, 토지소유자나 개발사업 시행자에게 귀속되는 초과 이익을 의미한다. 이러한 개발이익은 정상적인 지가상승분을 초과한 토지가액의 증가분으로 정의되며, 「개발이익환수법」에 따라 국가나 지방자치단체가 개발부담금이라는 명목으로 일부를 환수하는 제도가 운영되고 있다. 이 제도의 목적은 토지이용계획의 변경이나 공공개발 등 공적 개입에 의해 발생한 이익의 사유화를 방지하고, 이를 다시 사회에 환원하여 토지의 효율적 이용과 투기 억제를 실현하는 데 있다.

개발이익 환수제도를 올바르게 이해하기 위해서는 먼저 개발이익의 개념을 명확히 인식할 필요가 있다. 통상적인 개발이익은 토지를 개발하여 발생하는 수익, 즉 유형적 개발 행위를 통해 창출된 순이익을 의미한다. 그러나 「개발이익환수법」에서는 이에 더하여 도시계획 변경이나 규제완화 등 무형의 행정 결정에 의해 발생하는 이익도 포함시킨다. 이처럼 정책적 결정으로 인해 우발적으로 발생한 토지가치의 상승분을 '계획이득(planning gain)'이라고 하며, 이는 개발행위와 무관하게 토지소유자에게 귀속되므로 사적 소유보다는 공공이 일부 환수해야 할 대상으로 여겨진다.

「개발이익환수법」에 따른 개발이익은 세 가지 요건을 모두 만족해야 한다. 첫째, 개발사업의 시행 또는 토지이용계획의 변경과 같은 공적 행위나 사회·경제적 변화와 관련된 이익이어야 한다. 둘째, 이러한 이익은 정상지가상승분을 초과하는 초과분이어야 한다. 셋째, 해당 이익은 토지소유자나 개발사업 시행자에게 귀속되어야 한다. 이 세 가지 조건을 충족하는 이익을 개발이익으로 보며, 이는 궁극적으로 토지가액의 증가분을 뜻한다.

개발이익은 주로 도시계획 규제의 완화, 예컨대 건폐율이나 용적률 상향 조정, 기반시설 확대 등으로 인해 토지의 이용 가치가 증가함으로써 발생한다. 이러한 변화는 토지의 연면적 확대와 건축 가능성 증가를 통해 개발사업의 수익성을 높이며, 그에 따라 토지 가격이 상승하는 구조를 형성한다. 그러나 모든 지가 상승이 개발이익으로 간주되는 것은 아니다. 「개발이익환수법」은 개발사업 시행에 따른 비용, 즉 기반 조성 등 사업비용은 정상적 투자비용으로 간주하여 개발이익 산정에서 제외하고 있다. 또한, 물가상승이나 일반적인 시장 변동에 따른 지가상승분 역시 개발이익으로 보지 않는다. 결국, 개발이익으로 간주되어 환수의 대상이 되는 것은 오직 정상적인 지가상승분을 초과하는 이익이다.

이때 개발이익과 구분되는 중요한 개념이 바로 정상지가상승분이다. 정상지가상승분은 특정 토지에서 개발행위가 없었더라도 일반적인 경제 조건이나 금융 환경에서 자연스럽게 발생할 수 있었던 지가상승을 의미한다. 「개발이익환수법」은 이를 금융기관의 정기예금 이자율이나 국토교통부 장관이 조사한 해당 지역의 평균 지가변동률을 기준으로 산정하도록 규정하고 있다. 구체적으로는 개발부담금 부과 기간 중 각 연도의 정상지가상승분을 산정하여 누적 합산하고, 연도별 정상지가상승분은 해당 연도 1월 1일의 지가에 정상지가변동률을 곱하여 계산한다.

정상지가변동률은 해당 토지가 위치한 시·군·구의 연도별 또는 월별 평균 지가변동률로 산정하며, 이와 정기예금 이자율 중 더 높은 비율을 적용하는 것을 원칙으로 한다. 이는 개발이익 환수 기준이 보수적으로 설정되어야 한다는 원칙에 기반하며, 토지소유자에게 과도한 부담이 가지 않도록 함과 동시에 우발적인 초과이익은 환수할 수 있도록 하기 위함이다.

개발이익 환수제도가 실효성을 가지기 위해서는 지가변동에 대한 지속적인 관찰과 과학적 분석이 필수적이다. 이는 단순한 부과 기준 설정을 넘어, 시장 변화와 공공정책 효과에 대한 객관적 데이터 구축이 전제되어야 함을 뜻하며, 이를 통해 사회적 신뢰성과 제도의 정당성이 함께 확보될 수 있다.

| 1.3 | 개발이익 환수 방식

개발이익 환수는 토지 또는 부동산의 가치가 개발 또는 공공정책의 결정에 따라 비정상적으로 상승했을 때, 그 초과 이익의 일부를 공공이 회수하는 방식이다. 이러한 환수는 개발이 발생하는 시점, 개발의 형태, 이익 실현의 방법에 따라 다양하게 설계되며, 크게는 금전적 방식, 조세 방식, 그리고 현물 기여 방식(공공기여)으로 나눌 수 있다. 이들 방식은 독립적으로 적용되기도 하지만, 실제로는 서로 보완적으로 작동하여 개발이익의 전 과정에서 공공 환수가 이루어질 수 있도록 한다.

1. 금전적 부담 방식

가장 직접적인 개발이익 환수 방법은 부담금 형태의 금전적 환수이다. 이는 공공이 특정 행위에 대해 조건부로 허용하면서 일정 금액을 부과하는 방식으로, 개발과 직접적으로 연계된 공공재원 확보 수단으로 활용된다.

대표적인 예가 개발부담금이다. 개발부담금은 일정 규모 이상의 개발사업으로 인해 토지의 가치가 상승한 경우, 해당 상승분 중 정상적인 지가 상승분과 개발비용을 공제한 순수한 초과이익에 대해 일정 비율을 징수하는 제도다. 이 부담금은 개발 사업 완료 이후에 부과되며, 실질적인 개발이익의 공공 환수를 목적으로 한다. 개발부담금의 부과 비율은 통상적으로 20~25% 수준에서 결정된다.

또한, 원인자 부담금과 수익자 부담금 역시 중요하다. 이는 개발행위로 인해 도로, 하수도, 상수도 등 기반시설이 새로이 필요하게 된 경우, 그 설치비용을 개발의 원인을 제공하거나 혜택을 받는 자에게 전가하는 방식이다. 이러한 부담은 개발이 사회에 미치는 영향을 비용화하여 공공의 부담을 줄이고, 개발의 외부효과를 내부화하려는 정책적 기법이다.

개발착수 이전의 단계에서는 간주취득세, 농지전용부담금, 산지전용부담금 등의 방식으로 잠재적 개발이익을 사전에 일부 환수하기도 한다. 이는 개발에 따른 자원의 전용을 통해 발생할 수 있는 가치 상승을 조기에 포착하여 공공재원으로 전환하기 위한 전략이다.

2. 조세 방식

개발이익 환수는 부담금 외에도 조세제도를 통해 실현된 이익을 과세하는 방식으로도 수행된다. 이는 개발된 토지나 건물이 시장에 매각되어 이익이 실현되는 시점에 과세가 이루어지기 때문에, 실현이익 중심의 사후 환수 방식이라고 할 수 있다.

대표적으로 양도소득세가 있다. 이는 개발이 완료된 부동산을 양도할 때 발생하는 양도차익에 대해 과세하는 제도로, 실현된 이익의 일정 부분을 국가가 환수하게 된다. 특히 고가의 부동산 거래나 다주택자의 양도 시에는 중과세가 적용되어, 실효성 있는 환수가 이루어질 수 있다.

또한, 법인세나 사업소득세 등도 개발이익이 기업이나 법인의 영업이익으로 귀속될 경우 해당 소득을 과세 대상으로 삼아 환수하는 방식이다. 이들은 모두 세법 체계 내에서 작동하는 환수 도구로서, 부담금과는 달리 일반 조세 원칙에 따라 납세의무를 발생시킨다.

조세에 의한 환수는 부담금보다 폭이 넓고 법적으로 정비된 구조를 갖추고 있으며, 개발사업 이익이 실현되어야만 적용되는 한계가 있지만, 개발이익의 사후적 정산 방식으로는 필수적이다.

3. 공공기여 방식(현물 제공 방식)

금전적인 방식 외에도 현물 형태로 개발이익을 환수하는 제도적 장치도 있다. 이를 “공공기여(public contribution)”라고 하며, 대표적인 수단으로 기부채납이 있다.

기부채납은 민간 개발자가 개발 과정에서 발생한 일부 이익을 토지, 기반시설, 공공시설 부지 등으로 무상 제공하는 방식이다. 이는 보통 도시계획 변경(예: 지구단위계획 수립, 용도지역 상향 등)이나 대규모 민간개발사업에서 허가 조건으로 부과되며, 도시계획의 실현과 공공편익 확보를 동시에 달성할 수 있도록 한다.

예를 들어, 대규모 복합시설 개발 시 일정 비율의 부지를 공원이나 도로 등 공공시설용으로 기부하거나, 일정 수의 공공임대주택을 의무적으로 건설하도록 하는 것이 일반적이다. 이러한 방식은 개발이 지역사회에 미치는 외부 효과를 고려한 보상적 성격을 띠며, 개발이익을 현물로 공공에 귀속시키는 직접적 방식이라는 점에서 의의가 있다.

기부채납은 종종 “사실상의 부담금”으로 해석되기도 하지만, 도시계획 및 국토이용의 정합성과 공익성 확보라는 점에서 개발부담금과 구분되며, 공공기여의 질적 수준을 높이는 방식으로 운용된다.

이와 같이 개발이익 환수는 단일한 방식으로 이루어지는 것이 아니라, 개발사업의 성격과 단계, 개발이익의 실현 방식에 따라 복합적으로 설계된 정책도구이다. 부담금 부과 방식은 개발로 인해 초래되는 사회적 비용을 반영하여 직접적인 환수를 가능하게 하며, 조세 방식은 실현 이익에 대해 사후적으로 공공재정을 확보한다. 공공기여 방식은 도시공간의 구조와 공공성을 유지하기 위한 비재정적 수단으로 작용한다. 이처럼 다양한 방식이 상호 보완적으로 설계되고 연계되어야만 개발이익 환수제도의 실효성을 확보할 수 있다.

| 1.4 | 개발이익 환수와 관련한 법률

우리나라에서 개발이익 환수에 대한 사항을 포함하고 있는 법률과 주요 내용을 살펴보면 <표 9-1>과 같다. <표 9-1>에서 보는 바와 같이 우리나라에서 개발이익 환수는 도시개발사업이나 정비사업 등 개발을 통해 발생하는 초과이익을 공공이 일정 부분 회수하여 사회 전체에 환원하는 공공의 장치로 자리매김하고 있다. 이는 도시의 계획적 발전과 자원의 공정한 분배, 사회적 형평성 확보를 위한 제도적 장치이며, 여러 법률을 통해 실질적으로 운영되고 있다.

개발이익 환수의 가장 대표적인 수단은 「개발이익환수법」이다. 이 법은 일정 규모 이상의 도시개발사업, 산업단지개발, 관광단지개발, 유통단지개발 등을 대상으로 하여, 개발로 인해 상승한 토지가치를 기준으로 개발부담금을 부과함으로써 이익을 환수한다. 이렇게 환수된 금액은 도로, 공원 등 기반시설 설치나 지역발전을 위한 재투자에 사용된다.

또한, 「국토계획법」에서는 도시관리계획 수립 또는 지구단위계획 변경 시 발생하는 계획이득에 대해 공공기여를 부과할 수 있도록 하고 있다. 이는 기부채납이나 비용 납부의 형태로 이뤄지며, 계획 단계에서부터 공공성과 개발이익 공유를 제도적으로 확보할 수 있게 한다.

표 9-1 개발이익 환수 관련 법제도

범주	법률	주요 내용 및 개발이익 환수 방식
일반 개발 이익 환수	「개발이익 환수법」	• 도시개발사업, 산업단지개발, 관광단지개발, 유통단지개발 등 일정 규모 이상 개발사업을 대상으로 함 • 개발사업에서 발생한 토지가치 상승분을 기준으로 개발부담금 부과 • 공공이 개발이익 일부를 환수해 기반시설 설치, 지역발전 등에 재투자
	「국토계획법」	• 도시 · 군관리계획의 입안 제안 시 기반시설 기부채납 가능(법 제26조) • 지구단위계획 수립 시 공공시설 부지 제공 등 가능(법 제52조) • 지구단위계획 변경 등을 통해 발생한 계획이득에 대해 공공기여(기부채납 또는 비용납부) 부과 가능(법 제52조의2)
	「도시개발법」	• 도시개발구역 지정 후 실시계획 수립 시 기반시설 설치 부담 • 환지 · 기부채납 등으로 개발이익 일부 환수
	「산업입지법」	• 산업단지 조성 시 사업시행자는 산업시설 외 기반시설을 설치해야 하며, 이 과정에서 개발이익의 일부가 공공에 기여됨
	「공공주택 특별법」	• 공공주택지구 내 개발사업에서 발생하는 이익을 공공이 통제하고, 임대주택 공급 등 공공성 강화에 사용
	「택지개발 촉진법」	• 택지개발사업 시행자는 개발로 인한 이익을 일부 공공시설 설치에 사용
정비 사업 관련 개발 이익 환수	「도시정비법」	• 재개발 · 재건축 시 사업시행자가 부담금 또는 임대주택 기부채납 등 공공기여 이행(공공성 확보와 개발이익 일정 부분 환원)
	「도시재정비법」	• 재정비촉진지구 지정 시 인센티브(용적률 완화)를 통해 민간 참여를 유도하되, 그에 따른 공공기여(기부채납 또는 기반시설 제공 등) 요구
	「재건축이익 환수법」	• 조합설립인가 시점 대비 준공 시점의 1인당 평균 부담금 기준으로 재건축사업으로 발생한 초과이익의 일부를 현금으로 환수 ※ 정비사업 중 재건축에만 적용되는 독립 법률
기타	「주택법」	• 대규모 주택건설 시 기반시설 설치의무 등
	「건축법」	• 건축 인허가 과정에서 기반시설 부담 요건 존재
	「지방세법」	• 개발로 인해 부동산 가치가 상승하는 경우 취득세, 재산세, 양도소득세 등 세제 부과
	「공유재산법」	• 공공기여로 제공된 부지 · 시설의 귀속 및 관리

「도시개발법」은 도시개발구역 지정과 실시계획 수립 시 환지 또는 기부채납을 통해 개발이익을 일정 부분 환수하도록 하고 있으며, 「산업입지법」은 산업단지 조성 시 기반시설 설치 의무를 통해 개발이익이 공공에 귀속되도록 설계되어 있다. 이외에도 「공공주택법」과 「택지개발촉진법」 등에서는 공공이 개발이익을 통제하거나 공공시설 설치에 활용함으로써 개발로 인한 사익의 독점화를 방지하고 있다.

정비사업과 관련해서는, 「도시정비법」과 「재정비촉진법」이 대표적인 법률이다. 이들 법에서는 재개발·재건축 등 정비사업 시행자가 부담금 납부나 임대주택 기부채납 등 다양한 방식으로 공공기여를 이행하도록 하며, 이를 통해 개발이익의 일정 부분을 공공에 환원하도록 규정하고 있다. 특히 정비촉진지구의 경우 용적률 완화 등 민간 인센티브를 제공하는 대신, 그에 상응하는 공공기여를 요구함으로써 이익의 균형 있는 배분을 도모하고 있다. 한편, 정비사업 중 재건축사업에 대해서는 독립적인 환수법인 「재건축이익환수법」이 별도로 존재한다. 이 법은 조합설립인가 이후 준공 시점까지의 기간 동안 발생한 1인당 초과이익을 산정하여 일정 금액(3,000만 원) 초과 시 차등적인 부담률(최대 50%)을 적용해 현금으로 환수하는 구조다. 환수된 금액은 국민주택기금과 공공임대주택 건설 등에 활용되어 공공성을 제고하는 데 기여한다.

이 외에도 「주택법」, 「건축법」, 「지방세법」, 「공유재산법」 등 다양한 법률이 개발이익의 환수 또는 공공 귀속에 기여하고 있으며, 이들은 각기 다른 개발유형과 규모, 시행 주체에 따라 상호 보완적으로 작용하고 있다. 이와 같이 우리나라의 개발이익 환수 관련 법제도는 개발로 인해 발생한 사적 이익을 일정 부분 공공이 회수함으로써 도시의 계획적 관리, 기반시설 확보, 사회적 형평성 실현 등을 목적으로 운영되고 있으며, 이는 지속가능하고 공정한 도시 발전을 위한 핵심 제도적 수단이라 할 수 있다.

제 2 절 개발이익환수법에 따른 개발부담금

| 2.1 | 개발부담금 대상 사업과 납부의무자

1. 개발부담금의 부과대상 사업

개발부담금은 토지에 대한 투기 발생이 쉽고, 정상지가상승분을 초과하는 개발이익이 발생할 것으로 예상되는 대규모 개발사업으로 부과대상을 한정하고 있다. 「개발이익환수법」에서 개발부담금의 부과대상이 되는 개발사업은 국가 또는 지방자치단체로부터 인가·허가·면허 등(신고 포함)을 받아 시행하는 택지개발사업을 비롯하여 7개의 사업과 그밖에 이와 유사한 사업이다. 즉, 개발부담금의 부과대상인 개발사업은 다음의 <표 9-2>에 해당하는 사업 등으로 한다(법 제5조제1항, 시행령 제4조제1항에 의한 별표1).

표 9-2 개발부담금 부과대상 사업

사업유형	대상사업
1. 택지개발사업	「주택법」에 따른 대지조성사업, 주택건설사업 「택지개발촉진법」에 따른 택지개발사업
2. 산업단지개발사업	「산업입지 및 개발에 관한 법률」에 따른 국가산업단지개발사업, 일반산업단지개발사업, 도시첨단산업단지개발사업, 농공단지개발사업 「중소기업진흥에 관한 법률」에 따른 협동화사업 단지조성사업
3. 관광단지조성사업	「관광진흥법」에 따른 관광지조성사업, 관광단지조성사업 「국토의 계획 및 이용에 관한 법률」에 따른 유원지 설치사업 「도시공원 및 녹지 등에 관한 법률」에 따른 공원사업 「온천법」에 따른 굴착사업, 온천 개발사업 「자연공원법」에 따른 공원사업
4. 도시개발사업, 지역개발사업, 도시환경정비사업	「경제자유구역의 지정 및 운영에 관한 특별법」에 따른 경제자유구역개발사업 「도시개발법」에 따른 도시개발사업 「도시 및 주거환경정비법」에 따른 정비사업 「제주특별자치도 설치 및 국제자유도시 조성을 위한 특별법」에 따른 국제자유도시개발사업

	「주한미군기지 이전에 따른 평택시 등의 지원 등에 관한 특별법」에 따른 평택시개발사업, 국제화계획지구 개발사업 「지역개발 및 지원에 관한 법률」에 따른 지역개발사업 「규제자유특구 및 지역특화발전특구에 대한 규제특례법」에 따른 특화사업
5. 교통시설 및 물류시설 용지조성사업	「국토의 계획 및 이용에 관한 법률」에 따른 자동차 및 건설기계 운전학원 설치사업, 여객자동차터미널사업, 유통업무설비 설치사업 「물류시설의 개발 및 운영에 관한 법률」에 따른 물류단지개발사업, 물류터미널사업 「여객자동차 운수사업법」에 따른 여객자동차터미널사업
6. 체육시설 부지조성사업	「경륜 · 경정법」에 따른 경륜장 설치사업, 경정장 설치사업 「국토의 계획 및 이용에 관한 법률」에 따른 골프장 건설사업 「체육시설의 설치 · 이용에 관한 법률」에 따른 체육시설업을 위한 부지조성사업
7. 지목변경이 수반되는 사업	「건축법」에 따른 건축물의 건으로 사실상 또는 공부상의 지목변경이 수반되는 사업
8. 1에서 6까지의 사업과 유사한 사업	「건축법」에 따른 창고시설의 설치로 사실상 또는 공부상의 지목변경이 수반되는 사업을 위한 용지조성사업 「국토의 계획 및 이용에 관한 법률」에 따른 창고시설의 설치를 위한 용지조성사업 「중소기업창업 지원법」에 따른 공장용지조성사업 「산업집적활성화 및 공장설립에 관한 법률」에 따른 산업단지 외의 지역에서의 공장용지조성사업 및 공장설립을 위한 부지조성사업 「국토의 계획 및 이용에 관한 법률」에 따른 개발행위 허가(신고), 「농지법」에 따른 농지전용 허가(신고), 「산지관리법」에 따른 산지전용 허가(신고), 「초지법」에 따른 초지전용 허가(신고)에 따라 시행하는 사업으로서 주택을 건축하기 위한 용도로 토지를 개발하는 사업 또는 사실상 또는 공부상의 지목변경이 수반되는 사업

자료: 「개발이익 환수에 관한 법률 시행령」 제4조제1항에 의한 별표1

2. 개발부담금 납부 대상 규모 및 특례

부담금의 부과대상(법 제5조)이 되는 개발사업의 규모는 기본적으로 관계 법률에 따라 국가 또는 지방자치단체로부터 인가·허가·면허 등(신고 포함)을 받은 사업 대상 토지의 면적이 다음에 해당하는 경우로 한다(시행령 제4조제1항).

1. 특별시 · 광역시 또는 특별자치시의 지역 중 도시지역인 지역에서 시행하는 사업(제3호의 사업을 제외한다)의 경우 660㎡이상
2. 위 제1호 외의 도시지역인 지역에서 시행하는 사업(제3호의 사업을 제외한다)의 경우 990㎡이상
3. 도시지역 중 개발제한구역에서 그 구역의 지정 당시부터 토지를 소유한 자가 그 토지에 대하여 시행하는 사업의 경우 1,650㎡이상
4. 도시지역 외의 지역에서 시행하는 사업의 경우 1,650㎡이상

개발사업이 위의 시행령 제4조제1항의 제1호 내지 제4호의 지역 중 둘 이상의 지역에 걸쳐 시행되는 경우에는 부과 대상이 되는 토지면적을 다음의 기준에 의하여 산정한다(시행령 제4조제2항).

1. 위 제1호의 지역의 1㎡는 제2호의 지역의 1.5㎡, 제3호 및 제4호 지역의 2.5㎡에 해당하는 것으로 본다.
2. 위 제2호의 지역의 1㎡는 제3호 및 제4호 지역의 3/5㎡에 해당하는 것으로 본다.

한편, 동일인(법인을 포함, 자연인인 경우에는 배우자 및 직계 존·비속을 포함한다)이 연접한 토지(동일인이 소유한 연속된 일단의 토지인 경우를 포함한다)에 하나의 개발 사업이 끝난 후 5년 이내에 개발사업의 인가 등을 받아 사실상 분할하여 사업을 시행하는 경우에는 각 사업의 대상 토지 면적을 합한 토지에 하나의 개발사업이 시행되는 것으로 본다(법 제5조제2항 및 제3항, 시행령 제4조제1항).

「중소기업진흥에 관한 법률」에 따라 시행하는 협동화사업단지조성 사업의 규모를 산정함에 있어서는 제1항(위의 첫 문단)에도 불구하고 해당 협동화사업단지조성사업에 참여한 중소기업자별 면적(공동시설부지에 대하여 중소기업자별 지분에 의하여 산정한 면적을 포함한다)의 토지에 각각의 개발사업이 시행되는 것으로 본다(시행령 제4조제3항).

시행령 제4조의2에서는 개발부담금 부과 대상 사업의 토지 면적에 관한 임시특례를 정하고 있는데, 2017년 1월 1일부터 2019년 12월 31일까지 인가 등

을 받은 사업의 개발부담금 부과대상 토지면적에 대해서는 위의 시행령 제4조제1항의 제1호~제4호에도 불구하고 다음의 구분에 따른다. 이 경우 토지면적의 산정에 관하여는 시행령 제4조제2항부터 제4항까지의 규정에 따른다.

1. 제4조제1항제1호에 따른 사업: 1천㎡ 이상
2. 제4조제1항제2호에 따른 사업: 1천500㎡ 이상
3. 제4조제1항제3호 또는 제4호에 따른 사업: 2천500㎡ 이상

시행령 제4조의2에서는 비수도권 지역에서 시행하는 개발부담금 부과 대상 사업의 토지 면적에 관한 임시특례를 정하고 있다. 즉 「수도권정비계획법」에 따른 수도권이 아닌 지역에서 시행하는 별표1(위 <표 9-2>)에 따른 개발사업으로서 2023년 9월 1일부터 2024년 12월 31일까지 인가 등을 받은 사업의 개발부담금 부과 대상 토지 면적에 대해서는 위 시행령 제4조제1항제1호부터 제4호까지의 규정에도 불구하고 다음의 구분에 따른다. 이 경우 토지 면적의 산정에 관하여는 제4조제2항부터 제4항까지의 규정에 따른다.

1. 제4조제1항제1호에 따른 사업: 1천㎡ 이상
2. 제4조제1항제2호에 따른 사업: 1천500㎡ 이상
3. 제4조제1항제3호 또는 제4호에 따른 사업: 2천500㎡ 이상

3. 개발부담금 납부 의무자

1) 사업시행자

개발부담금의 납부 의무는 원칙적으로 납부대상 개발사업의 사업시행자이다. 다만, 개발사업의 위탁자 또는 도급자, 타인의 토지를 임차하여 사업시행을 한 경우 토지소유자, 개발사업 완료 전 사업시행자의 지위를 승계하는 경우 그 지위를 승계한 자, 납부의무자가 조합인 경우 해당 조합원이 분담비율에 따라 개발부담금을 납부해야 한다(법 제6조제1항).

2) 조합

개발부담금 납부 대상자가 조합인 경우(「주택법」에 따른 주택조합, 「도시개발법」에 따른 조합, 「도시정비법」에 따른 재개발사업조합)로, 조합이 해산하거나(조합이 해산한 경우에는 해산 당시의 조합원을 말한다), 조합의 재산으로 그 조합에 부과되거나 그 조합이 납부할 개발부담금·가산금 등에 충당하여도 부족한 경우에는 조합원이 납부하여야 한다(법 제6조제2항, 시행령 제5조제1항). 이 경우 조합원이 납부하여야 할 부담금은 조합이 내야 할 부담금·가산금을 조합의 규약에 따라 각 조합원에게 배분한 금액으로 하며 납부기한은 부과 고지일부터 30일로 한다(시행령 제5조제2항 및 제3항).

3) 납부의무의 승계 등

개발부담금 납부의무의 승계 및 제2차 납부의무에 관하여는 「지방세기본법」 제41조부터 제43조까지 및 제45조부터 제48조까지의 규정을 준용하고, 개발부담금 연대 납부의무에 관하여는 「지방세기본법」 제44조, 「민법」 제413조부터 제416조까지, 제419조, 제421조, 제423조 및 제425조부터 제427조까지의 규정을 준용한다(법 제6조제3항).

4) 연대납부의무

공유물(공동주택의 공유물은 제외), 공동사업 또는 그 공동사업에 속하는 재산에 관계되는 지방자치단체의 징수금은 공유자 또는 공동사업자가 연대하여 납부할 의무를 진다(지방세기본법 제44조).

5) 제2차 납부 의무

납부 의무를 가진 법인이 해산된 경우로서 그 법인에 부과되거나 그 법인이 납부할 개발부담금·가산금·체납처분비를 납부하지 아니하고 잔여재산을 분배·인도함으로써 그 법인으로부터 부담금을 징수할 수 없거나 부족한 경우에는 청산인 또는 잔여재산을 분배받거나 인수한 자로부터 부족분을 징수한다.

그리고 법인(단, 상장법인은 제외한다)의 재산으로 그 법인에게 부과되거나 그 법인이 납부할 개발부담금·가산금과 체납처분비에 충당할 수 없는 경우에는 1. 무한책임사원 또는 2. 주주 또는 유한책임사원과 「국세기본법시행령」 제20

조의 규정에 의한 친족관계나 특수관계에 있는 자로서 그들의 소유주식금액이나 출자액의 합계액이 그 법인의 발행주식총액 또는 출자총액의 과반수 이상인 과점주주에게서 그 부족분을 징수한다.

법인의 무한책임사원 또는 과점주주가 납부의무자인 경우로서 그 재산으로 개발부담금·가산금과 체납처분비에 충당할 수 없는 경우에는 당해 법인이 무한책임사원 또는 과점주주가 납부하여야 할 개발부담금·가산금·체납처분비의 제2차 납부의무자가 된다.

개발부담금의 납부의무의 승계, 연대납부의무 및 제2차 납부의무에 관하여는 「지방세기본법」 제41조부터 제48조까지의 규정을 준용한다.

4. 부과 제외 및 감면

개발부담금은 국가, 지방자치단체 또는 공기업이 공공목적으로 시행하는 경우 개발부담금에 대해서 면제 또는 경감이 가능하다. 부담금이 면제 또는 경감되는 사항은 각각 다음과 같다.

먼저, 개발부담금이 면제되는 사업은 다음과 같다.

첫째, 국가가 시행하는 사업, 지방자치단체가 공공목적을 위하여 시행하는 사업 중 대통령령(시행령 제6조제1항)이 정하는 사업(법 제7조제1항)

둘째, 법 부칙(제9045호, 2008.3.28.) 제4조에서 개발부담금의 징수에 관한 특례에 따라 개발부담금 부과대상 사업이 시행되는 비수도권 지역에서 발생하는 개발이익에 대해서는 2002년 1월 1일부터 2005년 12월 31일까지, 수도권 지역에서 발생하는 개발이익에 대하여는 2004년 1월 1일부터 2005년 12월 31일까지 각각 인가 등을 받은 사업

셋째, 부담금의 경감(법 제7조제2항의 규정)에 불구하고 「산업입지법」에 의한 산업단지개발사업(수도권 제외), 「중소기업창업법」에 따라 사업계획 승인을 받아 시행하는 공장용지 조성사업, 「관광진흥법」에 따른 관광단지 조성사업(수도권 제외) 및 「물류시설법」에 따른 물류 단지개발사업(수도권 제외)(법 제7조제3항)

넷째, 법(제5572호, 1998. 9. 19) 부칙 제3조 개발부담금의 면제에 관한 특례로 1999년 12월 31일 이전에 허가 등을 받은 개발사업(단, 이 법 시행 당시 부과종료

시점부터 3월이 경과하지 아니한 경우로서 개발부담금이 부과되지 아니한 사업분부터 적용. 따라서, 1998.6.18일까지 부과종료시점이 도달한 사업은 부과대상임)

다섯째, 법 제5조제1항제1호부터 제6호까지의 개발부담금 부과대상 사업으로서 비수도권 지역에서 2015년 7월 15일부터 2018년 6월 30일까지 인가 등을 받은 개발사업

다음으로 개발부담금 50%를 경감하는 사업은 다음과 같다.

첫째, 지방자치단체가 시행하는 개발사업으로서 위의 부과 제외 개발사업에 해당하지 아니하는 사업(법 제7조제2항제1호)

둘째, 「공공기관운영법」에 따른 공공기관, 「지방공기업법」에 따른 지방공기업 및 특별법에 따른 공기업 등 대통령령으로 정하는 공공기관(시행령 제6조제2항의 규정)이 시행하는 ① 택지개발사업(주택단지조성사업 포함, ② 산업단지개발사업, ③「관광진흥법」에 의한 관광지조성사업 및 관광단지조성사업, ④ 도시개발사업, 지역개발사업 및 도시환경정비사업(「지역개발지원법」에 따른 지역개발사업 제외), ⑤「물류시설법」에 의한 물류단지개발사업 및 물류터미널사업을 위한 용지조성사업(시행령 제6조제3항제1호)

셋째, 법 제7조제2항 및 시행령 제6조제2항의 사업에 열거된 사업과 법 제5조제1항제1호부터 제6호까지의 개발부담금 부과대상 사업으로서 수도권 지역에서 2015년 7월 15일부터 2018년 6월 30일까지 인가 등을 받은 개발사업

이외에도 시장·군수·구청장은 지역에 대한 민간투자의 활성화 등을 위하여 지방의회의 승인을 받아 관할 구역에서 시행되는 제5조제1항의 개발사업에 대한 개발부담금을 제4조제1항에 따라 지방자치단체에 귀속되는 귀속분의 범위에서 경감할 수 있다. 다만, 해당 지방자치단체의 지가가 급격히 상승할 우려가 있는 등 대통령령으로 정하는 사유가 있는 경우에는 그러하지 아니하며(법 제7조제4항), 이때 대통령령이 정하는 사유는 경감요청 직전 월의 지방자치단체 지가상승률이 전국 소비자 물가상승률의 100분의 130보다 높은 경우와 직전 월부터 소급하여 지방자치단체의 2개월간의 월평균 지가상승률이 전국지가상승률의 100분의 130보다 높은 경우이다.

| 2.2 | 개발부담금의 부과 기준

개발부담금은 개발이익에 부담률을 곱하여 산정한다(법 제13조). 그런데 개발부담금은 개발이익의 정의와 산정방법 그리고 개발이익을 결정하는 요소에 따라 달리 산정될 수 있기 때문에 구체적이고 공정하게 결정해야 한다.

개발부담금 = 개발이익 × 부담률
이때, 개발이익 = [종료시점 지가 - (개시시점 지가 + 정상지가상승분 + 개발비용)]
　　부담률: 개별 입지 사업은 25%, 계획입지 사업은 20%로 적용

「개발이익환수법」에서 개발이익은 개발사업으로 인해 토지에서 발생하는 순이익으로 개발 전·후 토지가치의 차이에서 정상지가 상승분과 실제 개발에 투입된 비용(법 제11조, 영 제12조)을 제하여 산정하도록 하고 있다. 따라서 개발부담금의 부과 기준이 되는 개발이익은 부과 종료 시점의 부과 대상 토지의 가액(종료시점지가)에서 부과 개시시점의 토지가액(개시시점지가)과 정상지가상승분, 개발비용을 뺀 금액으로 한다(법 제8조).

개발이익의 결정요소인 종료시점지가, 개시시점지가, 개발비용, 정상지가상승분은 「개발이익환수법」에서 구체적으로 정하고 있다. 지가 산정을 위한 기준시점이 되는 부과 개시 시점과 부과 종료 시점은 각각 개발사업의 인가일과 준공인가일로 정한다(법 제9조). 따라서 종료시점시간은 준공일 기준의 개별공시지가이며, 개시시점지가는 개발사업의 인·허가(신고, 면허)일을 기준으로 한 개별공시지가로 산정한다. 다만 매입취득가격을 개시시점지가로 할 경우 종료시점지가는 둘 이상의 감정평가 결과를 평균한 가액을 사용한다(시행규칙 제8조). 정상지가상승분은 평균지가변동률 또는 국토교통부장관이 결정·고시하는 이자율을 고려하여 산정한다(시행령 제2조제4항).

개발비용은 개발사업의 시행과 관련해 지출한 비용을 합산한 금액이다(법 제11조). 개발비용에는 순공사비, 조사 및 설계비, 일반관리비, 기부채납한 경우 그 가액, 각종부담금, 토지개량비, 제세공과금, 보상비 등을 모두 합산하여 산

정한다. 개발사업자는 각각의 비용을 국토교통부장관이 고시하는 단위면적당 표준비용, 「국가를 당사자로 하는 계약에 관한 법률 시행령」 및 「지방자치단체를 당사자로 하는 계약에 관한 법률 시행령」의 예정가격 결정기준 및 요율, 「엔지니어링산업 진흥법」에 따른 엔지니어링사업대가의 기준 등을 활용하여 객관성을 확보하거나 개발비용명세서를 제출해야 한다.

표 9-3 개발부담금의 부담률 및 부과 감면 대상 변화

일자	내용
1990.01.01.	개발이익의 50%
1998.09.19. ~ 1999.12.31.	개발부담금 한시적 부과중지
2000.01.01.	재부과 및 부담률 인하(50%→25%)
2002.01.01.	수도권(서울, 인천, 경기) 이외의 지역 부과 중지(부담금관리기본법 제정)
2004.01.01.	수도권지역 부과중지
2006.01.01.	전국 재부과, 부담률 25%
2014.01.14.	계획입지사업(20%), 개별입지사업(25%) 부담률 조정 계획입지사업으로 2014.07.15.부터 2015.07.14.까지 인가 등을 받은 사업은 수도권 50% 감면, 지방 100% 면제
2015.08.11.	계획입지사업 한시감면 연장 (2018년 6월 30일까지 인가 등을 받은 사업)
2016.12.30.	부담금 부과대상 토지면적 기준 한시상향 조정 (2017.01.01.~2019.12.31. 인가 등을 받은 사업에 적용) ※660㎡→1,000㎡(특 · 광역시 도시지역) ※990㎡→1,500㎡(특 · 광역시 이외 도시지역) ※1,650㎡→2,500㎡(비도시지역)
2018.06.30.	계획입지사업 한시감면 종료
2019.12.31.	개발부담금 부과대상사업의 토지면적 임시특례 종료

자료: 기획재정부(2021) 2020년도 부담금운용종합보고서

한편, 개발부담금의 부담률은 사업유형별로 상이하다. 계획입지[1] 사업의 경우 20%, 개별입지[2] 사업의 경우 25%의 부담률을 적용한다(법 제13조). 당초 「개발이익환수법」이 제정될 당시에는 모든 대상 사업에 대해 개발이익의 50%의 부담률을 적용했으나, 2000년 1월 1일 이후 인가 사업에 대해 25%로 인하됐으며, 2014년부터는 계획입지 사업과 개별입지 사업을 차등하여 부담률을 적용하고 있다.

| 2.3 | 개발부담금의 부과와 징수

1. 개발부담금의 부과

개발부담금은 시장·군수·구청장이 사업시행자에게 부과한다(법 제14조). 따라서 부과 대상인 개발사업의 인가 등을 한 행정청은 15일 이내에 인가 사실을 시장·군수·구청장에게 알려야 한다(법 제25조). 따라서 개발사업의 인·허가 자료를 확인하여 대상사업에 개발부담금을 부과하는 과정은 수시로 이루어진다.

시장·군수·구청장이 개발부담금을 부과하기 위해서는 사전에 부과대상으로 고지된 납부 의무자에게 미리 부과기준과 부과 금액을 알려야 한다(시행령 제15조). 납부 의무자에게는 해당 개발사업에 대한 인가 등의 내용, 개발부담금 납부 의무자, 개발부담금 산정방법, 개발비용 산출명세서의 제출의무 및 과태료 부과에 관한 사항, 개발부담금 납부 및 이의신청 방법 및 그 밖에 개발부담금 부과 대상 개발사업의 고지에 필요한 사항의 내용이 고지되어야 한다(시행규칙 제22조).

개발부담금은 개발사업의 준공일을 부과 종료 시점으로 하여 5개월 이내에 결정하여 부과해야 한다(법 제14조). 납부 의무자가 제출하는 개발비용명세서,

---

1) 계획입지사업: 선계획 후개발 원칙에 따라 지구단위계획 등을 수립하여 시행하는 대규모 개발사업(법 제5조제1항제1호~제6호)으로 ① 택지개발사업(주택단지조성사업 포함), ② 산업단지개발사업, ③ 관광단지조성사업(온천 개발사업 포함), ④ 도시개발사업, 지역개발사업 및 도시환경정비사업, ⑤ 교통시설 및 물류시설 용지조성사업, ⑥ 체육시설부지 조성사업(골프장 건설사업 및 경륜장·경정장 설치사업 포함)이 해당된다.

2) 개별입지사업: 지목변경 수반 건축사업 등으로 개별 법령에 의하여 사업지구로 지정되거나 지구단위계획이 수립되지 않은 곳에서 시행되는 사업(법 제5조제1항 제7호 및 제8호)이다.

종료시점지가 등을 신뢰성 있게 검증하기 위해서는 표준지 선정에 대한 적정성을 심의할 수 있는 부동산가격공시위원회를 운영해야 하고, 감정평가사의 검증을 거쳐야 한다. 개발비용은 산정기관에 검증을 의뢰하여 납부 의무자가 제시한 금액의 사실여부를 확인해야 한다(시행규칙 제8조, 제10조의2). 납부 의무자는 예정 통지를 받은 날부터 30일 이전에 심사를 청구할 수 있다(시행령 제16조). 개발부담금을 징수할 수 있는 권리와 개발부담금의 과오납금의 환급 권리는 5년이 지나면 소멸시효가 완성된다(법 제17조).

2. 개발부담금의 징수

납부 의무자는 개발부담금 부과일로부터 6개월 이내에 부담금을 납부해야 한다(법 제18조). 시장·군수·구청장이 납부 의무자가 개발부담금을 납부하기 곤란하다고 인정하는 경우, 납부 의무자는 3년의 범위 내에서 납부기한을 연기할 수 있으며, 5년 이내의 범위에서 분할 납부하는 것이 가능하다(법 제20조).

3. 징수금의 배분 및 사용

개발이익의 20~25%를 환수한 개발부담금은 국토의 효율적 이용을 위해 국토의 균형발전을 위해 일부 활용된다. 징수된 부담금의 50%에 해당하는 금액은 개발이익이 발생한 토지가 속하는 지방자치단체에 귀속되고, 이를 제외한 나머지 개발부담금은 「지방분권균형발전법」에 따른 국가균형발전특별회계에 귀속된다(법 제4조제1항). 지방자치단체는 개발부담금의 징수에 소요되는 징수수수료를 지급받을 수 있으며, 지방자치단체에 귀속되는 개발부담금의 범위 내에서 민간투자활성화를 위해 부담금을 일부 경감할 수 있다(제4조제2항 및 제4항).

지방자치단체는 귀속된 개발부담금을 지방자치단체의 토지관리 및 지역균형개발사업을 효율적으로 추진하는 데에 사용해야 하고, 개발부담금을 재원으로 하는 토지관리특별회계를 설치할 수 있다(시행령 제3조제4항). 그 외에도 「도시재생 활성화 및 지원에 관한 특별법」에 따라 지방자치단체 귀속분 일부를 도시재생특별회계의 세입으로 하여 도시재생을 위한 전략계획 수립, 도시재생 활성화지역 내 폐가, 공가의 매입과 활용에 사용할 수 있다.

| 2.4 | 벌칙 및 과태료

시장·군수·구청장은 개발부담금이 완납되지 않은 경우 납부 기한 이후 10일 이내에 독촉장을 발부하고, 「지방세징수법」 제30조를 준용하여 체납된 개발부담금의 3%에 상당하는 가산금을 징수할 수 있고, 1개월 체납시마다 월 0.75%에 상당하는 중가산금을 60개월 이내에서 초과 징수할 수 있다(제21조). 납부 독촉을 받은 납부 의무자가 지정된 기한 내에 개발부담금과 가산금을 완납하지 않는 경우 「지방행정제재·부과금의 징수 등에 관한 법률」에 따라 관허사업 제한, 체납자 명단공개 등의 지방행정제재를 가할 수 있고 체납처분절차를 이행할 수 있다(제22조). 개발비용명세서를 제출하지 않은 납부 의무자에게는 200만 원 이하의 과태료를 부과할 수 있다.

| 2.5 | 개발이익 환수절차

1. 환수절차

개발부담금은 개발사업 인가 시점에 부과대상을 고지하고 개발사업 준공 이후에 개발비용을 반영한 부담금액을 결정한다. 개발비용과 부담금액은 시장·군수·구청장과 사업시행자가 각각 검토하여 부담금액을 조정하거나 이의를 제기할 수 있다. 부담금액이 결정되면 사업시행자는 현납 또는 물납 형태로 개발부담금을 납부해야 한다. 해당 법령에는 각각의 절차는 최대소요기간이 명시되어 있다.

부담금 부과 대상 개발사업(「개발이익환수법 시행령」)의 개발사업인가 통보일로부터 15일 이내에 부과대상임이 고지된다. 개발사업이 준공되면 사업시행자는 40일 이내에 개발사업에 소요된 개발비용 명세서를 제출하면 제출일부터 60일 이내에 시장·군수·구청장은 납부의무자에게 부담금 부과기준과 부과금액을 예정 통지한다. 부담금 예정 통지를 받은 사업시행자는 납부고지 이전에 이의가 있는 경우 통지일로부터 30일 이내에 심사를 청구할 수 있으며 시장·군수·구청장은 15일 이내에 결과를 통지해야 한다. 전체적인 부과과정은 개발사업 준공 후 5개월 이내에 완료되어야 한다. 개발부담금이 부과되면 사업시행자는 부과일로부터 6개월 이내에 개발부담금을 납부해야 한다(시행령 제15조 내지 제20조).

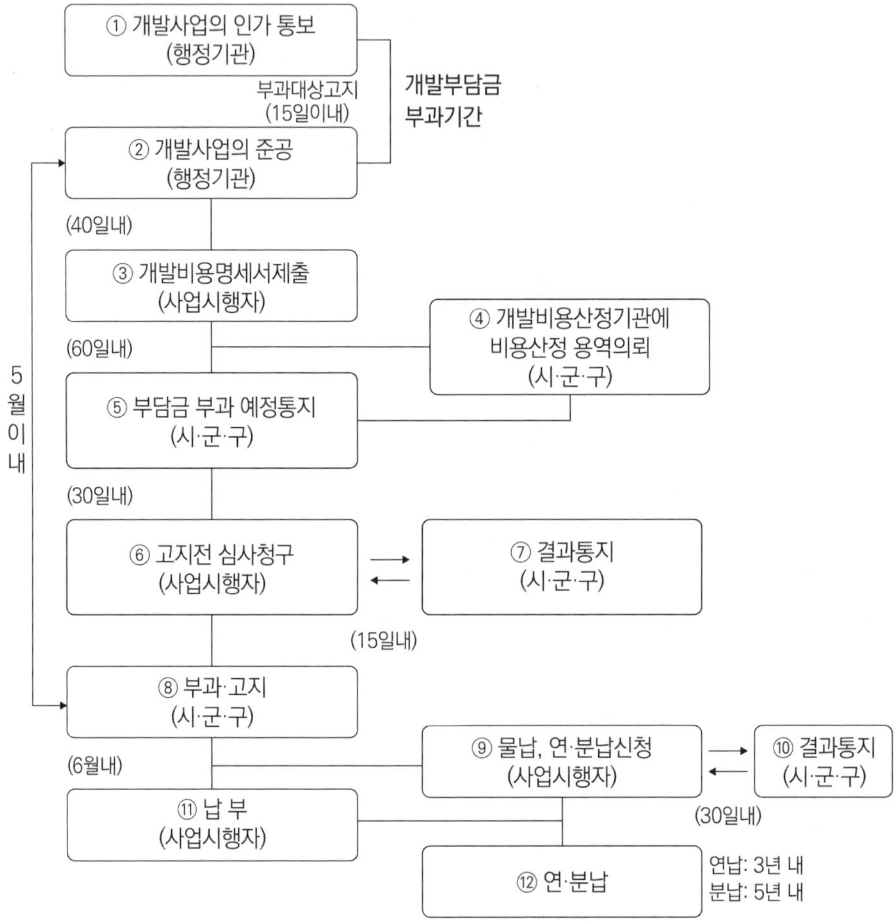

그림 9-1 「개발이익환수법」에 따른 개발이익 환수 절차

제 3 절 공공기여

| 3.1 | 공공기여제도 개념과 법적 근거

1. 공공기여 제도의 개념

공공기여제도는 도시계획의 결정 및 변경 또는 개발사업 추진 과정에서 민간 사업자가 일정한 토지, 시설 또는 비용을 공공에 무상으로 제공함으로써, 도시 공간의 공공성을 강화하고 개발로 인해 발생하는 공공수요를 충족하기 위한 제도적 장치이다. 이 제도는 단순한 기부채납을 넘어 도시계획 결정이나 개발로 인해 발생하는 '계획이익(planning gain)'을 사회 전체가 공유할 수 있도록 설계된 메커니즘으로서, 사익과 공익 간의 균형을 조정하는 수단으로 기능한다.

공공기여는 '원인자 부담의 원칙'에 기초하고 있다. 개발사업자가 얻게 되는 지가 상승이나 개발이익은 민간의 노력뿐만 아니라 도시계획 수립, 공공 인프라의 집적, 도시 전반의 발전 등 공적 요인에 의해 발생하는 측면이 크기 때문에, 그 초과이익의 일부를 공공이 회수하여 공공 목적에 재투자하는 방식은 정당한 환수 방식이라 할 수 있다.

이 제도는 개발사업자에게 용적률 상향, 건축제한 완화 등 행정적 인센티브를 제공하는 대신, 공공시설 설치나 기반시설 확충 등 사회적 필요에 기여하도록 유도한다. 기여 방식은 공공시설 부지의 제공, 설치비용의 무상 제공, 토지 및 건축물의 기부채납, 현금 납부 등으로 다양하게 이루어지며, 이러한 공공기여는 도시계획의 정당성과 실효성을 제고하는 데 핵심적인 역할을 수행한다.

특히 2024년 개정된 「국토계획법」(2024.2.6. 개정, 2024.8.7. 시행) 제2조제5의4호 ~ 제2조제5의6호 및 제35조의2 ~ 제35조의7에서는 공간재구조화계획과의 연계를 통해 공공기여의 역할을 더욱 강조하고 있다. 공간재구조화계획이란 토지이용과 건축물 또는 그 밖의 시설의 용도, 건폐율, 용적률, 높이 등을 조정하는 용도구역을 효율적이고 계획적으로 관리하기 위하여 수립하는 계획을 말한다(국토계획법 제2조제5의4호). 이는 토지이용규제가 완화되는 용도구역 주변 지역에서 불균형하게 배치된 기능, 인프라, 인구 등을 계획적으로 재조정하여 지역을 보다 효율적이고 지속가능한 구조로 개선하는 것을 목표로 한다.

공공기여는 이러한 구조 개선의 핵심 재원 및 공간 확보 수단으로 기능한다. 예를 들어, 확보된 토지는 기성시가지 내 부족한 공원이나 복지시설 설치에 활용될 수 있으며, 개발 밀도가 높은 지역에서 확보된 기여금은 저개발 지역의 기반시설 확충에 사용되어 도시의 공간 불균형 해소에 기여할 수 있다. 이는 공공기여가 단지 개발사업 구역 내 공공성 확보를 넘어서 도시 전체의 구조 개선을 유도하는 전략적 수단으로 작용하고 있음을 보여준다.

또한 공공기여는 정형화된 규제가 아니라, 행정과 민간 간 협의를 통해 유연하게 설계되는 '계획 유도 수단'으로서 작동한다. 이는 개발을 억제하는 방식이 아닌, 개발을 유도하고 조정하는 방식으로 공공성과 개발권이 상생할 수 있는 제도적 기반을 마련한다. 공공기여는 공간재구조화계획의 재원 기반, 부지 확보, 계획 실행력 강화에 핵심적으로 작용하며, 도시계획의 사회적 합의를 이끄는 '사회적 계약'의 실현 메커니즘으로도 해석될 수 있다.

이처럼 공공기여제도는 단순한 행정적 보완 수단을 넘어서 도시공간의 구조 개편과 공공이익 실현을 동시에 추구하는 복합적인 제도이다. 특히 공간재구조화계획과의 결합을 통해 정책적 위상과 전략적 중요성이 한층 강화되었으며, 이는 도시계획의 공공성과 실행력을 동시에 확보하는 현대 도시정책의 핵심 도구로서 기능하고 있다. 개발로 인해 발생하는 이익을 사회 전체가 공유함으로써 도시의 지속가능한 발전을 뒷받침하는 제도라 할 수 있다.

2. 공공기여 개념의 발전과 핵심적 요소

공공기여는 초기에는 민간개발자가 도로, 공원, 광장 등의 도시기반시설 부지를 무상 제공하는 기부채납 방식으로 이해되었다. 그러나 도시계획이 복잡·다양화되고 민간의 개발 참여가 활발해짐에 따라, 공공기여는 보다 포괄적이고 유연한 제도로 발전하였다.

현대적 의미의 공공기여는 개발규제의 완화(예: 용적률 상향, 건축 높이 제한 완화)와 같은 행정적 인센티브와 연계되어, 민간의 개발권과 공공기여가 상호 교환되는 협의 기반의 제도로 전환되었다. 이로 인해 단순히 공공시설 제공에 그치는 것이 아니라, 도시계획의 실행력을 높이고 민간 참여를 제도화하며, 지역 맞춤형 공간계획을 유도하는 방식으로 활용되고 있다.

더불어 공공기여의 활용 범위는 사업구역 내 공공시설 설치를 넘어서, 장기미집행 도시계획시설 해소, 기성시가지의 기반시설 확충, 공공임대주택 및 복합문화시설 확보 등 다양한 공공 목적에 기여하는 방식으로 확장되었다. 이는 공공기여가 사유화된 개발이익의 사회적 재분배를 실현하는 도시정책 도구로 진화하고 있음을 보여준다.

공공기여제도의 핵심 개념은 다음과 같다.

- **공익성**: 공공기여는 개발사업으로 인해 발생하는 외부효과를 최소화하고, 사회 전체의 공익 실현을 지향한다. 기부된 토지나 시설은 도로, 공원, 공공청사, 사회복지시설, 보육시설 등 도시 기반을 구성하는 공공자산으로 활용되며, 시민의 삶의 질을 향상시키는 데 기여한다.
- **비대가성**: 공공기여는 민간이 제공한 대가에 대해 직접적인 금전적 보상을 수반하지 않는 것이 원칙이다. 다만, 행정적 유인을 제공하는 방식(예: 용적률 인센티브)은 간접적 보상의 성격을 갖는다. 이러한 점에서 공공기여는 법률상 '부담 없는 기여'이면서, 실질적으로는 '조건부 인센티브'라는 성격도 병존한다.
- **개발이익 환수**: 도시계획의 결정이나 인허가 변경 등 공적 행위로 발생하는 지가상승분(계획이익)은 사적인 이익이 아니라 사회가 창출한 공적 자산으로 인식된다. 공공기여는 이 초과이익의 일부를 공공이 회수하는 수단으로, 개발이익의 사회적 환원을 실현한다.
- **계획이익의 사회적 공유**: 도시계획 결정에 따른 개발권 부여는 민간에게 막대한 자산 가치를 창출해 주며, 이는 사회적 자산의 사적 독점이라는 비판을 야기할 수 있다. 이에 대한 대응으로 공공기여는 계획이익을 사회 전체가 공유하도록 유도하며, 공공의 정당성을 강화한다.
- **협의와 절차의 투명성**: 공공기여는 행정청과 민간사업자 간의 자발적 협의에 기반하여, 공개된 기준과 절차에 따라 운영되는 것이 중요하다. 협약 체결, 감정평가 기준 설정, 사업별 적정기여 수준 결정 등에서 행정의

자의적 개입을 방지하고, 제도 운영의 일관성과 투명성을 확보하는 것이 제도의 성공적 운영을 위한 필수 요소이다.

3. 공공기여 제도의 법적 근거

공공기여는 원래 법률상의 명시적 정의없이, 「국토계획법 시행령」 제42조의3[3](2012년 개정)을 통해 행정적 관행으로 도입되었다. 이 조항은 지구단위계획 수립 시 용도지역 변경이나 계획시설 결정에 따른 행위제한 완화가 있을 경우, 공공시설 부지 제공 또는 설치를 고려하여 용적률이나 건축규제의 완화를 계획할 수 있도록 하였다.

그러나 시행령 중심의 운영은 법률유보 원칙 측면에서 법적 안정성이 부족하고, 자의적 행정 개입의 우려가 제기되었다. 이에 따라 2021년 「국토계획법」 개정을 통해 제52조의2(공공시설 등의 설치비용) 조항[4]이 신설되었고, 이로써 공공기여는 명확한 법률상 근거를 갖춘 제도로 제도화되었다.

「국토계획법」 제52조의2는 도시·군관리계획 또는 지구단위계획의 수립 또는 변경으로 인해 토지가치가 상승하는 경우, 시행예정자가 공공시설의 부지를 제공하거나 직접 설치하거나, 비용을 관할 지자체에 납부해야 한다고 규정하였다. 이 비용은 해당 구역 또는 그 외 지역의 장기미집행시설 해소 등에 우선 활용되어야 한다.

또한 2021년 국토교통부는 「공공기여 가이드라인」을 통해 공공기여 계획의

3) 제42조의3제2항제12호는 지구단위계획의 수립기준과 관련하여 지구단위계획 수립 시 도시계획 변경으로 용도지역이 변경되거나 도시·군계획시설 결정으로 인한 행위제한이 완화되는 경우에 해당 지구단위계획구역 내에 공공시설 등의 부지를 제공하거나 공공시설 등을 설치하여 제공하는 것을 고려하여 용적률 또는 건축제한의 완화가 가능하게 계획하도록 하고 있다. 제42조의3제2항제13호는 해당 지구단위계획구역 안의 공공시설 등이 충분할 때에는 해당 지구단위계획구역 밖의 관할 시·군·구의 공공시설 등이 취약한 지역에 기반시설을 설치하거나 기반시설 설치비용을 부담하는 것으로 갈음하도록 했다(2021. 7. 6. 삭제).

4) 「국토계획법」 제52조의2에서 "도시·군관리계획 또는 지구단위계획의 수립·변경으로 토지가치가 상승하는 경우, 시행예정자는 이에 따라 공공시설의 부지를 제공하거나, 공공시설을 직접 설치하여 제공하거나, 공공시설 설치비용을 관할 지자체에 납부해야 하며, 이 비용은 해당 구역 또는 그 외 지역의 장기미집행시설 해소 등에 우선 활용되어야 한다."라는 내용이 신설되었다.

협의 절차, 감정평가 방식, 기여 부담 한도(토지가치 상승분의 70% 이내), 협약서 예시 등을 명확히 제시하였다. 특히 공공성이 높은 사업에 대해서는 부담을 감면하거나 면제하는 규정을 두고 있다. 또한 구역 내 기여가 불필요한 경우에는 자치단체 내 타 지역 기반시설 확충에 활용할 수 있도록 외부형 공공기여도 허용된다.

이와 같이 공공기여제도는 2012년 시행령 기반의 행정 관행에서 출발하여, 2021년 법률 개정과 함께 명시적인 제도 기반을 마련하였고, 이후 실무 가이드라인을 통해 체계적인 운영 틀을 갖추게 되었다. 이는 도시계획 과정에서 발생하는 계획이익을 공적으로 환수하고, 공공의 정당성을 실현하는 중요한 제도적 진전을 이룬 사례로 평가된다.

| 3.2 | 공공기여 내용

「국토계획법」 제52조의2와 제40조의6은 각각 지구단위계획구역 및 도시혁신구역·복합용도구역·입체복합구역과 같은 공간재구조화계획 대상 구역에서의 공공기여를 규율하고 있다.

제52조의2는 지구단위계획 수립 또는 변경으로 인해 용도지역의 변경, 용적률 상향, 건축제한 완화, 도시·군계획시설 결정 변경 등이 발생하는 경우, 이로 인한 지가 상승분의 범위 내에서 민간사업자가 공공시설, 기반시설, 공공임대주택 등의 설치 또는 부지를 제공하도록 의무화하고 있다.

제40조의6은 도시혁신구역 및 복합용도구역 등에서 공간재구조화계획에 따라 건축제한 또는 행위제한이 완화되어 토지가치가 상승하는 경우를 규율하며, 해당 이익을 환수해 공공시설 설치나 부지 제공으로 전환하도록 한다. 이 조항은 제52조의2의 규정을 준용함으로써 두 조항은 상호 연계된 공공기여 제도의 작동 구조를 형성하고 있다.

공공기여는 크게 두 가지 방식으로 이루어진다. 첫째는 민간사업자가 공공시설이나 기반시설, 공공임대주택 등을 직접 설치하거나 그 부지를 제공하는 '직접 설치 방식'이고, 둘째는 구역 내 공공시설이 이미 충분한 경우, 이에 상응하는 금액을 관할 지방자치단체에 납부하는 '금전 납부 방식'이다. 납부된 기여금은 장기미집행 도시계획시설 해소, 공공임대주택 확보, 기반시설 확충 등에 사용되며, 일부는 자치구 또는 군 단위의 기금으로 운영될 수 있다. 특히 공공기여는 「개발이익 환수에 관한 법률」이나 「재건축초과이익 환수에 관한 법률」에 따른 부담금과 중복될 경우, 이중부담을 방지하기 위해 공공기여 의무를 면제하는 예외 규정을 두고 있다.

이와 같이 공공기여제도는 도시계획 및 개발이익 간의 균형을 조정하고, 민간의 사적 이익 일부를 공공의 자산으로 전환함으로써 도시의 형평성과 지속가능성을 확보하고자 하는 핵심적인 도시정책 수단으로 기능하고 있다. 특히 공간재구조화 및 도시혁신이라는 현대 도시계획의 핵심 방향성과 결합하여 도시의 물리적 재편과 공공성 회복이라는 이중 목표를 실현하는 데 기여하고 있다.

| 3.3 | 공공기여 산정방식

공공기여의 산정은 도시계획의 결정이나 규제 완화로 인해 민간사업자가 얻게 되는 계획이익(planning gain)의 일부를 공공에 환원하는 데 중점을 둔다. 이는 세금이나 개발부담금과 달리, 사전적이고 협의적인 방식으로 결정되며, 민간의 자발적 참여와 공공의 계획적 조정 간의 균형을 기반으로 한다.

산정방식은 정량적 접근과 정성적 판단을 병행하는 방식으로 구성된다. 먼저, 정량적 산정방식에서는 용도지역 변경이나 용적률 상향으로 인해 발생하는 추가 개발수익 또는 연면적 증가분을 기준으로 기여액을 산정한다. 예를 들어, 기준 용적률과 완화된 용적률 사이에서 창출되는 연면적 증가분에 일정 비율(예: 20~30%)을 적용해 그 가액을 산정하는 방식이 일반적으로 사용된다. 이 방식은 공정성과 예측 가능성을 높이는 데 유리하다.

또한 감정평가를 활용한 방식도 병행된다. 개발 전후의 토지 또는 건물 가치의 차이를 기준으로 계획이익을 금액으로 환산하고, 그 일부를 공공기여로 산정하거나 필요한 시설 설치 면적과 비교해 평가하는 방식이다. 서울시 등 일부 지자체에서는 감정가 기준, 연면적 변화, 시설별 기부채납 단가 등을 반영한 정형화된 기준을 운영하고 있다.

한편, 정량적 방식만으로는 기여의 적정성을 완전히 판단할 수 없기 때문에,

정성적 요소 또한 중요하게 고려된다. 예를 들어, 해당 지역의 기반시설 확보 수준, 계획시설의 정책적 적합성, 주민 수용성, 사회적 수요 등의 요소가 포함되며, 일부 지자체에서는 공공기여 적정성 심의위원회나 사전 협의제를 통해 이를 보완하고 있다.

기여 산정은 또한 개발지역의 기반시설 충족 여부에 따라 직접 시설 기부채납 방식과 금전 납부 방식으로 구분되며, 기여 방식이 다르더라도 기여액은 동일한 기준하에 산정된다. 이처럼 공공기여 산정방식은 객관적 기준을 기반으로 하면서도 지역 상황과 정책 목표를 반영할 수 있도록 설계되어야 하며, 공공성과 민간 수용성의 균형 속에서 도시계획의 실행력을 높이는 핵심 수단으로 기능한다.

| 3.4 | 공공기여 유형

공공기여는 그 실행 방식, 기여 대상 위치, 목적 및 구성 방식에 따라 다음과 같이 유형화할 수 있다.

첫째, 수단에 따른 분류이다. 민간사업자가 공공에 기여하는 실질적 수단에 따른 분류 기준인데, 다음과 같다.

- **토지 기부채납**: 민간이 도로, 공원, 광장 등 도시계획시설로 지정된 토지를 무상 제공하는 방식으로, 전통적 공공기여 형태
- **시설 설치 제공**: 민간이 해당 공공시설(예: 도로, 공원, 청사 등)을 직접 설치하여 지자체에 귀속시키는 방식으로, 이는 공공의 재정부담을 줄이고 시설의 조기 확보에 기여
- **건축물 기부채납**: 완공된 청사, 복지시설, 문화시설 등의 건축물을 기부하는 방식으로, 도심의 유휴 공간 활용에 효과적
- **현금 납부**: 구역 내 공공시설이 충분하거나 토지 제공이 비효율적인 경우, 기여금을 현금으로 산정하여 납부하고 이를 기반으로 타 지역 기반시설을 확충

둘째, 기여 대상 위치에 따른 분류이다. 공공기여는 해당 개발구역 내에서만 이뤄지는 것이 아니라, 필요에 따라 외부 지역을 대상으로 할 수도 있어서 다

음과 같이 분류할 수 있다.

- **구역 내 직접기여**: 개발사업이 이루어지는 구역 내에서 직접 공공시설이나 기반시설을 설치·제공하는 방식
- **구역 외 대체기여**: 개발구역 외의 지역, 특히 기반시설이 취약한 지역에 공공시설을 설치하거나 비용을 부담하는 방식. 도시의 균형발전에 기여할 수 있음

셋째, 사회적 목적에 따른 분류이다. 최근에는 공공기여가 물리적 기반시설 제공을 넘어서, 사회적 취약계층 지원과 도시복지 강화 차원으로 확장되고 있어서 다음과 같이 분류할 수 있다.

- **공공임대주택 제공**: 청년, 고령자, 저소득층 등 주거 취약계층을 위한 임대주택을 건설하거나 해당 부지를 제공하는 방식
- **사회복지시설 제공**: 지역아동센터, 노인복지관, 청년센터, 커뮤니티센터 등의 공공서비스 공간을 제공하는 방식으로 도시 복지를 강화하는 데 기여

넷째, 복합성·유연성에 따른 분류이다. 복수의 기여 방식이 하나의 사업에서 함께 활용되거나, 공공의 전략에 따라 조정되는 경우가 있을 수 있다.

- **복합형 공공기여**: 토지, 건물, 현금 등 여러 기여 수단을 결합한 방식으로, 개발 여건과 지역 수요에 따라 맞춤형으로 구성
- **기획형 협의기여**: 도시계획 초기 단계부터 행정과 민간이 협의하여 필요한 기반시설과 기여 방식을 설계하는 방식

이처럼 공공기여는 다양한 유형으로 진화하고 있으며, 단순한 인프라 확보를 넘어 도시 복지, 균형발전, 지속가능성 확보 등 다양한 목적 실현의 도구로 활용되고 있다. 특히 사회적 취약계층에 대한 배려와 맞춤형 기여 설계의 확대는 공공기여제도의 정책적 역할을 한층 넓히고 있다.

참고문헌

경향신문, 2020.7.20. https://www.khan.co.kr/article/202007270600005

곽윤직, 민법주해, 박영사, 1992.

곽윤직, 물권법, 박영사, 1998.

국가법령정보센터, 각종 법률, 국가법령정보센터

국토교통부, 2023 도시업무편람, 국토교통부, 2023. 6

국토교통부, 개발부담금 업무편람, 2025. 1

국토교통부, 국토의 계획 및 이용에 관한 법률 해설집, 2018. 7

국토교통부, 단독주택 재건축 업무처리기준, 국토교통부훈령 제1350호, 2021. 1. 1

국토교통부, 재건축 판정을 위한 안전진단 기준, 국토교통부고시 제2025-284호, 2025. 6. 4

국토교통부·한국부동산원, 소규모정비사업 업무안내서, 2025. 4

국토해양부, 도시 및 주거환경정비사업 여행, 국토해양부, 2010. 4,

권수철, 인허가의제제도의 법적 성격과 사후감독에 관한 소고, 법제, 법제처, 2002. 7

권영성, 헌법학원론, 법문사, 1997.

권일, 국토균형발전, 수도권 경쟁력 위해서도 필요, 한겨레신문, 2008. 6. 12

권일, 도시계획이란, 도시계획 이론과 실제, 한국도시계획가협회편, 기문당, 2021.1

김상용·정우형, 토지법, 법원사, 2004. 6

김용창, 헌법에서 토지와 국토이용 규정의 역사적 변화 및 사회적 기속성, 지리학논총, 제 67호, 2021. 02

김지엽, 도시를 만드는 법, 성균관대학교 출판부, 2022. 6

김학동, 법의 이해 제2판, 지식과 감성, 2023. 10
남진·이지현, 도시정비론, 기문당, 2023. 8
대한국토·도시계획학회, 국토와 도시, 보성각, 2019. 7
대한국토·도시계획학회, 토지이용계획론 4정판, 보성각, 2015. 8
대한민국 법제처, 2023년 주요 업무 추진계획, 대한민국 법제처, 2023년
도시·주거환경정비기본계획 수립 지침(2023. 6. 16.)
박영수·김학범, 법학개론, 법문사, 2016.
박정수, 공공복리와 재산권의 조화, 한국법제연구원, 2019.
박준형, 대한민국 헌법과 재산권 규제, 한국헌법학회, 2021.
법제처, 대법원 판례집, 대법원판례집 제70권[민사편], 대법원 법원도서관, 2023.
서울대환경대학원·서울연구원, 도시계획 개념 사전, 학고재, 2023.6
서울특별시 도시계획국 도시계획상임기획단, 2016 알기쉬운 도시계획용어집, 2016.
성남시, 성남시 가로주택정비사업 가이드라인 용역, 2021. 5
손주찬, 신법학통론 8정판, 박영사, 2006. 2
월간중앙(https://www.m-joongang.com) https://www.m-joongang.com/news/articleView.html?idxno=326569&utm_source=chatgpt.com
유엔 지속가능발전 보고서, The Sustainable Development Goals Report 2023: Special Edition, United Nations (UN), 2023년
이선영, 현대토지법비평, 도서출판 리북스, 2023. 2
이준호·나채준·양태건, 국가균형발전을 위한 법제 연구, 한국법제연구원, 2018. 10
이학동, 계획관계법을 통해 통해서 본 한국도시공간계획제도 연구, 한양대학교 대학원 박사논문, 1988. 6
전국시·도지사협의회, 국토계획의 법적 체계 개선 방안 연구, 2007. 9
정비사업 조합설립추진위원회 운영규정(2025. 6. 4, 국토교통부고시 제2025-283호)

정비사업의 임대주택 및 주택규모별 건설비율(2024. 1. 19, 국토교통부고시 제 2024-26호)

최종고, 법학통론 제4전정신판, 박영사, 2019. 7

한국도시계획가협회 편, 도시계획 이론과 실제, 기문당, 2021.2

한국법제연구원, 법령 부칙에 대한 연구, 한국법제연구원 연구보고서, 2023년

한국토지주택공사,「도시개발법 개정연구」, 2019. 12

한상훈, 도시계획과 공익의 이해, 박영사, 2021. 6. 30

황선훈, 공공기여제도의 개념적 고찰, 한국부동산연구원, 2025. 1. 30

저자 약력

권 일

한양대학교 도시공학과 및 동대학원 석·박사

미국 University of Arkon, 방문학자

미국 University of Delaware, 방문학자

행정중심복합도시 6-2 생활권 마스터플랜 수립 총괄계획가

대한민국도시대상(국토교통부 주관) 평가위원장

도시개발위원회(국토교통부) 위원(민간위원장)

(현) 국립한국교통대학교 교수

(현) 대한국토·도시계획학회 학술부회장

저서

대한국토·도시계획학회 편, 《도시계획론》(공저), 보성각

대한국토·도시계획학회 편, 《토지이용계획론》(공저), 보성각

대한국토·도시계획학회 편, 《새로운 도시 도시계획의 이해》(공저), 보성각

대한국토·도시계획학회 편, 《도시의 계획과 관리를 위한 공간정보 활용 GIS》(공저), 보성각

대한국토·도시계획학회 편, 《도시개발론》(공저), 보성각

한국도시계획가협회 편, 《도시계획 이론과 실제》(공저), 기문당

《성장관리의 이론과 실제》(공저), 동서문화사

《모더니즘 건축에서 살고 싶은 거리로》(공저), 한울아카데미

《개발제한구역》(공저), 커뮤니케이션북스(주)

도시계획과 법

초판발행 2026년 1월 5일

지은이 권 일
펴낸이 안종만 · 안상준

편 집 이지원
기획/마케팅 김한유
표지디자인 BEN STORY
제 작 고철민 · 김원표

펴낸곳 (주) 박영사
서울특별시 금천구 가산디지털2로 53, 210호(가산동, 한라시그마밸리)
등록 1959. 3. 11. 제300-1959-1호(倫)
전 화 02)733-6771
f a x 02)736-4818
e-mail pys@pybook.co.kr
homepage www.pybook.co.kr
ISBN 979-11-303-9740-5 93350

정 가 24,000원